大学体育与健康教程

主　编　匡志兵　高慧林

副主编　陈　冬　吴宋姣

编　委　郭健平　武　卫　张玲燕　闫玉峰

苏本磊　张映冬　熊华宇　万　星

胡旭东　韦　枫　丁智鹏　李　丹

赵　迪　王　巍

上海三联书店

前　言

本书是根据国务院批准颁布实施的《学校体育工作条例》和教育部《全国普通高等学校体育课程教学指导纲要》的精神以及教育部、国家体育总局新颁布的《国家学生体质健康标准》实施办法的基本要求，结合近年学校体育与健康教育的实际情况编写的。

全书分理论篇和实践篇，全面系统地讲解了大学体育与健康知识。本书贯彻“健康第一”的指导思想，在更新观念的前提下，注意体育与健康的有机结合，使学生在加强身体锻炼的同时，学习一些体育保健知识和健康教育知识，为大学生体育课程学习和自我身体锻炼提供科学的指导，同时也为推进大学生素质教育奠定一定的理论基础。

本教材编写遵循以人为本的理念，将体育、健康、娱乐有机融为一体，引导大学生主动接受体育教育，享受体育乐趣，树立终身体育意识，养成终身锻炼习惯，达到身心健康发展的目的。在写作过程中力求做到借鉴和汲取体育科学和运动实践最新的研究成果，以最大限度满足现代大学生的需要。教材既重视科学性和前瞻性，又讲究针对性和实用性，力求做到系统规范、图文并茂、动作到位、涵盖面广、通俗易懂、指导性强。

本教材共分十八章。理论篇主要介绍了大学体育、体育锻炼与身体健康、体育锻炼与心理健康、体育锻炼与社会适应能力、体育锻炼与营养卫生、运动损伤与运动处方、体育欣赏、体育文化。实践篇主要讲解了篮球、足球、排球、乒乓球、羽毛球、网球等的基本技术、战术以及比赛规则。此外，也对平时生活中经常遇到的游泳、传统体育运动、健美运动，以及《国家学生体质健康标准》的实施等做了一些讲解和介绍。

本教材由匡志兵和高慧林老师担任主编，负责全书的结构规划、统稿、定稿。本书体系新颖、内容精练、科学性强、实用性强，希望本教材既是普通高等院校的体育教科书，又能成为大学生进行体育锻炼的辅导书。

在编写过程中我们参考引用了众多研究者的书籍、资料，在此向有关作者表示真诚的感谢。由于时间仓促，水平有限，书中不妥之处在所难免，恳请专家学者及广大读者给予批评指正。

编者

目 录

理论篇

实践篇

理论篇

LILUNPIAN

第一章　大学体育

大学，是众多青年孜孜以求、努力学习的目标，是人生的一个重要阶段；大学体育，是学子们走向社会之前接受学校体育的最后一个平台。在这里大家要为毕业后走向社会或实现更高的目标奠定坚实的体育基础，养成良好的生活和学习习惯，掌握能享用终身的体育技能，形成稳固的终身体育意识和行为。所以，我们应认真地审视和看待大学体育。

大学是为国家培养高素质专门人才的阵地，健康体魄是高素质人才的物质载体，大学体育是培养高素质专门人才的重要环节，它是学校体育的最高层次，是高等教育的重要组成部分。大学体育在培养人终身体育意识中起着重要作用。本章将从体育文化传播的角度，介绍体育的形成和发展，阐述体育对人类社会发展的作用。

第一节　体育的形成和发展

体育作为一种社会现象是随着人类社会的产生、发展而出现和演进的。它的产生依赖于人类社会的需求，它的发展依赖于人类社会的进步。

一、体育的概念和组成

根据我国体育的现状和语言习惯，体育（广义的，亦称体育运动）是以身体练习为基本手段，以全面发展身体、增进健康、增强体质、提高运动技术水平、丰富社会文化生活为目的的一种社会活动，也是一种社会现象。它是人类文化的组成部分，受一定社会的政治、经济的影响，又为一定社会的政治、经济服务。广义体育由三部分组成：体育（狭义的）、竞技运动、身体锻炼和身体娱乐。因此，可以说广义体育是上述三方面的总称。

（一）体育（狭义的）

体育（狭义的），亦称体育教育，是指通过身体活动，增强体质和健康，传授锻炼身体的知识和方法，培养道德和意志品质的有目的、有计划、有组织的教育过程。它是教育的组成部分，是培养全面发展的人的一个方面。

（二）竞技运动

竞技运动是指在最大限度地挖掘和发挥个人或集体在体能、心理、智力等方面潜力的基础上，达到提高竞技能力水平，以创造优异运动成绩为目的的训练和竞赛。竞技运动的特点有：强烈的竞争性、高超的技艺性、成绩的公认性、规则的国际性。竞技运动发展到今天已经具有了活动本身以外的价值意义，参加竞技运动已不再是消遣，而成了参加者日常生活中承受艰苦训练和压力的中心内容。

（三）身体锻炼和身体娱乐

身体锻炼，亦称体育锻炼，是指运用各种身体练习，结合自然力和卫生因素，以健身、防病治病、娱乐为目的的身体活动。这种活动对促进人体生长发育和形态结构的发展，培养健美体态，提高机体工作能力，消除疲劳，调节情感，预防与治疗某些疾病等都具有重要意义。身体娱乐，亦称娱乐体育，是指为休闲、娱乐、发展兴趣爱好、培养审美能力而进行的身体活动。能使人在身体和精神上得到休息和调整，有助于增强身心健康，是活跃社会文化生活的一个重要内容。

身体锻炼和身体娱乐的特点有：具有广泛的群众性、内容与方法的多样性、组织形式的灵活性、参与者的自愿性、活动的娱乐性。身体锻炼和身体娱乐讲求自我教育和自我锻炼的效果。活动形式有集体的、个人的，有时虽有一定的竞赛方式，但不追求竞赛成绩。

二、社会需要是体育产生和发展的基础

体育的形成是一个漫长的历史过程。它起源于原始社会，和人们基本的生存需要以及生产劳动实践有直接的联系。

（一）生存需要是体育产生的动因

任何社会现象和生命现象，无不以社会的需要和人的需要作为其产生、存在和发展的依据。人的活动都是由需要而引起的，需要是促进人类活动的基本动力。马克思指出："我们首先应当确定一切人类生存的第一个前提，也就是一切历史的第一个前提，这个前提是：人们为了能够创造历史，必须能够生活。但是为了生活首先需要衣、食、住以及其他东西。因此，第一个历史活动就是生产满足这些需要的资料，即生产物质生活本身。"

人类的祖先为了适应环境和生存的需要，由树栖变为地栖，学会了直立行走，解放了上肢。原始人的生活条件恶劣，为了谋生，靠快速地奔跑去追逐捕获猎物，用刺杀和投掷来杀伤虎、豹、熊等野兽，靠游泳或用锐利的树枝、木器去捕鱼，靠攀登和爬越去采集野果。原始人这些求生的身体活动既是生存的基本技能，也是劳动的基本技能。在这些身体动作反复出现的过程中，使人的跑、跳、投、攀登、支撑、爬越和涉水等身体基本活动能力得以发展，使这些最初以劳动手段形式出现的肢体活动，不断地在重复中得以改进，并逐渐发展成为表现体育最初形态的身体活动方式和技能。这就是现代体育活动的萌芽。但是，原始人类的这些活动，其目的是为了生存，不是为了锻炼身体和增强体质。

（二）人类需要层次的提高推动体育的发展

人类的需要是按照生存—享受—发展的趋向延伸和扩展的。人类的需要呈现金字塔式的等级结构，是一个丰富的物质性与精神性相统一的动态系统。随着基本生存需要的实现和满足，又相继衍生出新的更高层次的需要。随着生产工具的改进，生产力的提高而引起生产关系的变化，从而为体育的发展提供了物质条件和社会条件。人类对体育的需要也发生了变化，体育不仅仅是谋生的需要。

原始社会的教育活动促进了体育的发展。原始人在长期的生产和生活实践中积累了自然知识、社会知识以及劳动技能知识。这些知识需要不断地传授给年轻一代，使他们尽快

投入到生产劳动中去，因而便出现了人类最初的教育。原始社会的教育主要是传授生产劳动技能，而当时生产劳动技能主要是跑、跳、投、攀登、支撑、爬越等人的基本活动能力。所以，在原始教育中，人的基本活动能力既是教育的内容，又是教育的手段。最初的体育形式也就应运而生了，并在这种有意识的教育过程中得到丰富和发展。

部落之间的战争对体育的发展起到了推动作用。原始社会的后期，随着人口密度的增大，为了保证血亲生存，部落间的冲突和战争不断加剧。为了战争的胜利，就需要培养氏族成员的军事技能，发展攻、防、格斗及走、跑、跳、投等能力，这就出现了以军事为目的的身体训练和教育方式，即军事教育的雏形。战争的需要，军事教育的出现，既提高了人类的基本活动技能，又促进了体育的发展。

宗教祭祀活动丰富和发展了体育。由于原始人的认识能力低下，把大自然的变化视为是神灵的力量。为了表示对神灵的崇拜和尊敬，出现了祭祀活动。人们用竞技、角力和身体动作（舞蹈的雏形）来祈祷风调雨顺、求得庇护。古代奥林匹克运动会就是由这种祭祀中的竞技活动发展成为定期的节日竞技运动会。虽然，古人的这些祭祀活动主观上是为了宗教信仰而采用的身体运动形式，但是客观上却促进了体育的发展。

休闲娱乐和健身祛病丰富了体育的内容。体育的一些项目是在人们娱乐中发展起来的，如各种游戏、民间舞蹈等，娱乐活动的内容主要是身体的活动，既具有娱乐的作用，又具有健身的作用，很多活动发展成为体育的内容。另外，资料表明，人们很早就对身体运动的健身和医疗作用有了一定认识。如远在我国原始社会末期的尧舜时代，相传的“阴康氏”创造的“消肿物”，战国时期的《黄帝内经》中的“导引按乔”等，都是为了治疗身体疾病而进行的身体活动。这些既是医疗手段，又是健身活动。以后又逐渐发展成了各种成套的保健体操，如“五禽戏”“八段锦”“易筋经”等，健身目的更加明确。

总之，社会的需要在整个体育发展历史中起着巨大的作用。社会需要的不断变化和提升，使体育在内容、形式、规模、水平上得到了极大的发展。正是这种不断丰富发展的社会需要，使体育从早期的增强生存能力发展到丰富和提高人的生活质量，培养全面发展的人，建设两个文明的广阔的多层次的社会和个人需要。随着社会和文明的进步，社会需求必将提出更新的要求，从而继续推动体育的发展。

第二节　体育对人类社会发展的作用

体育对人类社会发展的作用主要是体育作为人类文化的组成部分对人类社会发展的影响。体育具有自然的（运动）和社会的（教育）双重性。这种双重性决定了体育对人的发展和社会的发展的作用。

一、促进人类的健康

增强体质增进健康的作用是体育根本性质的体现。体育对人类健康的作用主要表现在身体和心理两个方面。

（一）体育锻炼是增强人类体质的有效手段

体质是人类有机体生命活动的基础。它是在先天遗传和后天变异的基础上，人体所表现出来的形态结构和生理机能上综合的、相对稳定的特征。体质包括体格、生理机能、体能和适应能力等几个方面。人的体质还表现出是人体生物因素在遗传和变异过程中形成的一种相对平衡的状态。在非病态情况下，体质一般保持相对稳定，但体质并不是处于不变的状态。人的遗传与变异、同化与异化过程影响着体质。遗传与变异的演进决定着一个种族或民族的体质水平；同化与异化关系的变化决定着个体体质的强弱。这两组矛盾之间存在着极为密切的关系，一个民族体质的盛衰决定于无数个体体质的强弱，而每个个体体质的强弱又必定与整个民族体质的盛衰息息相关。无数事实证明，经常从事体育锻炼，是提高人体质水平最积极有效的办法。其生理机制在于：体育锻炼促进了人的新陈代谢过程。所谓的新陈代谢是生物体在不断地与周围环境进行物质与能量交换中实现自我更新的过程，分为物质代谢和能量代谢，包括同化和异化两个对立的过程。前者是生物体从周围环境摄取物质合成自身成分并储存能量的过程；后者是生物体分解自身成分，同时释放能量并排泄代谢产物的过程。体育锻炼对人体的直接作用，是对体力的消耗。体育锻炼过程对体内物质能量是一种比较强烈的消耗过程，是促使异化作用加强的过程。体育锻炼对人体这种消耗作用具有普遍性和绝对性。但是，这种消耗作用并不是至此而止，而是继续相应地引起同化作用的增强，加快体内物质合成过程，并出现“超量恢复”，使体内物质有所补充、增加和积累，从而使人的体质得以增强。

（二）体育能够促进人的心理健康

心理健康是现代健康概念中非常重要、必不可少的组成部分。关于心理健康的含义众说纷纭，尚无定论。目前，较为普遍的观点认为：心理健康是能够充分发挥个人的最大潜能以及妥善处理和适应人与人之间、人与社会环境之间的相互关系。具体地说包括两层含义：其一，无心理疾病；其二，能积极调节自己的心态顺应环境，并有效地、富有建设性地发展和完善个人的生活。“无心理疾病”是心理健康的最基本条件。心理疾病包括各种心理及行为的异常情形。但正常和异常无明显的界限，只是在量的方面的差别。“积极发展心理状态”则是从积极的、预防的角度消除一切不良的心理倾向。在适应的同时，努力改进环境，不断完善自我，使心理处于一种最佳状态。体育锻炼对人心理过程（包括认识、情感、意志三个过程）和个性特征（包括能力、性格、气质、动机、兴趣、世界观等）的发展具有积极的作用。它能发展人的智力、改善人的心理品质、调节人的情绪、消除精神疲劳、培养意志品质、协调人际关系。

可以说，体育锻炼是人体未来发展过程中最积极、最有效的因素，它有益于人类向自己进化的更高水平发展。

二、促进人的社会化

社会化是指作为个体的生物人成长为社会人，并逐渐适应社会生活的过程。正是经由这一过程，社会文化得以积累和延续，社会结构得以维持和发展，人的个性得以形成和完善。社会化对每个人都是必须经历的。这是因为人的生物本能不足以将人培养为一个社会成员。人虽然和动物一样都有一种能够激起活动的内驱力，但这种内驱力没有社会化过程的引导，就会失去控制。离开了人类社会化过程，社会文化就会中断，人类就无法存活下去。因此，社会化是人的一种本能的需要。

体育与人的社会化有着密切的联系。体育是人类文化的组成部分，与人的运动、教化、修养、精神品质、世界观等有着种种联系。可以说，体育直接或间接地促进着人的社会化的实现。

（一）体育与遗传因素

人之所以为人，从生物学意义上看，正是由于物种在漫长的进化过程中，不断分化并使其遗传素质表现出自身发展所特有的趋势，从而为发展成为一个社会的人提供了可能性。人的发展水平高低（包括智力、体力）虽然与遗传因素有一定关系，但遗传因素对社会化的影响毕竟是有限的，不是决定因素。遗传因素主要是为人从自然人向社会人的转变提供了基础和可能，后天的改造和发展才起决定作用。体育锻炼可以使人产生适应性变化，可以促使人的社会化的基础优化。人体质的增强，健康水平的提高，在一定程度上为人的社会化奠定了良好的基础。

（二）体育作为社会文化对人社会化的影响

文化是指人类所创造的物质财富和精神财富的总和。文化是十分重要的社会因素，它使个人与周围建立起广泛的联系，并潜移默化地影响着社会成员的行为模式、价值观念和生活方式。体育这种文化对社会具有的重要作用就是促进人的社会化。体育不仅可以为人提供社会生活所需要的行为能力、行动方式与行为规范，而且还可以使人们学到其他社会生活领域中的规则。其具体表现为：

其一，体育是传授生活技术、技能的重要手段。体育的基本手段是身体练习，各种身体练习都是人类生活技术、劳动技术、军事技术等的提炼和综合，它们源于生活，高于生活。因此，人们掌握体育的身体练习，对适应社会生活的需要是极其重要的，能影响人的一生。

其二，体育潜移默化地教导人们遵守社会规范。自身的参与、激烈的竞争、频繁的人际交往和形式多样的群体活动是体育文化鲜明的特征。在这一领域中，必须确立明确细致的各种行为规范，如奥林匹克精神、公平竞赛精神、体育道德、各种竞赛规则等。体育运动中的规范虽也具有强制性，但毕竟是在游戏和运动中体现出来的，不会给人造成精神压力，人们自觉遵守各种规则，这对人们自觉遵守社会道德和规范大有裨益。

其三，体育群体中角色的担任有利于适应不同的社会角色。体育群体是人们通过一定的社会关系结合起来进行体育活动的共同体（人群）。在体育群体中，参加者的身份及其行为模式，被称为体育角色。每个体育角色都有其相应的权利和义务，都有一定的行为规范，从而决定了其在体育群体内或活动中的地位。这种地位也反映了社会、组织、参加者对角色的期待和要求。不同的角色都要尽可能使自己的行为与其地位相吻合。在社会中，个体扮演的角色往往是多重角色的综合体，从而使角色行为变得复杂，有时甚至会引起角色的冲突。社会学将人的社会化过程看成是角色学习过程。社会角色是完成社会活动必要的社会形式和个人的行为方式。通过体育角色的学习和锻炼，人们获得了各种各样的角色体验，懂得了社会角色是与人们的某种社会地位、身份、权利、义务和行为规范相一致的。它是人们对具有特定身份的人的行为期望，是构成社会群体和组织的基础。

三、促进社会经济的发展

体育与经济相互联系、相互促进。经济是体育发展的基础，体育的发展又促进了经济的发展。当代，体育的经济价值越来越受到关注，正如美国著名体育经纪人唐·金能把一场拳王争霸赛的出场费炒到近亿美元，体育对社会经济发展的促进作用日益显现。

（一）体育是提高劳动者身体素质的重要手段

物质资料的生产和再生产是历史发展的决定因素之一。物质资料的生产为人类生存和发展提供了条件，而人类自身的生产又是物质资料再生产的必要前提，并影响物质资料的生产和发展。体育是促进人类自身的生存、发展、优化的一种外在条件。劳动者是生产力中最积极的因素。体育可以提高劳动者的身体素质，培养、发展、养护、修复、支持劳动力，从而促进生产的增长。

（二）体育产业已是国民经济重要的组成部分

现代体育作为一项新兴产业，正在成为推动本国乃至全球经济发展的新的增长点。全球体育产业的年产值约为4000亿美元，并仍以10%的速度递增。在国外，尤其在一些经济发达国家，体育产业已成为推动本国经济发展、引导社会消费、扩大内需、调整产业结构的重要手段，已成为国民经济重要部门之一。2016年5月，国家体育总局下发了《体育产业发展“十三五”规划》，提出了推进“体育供给侧结构性改革”和“体育类国有企业改革”的任务，同时提出“到2020年，体育服务业增加值占比力争超过30%，体育消费额占人均居民可支配收入比例超过2.5%，全国体育产业总规模超过3万亿元，在国内生产总值中比重超过1%”的总体目标。

（三）体育消费的兴起带动经济的增长

体育消费有助于人们通过参加各种各样的体育活动，来增强和提高劳动者的身体素质和智力的开发，增加劳动者的出勤率和工作效率，从而提高整个社会的劳动生产率。当今世界上经济发达国家，体育社会化程度较高。人均体育消费水平较高，全民体育意识较强，体育人口众多的国家，都把体育产业及和体育有关的产业作为重要产业，放在相当重要的地位。由于体育人口的急速增长，对体育用品的需要量大大增加，其现实及潜在的体育消费能力是不容低估的。据推算，居民的体育健身消费每年增加1亿元，可带动2亿多元的体育场馆建材、设备器材的销售，同时带动上亿元的运动服装、运动鞋袜和运动饮料、食品的销售，并且带动相关企业经济发展。

第三节 大学体育学习的目标和途径

大学体育学习的目标是大学生通过高等院校体育的学习要达到的境地和标准。高等教育的目标是培养德、智、体全面发展的高级专门人才。这是高等教育遵循的总方向。高等院校体育学习的目标应与高等学校教育的目标保持一致，前者要体现出后者在学校体育方面的要求。大学体育学习途径主要有体育课程和课余体育活动。

一、大学体育学习应具备的理念

（一）树立“健康第一”思想

健康是人类生存和发展最基本的自身条件，也是创造社会物质文明和精神文明的基础。健康一直是人们最关心的基本需要，同时也是一个民族或国家整体素质与社会文明的重要标志。教育是立国之本，是提高整体国民素质的根本所在，学校体育作为教育的重要组成部分，在增进学生身心健康、提高其综合素质方面具有不可替代的作用。随着人类社会的不断向前发展和科学技术的突飞猛进，特别是随着人类对自身认识的深化，人们对健康有了全新的认识。世界卫生组织发表的《阿拉木图宣言》指出：“健康不仅是没有疾病或不虚弱，而是生理、心理的健康和社会适应的完美状态”，并认为“健康是基本人权，达到尽可能的健康水平是世界范围内的一项最重要的社会性目标”。这就十分清楚地把健康作为一个生理、心理、社会等指标相统一的现代观念呈现给人类。

因此，面向全体学生，全面提高其身心健康水平是学校教育工作的基本内容，是学校体育工作的重心。学校体育更应突出“健康第一”的指导思想。要强调“体育是手段，健康是目的，体育为健康服务”的意识。

（二）符合素质教育要求

素质教育是当今中国乃至世界教育改革与发展的主流。所谓的素质是在人的先天生理基础上经过后天教育和社会环境的影响，由知识内化而形成的相对稳定的心理品质。这是对“素质”一词经过几年来的探讨和实践，被大多数人普遍认同的一种界定。这一界定对于人才培养来讲，至少有三方面的意义：首先，作为心理品质，不是先天的、生来就有的，它是通过教育和社会环境的影响逐步形成和发展的。也就是说，素质是教化的结果，是可以培养、造就和提高的。其次，素质是知识内化和升华的结果，单纯具有知识不等于具备一定的素质，知识只是素质形成或提高的基础。没有知识作基础，素质的养成和提高便不具有必然性和目标性，但只具有丰富的知识并不等于具有较高的素质。再次，素质是一种相对稳定的心理品质，由于它是知识积淀、内化的结果，因而它具有理性的特征，同时它又是潜在的，是通过外在形态（人的言行）来体现的。所以，素质相对持久地影响和左右着人对待外界和自身的态度。

素质包括思想道德素质、科学文化素质、劳动技能素质和身体心理素质。其核心是培养学生的创新与实践能力。所谓素质教育就是以提高人才素质作为重要内容和目的的教育。素质教育基本要义有三：一是面向全体。实施素质教育是提高整个民族素质的基础，因而必须面向全体学生，使每个学生都具有合格公民应具备的基本素质。这既顺应了未来教育的发展趋势，又是国家对人才需求的必然。素质教育不是“英才”教育，它要为每个学生的发展提供公平的条件。二是全面发展。素质教育是在教育方针指导下，从学生身心发展不同特点出发，因地因校制宜，着眼于教育教学全过程与各个环节，运用多种方式着力培养学生学习的主动性和创造精神，促进学生在德、智、体、美等方面发展。三是主动发展。主动发展既是一种个性教育，又是一种创新教育。创新是素质教育的灵魂。素质教育强调人个性心理素质的培养，注重发挥智力潜能，注重形成人的精神力量。提倡“让学生主动发展”，尊重学生的主体地位，调动学生的积极性，全面观察分析每个学生，善于发现和开发学生潜在素质的闪光点，因材施教，给学生创造一个自主的发展空间，使他们的个性得到充分的自由的发展。主动发展，允许学生在发展程度和素质结构上存在差别，这既是对人的尊重，也是知识经济和未来社会对人才素质的又一特殊要求。

（三）奠定终身体育基础

终身体育是指一个人终身进行身体锻炼和接受体育指导及教育。它是伴随着法国教育家保罗·朗格郎提出的终身教育思想而形成和发展起来的。所谓终身教育是从幼儿到死亡的不间断的学校及学校以外的教育。其含义是教育要贯穿人的一生，以满足人们在不断进步和变化的社会中生存和发展的需要。终身教育影响之广泛，意义之深刻，已成为当代一种国际性的重要的教育思想。

体育是教育的组成部分，必然要体现出终身教育的思想，同时也要遵循人体生长发育的规律和人体的活动规律，符合对人身体锻炼的要求。人体的活动规律要求身体锻炼必须持之以恒，否则，就不能产生持续的锻炼效果。现代社会的生活方式要求身体锻炼成为人们日常生活的组成部分。同时身体锻炼需要科学的指导和不断接受新的体育教育，根据人的生长发育和发展的各个不同时期的身心特点、所从事的工作、职业特点以及所处的环境，都要求对终身体育加以科学的指导。终身体育思想是把人的一生的身体锻炼问题看成一个整体，把学校体育看成为人一生身体发展和锻炼的一个阶段，把学校体育的视角从关注学生的当前扩展到关注学生的未来和终生。终身体育主张在继续提倡掌握体育和保健的理论知识，提高对体育的认识，掌握必需的体育技能，提高体力，增进健康的前提下，强调发展个性，培养能力，养成锻炼身体的习惯，主张体育生活化，通过交往促进人的社会化，注重人的心理素质和情感的发展。

二、大学体育学习的目标

大学体育学习的目标是：了解体育与健康的基本知识；掌握自身从事体育活动的基本能力；理解体育活动在促进人类健康中的作用；形成健康的生活方式，并拥有健康的体魄。

要达到以上目标，大学生在体育学习过程中，应有意识地做到以下几点：

（一）掌握体育和健康的基本知识，提高体育活动的能力

大学的体育学习应注重体育促进健康知识的学习，掌握体育健身的基本原理，并能运用这些知识和原理指导自身的体育锻炼，学会体育锻炼评价方法和身心健康的评价方法，把体育视为一种文化加以理解，培养自己的体育素养。还要注重提高自身的体育活动能力。体育活动能力的提高除了要掌握体育和健康的知识，还要学习一定的运动技术和体育锻炼的方法，形成一定的运动技能。要从增强体质的角度去学习运动技术，把运动技术看成是增强体质和提高健康水平的手段，把运动技术和体育锻炼方法的学习过程看成是增强体质、增进健康、传播体育文化的过程。

（二）养成坚持锻炼身体的习惯，形成健康的行为生活方式

大学生通过体育学习，要培养自己的体育锻炼兴趣和意识，养成坚持锻炼身体的习惯，形成健康的行为生活方式，为终身体育奠定基础。

（三）培养自身的道德修养、合作精神和坚强毅力

大学生的体育学习要注重利用体育的教育属性，培养自身的道德修养、合作精神和坚强毅力。道德教育是全面和谐发展教育的重要内容，是教育的灵魂，在全面和谐发展教育中居于核心地位。正如苏联当代著名教育理论专家和教育实践活动家苏霍姆林斯基所说："和谐全面发展的核心是高尚的道德。"智育、体育、劳动教育和美育都不能脱离或忽视思想教育和道德品质教育。在道德教育中突出合作精神的培养，强调"学会关心"。这是继20世纪70年代初提出"学会生存"之后，教育观念、伦理观念和教育发展的又一次重大变革。

三、大学体育学习的途径

大学体育学习途径主要有体育课程和课余体育活动。

（一）体育课程

体育课程是为了实现学校的教育目标而制定的使学生增强体质和获得健康经验的方案。它是大学生以身体练习为主要手段，通过合理的体育与健康教育和科学的体育锻炼过程，达到增强体质、增进健康和提高体育素养为主要目标的公共必修课程；是学校课程体系的重要组成部分；是高等学校体育工作的中心环节。体育课程是把身体发展、思想品德教育、文化科学教育、生活与劳动技能教育、心智开发等寓于身体活动并有机结合的教育课程；是实施素质教育和培养全面发展人才的重要途径。《学校体育工作条例》规定："普通中小学校、农业中学、职业中学、中等专业学校各年级和普通高等学校的一、二年级必须开设体育课。普通高等学校对三年级以上学生开设体育选修课。体育课是学生毕业、升学考试科目。"大学生通过体育课程的学习应努力达到以下五个领域目标：

运动参与目标：积极参与各种体育活动并基本形成自觉锻炼的习惯，基本形成终身体育的意识，能够编制可行的个人锻炼计划，具有一定的体育文化欣赏能力。

运动技能目标：熟练掌握两项以上健身运动的基本方法和技能；能科学地进行体育锻炼，提高自己的运动能力；掌握常见运动创伤的处置方法。

身体健康目标：能测试和评价体质健康状况，掌握有效提高身体素质、全面发展体能的知识与方法；能合理选择人体需要的健康营养食品；养成良好的行为习惯，形成健康的生活方式；具有健康的体魄。

心理健康目标：根据自己的能力设置体育学习目标；自觉通过体育活动改善心理状态、克服心理障碍，养成积极乐观的生活态度；运用适宜的方法调节自己的情绪；在运动中体验运动的乐趣和成功的感觉。

社会适应目标：表现出良好的体育道德与合作精神；正确处理竞争与合作的关系。

（二）课余体育

课余体育是指学生在课余时间里，运用各种身体练习方法，以发展身体、增强体质、

增进健康、提高运动水平和丰富业余生活为目的的体育活动。它包括早操、课间操、班级体育活动、课余训练、课余竞赛以及校外体育。课余体育是学校体育的重要组成部分，是实现学校体育目标的基本途径之一。课余体育与体育课程相互配合共同完成学校体育的目标。

课余体育的特点：①灵活性：与“课内”相比，“课余”不拘一格，灵活生动，丰富多彩，形式活泼，讲究实效；②开放性：与“课内”相比，“课余”不受教学计划的限制，内容和形式更接近生活；③综合性：“课内”教学是按学科进行的，而“课余”体育则是以活动为中心进行的，因此，它能为学生提供同时运用多种学科知识、多方面才能的机会；④趣味性：学生参加“课余”体育活动时，根据自己的兴趣、爱好自愿选择，其内容、形式也是学生喜闻乐见的，能引起他们浓厚的兴趣，满足他们的精神需要；⑤自主性：与“课内”相比，学生在“课余”体育活动中具有更大的自主性。

通过课余体育活动，能充实大学生的生活，扩大大学生的活动领域，密切大学生与社会的联系，激发大学生的体育兴趣和爱好，发展大学生的体育特长，培养大学生的开拓精神和创造才能，促进大学生个性的发展。

第二章　体育锻炼与身体健康

体育锻炼是运用各种体育手段，结合自然力（日光、空气、水）和卫生措施，以发展身体、增进健康、增强体质、娱乐身心为目的的身体活动过程。

第一节　体育锻炼促进心肺功能增强

体育锻炼可使新陈代谢旺盛，心肺功能增强，提高免疫力。

一、心肺功能对健康的影响

肺的呼吸运动，实现了肺与外界环境的气体交换及肺泡与肺毛细血管血液的气体交换。前者称肺通气，后者称肺换气。我们在体格检查时，常用肺活量指标来衡量肺通气功能。肺活量是指尽最大可能深吸气后再尽最大可能深呼气。健康成年男性肺活量值约为3500～4000毫升，女性肺活量值约为2500～3500毫升。

氧气进入血液后由血液运至全身，而血液之所以能在血管中流动，运送氧气，是由于心脏这个推动血液不断流动的动力站的作用。心脏在整个氧运输系统中是至关重要的，心脏的健康与人体健康关系至为密切，联合国“世界卫生日”曾经用“你的心脏就是你的健康”的口号来提醒人们注意保护好心脏的健康。心脏通过舒缩活动将血液不停地射入血管，使血管内的血液不停地流动，以保证全身各组织器官代谢的需要。健康成年人每分钟心跳75次左右，心脏每搏动一次大约向血管射血70毫升（称每搏输出量）。每分钟心脏大约向血管射血5升左右（称每分输出量）。心脏射出的血液在血管内流动时对血管壁有一定的侧压力，这就是血压。在心脏一舒一缩的一个心动周期中，血压随心室的收缩与舒张而有所升降。心脏收缩时，血液大量射入血管，主动脉压力急剧升高，这时的压力称收缩压；心室舒张时压力降低，称舒张压；收缩压与舒张压之差称脉压。我国健康成年人安静时收缩压约为13.3～16.0千帕，舒张压为8.0～10.7千帕，脉压为4.0～5.3千帕。血压可随年龄、性别和体内生理状况的变化而有所变动。

二、体育锻炼对提高心肺功能的作用

心肺功能的强弱对人的生命活动能力起着重要的作用，而且，体育锻炼又是使心肺功能增强的有效途径。

首先，由于从事体育锻炼时机体各器官必须获得充足的氧气及营养供应，为了完成这

一任务，人体的“动力源”——心脏就必须提高单位时间内的供应能力，这就需要供应心脏的心肌细胞能够获得充足的氧气及营养，充足的氧气及营养供应就使得心肌强壮而肥大，心脏的重量增加，心脏的容积增大，搏动有力，每搏输出量增加。有研究表明：从青少年开始坚持体育锻炼的人即使到了中老年，其心脏的大小和功能仍然类似于青年人的心脏，经常锻炼可使人的心脏推迟衰老 10～15 年。

其次，体育锻炼还能大大增强肺功能。进行体育锻炼时，由于肌肉活动需要更多氧气，因而呼吸次数增加，深度加深，肺通气量大大增加。

经常进行体育锻炼还有助于呼吸肌力量增大，胸廓活动性增强，肺泡具有更好的弹性。

三、提高心肺功能的运动处方

在制订运动处方时，首先要了解自己或他人的心肺功能适应状况和健康水平。其次要考虑运动处方的组成不得少于三方面的内容，即准备活动、锻炼模式和整理活动。

（一）准备活动

准备活动的目的是加快心率、升高体温，并增加肌肉的血流量；准备活动的时间一般安排 5～15 分钟为宜；准备活动的内容要根据练习内容进行选择；准备活动的部位要遍及周身。

（二）锻炼模式

锻炼模式是运动处方中最重要的组成部分，它包括锻炼方式、频率、强度和持续时间等。

1. 锻炼方式

常用的增强心肺功能的锻炼方式有步行、慢跑、骑自行车、爬山、游泳，有时也选择健身操、交谊舞等有氧锻炼项目。项目选择要符合自己的兴趣与爱好，也可选择几个项目进行综合锻炼。

2. 锻炼频率

一周进行两次锻炼就可增强心肌功能，锻炼 3～5 次可使心肺功能达到最佳促进状态，且受伤的可能性减小。

3. 运动强度

锻炼时强度要适宜。过大的强度会使无氧代谢成分增加，而对增进心肺功能效果不一定明显；强度过小对机体影响又太轻微。多大的强度合适呢？这里介绍用心率来掌握和控制运动强度的卡氏公式法。

芬兰学者卡沃宁（Karvonen）提出了一个发展最大吸氧量锻炼强度阈的计算公式，只要将自己的年龄及安静时心率代入卡氏公式，所得的数字就是锻炼中的强度阈值（适宜的心率）。

$$\text{有氧锻炼强度阈(心率)} = \text{安静心率} + [(220 - \text{年龄}) - \text{安静心率}] \times 60\%$$

譬如，一个安静心率为每分钟 70 次的 20 岁大学生，发展有氧能力锻炼的强度阈应该是：

$$70 + [(220 - 20) - 70] \times 60\% = 70 + 78 = 148(\text{次/分})$$

就是说，这个大学生在从事发展有氧能力的锻炼时，心率达每分钟 148 次左右是合适的。

4. 持续时间

作为增强人体心肺功能的体育锻炼，最有效的一次锻炼时间是：打篮球 30 ~ 60 分钟，跳健美操 30 分钟等，而即使跑步或步行也至少持续运动 5 ~ 10 分钟以上，并可根据健康状况及锻炼基础延长至持续 15 ~ 20 分钟甚至 30 分钟以上。一些研究报告表明，每天运动持续 30 分钟，几星期以后就可见到有氧能力明显增强的效果。

（三）整理活动

每次完整的锻炼都包括整理活动。整理活动的主要目的是促进血液回流至心脏，以避免血液过多分布在上肢和下肢而造成头晕和昏厥。整理活动还可减轻剧烈运动后的肌肉酸痛感和心律失常。整理活动至少应包括 5 分钟的小强度练习（如步行、柔韧性练习等）。

第二节　体育锻炼促进肌肉力量增强

体育锻炼的作用，就是在锻炼中，肌肉中的血液流动加速，肌肉得到更多的营养，促进肌肉纤维的生长，使肌肉能胜任各种强度的活动。体育锻炼不只增加肌肉的耐力，也能增强肌肉的爆发力。长期科学的体育锻炼，有利于肌肉力量的增强。

一、肌肉力量对健康的影响

人们对肌肉发达可以提高运动成绩的认识早已形成共识，但对肌肉强壮在健康因素中产生的影响，知之甚少。研究表明：人的基础代谢状况，影响人的脂肪和体重，基础代谢下降将造成人的脂肪和体重上升，而对基础代谢产生影响的直接原因将来自于人的肌肉总量。研究证明：增加 0.5 千克肌肉每天多消耗 30 ~ 40 千卡的热量。换言之，增加 0.5 千克肌肉每年消耗掉的额外热量约相当于 1.5 ~ 2 千克脂肪的热量。比较两位体重相同、肌肉相差 5 千克的正常人，肌肉含量高的人基础代谢率也明显的高。而脂肪的增加给人的健康所造成的影响无须再论，因此，出现了社会上盛行的药物减肥热，但这并不利于人的健康，并且皮肤会变得松弛。而力量练习不仅能达到减轻体重的目的，还可以使皮肤保持弹性，但这种锻炼效果并非一日之功，应根据自己的年龄和当前的身体状况，需 12 个月或更长时间有计划地进行有氧练习、肌肉力量和耐力练习以及注意合理的饮食，才会明显地减少体脂，皮肤才有足够的时间恢复弹性。所以，有规律地锻炼和合理的饮食是降低脂肪含量、提高肌肉力量、实现人体健康的有效方式。

二、体育锻炼对提高肌肉力量的作用

肌肉的发达健壮，绝不是靠饮食和休息而获得的，肌肉发达的主要途径是体育锻炼。每一块肌肉都是由肌纤维和结缔组织分别构成肌肉的收缩成分和弹性成分。肌纤维是肌肉的收缩成分，通过肌纤维的主动收缩放松实现人体的各种运动；肌腱和肌肉中的结缔组织组成肌肉的弹性成分，它与肌肉中的收缩成分并联或串联存在，如肌肉两端的肌腱属串联弹性成分，而包绕肌纤维束的肌膜等称并联弹性成分。当人体进行各种运动时，肌肉的收

缩成分主动缩短，弹性成分被拉长而将收缩成分释放的部分能量吸收储存起来，其后即以弹性反作用力的形式发挥出来，促使肌肉产生更大的力量和更快的运动速度。

进行各种肌肉力量的练习时，由于肌纤维的主动收缩与放松，大大促进肌肉中的血液供应和代谢过程，肌肉中有着丰富的毛细血管，在一平方毫米的肌肉中，就有数千根毛细血管。但是当肌肉处于安静状态时，肌肉中的毛细血管仅开放很少一部分。只有在进行体育锻炼或体力活动时，肌肉内毛细血管才大量开放，这就使肌肉获得更多血液供应，带来更多氧气和养料，使肌肉内代谢过程大大加强。其结果使肌纤维内的蛋白质增加，肌纤维就逐渐粗壮，肌肉内供能物质含量也增加，肌肉的结缔组织弹性改善，使肌腱弹性、韧性加强。这不仅使体格健壮，还十分有益于健康。

因此，如果你想获得健壮的体格，你就应该积极从事肌肉力量的锻炼。

三、肌肉力量练习运动处方

（一）练习原则

1. 渐增阻力原则

渐增阻力原则是指肌肉力量、耐力因超负荷训练而增加，但由于力量、耐力的增长，原来的超负荷则变成了非超负荷或低负荷，此时如不增加负荷，则力量、耐力就不能增长。

2. 专门性原则

力量、耐力练习要根据运动需要或强身健体的需要而区别对待，并且哪里需要就练哪里。

3. 增加肌肉力量和耐力的科学性原则

有研究表明，增加肌肉的力量和体积需采用大强度运动（举重物时仅能重复4~6次）；增加肌肉的耐力需采用低强度重复次数多的练习（能举轻的负荷15次或者更多）。

4. 系统性原则

研究表明，练习频率高、肌肉力量增长很快者，停止练习后消退也快；而练习频率低、训练时间较长、肌肉力量缓慢增长者，力量保持的时间则相对较长。所以，力量练习要经常性地系统安排。每周进行3~4次的力量练习，可使肌肉力量明显增长。

（二）影响肌肉力量、耐力练习效果的若干因素

负重抗阻练习是增强肌肉力量的基本手段，而肌肉力量练习的效果又与训练中的多种因素有关。

1. 最高重复次数和组数

最高重复次数是指进行某一重量的练习时，用一次连续练习的最大重复次数来衡量负荷的大小。重量轻，最高重复次数就多；重量重，最高重复次数就少。

一次无间歇的最高重复次数为一组。组数的多少受多种因素的影响，练习目的不同，练习的组数可有差异。一般来说，一次练习可安排3~6组。

研究表明，最高重复次数为6次的重量，进行3组练习，可使肌肉力量有效地增强。

最高重复次数为18～20次的重量，进行4～6组练习，可使肌肉耐力得到有效的改善。

2. 每组练习的间隔时间

力量练习各组间的间隔时间，一般以肌肉能完全恢复为准。肌肉在练习后的3～5秒时已恢复50%，2分钟时完全恢复。如果练习目的是为了增强肌肉的力量，练习的间隔时间不太重要，一般在1分钟左右；如果是为了增加肌肉的耐力，在6～8周训练中，练习的间隔时间应从2分钟逐渐减少到30秒钟。

3. 每次练习的间隔时间

如果是进行全身的肌肉练习，每隔一天进行练习会获得最佳的效果。倘若休息时间较短，身体不能完全恢复，锻炼效果也会较差。假如每天坚持力量练习，每天应训练不同的肌肉群。例如，星期一、三、五练习上肢力量，二、四、六练习下肢力量，但应注意恢复时间不能过长（不超过4天）。否则，练习获得的力量和耐力便会消退。

（三）发展肌肉力量、耐力处方

在明确了发展肌肉力量和耐力的原则以及有关影响因素的基础上，制定发展肌肉、耐力的锻炼处方。

1. 开始阶段

开始阶段的重量选择要适当，一般选择最高重复次数为12～15次的负荷，并且根据练习者最初始力量确定开始阶段的持续时间，一般为1～3周。

2. 快速增长阶段

此阶段的重量增加以最高重复次数为6～8次而确定，并且此阶段的练习每周一般为3次，每次练习安排3组，直至达到练习者的预定目标为止。

3. 保持阶段

保持阶段的力量练习强度应比获得阶段小。研究表明，力量增长后，每周1次的练习即可保持原增长水平。若不训练，30周后原增长水平完全消退。

第三节　体育锻炼与柔韧性改善

就体育锻炼中的柔韧性而言，柔是指肌肉、韧带拉长的范围，韧是指肌肉、韧带保持一定长度的力量，控制关节不受损伤的最大活动幅度，柔和韧的结合便是柔韧，发挥的能力则是柔韧体能。

一、柔韧性对健康的影响

柔韧性是指一个特定的关节或一系列关节可能活动的范围，而且柔韧性可能只同一个关节有关，或和一连串关节有关，它们必须一同运动，人才能自由地弯曲转动。你也许经常会听到别人说“他的身体柔韧性很好”，其实说整个人柔韧性好是不正确的，柔韧性是相对于一个特定的关节部位或一个活动而言的，一个人也许踝、膝、髋等关节很灵活，但肩关节的灵活性可能较差。

根据人体生理解剖结构，柔韧包括四肢和躯干各关节的柔韧。其主要关节有肩、肘、腕、髋、膝、踝、脊柱等关节。柔韧性的锻炼就是针对上述各关节灵活性的练习。

原先，柔韧性被认为是体能的一种组成成分而非健康因素。但对于一个健康的人而言，全身能够自由灵活地做出各种动作，必须要具备基本的柔韧性。例如，关节炎患者的一个关节失去了其正常的功能，一动就痛并且活动受到限制，连正常运动也受到阻碍。这说明柔韧性也应该是一个健康的因素。

在体育锻炼中，因项目不同对各关节活动幅度要求的程度也就不同。但各关节柔韧性的全面发展是基础，只有在全面发展的基础上，才能突出某一项目需要的关节柔韧性的需要。例如，投掷、举重和游泳等项目需要肩关节柔韧性较好，篮球、排球和小球项目对腕部柔韧性要求较高；还有的项目，如体操、艺术体操、技巧和武术等因技术动作的需要对全身各关节的柔韧性要求都比较高。对任何一个锻炼项目来说，全身各关节的柔韧性在每一个动作中都有其具体的作用，哪一个关节柔韧性差都会影响动作技能的掌握和发挥。因此，各关节柔韧性的发展是相互促进的。

因此，增强柔韧性对掌握动作技能、改善健康状况的具体作用归纳如下：

（1）柔韧性是体能的重要标志之一。

（2）加大一定的活动幅度，提高动作效果，有利于肌力和速度的发挥。

（3）提高关节的灵活性，使人的动作姿势优美。

（4）加速动作掌握进程，使动作学习轻松自如，做动作也更加协调和准确。

（5）减少肌肉等软组织损伤，防止伤害事故发生。

（6）有助于肌肉放松和情绪稳定。

二、体育锻炼对柔韧性的影响

（一）体育锻炼可使关节周围组织的功能增强

柔韧性的表现主要来自于骨关节，而骨关节结构因受先天的影响存在难以改变性，所以，改善骨关节周围组织是加强关节柔韧性的有效措施。

关节的加固主要靠韧带和肌腱，肌肉则从关节外部补充加固关节的力量，控制关节活动幅度，它们共同作用，限制关节在一定范围内活动，从而保护关节不致超出解剖允许的限度而受伤。当具体发展某一关节的柔韧性时，主要发展控制关节屈、伸肌的伸展性及协调能力，牵拉限制关节活动幅度的对抗肌，逐渐增加它们的伸展度。为了力求达到关节的最大解剖伸展度，就必须在完全克服对抗肌的限力以后仍然拉伸，从而牵拉到肌腱，最后才拉伸到韧带，所以平时我们所说的“拉韧带”，实际上首先是对肌肉、肌腱的拉伸。

拉韧带主要采用主动或被动的静态伸展法、主动或被动的弹性伸展法等形式。主动或被动的静态伸展法是缓慢地将肌肉、肌腱、韧带拉伸到有一定酸、胀和痛的感觉位置，并维持此姿势 10～30 秒（视不同情况而定），对某一块肌肉的伸展应连续重复 4～6 次。主动或被动的弹性伸展法是指有节奏的、速度较快的、幅度逐渐加大的多次重复一个动作的拉伸方法。主动的弹性伸展是靠自己的力量拉伸，被动的弹性伸展是靠他人的帮助或负重借助外力的拉伸，主动或被动拉伸都要注意力量适当，否则易于拉伤。

（二）体育锻炼可产生适合于柔韧性功能改善的体温

肌肉温度升高时，新陈代谢加强，供血增多，肌肉的黏滞性减少，从而提高肌肉的弹性和伸展性，柔韧性得以提高。影响柔韧性的温度有外界环境温度和体内温度，体内温度的调节用于补偿外界环境对机体产生的不适应。当外界温度较低时，必须做好充分准备活动，提高肌肉温度，从而增加柔韧性；当外界温度较高时，应排除汗液降低温度，以免肌肉过早出现疲劳而降低关节的柔韧性。

三、提高柔韧性的练习方法

提高关节的柔韧性，应有目的、有选择地进行练习。柔韧性练习一般在适当的热身运动以后进行，也可安排在多次锻炼的结束部分进行。为了防止受伤，应先采用静态伸展肌肉的方法，然后再进行弹性伸展方法牵拉。

（一）柔韧性锻炼处方设计

1. 准备活动与热身

在做柔韧性练习之前，必须先进行准备活动或热身，使身体微微出汗、体温升高。

2. 合理地控制练习强度

柔韧性练习应采用缓慢、放松、有节制和无疼痛的练习，只有通过适当努力才会提高。肌肉的伸展会有酸胀的感觉，但不应过分伸展而引起不适，拉伸的强度随着关节的活动范围增加而改变。随着柔韧性在锻炼过程中的提高，练习强度应逐渐加大，做到“酸加、痛减、麻停”。

3. 柔韧性练习的时间和次数

柔韧性练习的时间由采用的伸展方式决定，它主要取决于重复的次数和伸展位置上停留的时间。每个姿势持续的时间和次数是逐渐增加的，应从最初的 10 秒，经过一段时间增加至 30 秒，重复次数在 4 ~6 次。

4. 注意事项

发展柔韧性要循序渐进、持之以恒，要周身锻炼、保持平衡，要力量适中，切忌用力过猛，要调节体温，避免伤害事故发生。

（二）柔韧性练习一般采用的方法

1. 发展肩关节柔韧性常用练习方法

①压肩（正压肩、反压肩）；②吊肩；③转肩。

2. 发展下肢柔韧性常用练习方法

①弓箭步压腿；②后拉腿；③正压腿；④侧压腿。

3. 发展踝关节柔韧性常用练习方法

①跪压踝关节；②提踝练习。

4. 发展腰腹部柔韧性常用练习方法

①体前屈；②体侧屈；③转体。

第三章 体育锻炼与心理健康

体育锻炼可以提高智力，促进身体健康，也是影响心理健康的重要因素。经常参加体育锻炼，可使身体产生极大的舒适感，在运动中享受节奏韵律。体育可给人们提供更多的交往机会，有助于消除孤独心理，冲破“闭关自守”的生活方式，从而增进和发展与不同类型的人的交往。体育运动对于人的心理健康的积极促进作用是其他任何方式、手段所无法替代的。我们要充分利用体育运动的有利条件，在参与运动的过程中有意识地发挥其特殊功效，促进人们的心理健康。

第一节 体育与心理健康

我们常常能从运动中获得良好的体验，如慢跑后神清气爽、散步后身心放松等。体育锻炼给心理健康带来的好处远超多数人的想象，不论是随性的身体活动，还是规律的体育锻炼。

一、健康的新观念

健康是每个人都关心、渴望和追求的。自古以来人们就追求健康，探讨研究健康。随着社会的发展，科技的进步，文化的繁荣，人们对健康的观念也在不断发展、深化。在现代社会生活中，什么是真正意义的健康呢？联合国卫生组织（WHO）为健康下的定义是：健康，不但是没有身体缺陷和疾病，还要有完整的生理、心理状态和社会适应能力。这一定义摒弃了“无病即健康”的生物学健康观。健康包括躯体健康和心理健康，两者舍弃任何一方面都不是真正意义上的健康。

二、体育运动对心理健康的作用

心理健康作为健康的标志之一，目前国内外学者对心理健康的定义和标准尚未形成统一的认识。根据心理卫生所指出的，认为心理健康是指个人社会生活适应上所表现的和谐状态，这一状态包括不具有心理疾病的异常表现、心理活动和行为表现为所在社会所接受和处在统计学上的中间大多数范围 3 个条件。

体育运动可以促进生长发育，有利于增强体质，增进身体健康，这是被社会公认的，并得到了社会的应有重视，但体育运动对心理健康的意义以及体育的心理效应并没有得到应有的重视。现就适宜的体育运动对构成心理健康的重要组成部分的积极影响介绍如下：

（一）体育运动可以丰富人的情绪体验

情绪情感是人对于客观事物是否能满足个人需要而产生的态度体验，情绪具有两极性，情绪的两极性表现为它有肯定的和否定的对立性质，积极的和消极的两个方面。情绪的两极性是相反相成的，没有爱，就没有恨，没有紧张，就无所谓放松。体育运动由于项目的多样性，组织形式的多样性，运动过程的克服困难，运动结果的不确定性，运动竞赛的公平竞争，会给人以多种多样的刺激，从而丰富人的情绪体验，并且刺激越丰富，情绪体验就越多、越强烈、越复杂，这也是体育运动吸引力的所在。

（二）体育运动抗抑郁效能十分明显

研究证明，中等或大强度的长期运动锻炼，能治疗非精神病人的抑郁症状，并且运动锻炼不会使抑郁症状复杂化，没有其他心理方面的副作用，是一种安全的对付抑郁的康复手段。凯恩（Kyan）1993 年对 1750 名心理医生做调查，有 60% 的人认为应将身体活动作为一种治疗手段来消除焦虑，有 80% 的人认为身体活动是治疗抑郁症的有效手段之一。体育运动为什么有十分明显的抗抑郁效果呢？研究者认为，首先，是体育运动对中枢神经系统有良好的影响，通过体育活动可以发展自我控制能力；其次，抑郁症一般是与肾上腺素的低分泌量密切相关，而体育活动恰恰能增加肾上腺素的分泌量；再次，是体育运动中可以更多地体验到成功感、竞争感，可以提高自我概念，可以提高自我评价。

（三）体育运动有助于提高有机体对抗应激和紧张的能力

由于现代社会的发展，经济的高速增长，社会竞争的加剧，以及其他刺激频率和强度的增加，现代人的应激和紧张感加剧。研究证明，体育运动有助于减轻受到应激刺激时的心理反应，并能加快恢复过程。

（四）体育有助于自信心的培养

一个人有无自信心是十分重要的。缺乏自信心是怀疑自己能力，害怕失败，遇事总是消极想象，放弃努力，所以他们很难品尝胜利的欢乐、成功的甘甜，最终成为一个失败者。一个充满自信的人，无论工作、学习和生活上的难题都能坚信自己的能力，充满胜利的希望，从而坚持不懈地努力，最终总能品尝成功的甘果，胜利的欢乐。所以说自信心是个体获得成功的基本保证。体育运动有两种基本形式：一是训练或练习；二是竞赛。无论哪种形式都会使参与者经常享受成功或胜利的欢乐，这无疑会增强一个人的自信心。但自信心不仅仅在成功时才有，从失败中也可培养和形成。一次比赛的失利，常常会使参与者既看到了自己的不足，也找到了对手的薄弱环节，从而坚定了战而胜之的信心。在不断成功、胜利，一次又一次的失败中，潜移默化地影响参与者的思维方法和行为模式，培养他们的自信心。

第二节　体育比赛心理

了解体育比赛心理是为了更好地参与比赛。体育比赛心理与运动员的体能训练、技术训练、战术训练享有同等重要的地位，它们是一起共同构成科学的、完整的和现代化的运动训练体系必不可少的重要组成部分。

一、赛前心理状态的分析

运动员赛前心理状态的变化以运动情绪最突出，所以区分赛前的心理状态时，总是以运动情绪的分类来作为心理状态的分类。由于运动员对比赛的认识、态度、经验和准备情况的不同，赛前的心理状态可分为以下四类：

第一，赛前过分激动状态。赛前过分激动状态，一般是由于准备不足、缺乏经验造成的。具体表现是：情绪强烈紧张，呼吸短促，心跳加快，心神不定，四肢颤抖等。过分激动的情绪会过早地消耗身心力量，使记忆力减弱，注意力失调，思维狭窄，不能很好地挖掘自己的运动潜力。

第二，赛前淡漠状态。赛前淡漠的情绪状态多由动机水平较低，或连续多次比赛失利所造成。其具体表现是：意志消沉、精神萎靡不振，全身软弱无力，反应迟钝。这是一种消极的情绪状态，严重者甚至逃避比赛。

第三，赛前盲目自信状态。赛前的盲目自信状态，多是由于运动员对比赛的困难和复杂程度认识不足，不能正确地认识自己和对手造成的。这种心态可使注意力下降，知觉、思维迟缓，心理、生理能量不能充分动员，给比赛带来不应有的损失。

第四，战斗准备状态。战斗准备状态是一种理想的赛前情绪状态，也称最佳竞技状态，是运动员在比赛中充分发挥身体和技术潜力的状态。在这种情绪状态下，动作协调，轻松有力，反应灵活、思维敏捷，有创造欲和表现欲。

赛前的心理状态是有变化、有起伏的，教练员的任务在于正确区分这些类型及其特点，采取相应的心理训练手段，调整好运动员的心理状态。

二、赛中情绪状态与调节

（一）赛中的情绪状态

1. 运动兴奋情绪

运动员精神饱满，精力充沛，信心十足，力量倍增，是一种增力的积极情绪。

2. 运动振奋情绪

运动员的情绪高涨，精力非常充沛，坚信自己的力量，头脑清醒，判断准确，这种情绪可激励运动员克服一切困难，以最大动力争取胜利。

3. 运动陶醉情绪

在这种情绪状态下，运动员感觉不到疲劳，受伤也感觉不到疼痛，全神贯注，把全部精力集中在比赛上，对于其他与比赛无关的事情，视而不见，听而不闻。

4. 运动悔恨情绪

这是一种运动员觉察到个人的失误或自尊心受到伤害，或受到不满意的评价时产生的爆发式的强度大的情绪状态。有时这种状态在比赛的关键时刻，可很快地调动运动员的潜力，迅速扳回比分。

5. 运动荣誉感、自豪感、义务感和责任感

这是一种深刻而复杂的高级的社会情感，是把集体利益和个人利益统一起来的表现，

是自认为胜利完成任务，对集体做出贡献的体验。

6. 过度紧张情绪

是运动员在实际中或者想象中体验到危险而又缺乏应付可怕局面的力量和能力时产生的一种情绪体验。这种情绪常常使运动员过多地关注比赛的结果以及一系列影响，如有损于自尊心、得不到奖励、对不起师长和亲友等，而造成注意力狭窄、行为失控、发挥失常。

（二）情绪状态的调节

为了防止或减缓消极情绪对比赛的不利影响，除了在比赛前做好心理准备外，还可在比赛中根据具体情况，做一些简单的调节，以利于比赛的顺利进行，争取好的成绩。

1. 战绩回忆法

赛前在头脑中清晰地重现自己过去获得胜利或成功时的最佳表现，想当时的身体感觉和情绪状态，这有利于增强信心，缓解紧张，提高运动成绩。

2. 模拟训练法

模拟训练多种多样，应根据运动员的实际情况、特点采取针对性的训练法。例如，对赛场观众的模拟，赛场上震耳欲聋的呼喊声、敲打锣鼓声，甚至观众的鼓倒掌、吹口哨等；模拟裁判员的错判误判等；模拟对手的技术、战术特点以及他们的比赛风格等。

3. 表情调节法

有意识地改变自己的面部表情，如有意识地放松面部肌肉，心情沉重或情绪低落时，故意做出笑脸等。因为情绪状态和面部表情有密切的联系，情绪会引起一系列生理过程的变化。所以面部表情变了，就有可能相应地改变情绪状态。

4. 呼吸调节法

在情绪过度紧张时，常常伴有呼吸急促表浅的现象，这时采用缓慢地呼气和吸气，可以降低大脑皮层的兴奋性，达到放松的目的。

5. 音乐调节法

音乐可以影响人的大脑，使之产生兴奋、镇定、平衡三种状态，并能帮助集中注意力等，如情绪过分紧张，可听一段优美的轻音乐，往往可以得到一种良好情绪。

三、赛后的情绪分析和调节

赛后的心理状态除了受比赛的结局，诸如胜利或失败、顺利或挫折影响外，还常常受运动员的个性特点，如思想意识、道德品质等影响，但情绪体验概括起来有积极和消极两个方面。

（一）胜利后的情绪体验

1. 积极的情绪体验

表现为对胜利的满足感，心情愉快，精神振奋，有继续提高技术、战术水平的迫切感和自信心。

2. 消极的情绪体验

表现为盲目自信，骄傲自满，过分地夸大、美化自我形象，看不到自己的缺点和不足，不愿再做艰苦的努力。

（二）失败后的情绪体验

1. 积极的情绪体验

能正确分析、认识比赛失利的原因，从而总结经验，汲取教训，有提高技术、战术水平的迫切感和自信心。

2. 消极的情绪体验

对比赛失利的原因不能正确地认识，怨天尤人，苦恼、丧失信心，极不愉快，无精打采，对同伴嫉妒、冷漠，不愿再参与训练和比赛。

（三）赛后情绪的调整

一次比赛的暂时结束，实际上是下一次比赛的赛前准备。一个明智的教练员会从赛后运动员的种种表现中，发现未来的隐患，看到未来的希望。

赛后心理状态的调整，应从三个方面着手：第一，是身体和心理的全面恢复。比赛使运动员的身心消耗巨大，赛后要进行身体和心理的全面恢复。第二，是紧张情绪的消除。比赛过程中所产生的紧张情绪，并不伴随比赛的结束而消失，常常要延续一段时间，如比赛失败后，常常迁怒于人；比赛胜利后，得意忘形，长时间自我陶醉。要消除比赛结束后的一些不良情绪，可用放松训练、注意转移法、改变认知结构开始。第三，是赛后自我形象的修复。比赛的胜利，可能自我美化，夸大自我形象；比赛的失利，也可能一叶障目，看不到自己的长处。所以，比赛结束后，要进行自我形象的修复，既不夸大，也不缩小，恢复自己的本来面目。其方法可采用想象演习法和表象训练法。想象演习法是通过整个自我形象的内心表演，使心理状态不断全面发展；表象训练法是对自我形象的个别成分进行修复训练。

第三节　提高心理健康的体育锻炼方法

健康的心理是大学生接受教育、学习科学文化知识的前提，是大学生在大学期间正常学习、生活的保证。根据天津市高校的统计，在5万名大学生中，16%以上的学生都有不同程度的心理障碍。随着中国加入WTO和国际化进程的加速，人们的生活节奏在不断加快，竞争愈加激烈，大学生面临的就业形式更加严峻，学生间的竞争更加激烈，这就必然增加学生心理的负担，导致大学生心理健康问题的不断涌现。因此，采取必要的措施，使学生掌握正确的方法及时进行自我心理调节是非常重要的。体育锻炼是大学生保持健康心理、适应社会的一种简便、有效的方法。下面介绍几种调节过度焦虑、孤独、自卑、抑郁、恐惧、暴躁等不良心理状态的体育锻炼方法。

一、身体活动调节法

它是通过人的大脑与肌肉之间的信息双向传导，选择不同强度、幅度、节奏的身体练习来调节人的情绪的一种体育锻炼方法。例如，当情绪低沉时，采用一些连续性健身操、健身舞、快步走等节奏快、幅度小、强度处于中等偏上的身体练习，来提高大脑的兴奋性水平，使情绪逐渐活跃起来。对于大学生来讲，每次活动时间不少于20～30分钟，心率控制在平均每分钟130～150次的中等强度的有氧活动，包括快步走、慢跑、游泳、骑自行车等。

二、肌肉放松法

它是一种通过一定方式（呼吸、暗示、表象、音乐等）使肌肉一步步放松，使大脑逐渐平静，从而调节中枢神经系统的兴奋性水平，缓解紧张情绪，增加大脑对全身的控制支配能力的训练方法。具体方法是：选择适宜的姿势，以舒适轻松、全身都不费力为准，通常采用靠背坐姿势，轻轻闭合双眼，想象自己正处在一个非常舒适宁静的环境中，变正常的呼吸为慢速、加深、均匀而自然的腹式呼吸，在语言的诱导下，体验身体各部位温暖的感觉和前额清凉、内心平静，全身心进入放松安静状态，肌肉放松、心情愉快。这时你可以慢慢睁开眼睛，感觉眼前一切更加清晰，恢复正常状态即结束放松训练。这种方法每天1～2次，每次10～15分钟。

三、呼吸调节法

它是通过慢而深的呼吸方法，来消除紧张，降低兴奋性水平，使人的波动情绪逐渐稳定下来的一种方法。具体方法是：站直或坐直，微闭双眼，排除杂念，尽力用鼻吸气，轻轻屏住呼吸，慢数一、二、三，缓慢地呼出，同时数一、二、三，把气吐尽为止，暂停，数一、二、三。重复以上步骤三次以上。大学生可以根据自己的情绪状况随时进行，特别是在体育比赛或考试前进行。

四、身体沉思

它是一种通过把力量、耐力、平衡及注意力集中在内的静静的、有节奏的运动，使人平息激动，放松的方法。具体方法是：呈站立姿势，整个身体保持在一条直线上，双肘和前肩与地面平行，将右脚放至左脚的前面，以身体感到平衡和舒适为宜，同时全力集中注视你的正前方某一点，然后，左脚慢慢移到右脚前面，同时呼气，慢慢地将前臂推离身体（掌心朝下），当左脚又返回到原来位置时，吸气，掌心转至朝上，将手臂“拉”向自己的身体。重复这一动作，并注意动作的节奏。该方法运用了太极拳的动作。每天进行20分钟的沉思练习，对消除过度焦虑情绪，使身体和心理放松具有显著作用。

五、其他

通过弈棋、钓鱼等活动，怡情畅志、凝神静气、精诚专一，可调节情绪、减少抑郁、失眠等不良情绪的干扰，提高自己的心理健康水平。

提高心理健康水平的锻炼方法还有很多，大学生可以根据自己的心理和身体状况选择适宜的方法进行练习，使自己每天能心情愉快地进行学习。

第四章 体育锻炼与社会适应能力

人能否适应社会是决定你事业能否成功的关键。不管你拥有多少知识、不管你具备多么强的业务能力、不管你怀有多么高的报国之志，如果你不具备适应社会的能力，那么，你将与事业的成功无缘。体育锻炼以其自身特点，对提高人的社会适应性产生着积极的影响。

第一节 体育锻炼与价值观念

一、体育锻炼可以培养适应社会需要的价值观

价值观念是文化观念的核心，也是文化精神的集中体现，它是指人们对社会经济活动的价值判断或价值取向。

（一）体育锻炼促进人们和平相处

人们渴望和平，追求安定，只有和平、社会的安定，才能有经济的发展、社会的进步、人民群众的安居乐业。虽然体育体现的是竞争，但它是建立在统一规则基础上的公平竞争，是建立在友好气氛上的相互交流与切磋。所以，体育可以培养人的和平观念，体育可以规范人的和平行为，体育在潜移默化中使人们养成了和平的价值趋向。

（二）体育锻炼处处体现着自由和平等

从体育所包含的内容和要求来说，它不分肤色、贫富、贵贱、种族、信仰或性别，人人都可以参与，人人都可以拥有。它构建了一个平等的使每个人都乐于接受、通俗得使每个人都乐于接受的模式，在这种平等的意识里，人的尊严、人的权利真正得以展现。正是由于体育在人们的参与中处处让人领悟着机会的均等，所以，它处处也体现着人与人的平等，使人从参与中深深感触着体育锻炼的自由性。体育的平等参与、平等拥有，必将影响人们以平等的观念去处理自己要处理的一切，形成人与人之间平等的观念和行为。

（三）体育锻炼最能体现付出与收获的关系

大到体育健儿奥运赛场上为国争光，小到每一个体育锻炼者的跑步或打拳，无不以吃苦耐劳、持之以恒地接受着超人的付出而换取领奖台上的辉煌，无不以自己亲身的实践锻炼，才能达到自身体质的增强。体育锻炼在付出与收获上的因果关系，最能直接地使人们领悟成功的喜悦是靠平时的奋斗获取，辉煌的成就是由汗水铸成。所以，人可以通过体育锻炼培养其拼搏进取的人生观。

（四）体育锻炼可以培养人们崇尚知识、崇尚人才的价值观

由于人们从公平的竞争里，逐渐体会和认识到任何一项体育比赛，不仅是速度的角

逐、力量的抗衡，更是战术的拼杀、技术的较量，知识与力量的交融。所以，人又从体育的优胜中进一步领悟到要想在激烈的竞争中立于不败之地，必须崇尚知识、崇尚人才。

正是由于人们在从事体育锻炼中可以形成以上如此优秀的价值取向，所以，积极主动地利用体育锻炼将有效地形成和提高人们适应社会的价值观。

二、体育锻炼可以培养适应社会需要的竞争意识和竞争手段

竞争即为了自己的利益而与人争胜。当今社会科学技术迅猛发展，各行各业的竞争日趋激烈。政治家要竞选，军事家要搞军备竞赛，企业家要追逐利润，商业家要占领市场，即使是普通的劳动者也要在优化组合中经受考验。面对如此激烈的竞争环境，为了求生存、求发展，必须培养自己的竞争意识，具备应有的竞争手段。

（一）体育竞争是以实力而获胜

在任何体育竞争活动中，最讲现实、不论资历，任何优胜者都要经过严格的训练，吃苦耐劳，勇于拼搏，不断提高自己的身体技能、心理水平、战术意识和团队精神，并具备把握机遇的能力，才能取胜。任何不劳而获的结果，在体育的竞争中是不允许的。因此，每一位参与者都将从体育的竞争中懂得优胜的结果来自于强大的实力。教育人们只有通过艰苦的努力才能获胜。

（二）体育的竞争最体现公平性

由于任何一项体育的竞争，都将在严密、严格的规则和规程约束下进行，所以，体育的竞争最讲法制而不徇私情，它不承认个人身体、心理以外的任何不平等性。从这一意义上讲，体育竞争教育每一位参与者必须养成公平竞争的意识，并以公平的体育竞争方式来应对人生旅途中一次又一次的竞争。

（三）体育的竞争最能锻炼参与者遭遇挫折和失败的适应能力

体育运动大到奥运会，小到活动游戏，无不以追逐胜利为目的，无不以胜利或失败而告终。然而，体育竞赛的残酷性又往往表现在成功、获胜只是相对的、暂时的，而挫折和失败又是经常的、普遍的。挫折—奋斗—成功—再挫折—再奋斗—再崛起……描绘了体育竞争内在的规律性，同时也反映出每一位成功者要不停息奋斗的人生轨迹，折射着人生的喜怒哀乐。所以，体育可以使参与者在比赛中建立竞争意识，体育又使每一位参与者领略胜利的欢喜、失败的痛苦，锻炼人们享受成功或承受失败的适应能力。

第二节　体育锻炼与人际关系

一、体育锻炼促进协作意识和协作能力的形成

（一）体育锻炼对协作意识的影响

协作意识是体育意识的基本内容之一，协作即协同配合、齐心协力。坚强集体的力量是巨大的。而坚强集体的形成和保持，则取决于每一个成员是否具有强烈的协作意识和群

体精神。体育运动的集体性特点，为培养学生的协作意识、群体精神提供了有利条件。不管是以个人参赛、团体排名的田径和游泳，还是以不同位置成员联合组织成阵型的足球、排球和篮球比赛，体育决定了参与者必须以高度的协作意识，熟练的协作行为，承担起参赛角色的权利、义务和责任。曾经夺取“五连冠”的中国女排，论个人技术和身体条件并不强于当时的美国、苏联和古巴，而她们能够获胜的关键是依赖于队员之间、队员与教练之间的密切协作，从而形成了势不可挡的集体力量。由此更进一步证实，体育需要集体力量，需要协作，而体育本身也蕴藏着协作的因素。然而，协作意识并不是一朝一夕就能形成的，它必须通过参与体育教学、训练、竞赛等活动的过程中，不断地重复磨炼，才能在潜移默化的过程中，逐步培养与增强这种协作意识，并使之“生活化”，融入我们的工作学习之中，改善我们的社会适应性。

（二）体育锻炼能够促进协作能力的提高

良好的能力是现代社会对于人才质量和规格的一项基本要求。其中协作能力的高低，是科学技术飞速发展、知识爆炸时代，一个人用有限的精力和有限的时间，去完成无限的工作或事业能否成功的基本能力之一。在目前各学科明显呈现既高度分化，又相互渗透；既高度综合，又纵横交错的新态势情况下，各项科学研究和研究成果的形成，也越来越趋向于学科交叉的方向发展。因此，要求每一个参与者必须具备与他人协作的能力。

然而，体育锻炼依其明显的特殊交往方式，培养着每一位锻炼者的协同配合能力、待人接物能力、豁达坦荡的心胸和“忍辱负重”的内涵。这些在处理人际交往中的协作能力是人们走向未来成功的阶梯和基础。

二、体育锻炼可以形成社会需要的个性并胜任社会角色的需要

体育的重要功能之一，就是能对人的有机体施加影响，它不仅能影响人体的生理属性，还能影响心理属性，促进身心的健康发展。在以上两种功能的基础上，现代体育同时还能作为社会教化的手段来促进个性的形成与发展。

（一）体育锻炼所固有的特性直接影响着人们形成适应社会需要的个性

个性是指个人在其生理和心理素质的基础上，在一定社会环境条件下，通过实践锻炼和陶冶逐步形成的观念、态度、习惯和行为。它是一个人比较稳定的心理、生理素质和社会行为特征的总和，是一个人能否适应社会或能否被社会接受的关键因素。

人们的个性心理特性包括人的能力、气质和性格等内容。其中决定一个人个性的重要因素是一个人的性格。人的性格多种多样，有的人热情、坚定、果断，有的人冷漠、动摇、懦弱，有的人固执、自信、骄傲，也有的人优柔、谦和、自卑。但不管哪一种性格，其形成都与体育锻炼有着密切的关系。

1．体育锻炼对人的个性形成具有调整功能

体育锻炼需要有体力、智力、情感和行为的参与，同时还要求人们有较高的体能和技能的投入。因此，在参加每次的体育锻炼中要求人们必须接近和突破自己的极限。正是由于这一过程和感受的出现，又使得每一位锻炼者在锻炼过程中有许多机会发现自己个性中的优秀部分，找到自己的不足，并决定采用何种方式巩固提高自己的长处，克服改进自己

的短处。正是通过体育锻炼可以使人形成正确的自我认识、自我意识、自我发现和自我改造的过程，也正是通过体育锻炼可以使人形成和发展个性以及实现人的社会化的过程。

2. 体育锻炼对人的个性形成具有约束作用

参加体育锻炼，尤其是集体项目，每一位参加者在其活动中，都不同程度地接受团队活动的约束与限制，接受团队活动的督促与激励，促使每一位锻炼者适应群体的需要。这其中不仅是技术的、技能的，而且还包括精神的。优异者将得到赞扬和激励，反之，则会受到贬斥和忽视。体育锻炼者正是为了取得与自己相适应的地位而不遗余力。在群体活动中，不遵守群体规范的行为，可能要受到比较严厉的制裁或惩罚。为了与群众保持一致，人们总是心甘情愿地接受来自群体的约束。这些约束迫使成员不得不改变自己的某些特性。

3. 体育锻炼可以使人形成积极向上的个性

体育活动中的主动积极性对参与者个性的形成所起的作用，虽源自于锻炼者在自我意识的调整下，表现出更主动、更积极、更自觉的锻炼需求，并以此达到体质增强和技能提高。但是，此目标的实现，又必须依靠重复的努力、持久的练习。在日复一日、年复一年的艰苦磨炼中，提高自己的技术、战术水平。这种顽强、拼搏、进取的精神，对个性的形成与发展具有重要的意义。

4. 体育锻炼可以培养人们具有丰富情感的个性

现代社会决定着现代人的情感，不仅表现为强烈的责任感、道德感、执着追求感，而且也具有理性感和转移感，又是人类高级情感的发生器。丰富着人类的情感要素。由于体育活动的自我意识感、群体约束感和主动积极感，它激励着参与者以高度的责任感来达到与同伴的合作；它以约定俗成的道德规范着自己的行动；它以执着的追求感，驱动着自己竭尽体力、技术和全部能力，去实现自己奋斗的目标；它以复杂而快速的转移感，领略着成功的欢欣和失败的痛苦。体育运动给人们提供的情感体验是复杂多样的，顺应了现代人对情感的多方面的需求。所以，著名的体育社会学家卢元镇先生曾这样概括它：“在大众体育里，人们可以得到对集体、社团的信赖感、依托感；在家庭体育里，成员们可以在和睦欢乐的气氛中，享受天伦之乐的归属感和稳定感；在娱乐体育里，人们因愉悦感和快感而情满胸臆；在探险活动中，人们因征服自我而增强自豪感和征服感；在竞技活动中，人们在成功与失败、荣誉与耻辱、竞争与退让乃至生与死之间拼搏选择，享受着各种复杂情感的折磨和冶炼。”

（二）体育锻炼是培养人们胜任社会角色的有效途径

在社会结构中，需要有各司其职的多种特定权利、义务和行为规范的人员组成。每一个社会角色，都代表着有关的行为期望与规范。体育运动场合，恰好能为人们学习社会角色提供优越的环境与适宜的条件，可为人们提供尝试社会角色的各种机会。

所谓体育运动中的角色，是指个人在由体育而结成的社会关系中所处的地位。这种地位有其权利、义务和相应的行为。比如，篮球课上的教学比赛，两队各自的中锋、前锋和后卫等各个角色，都是在自己所处的位置上，通过与该位置相适应的角色行为而产生相互的社会关系。再比如，足球守门员和场上队员，由于承担的角色不同，守门员可以在规定的区域内用手触球，而场上其他队员则只能用手和手臂以外的其他部位触球。场上队员只要不与守门员交换身份，就没有在该规定区域内用手触球的权利与义务。另外，权利与义务又伴随着行为过程而发生。所以这个权利、义务与行为的总体构成了指定的角色。在由体育而结成的社会关系中，每个角色都有获胜的权利、获得嘉奖的权利和按照规则进行技术动作行为的权利。同时也有遵守体育规范、道德规范和技术规范的义务。运动场景在许多时候都是通过角色学习出现的。同时，群体内的每个角色或位置，又是相互关联的。群体的目标实现，是以每个成员的能力被群体成员接受为前提的，也检验和督促每个角色能力的提高。使得每个成员在群体的关联中，获得信赖，并决定每个角色的地位。

通过体育角色的学习，可以使练习者懂得社会角色是与人们的某种社会地位、身份相一致的一整套权利和义务的规范与行为模式。也可使练习者体会到经过个人努力是可以成功扮演各种角色的，从而体验到人的主观努力是改变社会地位的重要途径。

三、体育锻炼可以培养良好的人际关系能力

一位哲人说过，人生的美好是人情的美好，人生的丰富是人际关系的丰富。无论你是在享受美好人情的温馨、宽慰、甜蜜，还是在抱怨人际冲突的烦恼、茫然、愤怒，你都不会怀疑，人不能没有别人，人不能不与别人交往。设想，你一个人长期居留南极大陆，你一个人迷失在大森林里，多日不能与别人相逢，或者你一个人被长期囚禁于单身牢房。那么，生活将会变得怎样？

既然人际关系对人的生活具有如此大的影响，那么，通过何种途径才能有针对性地培养当代大学生的人际交往能力？体育作为教育的重要组成部分，又能在此过程中起何等作用？

社会学家曾研究指出了影响人际关系改善的主要因素有沟通能力、对身体语言的理解和使用能力、自我意识水平和移情能力等。而体育锻炼又恰恰对影响人际关系改善的主要因素具有直接作用，所以，应当重视采用体育锻炼方式，以培养和增强人际交往能力的提高。

（一）体育锻炼可以提高人的沟通能力

一个人与他人沟通及关系的状况，是其生活品质的最主要的方面。生活的丰富、事业的成功，与别人稳定情感关系的建立和维持，都离不开沟通。试想一个不具有沟通能力的人，怎么能与他人交流思想、交流感情？一个不具备完全、准确表达个人意愿和意图的人，又怎能让对方给予充分的理解和支持？然而，使人真正具备沟通能力，掌握沟通方式，体育锻炼将发挥重要作用。

由于体育教学和体育锻炼的特殊性，每一个动作技术，都是在老师的讲解示范和参与者的练习实践中进行的。因此，时时存在对动作技术纠正的沟通，处处存在相互练习中自我完善的沟通，同时还存在相互配合的默契沟通。这种沟通不仅具有直观性、及时性和准确性，而且也是主动性沟通、注意力集中沟通和信息交流充分性沟通的典型体现。所以，经常参与体育锻炼，对提高人的沟通能力，形成良好的人际关系，将产生积极的影响。

（二）体育锻炼可以增强对身体语言的理解和使用能力

身体语言是沟通的有效方式之一，是社交过程中必须具备的能力。我们可以从不同的身体姿势所代表的含义中，去理解对方的寓意，也可以通过身体语言向对方表达自己内心

真实的感情。缺少了身体语言的沟通能力，我们不仅可能将对方的身体语言表达置若罔闻，不能进行准确的解释，使信息发出者得不到应有的反馈信息，失去一次又一次的联系，而且，也有可能让别人从你身上找不到代表任何情景的身影，使人感觉到你是一个感情淡漠、不易接近的人。体育作为社会文化的组成部分，在劳动人民的创造和实践中，不断地丰富着它艺术表现的内涵。所以，世人曾用优美的词句把各种各样的体育动作赞美如“空中的芭蕾”“浮出水面的鲜花”……的确，体育对提高人的身体语言表达能力是无与伦比的。即使是普通的体育活动，也能够提高参与者的协调和柔韧性，使参与者在练习中寻找美的身姿，使参与者在练习中体会动作外观与内涵的统一。所以，体育锻炼可以发展自己的身体语言，使之在社会的人际交往中发挥作用。

（三）体育锻炼可以改善自我意识水平、移情能力和社交技能

自我意识水平在制约人际关系中的作用是具有针对性的，尤其现代社会中人与人之间往往表现得非常含蓄，甚至表现为恭维而不讲实话。例如，明明我们能力平平，某人却说我们能力超群，实际上这个人并不接受我们，只是为了表明与我们有很密切的关系。特别是随着一个人的社会地位越来越高时，更有可能得不到有关自我信息的真正反馈，从而使其更脱离真实世界，并导致其自我意识水平越来越低，移情能力越来越落后，社交技能越来越简单，最终成为只会自以为是、天下唯我独尊，只会板着脸孔训人、抓起笔杆画圈的庸人。

体育活动，尤其集体项目，每个队员在其担当的角色中，能否很好地在其位置，尽其权利和义务，达到与同伴的协作和默契配合，老师或教练的评价是阶段性的，观众的评说又带有滞后性，随时随地进行自我意识的体会，就成了自己改进动作技术、调整比赛战术的直接原因。通过体育运动所形成的自我意识行为，在不断运动实践中将变成一个人的自觉行动，将这种能力运用到社会交往中，就可以了解自己的真实面目和别人对自己言行的真实情况的反映，提高自身的社交技能。

同时，体育比赛经常出现因某一队员故意犯规而激怒对方，裁判员的反判、错判而造成对方队员的情绪激动，因比分落后而久攻不下出现急躁，或因胜利在望而放松警惕等情绪状况下，队员所表现的一系列特殊行为。如果能准确判断和迅速采取乘虚而入的相应措施，比赛就有可能发生转机。如果我们把体育比赛中养成对别人所表现出来的真实的情绪状态和行为做准确理解的习惯并运用于社会交往中，就能够掌握如何对别人做恰当而又为社会所接受的判断，提高我们的社交技能。

第三节　体育锻炼与现代生活方式

社会的现代化，必然是现代人方能适应，现代人又势必导致生活方式的现代化。随着人们的生产方式由体力劳动向脑力劳动的转化，生活节奏由慢变快，人们的生活水平由“温饱”进入“小康”……人们的生活方式将产生一个急剧的变化。比如，足不出户的“世界遨游”、抬足之劳的电梯替代，确实缩短着现代人的信息传递时间，方便着人们的生

活，但也不可避免地导致着人类“文明病”的发生。尤其是闲暇时间的增多，需要的是更加文明、健康、科学的生活内容加以填充。所以，作为可以调节人们生活节奏、扩展人们生活空间的体育，将会在现代人的现代生活方式中发挥越来越大的作用。

一、体育锻炼可以缓解、转移现代化生产方式所造成的疲劳感

随着生产力水平的不断提高，脑力劳动将日趋增长，而体力劳动将逐渐下降。因劳动而产生的疲劳，也从全身性转向大脑局部、转向高级神经系统。劳动性质的变化，又势必导致人们生活方式的变化，并对人们身心健康产生不良影响。

由于体育具有实践锻炼特性，它不仅可以通过肢体的运动，使高度疲劳的神经系统得以休息，疲劳发生转移，而且，也可以缓解精神紧张，调节全身的平衡。所以，体育在现代化生产劳动的生活方式中，发挥着越来越大的弥补和协调作用。它可以预防和消除现代化生产劳动给人们带来的精神和肉体的不适应性。

二、体育锻炼可以提高人们对现代生活节奏的适应性

由于生活节奏的加快，在社会的发展过程中，又具有不可逆性。所以，在人们不得不调整顺应新的生活节奏时，体育就成了重要的适应性锻炼手段。一些实验和社会调查证明，运动员和经常参加体育运动的年轻人，对生活节奏的改变具有较强的适应能力。这是因为，在体育运动中人们所掌握的多种运动技能和快速活动的方式，有利于他们在完成各种生产、生活动作时，做到准确、协调、敏捷，避免多余动作出现。参加体育运动对人体的神经系统、心血管系统的锻炼，更可以提高人体对快速节奏生活的应变能力和耐受能力。同时也可以帮助人们克服对快节奏生活的抵触、恐惧、烦怨和焦虑等心理障碍，抑制身心紧张。体育运动还可以扩展人们的生活空间，它号召人们到户外去，到大自然的怀抱中去。在人类社会中再没有一项其他活动能够给人们提供那么大的空间，让人们最能回归天真烂漫的本原。

三、体育锻炼可以丰富余暇活动的内容

由于余暇时间的增多，余暇活动自然而然地成了人们现代生活的一部分，融入现代生活方式之中。作为余暇活动的内容有许许多多，但随着人们对健康观念的增强，把体育活动作为余暇活动内容的人们也越来越多。因为在余暇时间里进行体育锻炼，既可使疲劳的身体得到积极的休息，使人们精力充沛地再投入工作；又可使体质增强，体格健壮，精力旺盛，从而使身体各方面的适应能力得到提高。所以，为适应现代生活方式，增强人的社会适应性，就应该提高对体育的认识，掌握更多的自我锻炼的方法。

第五章 体育锻炼与营养卫生

高校体育锻炼已经成为大学生生活中必不可少的一部分，为了更好地促进大学生的身体发育和提高大学生的健康水平，就必须注意运动与营养卫生，以获得通过运动锻炼促进生长发育、增进健康的效果。

第一节 体育锻炼的理论依据

体育锻炼的理论依据主要是进化的适应论、锻炼过程的新陈代谢理论、超量恢复的原理。

一、进化的适应论

适应是一切生物的基本特征，也是生物生存的基本条件，任何生物如果不能适应就不能生存。所谓适应，就是当环境改变时，生物有机体能产生一种适应性变异来适应环境，并且通过获得性的遗传，使群体中的有利变异得到保存，有害变异被淘汰，经过世代的留良汰劣，导致生物类型的转化和适应的改进。人体的生存和发展，离不开自然环境和社会环境的制约。良好的环境促进人体向着健康的方向发展，恶劣的环境妨碍人体的正常发展。环境的变化常给人体发展带来许多方面的影响。这种影响不仅限于肉体，而且涉及精神。人体发展的首要条件，是不断地与客观环境取得动态平衡。人不仅能消极地适应环境，更重要的是能积极地改造环境，利用环境为人类服务，从而为人体的完善发展创造条件。

体育锻炼对人适应客观环境和增强体质的作用，正是遵循上述生物进化和发展的规律的结果，即通过负荷、适应、增加负荷，到高一级水平上的适应过程，从而不断提高有机体的适应能力和改善各器官系统的机能和性状。英国著名生物学家达尔文指出："使用可以使一个人的肌肉加强，而完全不使用或破坏其专有的神经，则可使肌肉减弱。"运动员的体格和身体素质的发展要远远高于一般的人，经常坚持锻炼的人，心肺功能也比普通人要强，这就是负荷、适应、增加负荷、高一级水平的适应进化理论的具体体现。

生物进化的适应，正是体育锻炼能够逐步改善人体体质的生物学依据。

二、新陈代谢理论

生命的新陈代谢现象是一个十分复杂的过程。新陈代谢一般是指生命物质与周围环境进行物质交换和自我更新的过程。新陈代谢包括物质代谢和能量代谢，人体在不同环境条件下的物质和能量代谢是在各种激素的调控下进行的。

体育锻炼时，人体各器官活动的加强，必须以代谢活动的相应加强才能实现。体育锻炼后，由于身体活动而引起的能量物质的消耗，引起同化作用的加强，加速恢复过程，可使体内组织细胞得到更多的补充，使有机体获得更加旺盛的活动，这就是体育锻炼可以增强体质的生理过程和理论依据。

三、超量恢复原理

体育锻炼是一个对能量物质消耗比较强烈的过程，它引起异化作用的加强，同时也出现同化作用的加强。有机体在一定的运动负荷之后，通过蛋白质的更新来恢复自己的工作能力时，并不是简单地抵偿工作的消耗，而是机能水平的恢复和工作能力的表现都超过了原有水平，体内的物质得到补充、增加和积累，此时又进行下一次的体育锻炼，就能使前次提高了的机能水平逐步巩固下来。如此循环锻炼，就能不断促进机体的发展。事实证明，不进行体育锻炼，机体没有大的消耗，总是处于同化作用和异化作用相对平衡的状态，体质不能得到增强。只有当身体承受一定的运动负荷时，才能刺激有机体打破旧的平衡，获得超量恢复，在新的基础上建立新的平衡。

第二节　科学锻炼

科学锻炼，既要遵循运动技能形成的规律，又要遵循人体生理变化的规律，还要加强自我监督，以达到增强体质、增进健康的目的。它包括遵守体育锻炼的原则、掌握合适的运动量、适当的整理活动和有效消除运动疲劳等方面。

一、体育锻炼原则

（一）自觉积极性原则

自觉积极性原则是指进行体育锻炼出自锻炼者内在的需要和自觉的行动。锻炼者必须有明确的健身目标，自觉地从事体育锻炼。

体育锻炼是属于人类的一种有目的、有意识的健身活动。正如毛泽东同志在《体育之研究》一文中提出的：“欲图体育之有效，非动其主观，促其对于体育自觉不可。”锻炼者必须建立在“善其身者无过于体育”的心境中进行，方能节节有效。自觉地参加体育锻炼，能使大脑处于适宜的兴奋状态，由于神经中枢处于最佳的工作状态，肌体糖原增多，体力充沛，动作协调，加快了学习掌握动作技术条件反射的形成过程，从而提高体育锻炼的效果。因此，自觉积极性原则在体育锻炼中具有非常重要的意义。

随着社会的发展，同时也带来了一些社会性问题，如社会老龄化，文明病的出现以及闲暇时间的增多而缺乏活动场地等。为了解决好这些社会性问题和满足人们精神享受的需要，体育越来越成为提高人们的生活质量、满足人的机体需要和精神享受的一个重要手段，成为人类文明、科学、健康的生活方式不可缺少的一个部分。由此，体育锻炼的自觉积极性原则的意义更为人们所理解，同时也更强调自觉积极性原则在人们健身、健美和延年益寿方面的作用。贯彻自觉积极性原则的具体要求：

第一，提高认识，明确体育锻炼的价值和意义。

第二，掌握一定的体育锻炼知识和技能，培养和形成对体育锻炼的兴趣和爱好。

第三，自觉地遵循体育锻炼原则，选择符合自身条件、兴趣的运动项目，正确使用科学方法进行锻炼。

（二）从实际出发原则

从实际出发原则是指参加体育锻炼者，应根据自己的实际情况，选择体育锻炼的内容、手段和方法，合理安排运动负荷。

体育锻炼必须从锻炼者的年龄、性别、职业、健康状况、体育基础、生活条件、地理环境、季节特点、传统习惯、兴趣爱好等实际情况出发，决定其行之有效的运动项目、锻炼内容、方法、运动负荷、强度、练习次数等，不可千篇一律，强求统一。因此，要使体育锻炼收到实效，在锻炼的任务、内容和方法上以及锻炼的运动负荷量和强度方面，必须因人制订，依人下处方。贯彻从实际出发原则的具体要求：

第一，注意针对性和实效性。根据自己职业的特点、身体健康状况等，有针对性地选择体育锻炼的内容和方法。内容要少而精，力求实效。个人可根据自身特点，选择 1～2 项经常锻炼。

第二，根据自己的体育基础，正确制订个人锻炼计划或运动处方。计划或处方应当严谨，执行应当严格，并注意进行阶段性的调整。

第三，体育锻炼的形式以个人为佳，组织集体锻炼或参加集体性项目活动，必须注意从实际出发，个别对待。锻炼中要克服怕累、怕羞等思想障碍，要在原有基础上不断提高锻炼的效果。

（三）全面性原则

全面性原则是指通过体育锻炼，运用各种身体练习手段，进行不同性质活动，使人的形态、机能、素质和心理品质都得到全面和谐的发展。

人体是一个统一的有机整体。人体的各个部位、各器官系统的机能、全身的各种素质的基本活动能力之间是互相联系、互相制约的。身体某一系统机能的提高，会影响全身各系统机能的发展，而身体各系统机能的普遍提高，又会促进身体某方面机能的大幅度提高。体育活动与人的肌体、体力与心力，体质与精神活动之间有着内在的联系。“勤体则强筋骨，强筋骨则体质可变，弱可转强，身心可以并完”。

按照“用进废退”的发展规律，体育锻炼能促进人体新陈代谢，使人体各系统、组织、器官和谐发展，使人身心并完。人的体力与心力的和谐发展，也就是人的身体和精神的完美结合，因而既要重视锻炼身体，又要重视锻炼精神，把锻炼身体和培养优良的心理品质有机地结合起来，才能收到良好的效果。所以，贯彻全面性原则，应在锻炼的内容和方法上力求全面影响身体，即在体育锻炼中应力求使身体素质和身体各器官系统的机能以及心理品质都能得到全面发展。贯彻全面性原则的具体要求：

第一，身心的全面发展，要从适应社会、环境、抵抗疾病的能力，改善机体形态，提高机能的功效，陶冶情操，愉快心理，丰富文化生活等方面着眼。

第二，针对个人的实际，有选择地从事简单易行、富有实效的体育锻炼。

第三，体育锻炼内容，应根据不同年龄、不同季节予以适当调整，而且要针对自身的薄弱部位采取“抑其过，补其不及”的锻炼方案，促进身体各个部分、各种身体素质和心理品质的全面提高。

（四）经常性原则

经常性原则是指体育锻炼必须持之以恒，并成为日常生活的一项内容，坚持进行长期的、不间断的锻炼。

众所周知，生命在于运动，运动宜贵有恒。人体各器官系统的活动机能，需要有一个逐步提高适应的过程。机能水平的提高，各种运动素质的发展，运动技能的形成和巩固，都是长期坚持体育锻炼的结果。

体育锻炼的直接作用是促进体内异化作用的加强，继而得到同化作用的加强，加快体内物质的合成，从而使肌体内部的物质得以补充、增加和积累。这一变化过程的重要条件，在于保持体育锻炼的时间、强度、次数的衔接性和连续性。如果长期停止体育锻炼，已获得的效果就会消退以至消失，各器官系统的机能就会慢慢减退，体质就会下降。贯彻经常性原则的具体要求：

第一，建立个人的锻炼常规，合理安排锻炼间隔，确定锻炼次数和锻炼时间。体育锻炼的效果并非一劳永逸，如果锻炼间隔的时间过长，锻炼的效果就不明显。因此，每次锻炼的安排间隔要合理。锻炼要有长期计划、短期安排，计划安排要根据锻炼者身体适应运动负荷的能力来制定。一般情况下，轻微的运动和中强度的锻炼，安排间隔时间要短，最佳效果为天天练，隔日锻炼也有效果；强度大的运动安排的次数可少些。

第二，锻炼者要有明确的认识和坚定的信念，锻炼贵在坚持。锻炼的内容和方法要由易到难，由简到繁。持久锻炼，日积月累，健身益心成效显著，兴趣逐渐产生，达到身心愉快，从而养成经常锻炼的好习惯。

第三，坚持经常体育锻炼，要从自己的身体实际出发，因人而异。

（五）循序渐进原则

体育锻炼的循序渐进原则，一方面是指运动负荷的大小应根据人体生理机能活动和体力情况由小渐大地安排；另一方面是指为了掌握一个动作或一个运动技术，应注意由易到难，由简到繁，循序渐进地进行练习。

在体育教学与训练中，运动负荷过小，刺激较弱，不能引起机体机能的变化，因而达不到体育锻炼的目的。但是运动负荷过大，超过了机体的承受能力，刺激过强对机体会产生不良甚至是破坏的作用。因此，必须使学生对一定的运动负荷逐渐适应以后，再增加到适当的运动负荷。因为，随着锻炼效果的发展和体质的增强，机体对原有的生理负荷反应越来越小，效果就必然有所减弱，因此，需要增大刺激的强度，增加教学训练给予机体的生理负荷。只有这样才能促进各器官系统的机能逐步提高，从而使体质不断增强。另外，在身体锻炼的各个环节上也要注意贯彻循序渐进的原则。其一，每一次锻炼要注意练习强度逐渐增大，符合人体在参加运动时机能活动变化的规律；其二，在一定范围内，逐步增加锻炼的时间和次数；其三，在锻炼的内容上，由简到繁、由分到合；其四，在锻炼的要求上，要由易到难、由低到高，逐步加大难度。

（六）适宜运动负荷原则

适宜运动负荷原则是指根据每个锻炼者的实际情况（年龄、性别、健康状况等），合理地确定其运动负荷和强度。

适宜的生理负荷是指进行体育锻炼时的运动强度，锻炼的持续时间及锻炼的频率要适当。适宜的运动负荷能收到良好的锻炼效果。运动负荷不足或过大不仅不能获得理想的效果，还可能损害健康。

锻炼效果的大小，很大程度上取决于运动刺激的强度，弱的刺激不能引起机体机能的变化；过强的刺激，有害于健康，只有适宜的负荷和强度，才能有利于能量消耗的恢复和超量补偿。适宜的负荷是相对的、可变的、渐进的、有节奏的，要根据锻炼者个体的具体情况而确定。贯彻适宜运动负荷原则的具体要求：

第一，锻炼时要量力而行，遵循客观规律和注意自我感觉。要把自我感觉和生理测定相结合，使锻炼具有针对性。

第二，要根据年龄、性别、气候、劳动强度、营养、睡眠、兴趣等综合因素，合理安排运动负荷和运动的间歇。

第三，逐步增加运动负荷，并进行医务监督，使得机体的机能能力不断提高。

确定运动负荷标准的方法较多，脉搏是掌握运动负荷比较实用的方法。常用的方法有以下三种：

第一种，一个接近极限运动负荷的脉搏次数减去安静时的脉搏次数，乘以70%，再加上安静时脉搏次数，这是对身体影响最好（获最大摄氧量和心输出量）的运动负荷。即：(近极限心率－安静时心率) 70%＋安静心率＝最佳运动负荷（次/分）。

第二种，以脉搏150次/min以下（平均是130次/min）的超常态运动负荷为指标，谋求提高有氧代谢能力。

第三种，以180次/min减去锻炼者的年龄，作为锻炼时的每分钟平均脉搏数。

坚持体育锻炼，能同时达到健身、健心、健美的效果，提高机体的工作能力，科学地贯彻体育锻炼原则有益于大学生身心的全面发展。体育锻炼中，所有的锻炼原则都是相互联系、互为补充的，在实际锻炼中认真贯彻，必能取得实际效果。

二、体育锻炼的内容与选择

体育锻炼的内容丰富多彩。人们在体育锻炼时可根据各自的目的、条件、特点和兴趣选择运动项目作为锻炼内容。

根据运动项目的性质和锻炼目的，可分为以下几类：

（一）竞技运动

竞技运动是以科学的、系统的训练，通过竞赛的方式，达到最大限度地发挥个人或集体在体格、体能、心理和运动能力等方面的潜力，从而取得优异成绩的一种体育运动。

竞技运动具有高度的技艺性、竞赛性强、按照严格统一的规则进行竞赛、所取得的成绩为社会所承认的特点。

竞技运动项目较多，不同的运动项目具有不同的锻炼作用。因此，选择以竞技运动项目作为体育锻炼内容时，要从实际出发，有目的、有计划地选择容易开展、趣味性强且锻炼价值较高的竞技运动项目进行体育锻炼。

（二）健身运动

健身运动是为了增进健康，保证人体正常的身体形态与机能协调的能力，提高身体素质，提高基本活动能力的运动。它主要增强人体内脏器官的机能，特别是心血管系统和呼吸系统的机能以及力量、耐力等素质，以进行有氧代谢的锻炼为主。由于参加者的年龄、性别和健康状况不同，所采用的内容也不一样，一般来说，青少年常运用田径、体操、球类、滑冰、滑雪、游泳等来锻炼身体；中老年人则一般采用跑步、打拳、骑自行车等来锻炼身体。

（三）健美运动

健美运动是以徒手练习和各种器械练习为练习形式，在较短时间内以增强体质、强健体魄、发达肌肉、健美体形为目的的一种体育运动项目。它可以利用杠铃、哑铃、拉力器和各种单项和综合健身器，根据人体生理解剖特点，采用各种具有显著效果的锻炼方法，做各种力量练习和柔韧性练习，也可以采用健美操、韵律操、艺术体操和各种舞蹈来达到上述目的。它不仅能够增进健康，还可培养审美力和身体的表现能力。

健美运动是符合青少年，特别是符合女子所希望的形体美、曲线美的心理特点的运动，对于改变过胖、过瘦的体型，矫正不良姿态，塑造体型美有着特别重要的意义。

（四）娱乐性体育

娱乐性体育是以调节人的精神，丰富文化生活，愉快地度过余暇时间而开展的带有娱乐性质的体育活动。

娱乐性体育种类多，如游戏、踢毽子、放风筝、跳皮筋、渔猎、游泳、滑旱冰、跳绳以及欣赏各种体育比赛等。这类活动不仅使人身心愉快，而且能锻炼身体，陶冶情操，提高生活质量。

（五）格斗性体育

格斗性体育是指那些掌握和运用徒手或持器械的攻防技术的体育锻炼，达到既能强身又能自卫的目的。如拳击、角力、擒拿、散手、推手、空手道、击剑等。

（六）医疗体育

医疗体育是指运用体育手段治疗疾病和身体受损后机能的康复。它是根据疾病的性质有针对性地采取相应的体育手段和方法。

走、跑、太极拳、气功、保健操等一般适宜作为体育手段，可与其他医疗手段相结合。对于某些疾病可在医生的指导下进行，其锻炼效果更为显著。

三、体育锻炼内容的选择原则

怎样选择体育锻炼的内容是体育锻炼中一个十分重要的问题，内容选择得是否恰当，直接关系到锻炼的效果和锻炼者的积极性。因此，选择体育锻炼内容时，应注意以下几点：

（一）目的性

选择锻炼内容时要有明确的目的。是健身还是健美，是娱乐性还是医疗性，在选择内容前，必须有一个明确的目的，并根据自己的目的去选择适合本人的锻炼内容。

（二）实效性

选择体育锻炼内容时，要注意它的锻炼价值，不要贪多，力图少而精，求实效。

（三）全面性

选择体育锻炼内容时，要考虑到全面锻炼身体的目的。这不仅对青少年学生是非常重要的，而且对中老年人也是不可忽视的。当然，全面性并不意味着选择内容越多越好，而是把全面性的锻炼与少而精的内容有机结合起来考虑。

（四）趣味性

锻炼内容比较有趣味，不仅能调动参加锻炼者的积极性，而且有利于提高锻炼效果。

（五）季节性

在选择体育锻炼内容时，要考虑到季节气候和环境条件，应因时、因地制宜。

四、体育锻炼的方法

体育锻炼方法是指根据人体发展规律，到用各种身体练习和自然因素来发展身体的途径和方式。体育锻炼方法是贯彻体育锻炼原则，达到体育锻炼目的的桥梁。

体育锻炼的方法、手段、内容很丰富，形式灵活。运用体育锻炼方法，应从实际出发，灵活运用，防止形式主义。

（一）运动处方及个人锻炼计划

1. 运动处方

运动处方是近年来随着大众体育的广泛开展而发展起来的一种科学锻炼身体的方式。它是根据从事体育锻炼者的身体情况，结合生活环境条件和运动爱好等个体特点，采用科学的、定量化的系统锻炼，争取最佳锻炼效果的一种锻炼方案。

运动处方类似医生给病人开的医药处方，由指导医生或教练员给运动锻炼的人，按其年龄、性别、心肺或运动器官的机能，运动经历和健康状况等特点，用处方的形式，规定适当的运动内容和运动负荷，故称为运动处方。

运动处方的种类很多，有针对运动员训练的竞技性运动处方和一般人的健身运动处方；也有针对某些慢性疾病和创伤病人康复期的治疗性运动处方和健康人的预防性运动处方。预防性运动处方主要以中老年健康人为对象；治疗运动处方是以某些疾病患者、慢性病和创伤的康复者为对象。

这种方法包括健康诊断、体力测定、处方设计、锻炼实践、效果检验和处方调整全过程。

制订运动处方时，要进行系统的体格检查，了解身体健康状况。健康检查和体力测定，就是检查是否有病，是否适合于运动，是否适宜参与某些项目的活动。体力测定是确定运动处方的运动项目、强度、持续时间和次数的前提条件，有了体力测定的若干数据，才能确定运动处方中的运动负荷。例如，用12min跑测得了耐力情况，就可决定在运动处方中跑的距离、时间等，说明运动处方的科学性。根据运动处方的要求经过一段时间或一个周期锻炼之后，又可通过健康检查和体质测定得到反馈信息，以便及时调整处方的内容和练习的强度、数量、评定运动效果，并为制订下一阶段或周期的运动处方提供依据。因此，可以说运动处方是一个通过身体检查，根据每个人的年龄、性别、运动经历等健康状况而制订的锻炼项目，是一个确定锻炼方法和运动负荷的锻炼计划。

（1）运动处方的主要内容。运动处方包含以下几个要素：①运动目的。不同性别、年龄、爱好和身体状况的锻炼者，其目的不同。例如，强身健体，防治疾病，健美减肥，消遣娱乐，提高运动成绩等。②运动项目（内容）。可根据锻炼者的锻炼目的以及他的需要与可能来确定。一般健身或改善心血管及代谢系统的机能，发展耐力性（有氧训练）项目，可选择健身走、健身跑、自行车、游泳、爬山、跳绳等项目；要增强锻炼者肌肉力量，促进肌肉发达，身体健美，可多选用举重、双杠等项目；要想缓和与解除中枢神经系统的疲劳和精神紧张，可采用太极拳、气功等放松性的轻缓练习。针对某些疾病进行专门性的治疗，必须选择有关疾病的医疗体操，如慢性支气管炎、肺气肿患者应做专门的呼吸体操；内脏下垂者应做腹肌锻炼；脊柱畸形、扁平足应做矫正体操。最理想的是每天坚持锻炼，如无可能，每周至少要锻炼3次，以隔日一次为好，才能收到明显的效果。耐力锻炼每天坚持锻炼效果最佳，而力量锻炼隔日一次效果较好。在一般情况下不应间断锻炼，但也要注意，如果天气过分恶劣，或在前一天晚上睡眠不足的情况下，也不应过分勉强（尤其是中老年人），否则对身体是无益的。④运动时间。是指每次锻炼持续的时间。锻炼的时间与项目有关。每次锻炼的时间不能少于5min，一般在15～60min。时间短，运动强度应大；相反，时间长则运动强度应小。⑤运动强度。运动强度直接关系到锻炼的效果和安全性。掌握适宜的运动强度是制订及执行运动处方的主要内容之一。反映运动强度的生理指标有运动时的心率、运动时最大吸氧量的百分数。一般以运动中的心率作为量化机体负荷强度的大小。根据体育锻炼的一般需要，运动强度可分为3级。大强度：心率最高达125～150次/min；中强度：心率120～124次/min；小强度：心率在100次/min以下。要调整好运动负荷必须把持续时间和强度很好地配合。例如，一般身体训练水平较差或长时间没有运动的人，运动强度宜小，时间也不宜过长；而体质水平较高的人或经常坚持锻炼的人，运动强度可适当大一点儿，时间也可相对长一些。对青少年来讲可采用时间短、强度大的配合；而对中老年人或有病的人来讲，可采用强度小、时间相对长一些的搭配。⑥注意事项。一是指出禁忌的运动项目和某些易发生危险的动作；二是指出运动中自我观察指标及出现指标异常时停止运动的标准；三是指出每次锻炼前后，都要做好充分的准备活动和整理活动。

（2）运动处方的格式。运动处方可根据不同的需要制订不同的格式。但在运动处方中，必须同时指出禁止参加的运动项目、锻炼时的自我监督指标及出现异常情况时停止运动的准则等。

（3）制订运动处方的注意事项。必须从实际出发，根据每个人的具体情况，因人而异，区别对待；对最初制订的运动处方，在实施过程中，要对处方进行不断的调整，使处方更符合锻炼者的实际情况；锻炼时必须进行必要的医务监督和自我监督；制订处方时，要注意安全界限与有效界限，使处方达到既无危险性又使锻炼效果好的目的。

2. 个人锻炼计划

个人锻炼计划是锻炼者进行体育锻炼的具体安排。制订个人锻炼计划能克服体育锻炼的片面性、盲目性，做到心中有数，有的放矢，使体育锻炼有目的、有计划、有组织地进行。

（1）个人锻炼计划的基本内容。个人锻炼计划的基本内容包括锻炼者现实状况的分析，含有学习工作情况、健康状况、兴趣爱好、体育基础、心理状况等；个人锻炼的目标；锻炼内容的比例和指标；锻炼的主要手段和方法；运动负荷量和负荷强度的大体分配；可能条件下采取的恢复措施；检查和评定锻炼效果。

（2）制订个人锻炼计划的方法。制订个人锻炼计划是锻炼中不可缺少的环节，切实可行的锻炼计划能提高锻炼积极性，使锻炼获得预期效果。对于一般学生，在制订锻炼计划时，可根据学校的作息制度和具体条件，安排锻炼时间和周期，一般以一学期为一周期比较恰当；也可根据季节气候条件，把一学期按月分成几个阶段，并制订出各阶段的具体任务和指标要求。

制订个人锻炼计划可采用两种方法：一是阶段计划；二是每次锻炼的计划。阶段计划是对一段时间（1～6个月）的锻炼重点、锻炼时间、内容、方法和运动负荷进行较长期系统的安排；而一次锻炼计划则是根据阶段计划的安排，对一次锻炼内容、时间分配、运动负荷（如距离、时间、次数、重量等）以及准备和整理活动等进行具体而详细的安排。制订个人锻炼计划可用表格式，也可用文字的形式，或两种形式并用，但要简明、扼要，能说明问题。

在制订阶段锻炼计划时，首先要确定每周的锻炼次数和时间。然后根据每周的锻炼次数、运动项目的难易程度和锻炼者水平来安排各项锻炼计划。

每次锻炼重点项目确定后，可以配合身体素质练习，并拟订练习的具体动作和方法以及练习的时间和次数等，可按各人的不同情况，提出不同的要求。

在安排每次锻炼内容时，一般先安排重点项目。就身体素质而言，一般速度、灵敏性的练习放在前面；就技术动作难易程度而言，也要由简到繁，由易到难；就项目性质而言，要把学习新的项目放在前面；就对身体活动部位而言，一般应按上、下肢顺序安排。总之，项目的安排应有利于促进身体的全面发展，有利于更好地学习和掌握运动技术和技能。

（3）制订个人锻炼计划的要求。①遵循体育锻炼的基本原则制订计划。首先要考虑全面锻炼原则和循序渐进原则。在制订计划时，选择项目应多样化，使上、下肢和躯干都得到锻炼，并使内脏器官的机能也相应得到提高。在提高身体素质方面，应使力量、速度、耐力、灵敏、柔韧性等都得到发展。整个计划的内容安排应由简到繁，由易到难；运动量的安排应由小到大，逐渐增加，有系统地进行锻炼。②少而精，求实效，使身体得到充分的锻炼。体育活动内容丰富，要根据个人的实际需要与具体条件，选择其中适合自己的内容进行锻炼，并持之以恒，必能收到良好效果。③在制订计划时应从实际出发，注意场地、器材设备等条件及自己的体质、体育基础制订出切实可行的锻炼计划。

客观实际是制订锻炼计划的基础，实践是检验计划的标准，计划必须从实践中来，再到实践中去，通过反复实践，不断修改和完善。

（二）提高身体素质的方法

身体素质是人体活动的一种能力，是指人体在运动、劳动与生活中所表现出来的力量、速度、耐力、灵敏及柔韧性等机能的能力。它是一个人体质水平的重要标志。

1. 发展力量素质

力量素质是指肌肉在工作中克服内外阻力的能力。经常进行力量练习，能使大脑皮层的兴奋与抑制过程集中，增加兴奋过程的强度，促使运动器官的发展，发达肌肉，强健骨骼，增强力量。

按肌肉收缩的性质，力量可分为静力性力量和动力性力量两种。静力性力量肌肉做等长收缩，肢体不产生明显的位移，如体操中平衡动作等；动力性力量肌肉做等张收缩或拉长，肢体产生明显位移，或推动运动器械进行运动，如举重、投掷器械等。

按人体表现出的力量与本人体重的关系，可分为绝对力量和相对力量。绝对力量与体重无关，而相对力量则为每公斤体重表现出的力量。

按力量表现的形式分为速度力量和力量耐力。速度力量表现肌肉快速用力的能力，又称爆发力；力量耐力是指人体持续重复克服阻力的能力。

由于存在力量类别的不同，因此发展力量素质的方法也有所区别。静力性力量练习，对提高肌肉的绝对力量有明显效果，其具体方法有：①身体处于特定的位置，用最大力量的一半做等长收缩，坚持5～10秒钟，重复5～10次，每天（或隔日）练习一次。②慢速做举重物或做负重蹲起。做静力性力量练习时要注意间歇时肌肉放松。

动力性力量的锻炼方法有：①用本人最大负荷量的60%～70%（中等强度），每组练习5～10次，练习4～6组，每组间歇2～5分钟。这种练习对发展速度力量比较有效。②用本人的50%负荷（小强度）快速完成练习，每组20～30次，每组间歇1～2分钟。这种练习对发展爆发力效果较好。

发展力量素质应注意：①静力性和动力性练习相结合，防止片面发展。②力量练习的间隔一般为隔日。③力量练习时要注意运用正确的呼吸方法。④练习前做好准备活动，练习后要做调整性或放松练习。

2. 发展速度素质

速度素质是指身体在单位时间内移动的距离和快速做某一动作的能力。速度表现形式有反应速度、动作速度和移动速度。发展速度素质的方法：

（1）反应速度是指人体对各种刺激发生反应的快慢。提高反应速度可采用各种突发信号使身体做出反应。例如，起跑、突停、停跳、转身等。

（2）动作速度是指完成单个动作和成套动作时间的长与短。可采用缩短动作时间、距离、减轻器械重量或利用特定的场地，如斜坡跑道，器械做快速练习。

（3）移动速度是指人体在进行周期性运动所通过一定距离的时间。一般是在很短的时间反复快速地进行练习，如快跑、快速传球等。发展速度素质练习中应注意的问题：①少年儿童在7～14岁时，速度素质的增长率最大，以后逐渐缓慢，趋向稳定。这一时期主要发展少年的动作频率和反应速度，并采用一些自然动作，做各种快速反应练习、追逐性游戏、短距离快跑等。17～22岁（大学阶段）正处于发展速度素质的第二高峰期。这一阶段应加强速度力量、速度耐力的练习，如跳跃、投掷、多级跳、快速起蹲等。②速度练习必须在大脑高度集中和兴奋时进行才能收到效果，应在情绪饱满、体力充沛、良好的运动状态下进行。③速度练习应掌握练习的持续时间、间歇和休息。④速度练习应与发展力量、灵敏素质以及神经协调能力密切结合进行。

3. *发展耐力素质*

耐力素质是指人体持续工作时克服疲劳的能力。耐力素质对其他素质的发展具有极其重要的作用。耐力包括一般耐力、速度耐力、力量耐力和专项活动耐力。由于肌肉工作时供能方式的不同，耐力分为有氧耐力与无氧耐力。

有氧耐力在运动中以肌糖原、葡萄糖、脂肪等能量物质的有氧分解供应能量，主要依靠心肺机能的水平。采用长时间的持续练习和间歇练习法效果较明显。发展有氧耐力的锻炼方法：

（1）以有氧代谢为主的练习，整个锻炼过程以有氧代谢为主，心率一般在 120 ~ 150 次/min，练习时间为 15 分钟以上，1 ~2 小时为佳。一般采用 2 ~4 分钟的连续练习，或 5 ~20 分钟跑和 2 ~20 分钟间歇跑（跑 1 分钟间歇 1 分钟，跑 2 分钟间歇 2 分钟，直到跑完 5 分钟为一组）；或采用较长距离的跑，球类、骑自行车、滑冰、游泳等。

（2）以有氧代谢结合无氧代谢的练习。一般是中等强度和中等以上强度的练习。

发展无氧耐力的锻炼方法：无氧耐力是指在缺氧情况下，进行肌肉活动的能力。提高无氧耐力的方法主要是采用短时的高强度的练习。强度为 75%，心率为 170 ~180 次/min，一般采用短距离跑、游泳、打篮球等较为剧烈的比赛和时间短、强度大的运动。

发展耐力素质应注意的问题：①发展耐力的练习，应注意掌握从适当的运动负荷开始，使练习的运动负荷与耐力素质的提高相适应，练习遵循渐进性原则。②耐力练习既艰苦又枯燥，应采用多种方法和手段，同时注意意志品质的训练和培养。③发展耐力素质，要求机体供氧充分，因而应掌握正确的呼吸方法，应根据具体情况将无氧耐力练习与有氧耐力练习相结合。

4. *发展灵敏素质*

灵敏素质是指在外界条件变化的情况下，人体表现出来的迅速、准确、灵活、协调的应变能力。它是人体各种活动技能和运动素质在运动中的综合表现。发展灵敏素质有利于速度素质的提高和充分发挥肌体的力量和耐力。发展灵敏素质的方法：

（1）提高大脑皮质神经过程的灵活性，采用变换条件的多种多样的练习。例如，变换信号在各种不同准备姿势的起动、变向跑、闪躲跑等。

（2）提高灵敏性应加强发展肌肉的力量及关节的柔韧性，尤其应注意发展爆发和培养协调性与放松的能力。

（3）从事多项运动，掌握多种运动技能会更好地发展灵敏素质。

（4）多进行体操、球类、技巧、摔跤、击剑、拳击、跳跃等项目的锻炼能有效地发展灵敏素质。

发展灵敏素质应注意的问题：发展灵敏素质要与速度、力量、柔韧性等素质结合进行；灵敏性练习应使大脑处在适宜的兴奋、良好的心理状态中进行；灵敏素质因年龄、性别、个体差异较大，应根据具体情况进行锻炼。

5. 发展柔韧性素质

柔韧性素质是指人体关节、韧带活动的能力。发展柔韧性素质有两种形式：一是在助力的作用下进行关节活动的运动形式；二是主动控制肌肉的紧张与放松进行关节的活动的主动形式。

具体方法有肩、腰、髋等关节的拉、压、顶，以及腰的回旋、屈伸，腿的踢，臂和肩关节的摆、振、绕环等练习，可以徒手、持器械，或在器械上进行主动和被动的各种练习。

发展柔韧性应注意的问题：做好充分的准备活动，使身体发热，减少肌肉的阻力；动作的幅度与强度要注意由小到大，但每次练习，应达到最大的活动范围，如不逐渐增大则柔韧性素质的发展效果不明显，甚至减退；不同部位的练习交替进行，练习中一般应先拉压，后振踢，先主动后被动，由小到大，由弱到强；坚持每天练习效果最佳。

（三）自然力锻炼的方法

自然力锻炼是指充分利用日光、空气、水等自然力因素的作用来锻炼身体，以提高机体对外界环境的适应能力和对疾病的抵抗能力的方法。人体和自然的关系，有一个内外环境的统一与平衡的问题。日光、空气、水是与人们生活息息相关的三大自然要素，对人体健康具有重大作用。充分利用自然环境三大要素锻炼身体，不仅可以提高人体对外界的适应能力，经受各种气候条件的急剧变化，提高机体对疾病的抵抗能力，而且还能增强神经系统调节能力，促进新陈代谢，增进健康。

1. 日光浴

日光浴是一种健身方法。日光是生物赖以维持生命活动的刺激物，按照一定的方法使日光照射在人体上，引起一系列生理、生化反应。科学地进行日光浴锻炼身体，能促进青少年的身体发育，加强新陈代谢过程，改善身体健康状况，增强体质。

（1）日光浴对人体的作用。①日光中的紫外线（390 微米以下的不可见短波光）有很强的杀菌作用，能抑制细菌的滋生，增强皮肤的抵抗力，提高关节的活动性，而且紫外线能使人体中的“7－脱氢胆固醇”转变为维生素 D，从而促进人体对钙和磷的吸收与利用；促进骨骼的正常发育，防治软骨病和佝偻病等；增加色素沉着，增强皮肤抗病能力；刺激造血机能，产生更多红细胞，提高血液循环系统的机能。②日光中的红外线（700 微米以上的不可见的波光）能透过皮肤，对皮下组织起温热作用，提高新陈代谢，改善组织营养，对运动器官及组织有一定的保健医疗作用。③光线为 310～760 微米的不可见波光，能调节神经活动过程，使人心情愉快。

（2）日光浴的方法。日光浴锻炼可与日常生活或体育锻炼结合进行。如打篮球、踢足球、跑步、游泳，从事沙滩排球游戏等。在专门进行日光浴时，在浴前应先做空气浴 3～5 天，在阴凉处利用散射光进行适应锻炼，以后在每次日光浴前，先做 5～10 分钟的空气浴，以免突然受刺激，出现剧烈的反应。

日光浴时，身体应尽量裸露（穿短裤，女性可戴胸罩），头部用伞、草帽或白布遮盖，必要时戴上墨镜，注意保护眼睛。

日光浴场所的选择以空气清洁流动的湖边、海滨、河岸、庭院、沙滩、草地（郊外）

较好。日光浴锻炼一般初夏开始较好。一般来说，最好的日光浴时间为早晨，上午 7—10 时，下午 4—6 时为宜；冷天进行日光浴以上午 11 时至下午 2 时为宜。气温一般应不低于 18℃。中午避免以烈日直射身体。日光浴开始 5 ~ 10 分钟，逐渐增加，至 30 ~ 40 分钟，成人可增至 1 ~ 1.5 小时。冬季日光浴时应结合适当的体育活动，如保健按摩、体操、游戏、太极拳等，借以加强产热机能。

进行日光浴时，可采用卧位或坐位。坐位时，可先晒下肢和背部，后晒上肢和胸腹部，卧位时的照晒顺序是俯卧、左侧卧、仰卧、右侧卧。每隔 2 ~ 3 分钟改变一次体位，使身体各部分表面均匀照射。日光浴后应多饮开水或淡盐水，以防中暑，并用凉水冲洗全身，游泳片刻后，再在阴凉处略作休息。

（3）日光浴时应注意的问题。①日光浴在天气转暖时开始为宜，并在夏季坚持锻炼。要注意掌握时间和日照强度，防止灼伤和中暑。②日光浴的禁忌症有发高烧、出血症、皮肤炎、心功能不全、肺结核发展期、恶性肿瘤等。③在空腹、饱腹、过度疲劳、情绪不佳时不宜进行日光浴。④妇女月经期间和分娩一个月内不能进行日光浴。

2. 空气浴

空气浴是利用空气的温度、湿度、气压，散射的日光和阴离子等物理因素对人体的作用，来提高机体对外界环境的适应能力的一种健身方法。

空气是人们赖以生存的重要因素和条件，充分利用这一自然因素进行身体锻炼，对促进健康、提高工作效率和预防疾病有重要作用。空气浴锻炼的作用主要是运用气温和皮肤温度之间的差异，形成刺激，使体温调节机能更加完善，更好地适应外界环境的变化。空气对人体的作用与影响和它的物理性质即气温、湿度、气压和阴离子等有关。

（1）气温、湿度、气压对人体的作用。气温、湿度、气压会对皮肤和人体体温调节系统引起不同程度的变化。

（2）空气中的负氧离子对人体的作用。空气中存在的负氧离子对人体有良好作用。它经过呼吸进入体内，对中枢神经系统、新陈代谢、血液成分、呼吸、循环及内分泌的活动都能产生良好的影响，而阴离子的作用则与其相反。

城市空气中的阴离子比乡村少，室外空气中的阴离子比室内多。

（3）空气浴的方法。利用空气进行锻炼是一种最简单、灵活的方式，不受地区、季节及物质条件的限制，因而在日常生活中随时随地都可有意识地进行。

根据空气的温度，空气浴可分为：冷气浴（6℃ ~14℃），凉气浴（15℃ ~20℃），温空气浴（21℃ ~30℃）和热空气浴（30℃以上）。空气浴最好在户外空气新鲜的林中空地、海边、湖畔进行。空气浴时皮肤裸露，直接接触空气，并结合运动、按摩。空气浴锻炼的最好时刻是在早晨，因为这一时间经过一夜的安静，空气中灰尘杂质少，清洁新鲜，而且气温逐渐回升，符合机体需要。空气浴锻炼的时间一般以 30 分钟或 1 小时为宜，气温以 10℃ ~17℃、相对湿度以 60% ~70%、风速以 1m/s 左右为宜。

（4）空气浴时应注意的问题。①空气不清新，大风、暴雨、气温过低、强烈日照与高温情况下不宜进行空气浴。②空腹、饱腹不宜进行空气浴。③发烧病人或急性病病人均不宜进行空气浴。

3. 水浴

用水浴锻炼身体也是一种极好的健身方法。水浴主要是利用水的温度、机械力和化学作用来锻炼身体的方法。根据水温不同，水浴可分为冷水浴、温水浴和热水浴。

(1) 水汽对人体的作用。①水的温度比同温度空气的导热性与热容量大，对体温调节作用也就比较大。人体对相同温度的水和空气的感觉不同，水温越低，身体对水浴的反应越强烈。温水浴能降低神经活动的兴奋性，减弱肌肉张力，扩张皮层血管，加速消除疲劳，尤其热水浴效果明显；而冷水浴对健康最为有益，特别对增强心脏血管系统和呼吸系统效果显著，能促进消化系统的机能和体温的调节作用。冷水浴不仅能提高新陈代谢机能，洁健皮肤，增强体质，而且能提高抵抗疾病的能力，锻炼意志。由于冷水浴耗散大量的热能，热水浴耗散体内大量的水分等物质，因此是减肥、健美的好方法。冷水浴锻炼时，人体一般会出现三个阶段的生理反应：第一期，寒冷期。当皮肤接触冷水时，由于强烈冷刺激，神经的保护性反射作用，引起皮肤血管收缩，血液进入深部及内脏，皮肤发白出现寒战。第二期，温暖期。机体为了适应寒冷的强刺激，神经在皮层的调节支配下，机体相应的组织器官，特别是体温调节机构积极活动，代谢机能大大提高，体表血管舒张，血液循环加快，体温上升，皮肤由白变红，这一过程叫温暖期。第三期，寒战期。寒战是体温下降的信号。冷水作用时间过长，失热过多，表层血管再度收缩，皮肤苍白，嘴唇发紫，出现寒战与“鸡皮”现象。寒战期出现易使人体感冒，应立即停止冷水浴，进行保暖。②水的机械作用。水对皮肤肌肉有按摩作用。③水的化学作用。溶于水的某些矿物质（硫酸钙、碘盐、海盐、氯化钠）对人体有特殊的保健与治疗作用。

(2) 水浴的方法。水浴可用冷水洗脸与洗足、擦身、淋浴、冲浴和游泳等方式进行身体锻炼。

冷水浴锻炼应从温暖的季节开始，每周至少练两次以上，时间以早晨为好，冷水浴的时间不宜超过 15 分钟，水温应逐渐降低。

(3) 水浴应注意的问题。①剧烈运动后不宜立即进行任何水浴；②患有心脏病、高血压、肝炎、肾炎、关节炎、感冒发烧、严重贫血、皮肤病及妇女经期不宜进行冷水浴；③皮肤有创伤和开放性损伤不宜进行水浴；④饱腹与空腹不宜进行水浴。

第三节 营养卫生与健康

营养是指人体从外界环境中摄取与利用食物中营养素的过程。一切生命活动都离不开营养，营养素过多或缺少都会影响人体的正常生命活动。因此，在生长发育和生命活动的每个年龄阶段都必须摄入合理的营养。合理营养是指膳食中应该含有人体所需要的各种营养素，摄入体内的食物易于消化和吸收，并能增强食欲，对机体无害，也就是全面提供符合卫生要求的平衡膳食。而营养素是指在体内消化吸收、具有供给热能、构成机体组织和调节生理机能，为机体进行正常代谢所必需的物质。人体所需要的营养素有糖、脂肪、蛋白质、维生素、矿物质和水六大类。

一、合理营养有利于身心健康

人的身心健康包含身体健康与心理健康两个方面。身体健康是心理健康的基础，一个体弱多病或身患残疾的人，很难有常人的心态，往往会有这样或那样的心理障碍；反之，心理健康又是身体健康的必要条件，没有心理健康，身体健康就失去了保证。因为异常的心理活动往往会影响到神经系统和内分泌系统对人体各器官、系统生理功能的正常调节，诱发器质性或功能性病变，而健康的心理可以维持和增进人的正常情绪，维护人的正常生理功能，使机体适应外来的各种刺激。因此，健康的心理，既有防病、抗病的能力，又有治疗和康复的作用。只有身心健康的人，才是完美的健康人；也只有身心健康的人，才可能具备良好的适应自然环境与社会环境的能力。

（一）合理营养确保机体代谢平衡

机体代谢包含物质代谢和能量代谢两个方面。构成身体结构的物质每天都在进行自我更新，即从食物中摄取的各种小分子营养物质转化成自身的大分子物质，同时又将自身的大分子物质分解成小分子化合物排出体外，在这种物质的合成与分解过程中伴随能量的释放、转移和利用，形成了人体的物质代谢和能量代谢。所谓代谢平衡是指人体每天从外界摄取的营养物质应该等于人体生长发育和进行正常生命活动所需要的物质。因此机体的代谢平衡是人体各器官、系统发挥其正常生理功能的重要保证，是实现人类身心健康的基本条件之一。只有合理摄入机体所需要的各种营养素，机体代谢才能保持平衡，生命活动才能正常进行。一旦机体的营养素供给失衡，正常的代谢活动就会发生紊乱，人体就会生病，甚至危及生命。例如，人体营养不足会引起营养缺乏病，像维生素 A 的缺乏引起眼干燥症，维生素 C 的缺乏引起坏血病，钙的缺乏引起佝偻病，蛋白质缺乏引起贫血、水肿等。但是，营养过剩或失去平衡，如热量及脂肪过多，会引起肥胖症、高血压、冠心病和糖尿病等。此外，营养还与癌症有关，如脂肪摄入量与乳腺癌发生率成正相关；食物纤维摄入量与直肠癌成负相关。据美国有关统计资料表明，妇女的癌症 60% 与营养有关，男子的癌症 40% 与营养有关。而适量的某些营养素（如维生素 A、维生素 C 等）具有一定的抗癌作用。

（二）合理营养能增强机体的免疫力

免疫力是机体免疫系统抵抗外来病原微生物侵袭的能力。机体的免疫系统——白细胞（T 淋巴细胞、B 淋巴细胞、吞噬细胞）、红细胞以及免疫球蛋白等都明显受营养状况的影响，良好的营养是促进造血干细胞分裂繁殖生成血细胞和各种免疫球蛋白形成的先决条件，营养不良会使机体免疫系统形成受阻及其免疫能力下降。当蛋白质、某些元素或维生素缺乏时，免疫反应明显受到抑制，抵御传染病的能力明显降低。脂肪与碳水化合物过多时，对免疫系统也有不良影响。因此，营养素的合理摄入不仅消除了营养缺乏或过剩直接导致的疾病，而且可以通过免疫力的增强提高自身的抗病能力。

（三）合理营养可防病治病

营养素的全面摄入不仅可以通过增强机体的生理功能和自身免疫力来预防和延缓某些疾病的发生，同时，合理的营养还对机体的应激状态和伤病后的康复有着积极的作用，良好的营养能提高机体的应激能力，促进病体的康复。因此，从古至今人们都把合理营养作为预防和治疗疾病的重要手段。例如，我国中医历来讲究饮食调理，提倡养生食疗，从而达到养生保健的目的。所谓“养生食疗”即是利用食物中所含有的营养成分的特性，加以合理的烹调方法，以协助养生和治疗疾病的一种科学方法。夏禹时代人们已认识到酒能舒筋活血；战国时期，名医扁鹊就曾说：“……君子有疾，期先命食以疗之，食疗不愈，然后命药。”晋代葛洪《肘后方》用海带和其他海藻治疗甲状腺肥大；梁代陶弘景《名医别录》用牛、羊肝治疗夜盲症；唐代孙思邈《千金翼方》用谷白皮煮汤熬粥治疗脚气病。这些都是古代有效的食疗方法和相关记载。

养生食疗即是要求人们采用合理的营养，来促进病理过程的早日终止，生理过程的早日恢复，以及症状的提前消失，来促进健康长寿。可见，养生食疗并非被动地调养，而是有积极的治疗作用。它的主要特点是可以就地取材，简学易行。食疗对慢性病尤为适宜，它不像药物易使病人厌服而难以坚持，尤其适用于儿童和老年人。另外，还可以根据病人或食用者的习惯和口味，选择或调制成各种可口的饮食和菜肴，从而增进患者的食欲并有利于消化和吸收，有利于疾病的消除和防治，以达到祛病健身、延年益寿的目的。中国有句名言：“药补不如食补。”这充分说明了营养对防病治病和健康的重要意义。

二、合理营养可促进智力发展

智力是指人认识、理解客观事物并运用知识、经验等解决问题的能力。它包括记忆、观察、想象、理解、分析、判断等能力，其实质就是大脑各种功能的综合反应。那么，一个人智力水平的高低当然主要取决于其大脑的结构和功能，两者受遗传因素和环境因素的双重影响。人出生之后，遗传基因就规定了智力发展水平的上限和下限，良好的环境因素可促进脑神经细胞的生长和发育，为大脑结构和功能的完善奠定良好的基础，确保智力发展达到较高的水平。

在影响脑神经细胞生长和发育的多种环境因素中，营养素是最为重要的因素之一。因为营养素是神经细胞分裂增殖和实现其正常生理功能的物质条件。人出生时脑重约为成人的25%，6岁时达成人脑重的90%，12岁时已接近成人脑重，6～20岁是脑细胞的结构和功能变化复杂、达到功能上完善的重要阶段。如果在大脑神经细胞的决定性生长期和成熟期营养素缺乏，如蛋白质、类脂质等的摄入不足，不但会影响脑细胞的数量、大小和髓鞘的形成，而且也影响传递信息的神经递质的合成，导致神经细胞功能低下，神经传导障碍，严重影响一个人的智力发展水平。实践证明，营养不良对儿童的智力发育有严重影响，并可影响其行为活动能力。动物试验表明，营养缺乏对脑的不良影响，须两代才能恢复。

大学生已达到成人年龄阶段，脑细胞的数量已定型，但神经细胞的结构和功能尚未发育完善，此时又是一生中广泛接受外界信息，进行知识、技能学习的黄金阶段；脑神经细胞功能活跃，营养物质消耗多，必须供给充足的营养素，确保神经细胞结构和生理功能进一步完善，为智力的发展创造良好条件。

三、合理营养可保持青春活力

青年时期身体各器官、系统功能活跃、代谢旺盛，表现出勃勃生机，充满青春活力。合理营养是这种状态得以维持的重要条件。因为人体各器官、系统保持高度协调和旺盛的生命活动离不开大量能源物质的消耗和为能源物质的合成与分解代谢提供一个稳定的内环境的各种营养素。糖、脂肪和蛋白质作为能源物质为氧化分解供能；各种维生素、无机盐和水直接或间接参与体内的物质和能量代谢，任何一种营养素缺乏，机体的代谢就无法得以正常进行，相应器官的生理功能就会下降。另外，人体整体机能的表现还与神经和体液对各器官、系统在功能上的调节密切相关。营养素的合理摄入，不仅是神经细胞发挥高效率调节的基础，而且也是实现体液调节的必要条件。体液调节是由体液中的激素、酶、无机盐和维生素等完成的。无机盐与维生素直接由食物中摄取，而激素与酶则需要蛋白质、脂肪、无机盐、维生素等营养素参与合成，也需从食物中摄取。所以，营养的好坏，对体液调节的机能物质有直接影响。例如，蛋白质的质量优劣，可影响血液和肝脏中嘌呤氧化酶的活性，脂肪可影响雌性激素的合成，高蛋白膳食和维生素 C 可促进肾上腺功能的提高，缺铁则会降低血液的携氧功能等。由此可见，合理的营养可实现人体各器官、系统维持最佳生理状态，保持青春活动。

四、合理营养可塑造健美体型

人的体型受遗传基因和环境因素的双重影响，环境因素中营养素和体育锻炼又是最为重要的两个因素。健美的体型表现为身体匀称、肌肉发达、皮脂适中、四肢健美。合理的营养可塑造和保持健美的体型。在生长发育过程中，只有全面营养素的摄入，特别是优质蛋白质、钙、磷、维生素的合理摄入，加上适量的运动，才能使骨骼、肌肉的生长发育达到完美的程度。有学者认为，牛奶、沙丁鱼、菠菜、胡萝卜、橘子可促进骨骼的生长，不妨适当多吃一些。如果营养缺乏，会使人骨瘦如柴；饱和脂肪酸、糖类摄入过多，造成臃肿肥胖，均无健美可言。塑造健美体型不易，保持健美体型更难。人至成年，往往因学习、工作、日常事务繁忙，导致饮食无规律，营养素摄入不均衡，运动时间减少，而使体型发生改变。因此，生长发育完成之后，要想保持健美的体型，更应注意合理营养。在保证维生素、无机盐、微量元素充足的情况下，要特别注意三大能量物质的摄入比例，应以适当增加蛋白质的比例、减少糖和脂肪的摄入为宜，即多吃一些瘦肉、蛋、鱼、奶、水果、蔬菜，少吃面食、肥肉及油炸食品，以防发胖改变正常体型。

五、合理营养可提高运动成绩

一个人的运动成绩主要取决于先天遗传因素和后天的科学训练与合理营养。良好的营养是运动员取得优异成绩的重要因素之一。全面、适量的营养素供给，可确保机体各器官、系统机能水平处于最佳生理状态，使运动员更好地参加运动训练和比赛。营养素缺乏或营养不当，特别是运动训练期间体内消耗的物质能量得不到应有的补偿，会导致运动员的生理机能和运动能力下降，不仅易出现全身乏力、疲劳等不良症状，而且严重者会影响身体健康，使运动训练无法正常进行，妨碍训练效果和运动成绩的提高。对运动员来讲，合理营养就是根据不同运动项目运动员的物质代谢特点，科学地安排膳食，合理地全面补偿运动员的消耗，调整体内营养代谢过程，促进能量恢复，使体内有充分的营养储备而使运动员保持良好的生理机能、身体成分和运动能力，提高机体对运动训练的适应能力和抵抗疲劳、消除疲劳的能力，有利于取得优异的运动成绩。

第四节　大学生的营养特点

大学生正处于青春期，各器官、系统的形态、结构、功能尚未完全发育成熟，物质和能量代谢活跃。加之学习任务繁重，用脑量大，只有全面、合理的营养成分供给，才能使其身心发育日臻完美并顺利完成学业。

一、营养素的需要

（一）热能

当今大学生一般年龄多在17～21岁之间，体内的物质合成代谢大于分解，能量代谢旺盛，对热能的需求量相对较大。按照世界卫生组织的标准，男大学生热能供给量为3070千卡/日，女大学生为2310千卡/日，中国人的标准与此类似。大学生若长期热能供给不足，就会动用体内贮存的脂肪和糖原，甚至体内的重要物质——蛋白质分解供能，引发饮食性营养不良。热能供给不足，还会影响蛋白质的吸收和利用，从而加重蛋白质的缺乏，进而导致“蛋白质——热能营养不良”，其临床表现为基础代谢降低、消瘦、贫血、精神萎靡、皮肤干燥、肌肉软弱、脉搏缓慢、体温降低、抵抗力下降、易感染疾病。同时，工作、学习效率和健康水平下降。但是，如果热量供给过多，如过多地摄入糖和甜食，食物的产热量超过机体的需要量，会导致体内脂肪积聚过多而出现肥胖。肥胖增加机体负担，有碍活动和形体美感。因此，热能的供给量要适宜，各种营养素的分配要合理。三大热能物质——糖、脂肪、蛋白质按重量的供给比例应为5∶0.7～1∶1（或4∶1∶1）。

（二）蛋白质

蛋白质是机体的结构和功能物质，大学生的身体结构和各器官、系统的功能有待于进一步发育和完善，加之用脑过多，对蛋白质的需求量比常人要大，日供给量一般应在90克以上。女大学生每月行经失血50～60毫升，且经期对食欲、睡眠、精神和体力均有一定的不良影响，需得到生理性的补偿，膳食中应供给充足的蛋白质和铁，确保血红蛋白的合成以补偿经期的失血。若大学生蛋白质长期摄入不足，会导致发育受阻，身体生理机能、免疫力和记忆力下降，危害身心健康和影响正常的学习生活。

（三）维生素

维生素对调节机体代谢、促进身体发育是必不可少的物质，对青春期大学生性器官的成熟，提高机体的反应能力、适应能力和获得性免疫力的发展具有重要作用。大学生机体代谢旺盛，各器官的功能处于继续提高阶段，需要多于成人的各种维生素参与调节。维生素A的供给量为1毫克/日或6毫克胡萝卜素，含维生素A丰富的食物有动物的肝脏、肾脏、蛋黄、牛奶和蔬菜中的胡萝卜素；维生素C供给量为90毫克/日，蔬菜、水果中含量丰富；维生素D供给量为500～800国际单位/日，含维生素D丰富的食物有动物肝脏、鱼肝油和禽蛋类；维生素B_1、维生素B_2、维生素PP三种维生素的需要量均随热能摄入量的增加而增高。此外，在体力活动加剧和紧张的脑力活动时，需要量要相应增加。一般B族维生素来源较丰富。

（四）矿物质

对促进生长发育、调节生理功能最为重要的矿物质有钙、磷、铁、锌、碘。钙、磷是组成骨骼和牙齿的重要材料，钙也是维持神经、肌肉正常活动的必需物质。大学生钙的供给量为0.8克/日、磷的供给量为1.2～1.5克/日，含钙丰富的食物有奶类、蔬菜、豆类、海带、虾皮、芥菜等，磷广泛存在于动植物组织中。铁是造血的原料之一，青春期易发生缺铁性贫血，应格外增加摄入量。大学生铁的供给量为15毫克/日，含铁丰富的食物有动物肝脏、蛋类、豆类、绿色蔬菜、五谷外皮及胚叶部分。锌参与几十种酶的形成或作为酶的激活剂，它与遗传物质和蛋白质的合成有关，并能协助细胞转运葡萄糖，缺锌可引起生长停滞、青春期性器官发育幼稚化、创口愈合不良和自发性味觉障碍等。大学生锌的日供给量应大于11毫克，锌源于动物性食物、谷类和豆类。碘是甲状腺素的主要成分，是维持正常新陈代谢不可缺少的物质，对生长发育有重要意义，食用加碘盐或海产品一般不会缺碘。

二、膳食要求

大学生的能耗量大，特别是脑力消耗多，对营养的要求高，需要提供平衡膳食，注意养成良好的饮食习惯，不挑食、不偏食、不吃零食和变质的食物，并制定合理膳食制度和讲究卫生。应格外注意早餐的营养摄入，尤其是要有足够的热能供给，以保证上午连续4小时学习的能量消耗。一定要克服不吃早餐而空腹上课的不良习惯，如果来不及吃早餐或早餐吃得不好，课间最好加食一些高热量食品；否则，会因热能的消耗而出现低血糖，血糖的降低首先受影响的就是脑神经细胞，使其兴奋性下降，生理功能降低，影响学习效果。常言道："早吃好，午吃饱，晚吃少。"但是，大学生都有晚睡熬夜的习惯，如果晚饭吃得少，往往睡前饥饿难耐，影响入睡。因此，大学生一日三餐都必须吃饱吃好，才能满足身体发育、保持旺盛的精力，完成一天学习任务的需要。

大学生在期末考试期间，应加强营养素，多供给优质蛋白质和脂肪，特别是增加卵磷脂和维生素A、维生素B_1、维生素B_2和维生素C的供给，以补充复习和考试期间学生大脑高级神经系统紧张活动时的额外消耗。

第五节　合理营养的原则

要想做到合理营养，应遵循以下原则：

一、合理的膳食调配

合理的膳食调配就是供给各种比例合适的营养素，使其相互配合而增强其营养价值。在调配过程中应注意以下几个方面：

（一）组成平衡膳食

按照热量和营养素标准，选择食物的种类和数量，组成平衡膳食。

食物可简单分为四大类：①粮食类，供给人体淀粉、蛋白质、无机盐、B族维生素和纤维素；②肉、鱼、蛋及大豆类，供给人体优质的蛋白质、脂肪，部分无机盐和维生素；③水果和蔬菜类，供给人体维生素、无机盐及膳食纤维素；④奶或奶制品类，供给人体优质的蛋白质、脂肪、维生素A、维生素B_2和钙等。

（二）膳食的色、香、味和多样化俱全

选择食物要注意色、香、味和多样化，有利于消化和吸收。同时，饭菜应有一定的容积和饱腹感。

（三）注意季节配膳

各类食物的数量及质量，应该根据气候、季节的变化和环境进行饮食调配，夏季应选用清淡爽口、具有酸味和辣味的食物；冬季应以浓重的食物为宜，适当多用些油脂。

（四）照顾用膳人的习惯

选择用餐人喜爱的食物品种，按其最习惯的方法烹调，以利于食物的消化、吸收和利用。用餐人要克服暴饮、暴食和偏食等不良饮食习惯。

二、合理的膳食制度

膳食制度是指把全天的食物定质、定量、定时地分配给人们食用的一种制度。包括严格的饮食时间、饮食质量和饮食分配。

一天的不同时间内，人体所需热量和各种营养素的量不尽相同，合理的膳食制度确定后，机体即可建立条件反射，用餐时间一到，人就会产生食欲感，并预先分泌适合于各餐膳食质量的消化液，以利于食物的充分消化、吸收和利用。确定合理的膳食制度，应考虑以下几方面：

（一）注意胃肠道的消化能力

人在进行剧烈运动后，其消化能力减弱，因为运动时体内血液集中于运动器官，消化器官相对缺血，此时进食对消化不利，运动后应休息30分钟以上再进食。进食后应休息1.5～2.5小时才能剧烈运动，因为进食后胃肠道被食物充盈，不利于运动，运动会影响消化功能的正常运行。同时，食入的膳食质和量也要有利于营养素能被充分消化、吸收和利用。

（二）两餐间的间隔要适宜

若两餐间的间隔时间太长，会引起强烈的饥饿感和血糖浓度下降，明显影响学习和工作效率。若两餐间的间隔太短，就会缺乏食欲。混合性食物在胃中排空的时间为 4 ~5 个小时，故两餐间的间隔时间至少也应 4 ~5 个小时。每日最好能四餐。同时注意用膳时间应和生活工作制度相配合。

（三）全天各餐食物的分配比例要合理

一般认为早餐占全天总热量的 25% ~30% 、午餐占 40% 、晚餐占 30% ~35% 比较合理。对运动员一日三餐食物的分配原则是：运动前的一餐，食物的量不宜过多，但要有一定的热量，要易消化，含有较多的糖、维生素和磷，少含脂肪和纤维素；运动后的一餐量可以大些。晚餐不宜过多，且不宜吃脂肪和蛋白质过多以及有刺激性的食物，以免影响睡眠，运动员的早餐应含丰富的蛋白质和维生素。

第六章　运动损伤与运动处方

目前，由于社会飞速发展，现在已经有越来越多的人开始认识到自己身体的重要性，并加入到体育锻炼这个行列中来，他们也逐渐地了解到体育锻炼不仅能够有效地增强人的身体素质、提高自身协调性，还是提高生命质量的一个好办法。但是由于现在还有很多的人不能够很正确地对待体育锻炼，追求盲目、自主，忽视体育锻炼内在的规律，导致在运动过程中出现一些运动损伤，在这里所谓的运动损伤即指在运动过程中发生的损伤。

这些运动损伤与人们参与的体育项目、技术动作的特点是有着密切关系的，尤其是大学生，身体素质比较薄弱，想改善身体素质状况，积极参与到体育锻炼中来，但是由于自身对体育运动的认识不够、技术动作不正确等原因，极易导致在运动中出现各种运动损伤，甚至在体育课上出现受伤、致残等情况，给大学生的体育课带来了一些负面的影响，也会影响大学生的终身体育意识，对运动损伤的发生原因、发病症状、处理办法、预防措施和康复进行了解，将有利于改善运动条件，改进体育教学方法，提高教学效果，使体育锻炼能达到促进身心健康的效果，并使大学体育教学更好地发挥应有的作用。

第一节　运动损伤的原因与急救

一、运动损伤的概念

体育运动过程中所发生的各种损伤称为运动损伤。运动损伤与运动项目、技术动作有着密切的关系。由于不同的运动项目对身体各部分的负担量及技术动作要求不同，因而造成的损伤也各有差异。一般可以分为以下几种：

（一）开放性损伤和闭合性损伤

开放性损伤是指伤后皮肤或黏膜的完整性遭到破坏，伤口与外界相通，如擦伤、刺伤、切伤与开放性骨折等。闭合性损伤是指伤后皮肤或黏膜的完整性没有遭到破坏，损伤组织的裂口与外界不相通，如挫伤、关节扭伤与闭合性骨折等。

（二）损伤的轻重程度

轻度损伤后不丧失工作能力，仍能按计划进行体育锻炼；中度损伤，一般伤后失去工作能力 24h 以上，不能按计划进行体育锻炼，需要门诊治疗，并须减少或停止运动；重度损伤，伤后完全不能运动，需要住院治疗等。

（三）急性损伤和慢性损伤

急性损伤是指一瞬间直接暴力或间接暴力所造成的损伤。慢性损伤有两种：一是由于训练安排不合理，使局部过劳而积累的劳损；二是因急性损伤处理不当或治疗不彻底而转变为陈旧性损伤。

二、运动损伤的原因

造成运动损伤的原因是复杂的，也是多方面的。根据国内外有关运动损伤的资料分析，可以分为基本原因与潜在原因两方面。

（一）基本原因

1. 思想因素

事实证明，运动损伤的发生常与体育教师、教练员和体育运动参加者对预防运动损伤的意义认识不足有关。不遵守科学的锻炼方法，总认为在运动过程中出现损伤是难免的，没什么大惊小怪，严重缺乏预防损伤观念。在体育运动和训练中，不能积极地采取各种行之有效的预防措施。特别是有些青少年，他们缺乏生活经验，好胜心强，好奇心大，思想上麻痹大意，忽视循序渐进和量力而行的原则，盲目或冒失地进行锻炼，急于求成而不顾一切。在练习中缺乏信心与勇气，产生畏难、恐惧、害羞心理，动作犹豫不决，过分紧张等，而对熟悉的动作又不重视，随随便便，这些常是造成运动损伤的重要因素。

2. 准备活动原因

准备活动的目的是人体进入正式运动前，经过多种练习，可以提高神经系统的兴奋性，克服机体惰性。进一步加强呼吸和血液循环，提高人体温度，缩短人体对运动的适应过程。减少肌肉、韧带黏性，增加其弹性和伸展性，使关节活动幅度加大，减少运动损伤的发生。相反，缺乏准备活动或准备活动不当，是造成运动损伤的重要原因之一。常见的有以下几个方面：

（1）不做准备活动或准备活动不充分。人体进入运动时，当神经系统和内脏器官的机能没有充分动员起来，肌肉温度没有提高，肌肉韧带的力量、弹性和伸展性都不够，身体缺乏协调性。在这种情况下就投入正式的运动，很容易发生肌肉拉伤和关节扭伤，这种现象常见于课外体育活动中。

（2）准备活动的内容与课的内容结合得不好，或缺乏专项的准备活动，对运动中负担较重部位的机能没有得到充分的改善，也容易造成局部扭伤。

（3）准备活动的量过大。身体在进入正式运动前，由于准备活动的量过大，到进入正式运动时，身体已经疲劳，身体机能不是处于良好状态，而是有所下降，在这种情况下运动必然容易引起损伤。

（4）准备活动离正式运动时间太长，当身体进入正式运动时，准备活动所引起的生理作用已经减弱或消失，等于没有做准备活动。在这种情况下运动，也是容易引起损伤的原因之一。这种现象多见于比赛中替补队员临时上场等。

3. 身体素质

由于力量、速度、耐力与灵敏度等素质差，致使肌肉力量和弹性差，关节的灵活性和稳定性不够，反应迟钝，都可成为损伤的原因。例如，肩关节周围肌肉力量不足或柔韧性差，容易引起肩关节脱位；灵敏素质差则反应迟钝，对突发事件不能及时自我保护，容易引起损伤。

4. 技术动作的缺点和错误

体育参加者对技术动作掌握不熟练，在技术动作中存在的缺点和错误就多。如果技术动作违反了身体结构与功能特点以及运动时的力学原理，就容易引起受伤。这是初从事运动训练或学习新动作时发生损伤的主要原因。例如，篮排球传接时，由于手形不正确引起指关节挫伤或扭伤；学习跳马时，没有掌握好助跑和踏跳，动作不协调，速度太快，向前冲力过大，控制不住身体而向前摔倒受伤，或在跃马腾空阶段，过度挺腹而引起棘间韧带或椎板损伤。

5. 运动负荷（尤其局部负担量）过大

安排运动负荷时，没有根据运动者的生理特点，运动负荷超过了运动者可能承受的生理负荷量，尤其是局部负担量过大，这是运动训练，特别是专项训练中造成运动损伤的重要原因。例如，在专项训练中由于操之过急，为了提高下肢力量，在一次训练课或一周训练内容中，专门练下肢跳、蛙跳、跨步跳和负重跳等，使下肢负担过重，超过其承受能力而引起微细损伤，反复积累而成劳损。又如，刚参加体育锻炼者，由于跑跳练习过多而造成胫腓骨疲劳性骨膜炎等。

6. 身体机能状况

在睡眠或休息不好，患病带伤或伤病初愈阶段以及过度疲劳的情况下，生理机能和运动能力相对下降，这时如参加剧烈活动，将会因肌肉力量弱、反应迟钝、身体协调性差导致损伤。

7. 心理状态

运动时心情不好、情绪不高、对训练和比赛缺乏自觉性和积极性，思想不集中、急躁、胆怯、缺乏勇气、犹豫等都容易导致动作失常而引起损伤。而赛前过于紧张，损伤的发生率则更高。

8. 教学、训练方法不当

教学、训练场比赛组织方法在教学和训练中不遵守循序和区别对待的原则：教师负责指导的学生过多、缺乏正确的示范和耐心细致的指导；缺乏必要的保护和自我保护的能力；运动场地狭窄，人多拥挤，不分区使用；随便穿越投掷区；滑冰时不按规定方向滑行；教师对学生的组织纪律要求不严；允许伤病学生参加剧烈活动等都易发生意外运动损伤。在竞赛组织方法上常见的缺点有：日程安排不当；比赛场地和时间任意更改；允许伤病或身体条件不合格者参加比赛，所有这些因素都可成为学生受伤的原因。

9. 动作粗野或违反规则

在比赛中不遵守规则，不服从裁判，动作粗野，故意犯规或搞小动作；在教学训练中相互逗乐，不守纪律等，经常是篮球、足球运动中发生损伤的重要原因。

10. 场地设备和服装的卫生要求

运动场地不平，有碎石杂物，跑道太硬或太滑，沙坑太硬或有小石头，沙坑边缘高出地面，踏跳板与地面不平齐，器械年久失修，表面生锈不光滑或有裂缝，器械安装不牢固或安装位置不当，器械的高低、大小与轻重不符合锻炼者的年龄、性别和训练水平的特点。缺乏必要的保护器具，运动时服装和鞋袜不符合体育卫生要求等，这些都是引起受伤的原因。

11．气候条件

气温过高，湿度过大，容易发生中暑和疲劳，或因大量出汗，造成体内水盐不平衡，可引起肌肉痉挛或虚脱；而气温过低，易发生冻伤或出现肌肉僵硬，身体协调性下降而引起肌肉拉伤；光线不良影响视力，使锻炼者在运动中反应迟钝等，这些都是引起损伤的原因。

（二）潜在原因（又叫诱因）

诱因是指只在直接原因，如局部负担量过大、技术动作发生错误等的作用下，才能成为致伤的原因。常见的诱因有两种：

1．运动项目本身的技术特点

由于各运动项目都有自己的技术特点，对人体各部位要求的负担量也有所不同，因此，各项运动都有易伤的部位。例如，篮球运动的技术特点是滑步、防守、进攻、急停、踏跳和上篮等，这些技术动作都要求膝关节处于半蹲位屈伸和扭转，造成膝关节的负担量过大，容易发生髌骨与股骨关节面之间的错动、撞击与捻转摩擦，容易引起髌骨劳损；体操的技术特点是支撑、跳跃、翻腾、转肩等，易发生肩、腕、腰、膝诸部位的损伤。

2．人体某些部位的解剖生理特点

例如，做肩关节运动时，肩袖易与周围组织发生摩擦和挤压而引发损伤；膝关节半蹲位“发力”时，关节稳定性差，易发生“不合槽”的活动而受伤；踝背伸角为70°～60°发力跖屈时，跟腱处于极度紧张状态，但胫后肌及腓骨肌则较松弛，若突然发力踏跳，易发生跟腱断裂等。

总之，由于各项运动都有自身的特殊技术要求，再则由于解剖生理的特点，在直接原因的作用下，各项运动损伤都具有一定的特点和规律，对预防运动损伤采取必要的措施提供了重要的依据。

三、运动损伤的预防

造成运动损伤的原因是多方面的，预防措施必须是综合性的；由于各地区及其在不同的气象环境下，造成运动损伤的主要原因也有所不同，因而除掌握损伤的原因和规律外，还必须注意以下两个方面。

（一）预防运动损伤的意义

在体育运动中如不重视运动损伤的预防工作，不积极采取相应的预防措施，就会发生各种伤害事故，轻者影响青少年和其他锻炼者的学习、工作与身心健康，重者造成残废甚至危及生命，对国家和个人造成不应有的损失，并且严重地妨碍了运动成绩的提高，也给广大群众造成不良的心理影响，妨碍群众性体育运动的开展。因此，在体育运动中，必须贯彻以“预防为主”的方针，对预防运动损伤的规律有足够的认识，积极采取有效的预防措施，不断改进教学和训练方法，切实做好预防工作，就能最大限度地避免或减少运动损伤的发生，从而保证体育锻炼者的身心健康，保证体育教学和训练工作的正常进行，使德、智、体全面发展的教育方针得到贯彻落实。

（二）运动损伤的预防原则

经验证明，要预防运动损伤，首先应解决思想认识问题，在此基础上采取有效的综合措施，努力消除各种致伤因素，才能达到预期目的。

1. 加强思想教育

加强体育运动的目的性教育，使广大体育工作者和体育锻炼者认识到预防运动损伤的意义。加强安全、组织性、纪律性的教育，培养学生遵守纪律、团结友爱、互相帮助、互相保护的优良品质，提倡“宁失一球，勿伤一人”的高尚思想作风。

2. 合理安排教学、训练和比赛

教师要认真钻研教材，在教学、训练中要根据学生的年龄、性别、健康状况、身体素质和运动技术水平等进行备课。充分了解每次教学、训练的内容，掌握教材中的重点与难点，对易发生损伤的技术动作要做到心中有数，事先采取必要的预防措施。加强全面身体训练，注意提高各方面的身体素质水平，特别是对儿童少年显得尤为重要。通过全面的身体训练，可以促进各器官、系统的生长发育更加完善，使身体素质得到全面发展。同时，应加强基本技术的教学、训练，使学生正确掌握技术动作的要领。

合理安排运动负荷量，尤其要注意局部负担量和伤后训练，避免“单打一”的训练方法，防止局部负担过重。

要遵守循序渐进和个别对待的原则。学习动作应从易到难，从简到繁，从分解动作到完整动作。在一次课中，难度高、费力大的动作应安排在课的前面或中间。在教学、训练过程中应注意年龄、性别、训练水平和健康状况等特点，区别对待。

要遵守比赛的规程和规则，加强裁判工作。少年儿童不宜进行过多的比赛，更不应与成年人进行对抗性比赛。

3. 做好准备活动

准备活动的内容与运动负荷，应根据教学、训练或比赛内容，运动参加者的个体情况、气候条件等情况合理安排。准备活动要有针对性，既有一般性准备活动，又要有专项准备活动。严禁不做准备活动直接进入强烈运动。准备活动的最后部分内容应与即将进行的运动紧密联系。特别对负担量较大或易伤部位，要特别做好准备活动。对已伤部位的准备活动要特别谨慎小心。

准备活动结束与正式开始运动间隔时间不宜太长，一般以 1 ~4 分钟为宜。准备活动时间的长短、强度大小等应根据年龄、训练水平、比赛项目的持续时间和季节而定，对年龄小、训练水平差、专项训练或比赛项目持续时间长或夏季，准备活动的强度可小些，时间短些；相反，训练水平较高、专项训练或比赛项目持续时间短或冬季，准备活动强度可大些，时间可长些。一般准备活动的时间和负荷量，以 20 分钟为宜，或身体觉得发热，微微出汗为好。

4. 加强易伤部位的训练

加强对易伤部位和相对较薄弱部位的训练，提高其机能，是预防运动损伤的一种积极手段。例如，为预防关节扭伤，应加强对关节周围肌肉、韧带的力量、弹性和柔韧性的练习，以加强关节的稳固性。又如，为预防腰部损伤，除加强腰背肌的训练外，还应加强腹肌的训练。腰部肌肉的损伤，从某种意义讲与其对抗肌——腹肌较弱有关。腹肌力量不足，易使脊柱过度后伸而致腰部损伤。

5．加强保护和自我保护

保护在体操运动中是非常重要的，因体操运动是一项比较复杂、多变、难度大、空中动作多的项目，容易摔倒受伤，特别是初学新动作时，应有人在旁边进行保护，以防意外事故发生。

体育参加者也应学会自我保护的方法，当重心不稳快摔倒时，应立刻低头、屈肘、团身、以肩背着地顺势滚翻，绝不可用手直臂撑地，以防手腕部或前臂骨折、脱位等损伤。从高处往下跳时，以前脚掌着地，同时迅速屈膝，增加缓冲，减少或避免损伤。

6．加强医务监督和注意设备卫生

对经常参加体育运动者，应定期进行体格检查，在参加大型比赛前，还要进行补充检查，禁止带病或身体条件不合格者参加比赛。对于伤病或患有各种慢性疾病的人，根据医生的意见进行体育活动。

建立和健全自我监督制度，随时注意自己的身体变化，若有不良反应，不练习较难动作，同时应及时调整运动负荷。

对场地器械和保护用具要定期进行检查，对不符合要求的应及时维修，维修前一律禁止使用。禁止穿不符合运动要求的服装和鞋进行运动。

四、常见运动损伤的急救

体育运动项目较多，出现受伤的原因也较复杂，为能使伤后得到及时正确的处理，作为体育教师和教练员应掌握造成损伤的原因、特点及简易处理的方法，一旦发生运动损伤就能进行现场急救与处理。常见的运动损伤有下列几种：

（一）软组织损伤

软组织损伤是指肌肉、筋膜、肌腱腱鞘、关节韧带、关节囊及滑膜囊的损伤。根据损伤组织是否有裂口与外界相通，可分为开放性损伤和闭合性损伤。

1．开放性软组织损伤

开放性软组织损伤，指局部皮肤或黏膜破裂，伤口与外界相通，有血液自创口流出，易引发感染。体育运动中，常见的开放性软组织损伤有擦伤、撕裂伤、刺伤和切伤等，其应急的处理办法是止血和处理伤口。

（1）止血。开放性软组织损伤时，都有不同程度的外出血，若损伤较重，出血较多时应立即先止血，而后再处理伤口。

（2）伤口的处理。在开放性损伤中，擦伤为最轻的一种，一般伤部表面只渗出少许黄色液体和少量分散在伤面上的小血点。由于血液有自行凝固的能力，轻度擦伤渗出性出血，一般数分钟后即可自行停止。如果受伤范围较大，出血不止时，应先止血。把受伤肢体抬高，同时用手指压住流血部位上方的动脉血管。

为了防止空气中的化脓菌侵入创面，在止血的同时，用消毒过的纱布先把创面遮盖起来。然后用纱布或棉花浸以温水，把创面泥土和周围污物除去。如果创面有泥土、煤渣等污物，可用生理盐水或肥皂水冲洗，冲洗后用消毒纱布拭干创面，涂上红药水或紫药水，不要包扎，使创面暴露。这样，创面可以很快干燥，一两天后即可结痂。面积比较深的擦伤，为预防感染化脓，在创面上撒适量消炎粉或涂上消炎软膏，再盖上消毒纱布块，用绷带包扎住。

撕裂伤系钝物打击而引起皮肤和软组织撕裂，以头面部皮肤撕裂最为多见。例如，篮球运动中，眉弓被对方肘部碰撞而引起眉际皮肤撕裂，若撕裂伤口较小，经消毒处理后，用粘膏黏合即可。撕裂伤口较大，则须止血，缝合伤口。若伤情和污染较重时，应注射破伤风抗毒血清和给予抗生素治疗。

刺伤和切伤：刺伤系因尖细物件刺入人体致使损伤，伤口较深，常见于田径运动中钉鞋和标枪刺伤。而切伤是锐器切入皮肤所致的损伤，出血较多，常见于滑冰运动员冰刀的切伤，其处理方法基本同于撕裂伤。

2. 闭合性软组织损伤

指局部皮肤或黏膜完整，无裂口与外界相通，损伤时的出血积聚在组织内。通常见的有关节韧带、关节囊，肌肉筋膜、肌腱腱鞘和滑囊的挫伤、拉伤、扭伤、捩伤及撕裂伤。对于这些损伤，按其不同的病理过程，可分为急性损伤和慢性损伤两大类。

(1) 急性损伤。根据急性软组织损伤的病理发展过程，处理的方法大致可分为早、中、晚三个时期。

①早期：指伤后24小时或48小时以内，组织内出血或局部出现红、肿、痛和机能障碍等。此时处理的原则是制动、止血、防肿、镇痛及减轻炎症。治疗方法可根据具体情况选用下列方法的一种或几种合用。

冷敷、加压包扎和抬高伤肢：它有止血、镇痛、防肿和制动的作用。加压包扎要用适当厚度的棉花或海绵置于伤部，再用绷带稍加压力进行包扎。处理时先冷敷，一般冷敷使用冰袋，有条件可用氯乙烷喷射。随后加压包扎，包扎时要防止过紧与过松现象。休息时抬高伤肢，24小时后拆包扎，再根据伤情做进一步处理。

药物：外敷新药常可收到迅速消肿止痛，减轻急性炎症的效果。此外，疼痛较重者可服用止痛片，瘀血较重者可服跌打丸、七厘散等。

在此期间，不可按摩，否则会加重出血和组织液渗出，使肿胀加重。

②中期：指伤后24~48小时以后，主要特点是肉芽组织已经形成，血凝块正在被吸收，坏死组织逐渐被消除，组织正在修复。该期处理的原则主要是改善局部的血液和淋巴循环，促进组织的新陈代谢，加速瘀血和渗出液的吸收及坏死组织的清除，加快组织的修复，防止粘连形成。

治疗方面可采用理疗、按摩、针灸、拔罐和药物治疗等，可以选用几种方法进行综合治疗。同时，可逐渐进行伤部的功能练习。

热疗和按摩在此时期的治疗极为重要，它可以促进局部的血液和淋巴循环，改善伤部的新陈代谢，加快坏死组织的清除和组织的修复。

③晚期：损伤组织已基本修复，肿胀和压痛感已经消失，但机能尚未完全恢复，锻炼时仍有轻微痛感、酸胀和无力，个别严重者，因组织粘连与瘢痕收缩，出现伤部僵硬或活动受限等。因此，该期处理的原则是恢复和增强肌肉、关节的功能。如有瘢痕和粘连，应加强理疗按摩和机能锻炼及中草药熏洗等，以此促进功能的恢复。

应该指出，上述三期的辨证施治，适用于较严重的急性闭合性软组织损伤。如果损伤较轻，病程恢复快，可将中、后期合并，活血新生和机能恢复同时施治。

（2）慢性软组织损伤。慢性软组织损伤一般是由急性损伤后处理不当转变而来的，或因局部长期负荷过度引起劳损。由微细损伤的积累而成。

处理的原则主要是改善局部的血液循环，促进组织的新陈代谢，合理安排运动负荷。治疗方法与急性损伤中、后期大致相同，以按摩、局部封闭、中草药外敷或熏洗为重要手段；在治疗中应与机能锻炼相结合。

（二）关节韧带扭伤

关节韧带扭伤在运动损伤中最为常见。在体育运动中各个关节都参与活动，如稍不注意，就有可能造成关节韧带扭伤。

1．损伤原因

关节韧带损伤多因场地不平、准备活动不充分、技术不熟练及在外力的作用下，关节发生超常范围的活动等而造成的。

2．损伤征象

关节韧带损伤有轻重伤之分，轻度损伤只是关节周围的韧带部分纤维撕裂，有轻微疼痛感，伤部外表无异常，关节活动无障碍，一般不需急救处理，休息一两周后伤处疼痛就可以逐渐消失而痊愈。

重者可出现关节周围韧带、肌腱和血管断裂。伤后感到剧烈疼痛，关节不能活动；伤后几小时，受伤部位逐渐肿大并变为青黑色。这是由于血管破裂，使血液流进组织间隙的缘故。

3．处理办法

先制动、止血、止痛。伤后立刻冷敷，再加压包扎，抬高伤肢。冷敷可以用冷水淋洗伤部，有条件的可用氯乙烷或冰袋，这样可以使断裂的血管收缩，减轻出血程度，并有减轻疼痛的作用。冷敷后用适当厚度的干净棉花或海绵置于伤部，立即用绷带稍加压进行包扎，但不能包得太紧，以免影响血液循环。24 小时后拆除包扎固定，根据伤情再做进一步处理。

（三）关节脱位

由于暴力的作用使关节的关节面失去正常的连接关系，称关节脱位。

1．脱位原因

运动中关节脱位，一般由于间接外力所致。如果突然摔倒，肘关节伸直、前臂旋后位时，手掌撑地，肘关节过伸，容易引起肘关节脱位。如果摔倒时，上臂外展，用肩或肘部着地，都有可能发生肩关节脱位。

2．脱位的征象

（1）关节疼痛、肿胀和压痛。关节脱位当时疼痛较轻，随后因软组织损伤及关节囊破裂，出现剧痛和明显压痛。

(2) 关节活动机能丧失。由于关节正常结构受到破坏，失去了正常活动的机能。

(3) 畸形。由于关节正常位置的改变，使正常关节隆起处塌陷，平常凹陷处隆起或突出，肢体变长或缩短等。

(4) X 线检查。可发现关节脱位的方向、位置以及有无骨折。

3. 现场急救

(1) 止痛、抗休克。关节脱位或合并其他损伤会产生剧痛，常会出现伤员休克现象。急救时应注意预防休克，如发现休克应及时处理。

(2) 固定。用夹板或三角巾、绷带固定脱位变形的伤肢，尽快送往医院处理，争取早期复位。没有整复技术和经验的人，不可随意做整复手术，以免加重伤情，影响机能恢复。

(四) 脑震荡

脑震荡系指头部受外力作用后，脑的神经细胞和神经纤维因受到震荡而引起一时性意识和机能障碍，脑组织无明显的病理变化，不久即可恢复。

1. 原因

头部受到硬物打击后，立即出现意识丧失，数秒钟至 30 秒钟不等。例如，在运动中，特别是在对抗性强的体育项目的比赛中，如篮球、足球、棒球的打击，或体操训练中从高处跌下头部撞地等，都可引发脑震荡。

2. 症状

患者常出现头晕眼花，眼前发黑，呼吸表浅，脉搏缓慢，肌肉松弛，瞳孔稍放大但对称。清醒后在短期内反应迟钝，记忆力下降。此时，还伴有头晕、头痛、恶心或呕吐等症状，一般的脑震荡患者在数天内症状消失。

3. 处理办法

让患者安静平卧，头部冷敷，身上保暖。若有昏迷，可掐人中、内关、涌泉等穴位，如呼吸发生障碍，可进行人工呼吸。

急救时，如发现患者昏迷时间超过 4 分钟以上，瞳孔放大且不对称，或耳、鼻、口出血，眼球青紫，或患者清醒后剧烈头痛和呕吐，或清醒后再次昏迷，提示合并有严重的颅脑损伤，应立即送医院进行抢救。

在送往医院的时候，要让患者平卧，头部两侧用衣服或枕头垫起固定，避免颠簸受剧烈震动。昏迷病人，头部宜侧卧，防止呕吐物进入气管或舌后坠而发生窒息。

对于无严重征象，短时间意识就恢复的轻伤员，也要尽可能使其平卧，送回宿舍休息。一般应卧床休息，直至头痛、头晕、恶心等症状完全消失为止。不宜过早参加运动，也应尽量减少脑力劳动。

脑震荡一般经过适当的休息轻者便可自愈。患者康复后，可用“闭目举臂单足站平衡试验”来判断是否可参加体育活动，如果能保持平衡则表示可以参加体育活动。

(五) 外出血

血液从损伤的血管外流称出血。而外出血则是血液从皮肤创口向体外流出，这是在运动损伤中较为常见的一种。据研究，健康成人平均体重约有血液 75mL/kg，总血量可达

4000～5000毫升。如果急性大量出血达全身血量的20%，即出现乏力、头晕、口渴、面色苍白等一系列急性贫血的症状；若出血量超过全身血量的30%，即有生命危险。因此，对于一切有出血的患者，尤其是大动脉出血，都必须立即止血。

由于损伤血管的不同，按性质可分为动脉出血、静脉出血和毛细血管出血三种。但一般所见的出血多为混合型的出血。

动脉出血：血色鲜红，血液自伤口的近心端呈间歇性喷射状流出。危险性较大，常因失血过多而出现急性贫血，以致血压下降，呼吸系统中枢的麻痹而心跳停止。

静脉出血：血色暗红，血液自伤口的远心端呈缓慢持续地向外流出，危险性较小。

毛细血管出血：血色介于动脉血与静脉血之间。血液在创面上呈点状渗出，并逐渐融合成片，最后渗满整个创口。这种出血易为自然止血。

在运动损伤的急救中，止血的方法很多，但外出血一般采用绷带加压包扎法、指压法和止血带法三种。

1. 绷带加压包扎法

用数层无菌敷料覆盖创口后，用绷带稍加压力进行包扎，以压住损伤血管而达到止血。包扎后抬高伤肢，这种方法适用于小动脉、小静脉及毛细血管出血的止血。

2. 指压法

可分为直接指压法和间接指压法。

（1）直接指压法：用指腹或掌根直接压迫伤口，此方法简便易行，但违背无菌操作的原则，易引起伤口感染。因此，不是在十分紧急的情况下，不应轻易使用。

（2）间接指压法：在出血动脉的上方，用拇指或其余四指把该动脉管压迫在相应的骨面上，以阻断血液的来源而达到止血。这种方法是动脉出血时最迅速又简便的临时止血法，所加压力必须持续至可以结扎血管或用止血钳夹住血管时为止。如运用正确，可使动脉出血立即停止。现将身体不同部位出血时，应压迫的动脉及方法介绍如下。

额部、颞部出血：用拇指在同侧耳屏前摸到颞浅动脉搏动后，将该动脉压在颞骨上（图6－1－1）。

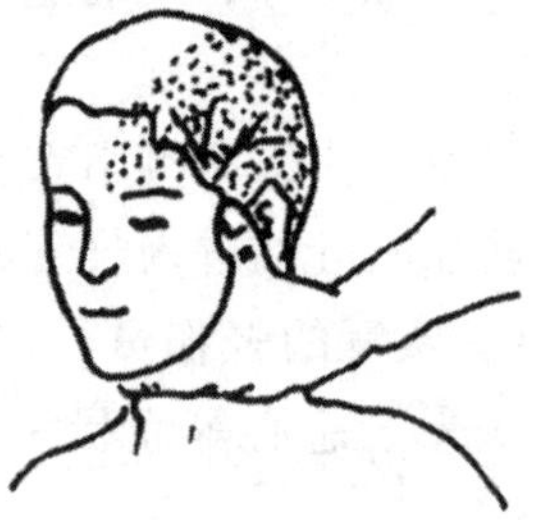

图6－1－1

眼以下面部出血：用拇指指腹在伤员同侧下颌骨角前约1.5厘米处摸到面动脉搏动后，将该动脉压在下颌骨上。

肩部和上臂出血：伤员头转向健侧，用拇指指腹在锁骨上缘中点摸到锁骨下动脉搏动后，将其向下压在第一肋骨上（图6－1－2）。

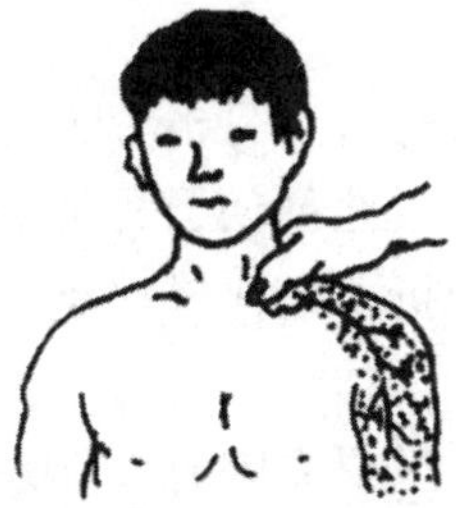

图 6-1-2

前臂和手出血：伤臂稍外展和外旋，在肱二头肌内缘中点摸到肱动脉搏动后，用拇指指腹将动脉压在肱骨上（图 6-1-3）。

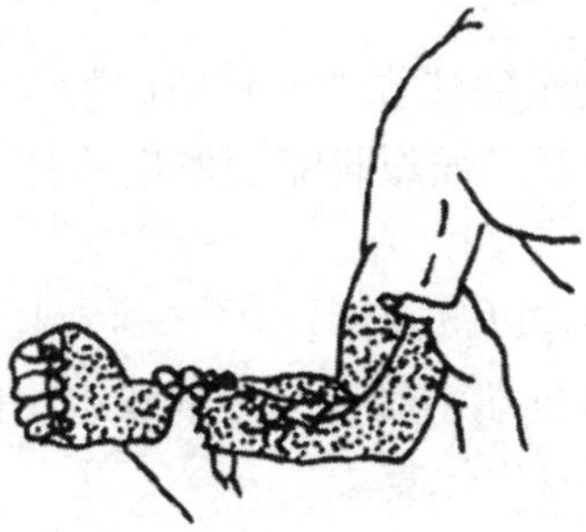

图 6-1-3

大腿和小腿出血：伤员仰卧，大腿伸直，伤肢大腿稍外展和外旋，在腹股沟中点摸到股动脉搏动后，将两拇指重叠压迫该动脉于耻骨上（图 6-1-4）。

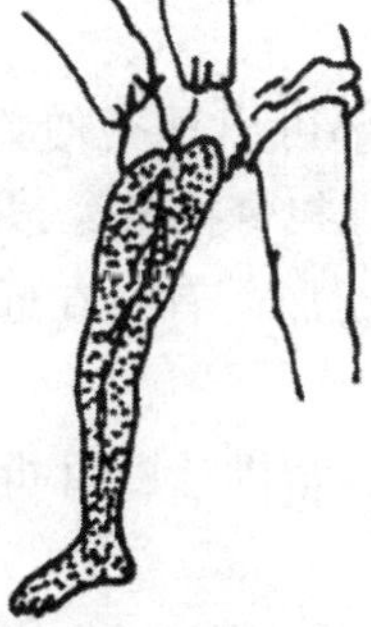

图 6-1-4

足部出血：在胫骨远端的前方和内踝后，将胫前动脉和胫后动脉压迫在胫骨上（图 6-1-5）。

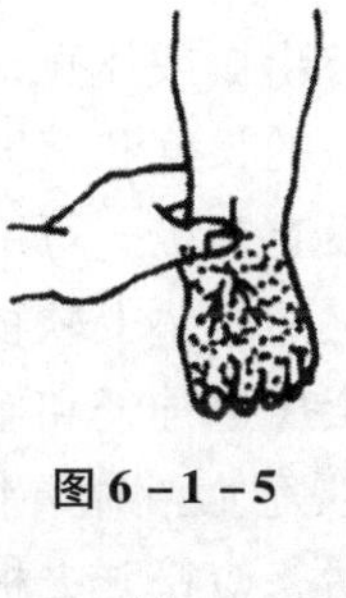

图 6-1-5

（六）骨折

骨的完整性遭到破坏的损伤称为骨折。骨折分为闭合性骨折和开放性骨折两种。前者无开放性创伤，治疗较易；后者有开放性创伤，骨折端与外界相通，易发生感染，治疗较难。运动中发生的骨折多为闭合性骨折，是比较严重的损伤，但发生率较低。

1. 骨折的原因

发生骨折的原因是多方面的，其主要原因有以下几种：

（1）直接暴力。暴力直接作用身体某部，引起该部骨折。例如，足球运动中，运动员的胫骨受到对方足踢发生胫骨骨折。

（2）间接暴力。在远离暴力作用部位发生骨折。例如，足球守门员扑球摔倒引起的锁骨骨折。

（3）肌肉强烈收缩。肌肉突然猛烈收缩，将肌肉附着处的骨质撕脱或撕裂。例如，提杠铃时，突然的翻腕动作，因前臂肌强烈收缩而发生肱骨上内髁撕脱内折。

2. 症状

在运动中患者受伤后的症状有以下几种：

（1）疼痛。因骨膜撕裂，骨折端刺激伤邻近的软组织以及肌肉的痉挛而引起。一般疼痛剧烈，活动时加剧，严重者可发生休克。

（2）肿胀及皮下瘀血。因骨折处血管破裂，以及周围组织的损伤所致。

（3）机能丧失。由于骨折后，肢体失去杠杆和支持的作用，加上疼痛以及肌肉痉挛，因而再现机能丧失。例如，胫骨干骨折后，患者就不能站立和行走。

（4）畸形。骨折后，肌肉痉挛，使骨折端移位、重叠或旋转，引起肢体缩短、成角或旋转畸形。

（5）骨摩擦音。完全骨折时，局部可出现类似关节的活动，移动时可产生骨摩擦音。这是骨折的特有征象，但不能有意去寻找骨擦音，以免加重损伤，增加伤员的痛苦。

（6）压痛和震痛。骨折处有明显压痛，有时在远离骨折处轻轻捶击或轻微震动，可引起骨折处震痛。

（7）X 线检查。可确定是否骨折，帮助诊断骨折的部位、类型以及畸形的方向。

3. 急救方法

骨折时，用夹板、绷带把折断的部位固定、包扎起来，使伤部不再活动，这仅为临时固定。其目的是为了减轻疼痛、避免再损伤和便于转送。固定前应注意，不要随便移动伤肢。如果伤口暴露，可剪开衣服，以免造成不必要的移动，增加患者的痛苦和伤情。如果四肢或脊柱骨折，应就地固定。

有伤口或开放性骨折的患者，如有出血或休克，应先止血、包扎伤口和抗休克，后再固定骨折。在固定骨折时，应注意夹板的长度和宽度，要与骨折的伤肢相称，其长度必须超过骨折部的上、下两个关节。如果没有夹板，可用树枝、木棍、球棒等，或把伤肢固定在伤员的躯干或健肢上。夹板与皮肤之间应垫上软物、棉垫或纱布等。

固定时松紧要适宜、牢靠。过紧会压迫神经和血管，过松会失去固定的作用。四肢骨折固定时，应露出指（趾）尖，以便观察血液循环情况，如发现指（趾）尖苍白、发凉、麻木、疼痛、浮肿和呈青紫色等征象时，应松开夹板，重新固定。

第二节　运动性疾病的防治

运动性疾病是指因运动训练安排不当造成体内功能紊乱所出现的疾病或症状。常见的有过度训练、过度紧张、运动性贫血、晕厥、运动中腹痛、肌肉痉挛、中暑等。

一、过度训练

过度训练的全称是“过度训练综合征”，是指运动负荷与身体功能状况不相适应、疲劳长期积累而引起的功能紊乱或病理状态。

（一）原因与病理机制

过度训练的发病机制尚未清楚，多数人认为有如下原因：

1. 训练安排不当

在教学与训练中没有遵守循序渐进和系统性训练原则，持续进行大运动负荷训练，缺乏明显的节奏；在训练不系统的情况下进行大负荷运动训练；训练中注意个人特点而区别对待；伤病后身体未完全康复就投入正规训练、训练内容单一、片面追求单项成绩等。

2. 比赛安排不当

比赛前训练准备不够，连续比赛缺乏足够休息，伤病后过早参加比赛等。

3. 其他原因

如生活规律遭到破坏、营养不良、精神创伤、心理压力过大等，均可使身体机能下降，从而导致过度训练。

（二）症状与体征

过度训练的早期症状以神经系统的表现为主，与神经衰弱相似，如训练后睡眠欠佳(多梦、易惊醒)、食欲不振、头晕、头痛、记忆力下降、运动时无力、成绩下降等，但客观检查无明显异常改变。所以过度训练的早期非常容易被忽视，或被误诊为“神经官能症”，致使病情逐渐加重。过度训练的中期和后期，多个系统和器官可出现多种多样的症状。除早期症状外，还会出现失眠或嗜睡、全身乏力、多汗、情绪急躁、恶心、呕吐、腹泻、运动能力和运动成绩明显下降。

过度训练的症状是多种多样的，诊断时应详细询问病史和运动损伤史。

（三）处理与预防

1. 处理

过度训练的关键是早发现、早处理。处理的原则是消除病因、调整训练内容和方法、对症治疗。早期只需调整训练计划、控制运动负荷及运动强度，减少或避免难度大的动作，减少速度和力量训练，注意休息，保证充足睡眠，增加营养。较重者除作上述处理外，应暂停专项训练和比赛，减轻精神负担，并辅以全面训练和放松性练习，进行温水浴、按摩等。此外，还可以根据病情给予药物治疗。过度训练经恰当治疗，轻者2~4周可痊愈；较重者需要2~6个月，甚至更长的时间。

2．预防

定期进行身体机能检查；大运动量训练或比赛后，要积极采取恢复措施，保证营养和睡眠；伤病恢复期投入训练时要逐渐增加运动负荷，加强医务监督，密切注意训练过程中运动员出现的过度训练先兆。

二、过度紧张

过度紧张是指在训练和比赛时，运动员超过了机体的承受能力而引起的病理状态，常在训练和比赛后即刻或短时间内发病。

（一）原因

过度紧张多见于锻炼较少、训练水平低、缺乏比赛经验或患病长期中断训练的人。

（二）发病机理及症状

过度紧张的发病机理现在还不十分清楚，按临床表现主要有以下几种：

1．急性胃肠的功能紊乱及运动应激性溃疡

急性胃肠功能障碍是过度紧张中最常见的，运动员常在剧烈运动后不久出现恶心、呕吐、头晕、面色苍白、腹部有轻度压痛、脉搏稍快。胃肠功能紊乱是由于运动员极度疲劳、加之精神过度紧张，使胃酸分泌明显减少或饭后不久进行激烈运动造成胃肠功能降低所致。运动后呕吐咖啡样物，潜血实验阳性，称为运动应激性溃疡。此症状是因为激烈运动和情绪紧张时，交感神经占优势，胃肠血管收缩，供给胃肠的血液量明显减少，导致胃黏膜血管痉挛，从而发生出血性糜烂。

2．心功能不全和心肌损害

表现为运动后头晕、眼花、步态不稳、面色苍白、唇发绀、呼吸困难、咳嗽、心前区和右季肋疼痛，甚至意识丧失。检查时心率快而弱、心律不齐、血压下降等。这是由于运动员负荷超过心脏负担能力，引起急性心功能不全，使心肌缺血、缺氧、心肌收缩力减弱、心输出量明显降低，甚至造成心肌梗死引起死亡。

3．脑血管痉挛

运动后突然发生一侧肢体麻木，运动不灵活或麻痹、头痛、恶心、呕吐等，这是由于脑部缺血、缺氧和脑血管痉挛所致。

4．运动猝死

在运动中或运动后，30 秒内死亡称为即刻死，24 小时内死亡称为猝死。

（1）运动猝死的原因绝大多数是由于心血管性疾患（如动脉硬化、先天性心脏病）所致。另外，由于脑血管疾患也会引起脑性猝死。但是，还有不少病例猝死前无任何自我症状和体征，尸解也未发现任何器质性病变，专家们认为可能是因为剧烈运动时，人体代谢率增高，血液中儿茶酚胺水平升高，导致急性心肌梗死所致。

（2）运动猝死的预防。首先是及早识别可能发生运动中猝死的高危人群。某些患有心、脑血管疾病者，因无任何临床可疑的症状而猝死，为疾病的最早表现。据调查，家族中有心脏病史、脑血管意外病史、猝死病史及晕厥病史等，属运动中发生猝死的高危人群。其次，要注意观察猝死的先兆症状。部分猝死的病人在猝死发生之前会出现某些先兆，因而在运动前、中、后出现较明显的胸闷、压迫感、极度疲劳等症状时，应避免参加剧烈运动。再次，要避免过度运动和过度训练。

（三）处理

病情较轻者，应让患者平卧，注意保温和吃容易消化的食物。有心功能不全者，应立即采取半坐卧位，保持安静，并针刺或点掐内关、足三里穴，昏迷者，再加人中、百会、合谷、涌泉等穴位。例如，呼吸、心跳停止者，应立即进行人工呼吸和胸外心脏按压，并同时通知医生前来处理。

（四）预防

遵守科学训练和比赛原则。训练水平低、身体素质差、体弱患病者，要根据自己的实际情况量力而行，凡参加剧烈运动和比赛前，要详细询问病史和进行身体检查，尤其是家族中有心脏病或脑血管意外、晕厥和猝死病史者，应引起特别注意。运动员选材时，对身体瘦高者，应进行全面体格检查。

三、晕厥

晕厥是由于脑部一时性供血不足或血液中化学物质变化所致的意识短暂丧失，多发生在大强度训练或剧烈比赛中、比赛后。

（一）原因与发病机理

1. 血管扩张性晕厥

此类晕厥占各种晕厥的首位。常因情绪过于激动、受惊、恐怖、悲伤或看到出血者等引起。这是因为神经反射性血管扩张，血压下降产生的一时性脑部缺血。

2. 直立位低血压性晕厥

往往发生在久站、久蹲和长期卧床后突然改变为站立位时，使肌肉泵和血管调节功能失调，致使回心血量骤减，动脉血压下降，引起一时性脑缺血。

3. 重力性休克

激烈运动后突然站立不动，下肢肌肉的毛细血管和静脉失去肌肉收缩对它们的节律性挤压作用，加上血液本身的重力，大量血液积聚在下肢血管中，使回心血量和心输出量骤减，导致脑供血不足，造成重力性休克。这种晕厥多发生在青少年运动员或训练水平差、比赛经验不足的运动员。

4. 胸内和脑内压增高

如举重运动员吸气后憋气使劲举杠铃时，可使胸膜腔内压和肺内压增高，影响回心血量，妨碍左心室充盈，心排血量减少，造成脑缺血，出现暂时性晕厥。

（二）症状与体征

晕厥前病人感到全身无力、头晕、眼前发黑、面色苍白、出冷汗。昏倒后，意识丧失，手足发凉，脉率增快或正常，血压降低或正常，呼吸增快或缓慢。一般昏倒数秒钟，也有3~4小时才清醒的。清醒后伴有头晕、头痛、全身无力，也可出现恶心、呕吐等。

（三）处理

使患者处于仰卧位或下脚抬高，松解紧身衣服和束带，注意保暖，做双下肢向心性按摩，必要时嗅以氨水或点掐（针刺）人中、百会、涌泉等穴位。如有呕吐，应将患者头部转向一侧，以免因舌头后坠及呕吐物堵塞气道妨碍呼吸。知觉清醒前或呕吐时，都不宜给予任何饮料。

（四）预防

坚持体育锻炼，提高心血管功能。在重大比赛和大强度训练前应进行体格检查：对发生过晕厥者应作全面检查，并避免剧烈运动；久蹲后要慢慢站立，疾跑后应继续慢跑，并作深呼吸，逐渐停下来；剧烈运动后，休息半小时后再洗澡或淋浴。

四、运动性贫血

贫血是指血液单位容积内血红蛋白量、红细胞数和红细胞压积低于正常的病理状态。正常成人血红蛋白量为：男 120～160g/L，女 110～150g/L；红细胞数为：男 400 万～550 万/mm^3，女 350 万～500 万/mm^3；红细胞压积为：男 0.4～0.5 容积%，女 0.35～0.45 容积%。贫血的原因常见的有：缺乏造血原料，如蛋白质、铁质、叶酸和维生素 B_{12}；失血和创伤性出血；胃肠道出血等。由上述原因引起的贫血与运动无直接关系，不属于运动性贫血。运动性贫血是指直接由运动训练所造成的贫血。运动性贫血占运动员贫血的35%左右，且半数以上属于缺铁性贫血，多发生在竞走、长跑、体操、足球等运动项目。女性和年轻运动员发病率较高，但病情一般较轻。

（一）原因与发病机理

运动性贫血是一个复杂的生理与病理过程，其原因至今尚不完全清楚，根据近年研究结果，可做如下解释。

1. 红细胞破坏增加

剧烈运动时，由于脾脏收缩积累较多溶血卵磷脂，使红细胞脆性增加，红细胞膜的抵抗力减弱，使红细胞破坏增多。

2. 蛋白质和铁质需要量增加和摄入不足

运动训练使机体能量消耗增加，肌肉增长也使蛋白质的需要量增加，运动员若摄入的蛋白质不足，运动训练一段时间可能出现贫血。

耐力项目运动时大量出汗，铁会随汗液流失。如果膳食中蛋白质和铁质供给不足，机体就会因为造血物质缺乏而影响红细胞的生成，引起运动性贫血。此外，运动负荷量过大，机体代谢率超过安静时的7倍，训练后长期食欲差、有偏食习惯；或患慢性肝、肾疾病，也容易诱发运动性贫血。

（二）症状和体征

运动性贫血发病缓慢，多能坚持正常训练。主要症状有头晕、头痛、易倦、记忆力减退、食欲不振，运动时出现气促、心跳加快，运动后出现心悸、运动成绩下降。主要体征是皮肤和黏膜苍白，安静时心率加快，心尖部可听到收缩期吹风样杂音。

（三）处理

适当减少运动负荷，必要时停止训练。一般来说，男运动员的血红蛋白在 100～120g/L、女运动员在90～110g/L 时，可边治疗边训练；如男运动员低于100g/L、女运动员低于

90g/L 时，应停止大中运动负荷训练，以治疗为主。在饮食中注意供给含蛋白质、铁质和维生素较多的食物。可服用抗贫血药物，如硫酸亚铁片、血室、力勃隆等，但应同时服用维生素 C 和胃舒平，以利于铁质的吸收和减少对胃的刺激反应。

（四）预防

遵守循序渐进和区别对待的原则，合理安排运动负荷和运动强度：建立合理的膳食制度，供给充足的各种营养素；克服偏食和吃零食的不良习惯。青少年运动员、耐力项目的运动员应注意加强医务监督，增加营养，补充铁质。

五、运动中腹痛

由于体育运动而引起的腹疼痛叫运动性腹痛。中长跑、马拉松、竞走、自行车、篮球等运动项目发病率较高。

（一）原因和发病机理

引起运动中腹痛的原因可分为三大类：腹腔内疾患、腹腔外疾患和运动有关。

1. 肝脾瘀血

发生肝脾郁血的原因可能是准备活动不充分，开始运动时强度过大，而内脏器官的机能状态还没有提高到应有水平，特别是心血管系统还没有充分动员起来，或心肌力量较差，心脏收缩力较弱，影响静脉血回流，使下脑静脉压上升，肝和脾静脉回流受阻，引起肝脾瘀血肿胀，增加肝脾被膜的能力，使被膜上的神经受到牵扯而产生疼痛。另外，呼吸的急促微弱、无节奏也可导致肝脾瘀血肿大引起腹痛。

2. 胃肠痉挛或功能紊乱

运动时，肌肉和内脏血流量重新分配，骨骼肌血流量增加，胃肠道血流量减少，胃肠道缺血、缺氧，引起胃肠道痉挛或蠕动功能紊乱，使胃壁和肠系膜上的神经受到牵扯，从而引发腹痛。饭后过早参加运动，运动前吃饭过饱，喝水过多，都可引起胃部胀痛；运动前吃了容易产气或难于消化的食物（如豆类、薯类、牛肉等），也可引起肠蠕动增强或肠痉挛。

3. 呼吸肌痉挛

运动中呼吸缺乏节奏，呼吸急促表浅，呼吸肌收缩过于频繁，活动紊乱，从而引起呼吸疲劳和痉挛。另外，准备活动不充分，心肺功能跟不上肌肉工作的需要，致使呼吸肌缺氧，也加剧腹痛的产生。

（二）症状与体征

运动中腹痛的程度与运动负荷、运动强度密切相关。多数运动员在小负荷和慢速运动时，腹痛不明显，随运动负荷和强度的增加，腹痛逐渐加剧。

腹痛的部位，常常是病变脏器的所在。肝胆疾患，肝脏郁血则右上腹痛；胃十二指肠溃疡、急慢性胃炎则中上腹痛；脾瘀血则左上腹痛；肠痉挛则腹中部痛；阑尾炎右下腹痛；宿便则刺激左下腹痛。

腹痛的性质与程度，可因引起的原因不同而不一样。一般来说，如果腹痛是由运动直接引起的，多为胀痛和钝痛，经减小运动强度或做深呼吸以及按压腹部后，疼痛可缓解。

如果原来已患有疾病，只是运动诱发了腹痛，多为锐痛、阵发绞痛或钻痛，运动员要中止运动，经过治疗后，疼痛才能缓解。

（三）处理

运动中出现腹痛，应适当减慢跑速，加深呼吸，调整呼吸和运动的节奏，用于按压疼痛部位，一般疼痛可减轻或者消失。如经上述处理无效，就应停止运动，服用解痉药物（如阿托品、普鲁苯辛等），或掐或针刺足三里、内关、大肠腧等穴位。

（四）预防

遵守科学训练原则，循序渐进地增加运动负荷。加强全面身体训练，提高心肺功能。合理安排膳食，饭后1.5～2小时后再开始剧烈运动。充分做好准备活动，运动中注意呼吸节奏。患有内脏器官疾病者，应及早就医，在病未愈之前，在医生指导下进行体育活动。

六、肌肉痉挛

肌肉痉挛（俗称抽筋）是肌肉不自主的强直性收缩。运动中小腿腓肠肌最易发生肌肉痉挛，其次是足底屈拇肌和屈趾肌。多发生于游泳、足球、举重、长跑等运动项目。

（一）原因和发病机理

1. 寒冷刺激

在寒冷的环境进行体育运动，若没有做准备活动或准备活动不充分，当机体突然受到寒冷刺激，使肌肉兴奋性增高，造成肌肉强直性收缩而引起肌肉痉挛。例如，游泳时受到寒冷刺激，可能引起肌肉痉挛。

2. 电介质丢失过多

运动时大量出汗，特别是长时间进行激烈运动，或在高温环境下进行运动，使体内的电解质（如钠、氯）从大量汗液中丢失，造成体内电解质平衡打乱，引起肌肉兴奋性增高，引发肌肉痉挛。

3. 肌肉舒缩失调

在紧张激烈的训练和比赛中，肌肉持续快速收缩，放松时间太短，或肌肉突然强烈地收缩，使肌肉收缩与舒张放松的协调交替关系发生破坏，引起肌肉痉挛。这种情况多见于短跑和自行车运动。

4. 运动性肌肉损伤

运动性肌肉损伤后，钙离子进入细胞膜内，肌细胞内钙离子增多，使肌纤维收缩丧失控制，产生无效性收缩，从而引起局部肌肉痉挛。

（二）症状与体征

痉挛的肌肉僵硬，疼痛难忍，所涉及的关节的屈伸功能暂时受阻，痉挛缓解后，局部仍有酸痛不适。

（三）处理

肌肉痉挛可采用牵引痉挛肌肉的方法来解除。小腿腓肠肌痉挛时，让患者仰卧或坐位，膝关节伸直，牵引者双手握住患足，将踝关节缓慢地背伸；屈拇、屈趾肌痉挛时，可用力将足和足趾背伸，然后屈伸膝关节几次，再点插或针刺涌泉穴位。牵引时切忌用力过猛。

（四）预防

加强身体锻炼提高机体对寒冷的适应能力。运动前做好充分的准备活动，对容易发生痉挛的肌肉，运动前适当做些按摩。夏季出汗过多时，要及时补充水、盐和维生素 B_1。

七、中暑

中暑是因高温环境或受到烈日的曝晒而引起的疾病。它多发生在长跑、越野跑、马拉松、自行车、足球等运动项目。

（一）原因和发病机理

通常情况下，人体在下丘脑调节中枢的控制下，产热和散热处于动态平衡，使体温维持在37℃左右。当人在炎热的环境中运动时，由于肌体代谢加速，产热增加，身体借助于皮肤血管扩张、血流加速、汗分泌增加以及呼吸加快，将体内产生的热量送达体表，通过辐射、传导、对流、蒸发等形式散热时，由于气温超过皮肤温度（一般为32℃～35℃），空气湿度大、通风不良，体内的热量难于散发，造成体内热量积聚，从而引起中暑。中暑可分为四种：

1. 中暑痉挛

运动中因为出汗多而大量饮水，但盐分补充不足，使血中的氯化钠浓度降低，引起肌肉兴奋性增高，造成肌肉痉挛。

2. 中暑衰竭

在炎热的环境里进行大强度运动，大量出汗，如果没有及时补充饮料，导致脱水、失钠、血液浓缩及血液黏稠度增高，加上血管扩张，血容量不足，引起循环衰竭。

3. 日射病

在烈日直接曝晒下运动，可见光及红外线长时间作用于头部，可穿透头皮和颅骨引起脑膜充血、水肿和脑组织损伤。此时大脑组织的温度可高达40℃～42℃，但体温并不一定升高。

4. 中暑高热

长时间在高温环境中运动，机体产生大量的热，虽排出大量汗液，但因空气湿度大，通风不良，汗液难于蒸发，造成热量在体内贮积，引起下丘脑排汗中枢功能障碍，使机体体温急剧升高。

（二）症状与体征

1. 先兆中暑

因大量出汗而口渴、头昏、眼花、耳鸣、恶心、胸闷、全身乏力、注意力不集中，体温正常或略微升高。

2. 轻度中暑

除上述症状外，体温升高到38℃以上；面色潮红、皮肤灼热、有早期循环衰竭的表现。

3. 重症中暑

（1）中暑衰竭：主要表现为皮肤苍白、出冷汗、软弱无力、脉细速、血压下降、呼吸快浅，体温正常、稍低或稍高，意识模糊或昏厥。

（2）中暑痉挛：主要表现为四肢无力、肌肉痉挛疼痛。

（3）日射病：剧烈头痛、头晕、眼花、耳鸣、呕吐、烦躁不安，体温多正常，重者昏迷。

（4）中暑高热：早期大量出汗、后期无汗。体温迅速升高、头痛、头晕、全身无力、恶心、呕吐、昏厥。有的突然发病，体温可高达40℃～42℃，面色潮红灼热，皮肤干燥无汗，脉快，血压正常或降低，神志模糊，最后引起心、肺、肝、脑、肾功能严重损害而死亡。

（三）处理

有先兆或轻度中暑时，应将患者立即从高温环境移至阴凉通风处，解开衣领，并给予清凉饮料、浓茶、淡盐水，可服人丹、解暑片、藿香正气水等解暑药物。

病情较重者，应立即移至阴凉通风处，让其平卧，根据不同病情，做如下处理：①中暑痉挛，牵伸痉挛肌肉，服用含盐清凉饮料。②中暑衰竭，服用含糖、盐饮料，在双脚做重推摩。③日射病，头部冷敷。④中暑高热，迅速降温，用冷水或冰水擦身至皮肤发红。症状重或昏迷者，可针刺人中、涌泉、中冲等穴，并迅速送医院抢救。

（四）预防

平时坚持在较热的环境中锻炼，逐步提高身体的耐热能力。高温炎热季节，应适当调节作息时间，在烈日下运动时，应戴白帽、穿浅色衣物。室内运动场应有良好的通风降温设备。

第三节　运动处方的制定与应用

一、运动处方的原理

（一）运动处方的概念和特点

运动处方是指针对个人的身体状况而采用的一种科学的、定量化的体育锻炼方法。这种方法以处方的形式规定锻炼的内容和运动量，故得此名。它的特点是因人而异，对“症”下“药”，可以避免由于不合理的运动而损害身体，更好地达到健身和防治疾病的目的；可以吸引更多的人参加体育锻炼，促进体育的普及和科学化。

（二）运动处方的原理

人体在运动时，体内会发生各种变化，如脉博和呼吸频率加快、血压升高、体温上升等。这种在运动中和运动刚结束时发生的变化，称“一时性适应”。表明通过运动使身体产热过程已经开始，身体功能已经动员起来。“一时性适应”的多次重复，可产生“持续性适应”。“持续性适应”也因运动方法不同而有差异。例如，反复进行强烈的力量运动，会使肌肉变粗，肌肉力量增强。而反复进行长跑，则可能增强心肺系统和血液循环系统的功能，可使更多的氧被摄入人体内。

但是，并不是重复进行什么运动都可以引起“持续性适应”收到训练效果。运动强度过小或时间过短，则不会引起适应，或者即使引起适应，也很小；如果重复间隔时间过长，也不会收到效果。相反，如果运动强度过大，超过身体能够适应的界限，也会使身体陷入危险状态。为了能收到更好的训练效果，在确定运动强度和运动时间时，要注意安排好适宜的运动负荷。

二、运动处方的内容

（一）运动项目

运动项目主要根据运动者所要达到的目的而设定。一般健身或改善心血管及代谢功能、预防冠心病、肥胖症等，可以练习耐力性（有氧训练）项目，如走、慢跑、自行车、游泳、爬山及原地跑、跳绳、上下楼梯等；改善心情、消除身体疲劳或防治高血压和神经衰弱等，可选择运动负荷较小的放松练习，如太极拳、散步、放松操或保健按摩等；针对某些疾病进行专门性的治疗，必须选择有关疾病的医疗体操，如慢性支气管炎、肺气肿患者就应做专门的呼吸体操，内脏下垂者应做腹肌锻炼，脊柱畸形、扁平足者应做矫正体操等。

（二）运动强度

运动强度对运动效果与安全有直接的影响，掌握适宜的运动强度是执行运动处方的主要措施之一，这是保证达到锻炼效果，预防发生意外事故所必须规定的。反映运动强度的生理指标通常采用测定心率，在运动处方中应规定运动中应达到而不应超过的心率指标，其标准应根据锻炼者的实际情况而有所不同。大学生的运动强度可分为三级：较大（150 ~160）、较小（125 ~135）、小（110）。运动时常用计脉搏跳动的次数来掌握运动强度（即测 10 秒脉搏次数，再乘以 6，为 1 分脉搏次数）。

（三）每次运动的持续时间

耐力性运动（有氧练习）可进行 15 分钟至 1 小时的练习，其中达到适宜心率的时间应该在 10 分钟以上；医疗体操持续的时间视具体情况而定。运动中应常有短暂的休息；计算运动负荷时要注意运动的密度，并扣除休息的时间。运动强度和运动持续时间决定其运动负荷，运动负荷确定后，运动强度大时练习持续时间相应缩短。采用同样的运动负荷时，大学生中体质好的群体宜选择大强度、持续时间短的练习，体弱者应选择强度小而持续时间较长的练习。

（四）运动次数

最好每天都安排锻炼，这样可调剂每天的生活节奏。也可以安排每周 3 ~4 次练习，即隔日锻炼一次。不论采用哪种方式，都应该注意的是，负荷量较大时，休息间隔要长一些，反之则可以短一些。总之，以上次锻炼的疲劳消除后，再进行下一次锻炼为宜。

三、制定运动处方的原则和程序

（一）制定运动处方的原则

为了保证运动处方的安全性和有效性，提高锻炼效果，达到增进健康与防病治病的目的，在制定运动处方时应遵循以下基本原则。

1. 安全有效性原则

制定运动处方，首先必须考虑的是安全，其次是锻炼的有效性。保证安全除了解病史、家庭史和医学检查外，制定运动处方必须达到改善心血管和呼吸功能的有效强度。其上限是安全范围，下限是有效范围。

处方主要由运动种类、运动强度、运动时间和运动次数四要素组成。身体条件差的人

（体弱、慢性病患者）受运动条件的限制多一些，制定运动处方时必须严格规定运动内容。反之，身体条件好的人，自由度比较大，运动内容也广泛得多。例如，身体健康的大学生从跑步到激烈对抗性的球类项目，所有的运动形式都可以是处方的内容。

2. 区别对待原则

由于每个人的基本情况和身体条件不尽相同，所以不可能有适应各种情况和不同人群的运动处方。若中老年和年轻人用同一种运动处方，中老年人很可能完成不了，甚至会出现一些危险，而对年轻人来说，则可能锻炼效果不明显，起不到运动处方的作用。因此，制定的运动处方内容必须根据每个人的具体情况，因人而异，区别对待。

3. 动态调整原则

一般书刊上介绍的运动处方，是一种原则性的介绍，应该说有一定的适应面，但并非所有的人都适应。即使是运动医学专家根据检查结果制定的运动处方，也不是适合于一个人的任何情况。对于初定的运动处方，要经过运动实践及多次调整后，才能成为符合自身条件的有效运动处方。

（二）制定运动处方的程序

运动处方是按照健康诊断和体力测定、制定运动处方、实施体育锻炼的程序来制定的。

1. 健康诊断和体力测定

运动处方是在充分考虑人的健康状况的基础之上制定的。因此，制定运动处方前，首先要对实施体育锻炼的人进行系统的健康诊断，以便放心地参与运动。如果有病，应先治病，或按治疗性运动处方进行体育锻炼。这时要与运动处方医生或指导老师密切合作，然后进一步做心肺功能测定，以了解自己的体力水平。目前多采用 12 分钟跑的方法来测定心肺功能。然后根据各项检查结果，结合性别、年龄和运动经历制定运动处方。

2. 制定运动处方

运动处方的内容包括：确定目标，选择运动项目，确定运动强度、运动时间和运动频率。

（1）制定目标，选择运动项目

对于健康型的大学生，最好选择球类、健美、武术、田径、游泳等运动项目。另外，选择运动项目时，要从实际出发、讲究实效，尽量考虑运动项目的锻炼价值。同时，还要考虑季节气候，因时因地制宜。

（2）确定运动强度

运动强度对运动效果和人体运动安全有直接影响。运动强度掌握得合适与否，是制定和执行运动处方的关键。运动强度常用心率作为定量化的指标，也可以用跑速作为强度的指标。体育锻炼者确定运动强度时应注意：以健身为目标的耐力性运动，通常采用中等强度；体质健壮、运动基础好的大学生，运动强度可稍大；放松性活动一般采用小强度。肢体功能锻炼和矫正体操的运动强度及运动量，应依肌肉疲劳程度而定，不用心率来判断。

（3）确定运动时间（每次运动的时间）

一般运动时间控制在 15 ~ 20 分钟为宜。运动时间和运动强度共同决定运动量。运动量确定后运动强度大时，持续时间则较短；反之，则较长。确定运动频率（每周锻炼的次数）每周锻炼的次数与运动效果密切相关。对体育锻炼者来说，每周安排三次锻炼就可以了。运动实践表明，以增进健康、保持体力为目标的体育锻炼，结合个人学习、生活的情况，每周安排3～5次锻炼为好。但是，更重要的是养成锻炼的好习惯。

3. 实施体育锻炼

在实施过程中，允许根据当时的主客观情况，对原订的处方作微小或部分调整，使之更加切合实际。体育锻炼中，应随时了解身体变化情况，掌握信息反馈，不断修改运动处方，以便进一步提高体育锻炼的效果。

四、运动处方的应用

（一）运动处方的格式

运动处方可根据不同需要制定不同的格式。但在运动处方中（如表1所示），必须同时指出禁止参加的运动项目、锻炼时的自我监督指标及出现异常情况时停止运动的准则等。在制定运动处方时，要特别注意安全，必须严格遵守循序渐进、区别对待的原则，同时还要加强医务监督。

表1 运动处方（正面）

姓名：	性别：	年龄：
健康状况：		
功能检查：		
项目（任选一项）：	20次/30s蹲起 30次/30s下蹲	
结果：		
锻炼内容：		
锻炼时最高心率（次/min）：		
每次锻炼持续时间：		
每周运动次数：		
禁忌运动项目：		
自我监督项目：		
注意事项：		
复查日期：		

指导医师或教练员签名：　　　　年　月　日

表2 运动处方（背面）

日期	运动情况	身体反应情况

锻炼者签名：

（二）个人锻炼计划

一个完整的锻炼计划包括锻炼的目的、内容、方法、时间等。大学生在制订个人锻炼计划时应该注意锻炼内容、次数、时间的合理搭配。

1. 锻炼内容的合理搭配

锻炼计划中，在选配锻炼内容时，应注意以下几点：

（1）注意把课外锻炼的内容和体育课的学习内容结合起来。注意复习、巩固和提高体育课所学的内容。

（2）注意把个人兴趣与实际需要相结合。既要发展提高自己有兴趣的或擅长的项目，又要努力克服自己的弱项和不足。

（3）注意不同身体素质之间以及身体素质练习与其他活动的有机结合。在一般情况，每次锻炼应安排一项活动性游戏（或球类活动），再配以 1～2 项身体素质练习为好。

2. 周锻炼计划

（1）周锻炼次数和时间的安排

大学生在制订锻炼计划时，一般以一年或一学期为锻炼周期，以此来确定每周早操、课外活动的锻炼次数及每次锻炼的时间，如表 3 所示。

表 3　体育锻炼周次数时间（小时）计划表

分类／时期	有体育课时				无体育课时			
	早　操		课外活动		早　操		课外活动	
	周次数	时间	周次数	时间	周次数	时间	周次数	时间
春秋学期	3～5	0.5	2～3	1.5	3～5	0.5	3～4	1
夏冬考试期			2～3	1			2～3	1
暑寒假			3～4	2			3～4	2

（2）周锻炼内容安排

这种方法简便易行，很适合大学生掌握实施。现以一年级某男生为例，该生以全面发展身体和复习、巩固体育课内容为目标，其周锻炼计划如表 4 所示。

表 4　周锻炼计划表

内容／星期	早　操	课外活动	备　注
一	晨跑 1200 米，一般体操练习。		
二		耐力跑 2000 米，球类活动 20 分钟，引体向上或腰腹力量练习。	
三	晨跑 1200 米，一般体操练习。		
四	晨跑 1200 米，一般体操练习。		
五		30～50 米反复跑 3～5 次，立定跳远或跨跳练习，复习体育课内容，球类活动 20 分钟。	
六	晨跑 1200 米，一般体操练习。		
日		野外活动或球类活动。	

注意：表 4-4 中各项内容均应有一定的强度、量和时间要求，具体因人、因时、因地酌定。并注意课外体育活动时间，尽量不要安排在有体育课的当天进行。

第七章　体育欣赏

随着现代社会的发展，大学生渴望在闲暇时间里去感知更多美好的东西，使心灵净化、心情愉悦。体育中的美无处不在，这是因为体育是与强健体魄，陶冶情操紧密相连的。

第一节　体育欣赏概述

现代体育在发展过程中，不断提升其审美意蕴，增强其欣赏性和娱乐性，注重美的创造与发掘，尤其是体育比赛，更是运动员创造美与观众欣赏美的过程。对于当今在校的大学生来说，不仅要参与体育锻炼，更要懂得如何欣赏体育，提高体育欣赏水平，在体育运动中发现美、接受美的教育。

一、体育欣赏的本质特征及含义

当我们坐在电视机前，专注于 NBA 球星的娴熟球技，陶醉于巴西队令人赏心悦目的“艺术足球”，沉浸在艺术体操运动员的优美舞姿的时候，我们正在进行着一种特殊的精神活动——体育欣赏活动。体育欣赏的能力是每一个正常人都拥有的一种能力，每个人都具有或简单或丰富的欣赏经验。因为人人都具有感受形式美的眼睛，具有感受音乐美的耳朵，特别是具有接受外界美的信息的心理结构，使人有可能随时把存在于体育实践中的具有美的性质的事物作为感受的对象，从而使人成为欣赏活动的主体。认识体育欣赏的本质特征及含义，必须从体育欣赏活动的主体及客体的体系入手，把体育欣赏看成是作为主体的人的一种特殊的精神活动。由此，体育欣赏的本质特征应该包括以下四个方面：

（一）精神性

人类的体育欣赏活动不同于物质实践活动。物质实践活动的目的是改变客观的面貌、性质，使客体服从或服务于人的物质需要。而体育欣赏活动不同，它是在人的精神领域中进行的，活动的目的、手段和结果并不改变客体的面貌和性质。在体育欣赏活动中，虽然人的心理活动异常活跃，但作为体育欣赏对象的客体事物并没有任何改变。主体在体育欣赏活动中获得的不是物质产品，而是一种精神成果——美感。认识体育欣赏活动的精神性，能够帮助我们从人类所进行的各种活动中准确把握体育欣赏的本质。

（二）自由性

在体育欣赏中，主体没有直接的功利目的，它只是把客体作为欣赏、关注的对象，而不是要改变客体的面貌、性质，以满足自己的现实需要，因而客体对主体不具有反抗的性质，主体对客体也不施加压抑和逼迫，人们完全可以按照自己的爱好、趣味自由地做出判断，从而人们在体育欣赏活动中达到了感性与理性的和谐统一，人的个性得到充分的张扬和展示。这正是由体育欣赏的自由性所决定的。

（三）动态性

体育欣赏活动是人的一种精神性活动，整个活动过程没有改变客体的性质和面貌，客体也没有因为主体的关注而改变，表面看起来是静态的，但实际上这是一个动态的过程。当主体开始进入体育欣赏活动后，眼睛和耳朵便开始把美的信息传向大脑，随之人的各种生理要素和心理能力便被调动起来。客体在主体的观照中由表象而意象，与主体交互作用，最后达到和谐统一的境界。由主、客体关系的变化过程来看，体育欣赏活动是一个动态的过程。

（四）愉悦性

在体育欣赏活动中，愉悦性贯穿始终。人们之所以欣赏体育实践活动，直接原因就是它在一定程度上使人的精神得到满足，并给人以愉快的心理体验。

根据以上分析，可以概括出体育欣赏的基本含义：所谓体育欣赏，就是人们对体育实践过程进行自由关注的一种精神性活动，是发生在主客体之间的充满愉悦性的交流、感应的动态心理过程。

二、体育欣赏的意义

（一）缓解压力，享受生活

随着现代社会知识更新周期的日益缩短和生活节奏的加快，人们越来越面临着工作、生活、学习上的巨大压力。体育欣赏成为缓解这种压力的有效途径之一。在体育欣赏活动中，人们可以暂且忘记生活的烦恼，尽情享受体育带来的快乐。人们可以通过鼓掌、呐喊、唱歌等形式来尽情宣泄自己的情绪，释放在工作、生活、学习中产生的压力，从而在繁忙的工作之余高质量地享受生活。

（二）分清美丑，陶冶情操

雨果说：“丑就在美的旁边，畸形靠近着优美，粗俗藏在崇高的背后，恶与善并存，黑暗与光明相共。”对于体育实践来讲，处处都存在着美，但也夹杂着不少丑的现象，如打假球、黑哨、球迷骚乱、服用兴奋剂等都是体育实践中不和谐的因素。在现代体育比赛中，由于许多外在的、非正常因素的介入，干扰了比赛的正常秩序。某些人或某些国家利用手中的权力或金钱，公然违背体育道德，亵渎体育的神圣，影响体育的健康发展，极大地伤害了欣赏者的感情。进行体育欣赏，在欣赏过程中树立正确的体育欣赏观，提高体育欣赏能力，自觉地抵制丑的现象。同时从运动员遵循比赛规则、恪守运动道德、服从裁判、公平竞争等行为中接受美的教育，进一步陶冶情操。

（三）丰富情感，感受竞争

现代社会在演进过程中，一定程度上压抑了人类情感的正常发展。高科技的运用，忽略了人们情感的平衡，单调的工业生产也使人的情绪不佳，而现代生活方式是家庭逐渐缩小，亲属情感疏远，给社会带来许多情感问题。欣赏体育运动可以有效解决这类问题。例如，欣赏竞技体育，可以从运动员的拼搏中增强自豪感；欣赏群众体育，可以从团结协作中提高对集体的信赖感；欣赏家庭体育，可以从和睦欢乐的气氛中增强家庭的归属感……欣赏体育运动，丰富了现代人的情感生活。

现代社会又是一个竞争激烈的社会，没有竞争力很难在社会上找到自己的立足之地。而体育运动最能体现公平竞争的法则。欣赏激烈的体育比赛，感受竞争的存在，可以提高欣赏者的竞争意识。

（四）认识自己，了解世界

随着现代体育的发展，越来越多的国家和民族融入体育这个大家庭中来。各民族可以在各式各样的体育比赛中，充分展示自己独特的民族体育文化，同时，也为观众了解不同国家、不同民族的文化提供了机会。通过不同国家运动员的同场竞技，观众不但可以欣赏到不同风格的技术、战术，也可以通过这种体育欣赏，认识自己国家的体育发展水平，了解世界各国的技术特点以及不同运动项目的发展趋势。

第二节　体育欣赏的内容

在体育实践中，美无处不在，“对于我们来说，不是没有美，而是缺乏一双发现美的眼睛”。体育欣赏主要包括三个方面的内容。

一、身体美

（一）含义

身体美是指人的身体经过体育运动所获得的一种健康美，如匀称和谐的体态、全面发展的身体素质等。身体美不同于一般意义上的人体美，它不仅仅是指身体的外形，还包含体格、生命力及其他精神因素。而人体美主要指人的外部形态，如体型、容貌等。可以说，身体美是一种动态的美，而人体美是一种静态的美。如果维纳斯像塑造的是理想的人体美的话，那么，健美运动员追求的则是真正的身体美。从美学的角度看，只有具备了改造客观世界的能力，并能自由发展、完善自己的身体才是健康的身体，才是美的身体。从这种意义上说，体操运动员肌肉发达的身体、长跑运动员瘦削的身体、举重运动员粗壮的身体、摔跤运动员高大魁梧的身体都是美的身体，都能给人以美的享受。相反，一切病态的、衰弱的身体，在体育欣赏中都不具有真正的身体美。例如，有些女运动员不顾身体健康，采取服用兴奋剂等手段以取得好成绩，结果丧失女性体态特征，从外形上看与男运动员相差无几。这种病态的身体不能给人以真正的美感。

（二）主要内容

人类的身体是有活力的身体，它的美表现在多个方面。在长期的体育欣赏实践中，人们逐渐认识到，身体美主要包含以下三方面的内容：

1．健康美

健康美是对人的健康的美学描述，它是体育运动所追求的理想目标。根据健康的定义，评价健康美应该从身体的外部特征、体质和精神状态三个方面加以分析。

健康美的外部特征表现为：身体各组成部分协调一致，肌肉、骨骼等形体结构理想组合，其中肌肉发达且富有弹性，肤色红润而有光泽。

在体质方面，健康美主要表现为：肌肉运动的能力、对外界环境的适应能力和抵抗疾病的能力高，具有较高的人体质量。

健康美还包括人的精神面貌和心理发展水平。一般来讲，乐观向上、积极进取、对生活和事业充满信心等，都是一个人健康美的具体表现。

2. 体态美

体态美是通过体育运动使骨骼、肌肉等人体组织得到正常发育后所具有的形体和姿势上的美。人的身体形态受遗传因素的影响最大，但经过后天的体育锻炼，也可以对人的身体形态加以改进和控制，并使之逐步完善。所以，评价一个人是否具有身体美，通常把体态美作为一个重要的指标来看待，而评价体态美的形式要素主要是比例、匀称、和谐与线条。

（1）比例：人的身体比例是指人体各部分之间的数学关系，它是人们所向往的理想体态的平均值。追求健康身体的合理比例，一直是体育运动所追求的目标之一。早在2000多年以前，古希腊人就提出了“黄金分割法”和“头身比例法”，这在今天的体育界和美术界仍有重要的影响。他们认为，数学上的“黄金分割”比例关系（1∶1.618）也适用于人体，如人体从肚脐分界，下半身大则美；若双手垂直于地面，中指尖到头顶的部分大，则形体更美。头身比例是指人的头和身体的比例为1∶8，符合这种比例的人体是美的人体。人类身体比例的美学原则体现了合目的性与合规律性的统一。体育运动可以全面发展人的身体，使人的身体合乎理想的比例关系，并进而成为人们的欣赏对象。

（2）匀称：人的身体匀称是指身体各部位的均衡和对称。在通常情况下，匀称的身体更能充分表现出体育美。对身体匀称美的欣赏，一般人都具有这种能力。我们知道，两肩不一样高，两腿不一样长，这样的身体不会是匀称的身体，也不会是美的身体。但在体育欣赏实践中，有一种特殊情况应该区别对待，就是特殊的运动需要往往会使运动员身体的某些部位变得相对突出，导致整个身体看起来不够对称。例如，男子体操运动员经常要进行自由体操、鞍马、吊环、单杠、双杠和跳马的练习，而其中四个项目主要是依靠臂力去完成，所以他们的上肢肌肉发达，而下肢相对弱一点，整体看来显得上身粗、下身细。在体育欣赏活动中，怎样去评价这种异常现象呢？实际上，这是在身体发展和建构的过程中，运动员按照运动项目的要求，打破已形成的身体形态的均衡，在身体形态的重新建构中寻求的一种新的适度。它显示了人类体育实践的伟大目的，是一种特殊的美的现象。

（3）和谐：人的身体和谐是指身体各组成部分多样统一的协调关系，主要表现在三个方面：人体形态各要素的和谐，各器官、系统功能上的和谐，人的外部形态、内部功能与运动形式在机能上的和谐。和谐是优美的基本特征，一个人的身体美首先表现出来的就是和谐。从美学角度来说，身体和谐是人在体育运动方面的合目的性与合规律性的统一，是人的目的向理想尺度转化的结果。

（4）线条：身体线条是指人身体的外部轮廓。根据人们的一般欣赏经验，男女的线条是不一样的。男性的身体线条多平直、有棱角，显出一种刚劲有力、粗犷豪放之美；女性的身体线条更圆润、有曲线，显示出秀美、柔和的特征。无论男性还是女性，均可以通过体育运动，自觉地按照“美的规律”加以塑造，形成自己理想的身体轮廓线条。

3. 风度美

风度美是指人的风采、气度的美。虽然风度与人的思想文化修养有密切的关系，但它毕竟是通过人体的活动而表现出来的。因此，在这里把风度美列为身体美的一个部分。

体育运动不仅能塑造健美的体格，而且也能培养健康的人格。在长期的体育实践中，这种健康的人格可以使运动员和教练员形成一种风度美。比如，尊重对手，服从裁判，关心队友，珍惜荣誉，自重自强等。风度美一般具有两个基本特征：一是符合社会道德规范；二是表现出鲜明的个性特点。例如，在球类比赛中，裁判的误判是不可避免的。在这种情况下，有的运动员表示理解，能立刻遵守裁判的判罚，并向队友示意。这一切给人的印象极为深刻，使人觉得他们的风度非常美，从而引起崇敬之感。相反，在比赛场上追打对手、围攻裁判等行为就不具备风度美，会让人产生反感。

二、运动美

(一) 含义

运动美是指人在体育实践中，通过身体运动所呈现的一种动态的美。运动美是体育美的重要内容，同时也是体育美的基本表现形式。

运动是体育的根本属性，没有运动也就没有体育。这里所说的运动，是专门指体育中的人体运动，是人类有目的、有意识地进行长期锻炼的结果。它既不同于动物的运动和人体本能的活动，也有别于人在社会生活中的实用动作。体育运动不仅要受严格的技术规范所限定，同时还要受高度的运动技巧所约定。因此，人类的体育运动是一种自我创造的活动，人体只有在这种活动中所表现出来的美，才是真正具有体育意义的运动美。

(二) 基本内容

1. 技术美

技术美是指人在完成各种体育动作时，从方法和技巧上表现出来的美。技术美在体育运动中最为常见，如马拉多纳脚下巧妙的过人技术、乔丹精妙绝伦的空中投篮、霍尔金娜优美流畅的高低杠动作等。运动技术作为体育欣赏对象，之所以能给人以美感，就是因为它是人类在体育实践中的一项伟大创造。这种创造的过程表现在运动者能够准确、协调地完成各种体育动作，以此向自然显示人的本质力量。动作的准确性、协调性、连贯性和节奏感构成了技术美的主要特征。

运动技术本身是不断发展的，随着体育科技水平的提高和人们对体育运动认识的深化，一些更加符合人体运动规律的先进技术不断被创造出来。例如，跳远运动，人们起初采用蹲踞式技术，当后来出现了挺身式技术的时候，蹲踞式就显得比较陈旧，以至于在大型的田径比赛中已无人采用。当新的走步式技术问世后，就连曾经风靡一时的挺身式技术也受到了冷落。这一切说明，运动技术是开放式的，是在不断发展的，所以人们的欣赏倾向也需随之而改变。

在世界体育大赛中，人们经常会看到，具有同等运动水平的优秀选手往往会表现出不同的技术特点。例如，巴西队和德国队是两支世界足球劲旅，都曾多次夺得世界杯冠军，其中巴西队5次，德国队3次。虽然两队都创造了优异的运动成绩，但两队的技术特点并不一样，巴西球员讲究技巧、配合，德国球员则强调力量、速度。技术虽然不同，但都用最美的形式表达了体育美的内容。所以，从体育欣赏角度来看，不能把不同特点的技术分成高低优劣来欣赏和评价。

人们在长期的体育实践中，根据运动需要创造了许多高难动作和先进技术，如凌空射门、鱼跃救球、走步式跳远、背越式跳高等。由于这些技术动作多为优秀选手所采用，因而就成了广义的形式美，并具有相对独立的欣赏价值。人们一见到这些体育技术就感到很美，往往忽视了它们的实际运动效果。其实，这种欣赏习惯有时会有一定的片面性，因为无论多么高难、先进的技术，如果得不到合理有效的运用，也不能算是真正的美的形式。例如，跳水比赛，有些运动员为了取得高分，盲目选用了一些难度系数较大的跳水动作，结果弄巧成拙，使自己名落孙山。

2. 战术美

战术美指在体育比赛中运动员个人技术的合理运用及运动员之间协调配合时所表现出来的美。它是运动员根据比赛双方的情况采取合理行动，以发挥己方特长，限制对方优势，夺取体育比赛胜利的一种艺术。

在每项体育比赛中都有着对抗和竞争，这不仅是运动员的体力、技术和意志的角逐，而且也是战术水平的较量。无论是一对一的单打独斗，还是全队参加集体抗衡，在双方实力相当的情况下，谁的战术组织得好，运用得美，谁就会赢得比赛的胜利。战术美就具体表现在对战术的成功运用。在欣赏体育比赛时，如何去把握“战术的成功运用”这一欣赏尺度呢？这可以从以下三个方面入手：首先，技术是战术的基础，又是战术的表现形式，全面、熟练、准确、实用的技术是实现战术的先决条件；其次，战术的运用，必须根据比赛的具体情况，灵活机动地加以变换，任何单一的战术都不会取得良好的比赛效果；再次，比赛中的战术变化，要力争主动，避免被动，时刻以己之长攻彼之短。战术水平是运动员战术意识的体现，良好的战术意识必须在发挥与反发挥、制约与反制约的实践中加以培养，才能逐渐形成。

在实际的体育比赛中，战术美的表现往往是极其复杂的，欣赏者必须结合具体的欣赏活动，不断地积累自己的欣赏经验。这里以篮球比赛为例谈有关战术美的欣赏问题。随着现代篮球运动技术和战术的发展，当今世界篮坛形成了两种截然不同的战术风格。一种是以美国为代表，主要讲究一对一的打法。在比赛中，5个球员没有相对固定的位置，打起球来满场飞，攻击点很多，个人单打独斗的能力较强，在一对一的情况下能轻而易举进攻得分，这种战术打法对球员的能力要求比较高。另一种是以亚洲为代表，主要讲究一定的攻防套路。进攻时每个队员都有明确的位置，根据对方的防守战术来采用不同的进攻对策。在队员的配合上讲求内外线结合，形成里外呼应之势。对这两种战术打法，该做出怎样的欣赏评价呢？这就要求具备一定的篮球知识，具有一定的欣赏经验。无论应用哪种战术，只要整场篮球比赛始终在高速度、高强度中进行，队员能不停地奔跑、移动、穿插换位，配合默契，攻防转换快，比赛节奏清楚、分明，那这场篮球比赛就是一场高水平的比赛，两队都成功地运用了各自的战术，体现出战术美。

对于每个普通的体育欣赏者来说，要欣赏战术美，必须具备一定的运动知识，积累一定的欣赏经验。

3. 意志美

意志美指在体育运动中自觉地确定目的，并在目的支配下调节自己的行动，从而实现预期目的时所呈现的美。意志美通常是运动员良好意志品质的具体表现。

现代体育运动最显著的特点是，运动员之间的运动水平越接近，竞争和对抗就越激烈。要夺取比赛的胜利，运动员必须克服各种困难，与对手进行顽强的竞争。在这个过程中，运动员所表现出来的主动、自制、勇敢、顽强等，都属于意志美的范畴。

体育中的意志美与运动员的意志努力是分不开的。一般情况下，运动员的意志努力始终与克服困难紧密相连，在克服困难的过程中表现出强烈的意志美。例如，在 2000 年悉尼奥运会女子 20 公里竞走比赛中，中国竞走运动员王丽萍虽然最终夺得了金牌，但其“夺金”道路并不平坦。在比赛的前半程，王丽萍仅名列第五，另一位中国运动员刘宏宇名列第三。当比赛进入后半程后，先后罚下了走在最前面的三名运动员，其中包括中国运动员刘宏宇。而当另一名国外运动员和王丽萍先后到达入场口时，裁判又罚下了这名国外选手。可以想象，当时王丽萍内心有多么紧张，但是她凭着顽强的意志，以完美的姿势顺利走到了终点，摘取了第 27 届奥运会女子 20 公里竞走比赛的金牌，这也是本届奥运会我国在田径项目上夺得的唯一一块金牌。在整个比赛过程中，王丽萍克服了生理和心理上的巨大压力，表现出强烈的意志美，给人以深刻的印象。

意志美在体育运动中的各种表现形式，绝大多数都具有崇高美的意味，所以在具体的欣赏活动中，不能用优美的标准去衡量它们。例如，赛跑运动员在终点冲刺时，其面部表情和身体姿势都与常人大不相同。对此，人们不应该刻意挑剔，因为这是运动员为了超越自我而做出的种种意志努力，从中应该看到意志美。

4. 智慧美

智慧美指运动员、教练员和裁判员根据比赛场上变幻莫测的情况迅速做出判断，并能采取相应对策所呈现的美。

现代的体育运动，不仅是人的体能、技术、战术和意志的全面较量，而且还包括智慧之争。因此，体育运动过程中处处表现出智慧美的存在。例如，在比赛中，运动员根据对手情况采取随机应变的合理行动，教练员胸有成竹地调兵遣将，变换战术打法，裁判员根据场上情况及时做出准确判罚等，都是智慧美的具体表现形式。在通常情况下，体育运动中的智慧美同运动员的文化知识、技术水平、比赛经验，以及教练员的指挥才能、裁判员的反应能力等，都有密切的联系。

随着体育运动的发展，各国运动员之间的水平日趋接近。运动员必须具有全面的知识和灵活的头脑，才能在比赛中取得胜利。因为，知识的系统性和准确性，思维的灵活性和敏捷性，在现代的运动竞赛中往往起着重要的作用。例如，美国 NBA 的运动水平在篮球方面可以说世界最高，其原因除了具有广泛的群众基础、有先进的训练方法和比赛制度之外，一个很关键的原因就是 NBA 球员的文化水平较高。NBA 球员绝大部分来自高校，他们不但身体素质好，而且有很高的文化素养。所以，这些球员打起球来得心应手，很有创造性，使人感到一种智慧美。

现代的体育比赛，不仅有运动员的直接斗智，还有教练员的间接斗智。通过运动员的场上行为，教练员展示了其指挥意图和战术思想，把那种“运筹帷幄之中，决胜千里之外”的用兵才能、临场随机应变和临危泰然自若的大将风度展现出来。观众从中可以欣赏到人的智慧美。

体育比赛能否顺利进行，裁判员起着举足轻重的作用，其执法水准不但影响比赛的结果，而且影响观众的欣赏情绪，特别是在节奏比较快的球类项目的比赛中，裁判的正确判罚显得格外重要。例如，在足球比赛中，运动员要在快速、剧烈的对抗中争抢球，以充分发挥身体、技术上的优势，与此同时，一些非技术性动作、犯规与不正当行为时有发生。在这种情况下，裁判员如果能正确把握运动员的企图，识别动作性质，对非技术性动作及时教育和判罚，对一般犯规和严重犯规善于区分处理，就能保持比赛的节奏，同时也会调动起观众的欣赏情绪。通过正确的判罚过程，裁判员显示出强烈的智慧美。

由于现代体育比赛多在高速度、高强度的对抗中进行，赛场形势瞬息万变，因而迫使运动员、教练员和裁判员必须在最短的时间内，及时调整行动方案和采取相应对策。这一切使观众看到了人的智慧，并产生强烈的美感。

三、其他类型的美

体育领域中处处存在着美，除了身体美和运动美之外，还有众多丰富的美学现象有待人们去发现。下面简单介绍几种影响范围较大的体育美学现象。

（一）体育建筑美

体育建筑作为进行体育活动的物质条件，其设计并未受到实用主义的束缚，而是较多考虑到欣赏的需要，注重实用功能和欣赏功能的和谐统一。体育建筑在它的复杂结构、造型、色彩等外观上，构成了一个丰富复杂如乐曲似的组合形式，给人以韵律和节奏的感觉，因而被认为是“凝固了的音乐”。

古代著名的体育建筑是奥林匹亚宙斯神庙和古罗马巨型竞技场等。奥林匹亚宙斯神庙是古代奥运会中心，后毁于一场大火，但从宙斯神庙的复原图上可以看出，宙斯神庙不仅规模宏大，而且在设计上充分体现出对称和比例等形式美的规律，给人以庄严、神圣的感觉。现代著名的五大体育建筑艺术奇观包括：巴西的马拉卡纳体育场、德国的慕尼黑体育场、墨西哥亚兹的卡纳体育场、美国的宇宙圆顶体育场以及苏联的列宁体育场。不同的体育建筑以其富有韵律的结构和外观，表现着不同国家的精神风貌与审美时尚，同时也带给人们不同的欣赏感受。

（二）体育工艺美

体育工艺是指体育建筑之外、在外部形式上经过审美处理的体育用品的艺术。体育工艺品一般体积比较小、品种比较多，如各大型运动会的吉祥物、火炬、会徽以及运动员的服装、鞋帽等。由于体育工艺品主要是为了满足人们的精神需要和生活需要而生产创造的，比较直接地体现了“美的规律”，因而欣赏价值日益突出。

体育工艺品作为欣赏对象，一方面必须与特定的实用环境相符合，以满足不同环境中人们的心理需求；另一方面必须利用物品本身的功能结构，在外部造型、色彩上进行适当的审美处理，从而表现出一种朦胧、宽泛的情调色彩。例如，2000 年悉尼奥运会上，我国运动员身着李宁牌运动服，其上衣背后画有一条金黄和火红色的龙，形似“China”，这不但点缀了服装，使服装协调美观，而且让世人知道中国是世界东方的巨龙。

（三）体育雕塑美

体育雕塑的主要对象是运动员，它通过对人体动作、姿态的塑造，集中表现了人的内在的本质力量，显示出人的美。它完美地融合了理想性和寓意性，成为表现体育题材最有利的艺术种类之一。体育雕塑的美学特征，在于突出表现高度概括的单纯的性格、品质、气概。比如，公元前 5 世纪米隆所创作的“掷铁饼者”，主要体现了人类的力量；1994 年，“空中飞人”乔丹的雕塑落成，主要展示了人类篮球技艺的高超。由于体育雕塑的三度空间的实体性，使人们可以从不同的角度和距离对它欣赏，获得不尽相同的感受。

体育雕塑不仅能表现人的美，而且对环境起到点题的作用。例如，在洛杉矶体育场门口默默屹立于奥运会圣火之下的两尊男女运动员的裸体无头塑像，给人们留下了深刻的印象。体育雕塑通过表达重大主题思想，长久地感染人、影响人，成为一座建筑、一座城市甚至一个国家的象征。

（四）体育音乐美

音乐是以时间上流动的音响为物质手段，表现人的心理感受的艺术。自古以来，音乐与体育就有难以割舍的关系。在古代奥运会上，传令比赛和吹笛手比赛被列为正式项目，跳远比赛也有长笛伴奏。音乐与体育的交融，不但给人视觉的冲击，而且从听觉上给人以美的享受。在现代，音乐与体育的结合更广泛。例如在艺术体操、花样游泳、花样滑冰等运动项目中，运动员合着音乐的节拍，充分展示着美的舞姿，给人以赏心悦目之感。一些大型运动会的主题曲，更显示出一种永恒的魅力。例如，著名的《运动员进行曲》《手拉手》等，演奏多年仍盛行不衰，时刻激励着运动员的斗志。从中人们可以感受到体育音乐美的感染和教育作用。

航海模型、航空模型、无线电测向等凝聚着科学与智慧的结晶，一般代表着航海、航空、无线电等领域科学发展最前沿的成果。观众欣赏此类项目，不仅可以放松身心，而且可以了解科学前沿知识。特别是对于孩子来说，不仅有利于锻造他们健康的心灵，而且有利于培养他们对科学的兴趣，激发他们探索科学与宇宙的奥秘。

第三节 体育欣赏能力的培养途径

现代体育已逐渐渗透到人们的日常生活中，对人们的行为习惯、生活方式产生潜移默化的影响。特别是随着我国群众体育的迅速发展，更多的人参与体育、欣赏体育。如何培养和提高人们的欣赏能力，充分发挥体育的审美教育作用，成为目前体育界关注的一个焦点问题。培养和提高体育欣赏能力，可以通过以下三条途径：

一、实施体育欣赏教育

体育欣赏教育是通过体育美学形象来触动人的感情，使人在心灵深处受到感染和感化，从而感情得以升华、欣赏能力得以提高的特殊教育。实施体育欣赏教育，使人们在轻松和谐的氛围中得到全面发展。实施体育欣赏教育，应分家庭、学校和社会三个阶段来进行。

（一）家庭体育欣赏教育

家庭是人生活、成长的摇篮，对一个人的身心发展具有极其重要的作用，也是人接受体育欣赏教育的开端。家庭体育欣赏教育主要是通过家人正确的体育欣赏观、良好的体育欣赏方式来陶冶孩子的心灵，培养孩子的体育欣赏能力，使其养成体育欣赏的习惯。

家庭体育欣赏教育主要是针对学龄前儿童，所以学龄前儿童的家庭体育欣赏教育的特点首先表现为教育形式的形象性。这一时期的儿童对直感的形象接受较快，但理性分析能力较差，因而他们比较喜欢形象性较强的事物。根据儿童早期发展的这种心理特征，家庭应该充分利用各种形象的体育事物来实施体育欣赏教育。美的体育形象丰富多彩，直观具体，很容易诱发儿童的欣赏兴趣。例如给孩子展示优美的体育画册、教唱体育歌曲、看体育卡通片等，这些对于培养儿童初步的体育欣赏感受力有着重要的作用。其次，家庭体育欣赏教育具有自由性特点。要求自由、快乐、和谐是儿童的天性，在家庭内对儿童进行体育欣赏教育也必须在自由欢快的情形下进行，而不能采取强制的方式。儿童一般具有好奇、爱动和喜欢无拘无束自由活动的特点，因而做游戏就成了他们非常乐于接受的施教方式。通过玩各种各样的游戏，可以充分发挥儿童的想象力和创造力。同时，儿童各种潜在的特长也可以在这种愉快的自由活动中逐渐地发展起来。

家庭体育欣赏教育还应特别注意家庭体育文化氛围和环境对儿童的影响。家庭的体育文化环境是幼儿所接触认识的第一个世界，这对他日后性格的形成、智力的开发起着决定性作用，其中父母起着关键作用。父母是孩子的第一位老师，父母的体育欣赏观、体育欣赏方式都可能成为儿童模仿的对象，对孩子们的体育欣赏观念的形成起着潜移默化的作用。父母的体育欣赏能力也决定着家庭体育欣赏教育的质量和水平。因此，为了增强家庭的体育文化氛围，可以带领孩子到现场观看体育比赛，可以远足旅游，参观不同风格的体育建筑物和体育雕塑等。通过这些活动，不但可以丰富孩子的生活，在他们幼小的心灵播下体育美的种子，还可以给他们以直接的美的陶冶和启迪。

（二）学校体育欣赏教育

学校是青少年集中学习各种知识的基地，也是接受体育欣赏教育的理想场所。

1. 在体育教学中实施欣赏教育

在体育教学中实施欣赏教育，可以培养学生健康的体育欣赏观，培养学生对体育美的欣赏能力。具体途径有：

（1）体育教学环境的美化。教学环境是贯穿于教学过程中影响教师的教和学生的学的物质因素和人文因素的总和。在教学过程中，如果场地清洁舒适，运动器材摆放整洁美观，会增加美的感染力，使学生赏心悦目。教师在教学中关心、了解、爱护学生，与学生建立起民主、合作、融洽的关系，也会使学生感到美的存在。教师对学生在活动中显示的欣赏意向及时进行形成性和激励性评价，可使学生增强信心，激发学习的积极主动性。

（2）教学方法手段的美化。传统的体育教学模式，一般未经过美学加工，平淡乏味，缺乏吸引力，已无法满足现实条件下学生深刻而强烈的欣赏需要。因此，在体育教学中，教师要美化教学方法和手段，做到形式多样、有趣味。例如，根据课的内容有效地编排一些节奏流畅、造型优美的徒手操或创编一些有趣的体育游戏，使学生在培养良好身体姿势的同时陶冶情操，发展节奏感、韵律感、协调性。另外，活动中适时配以音乐，可减少课堂的单调枯燥感，使学生在轻松活泼的气氛中接受美的教育。

（3）老师仪表、语言的美化。教学中实施美育，教师本身就成了学生的欣赏对象，其形象至关重要，因此教师要做好表率。在教学过程中，学生对教师讲解示范的理解、感受及美感的产生等，都是通过直观形象作用而实现的。教师应将体育课作为一门艺术，而且教师本身也是艺术化了的对象。首先，教师应衣着合宜，语言文明，行为文雅，姿态大方，精神饱满；其次，讲解动作要领时，力求语言生动形象，通俗易懂，示范正确熟练，轻松优美等。“美的东西，总会唤起人的欣赏感情和愉快的情绪”，学生很容易用一种欣赏的心态对待教学，在欣赏美的同时能够主动积极地投入创造美的活动中去。

2. *在课外活动中实施体育欣赏教育*

学校实施体育欣赏教育，课外的体育欣赏实践活动是不容忽视的，它是课堂欣赏教育的继续和补充。利用课余时间组织各种各样的体育活动，可以提高学生参与体育欣赏实践的兴趣。比如，成立各种体育俱乐部、举办各种体育比赛等，让学生广泛地接触体育美的形态，并在实践中感受和认识体育美，进而提高自身的体育欣赏能力。

（二）社会体育欣赏教育

社会体育欣赏教育是在家庭和学校之外对人们所进行的终生体育欣赏教育。

社会是一个充满矛盾的复杂变化的现实存在，在社会中，美与丑、善与恶、高尚与卑劣等交叉并存，这势必影响人们的体育欣赏行为。因此，社会体育欣赏教育的日的在于通过各种方式、各个层面的欣赏教育，培养人们正确的体育欣赏观，提高人们的体育欣赏能力。为此，各种社会体育团体特别是国家体育总局、各省市体育局和体育协会，应担当起组织领导工作，在国家新闻媒体（如电视、广播、报纸等）的支持下，把正确的体育欣赏观传达给社会公众，以体育中美的形象来教育和鼓励人们去拼搏，去创造更加美好的生活。社会体育欣赏教育还可以利用固定的体育设施来进行，如各种健身俱乐部、各种运动场馆等，这些设施都具有各自不同的体育欣赏教育功能，对于丰富群众的余暇时间，进行体育宣传教育活动，提高体育欣赏能力有积极作用。此外，随着社会经济的发展，要积极筹建公益性的体育健身设施，使人们在闲暇时可以自由地进行体育活动，充分感受体育带来的快乐。

二、积极参与体育欣赏活动

提高体育欣赏能力，仅靠各阶段的体育欣赏教育活动是不够的，还必须积极参与各种体育欣赏活动，树立起正确的体育欣赏观，进而培养体育欣赏能力。在欣赏过程中，应注意以下几个问题：

（一）明确体育比赛的宗旨

现代奥林匹克运动有句著名的格言是“更快、更高、更强”，它充分表达了奥林匹克运动不断进取、永不满足的奋斗精神。现在，它已经远远超越了单纯的奥林匹克意义，成为整个体育运动的根本宗旨，更成为我们欣赏体育美的尺度。

“更快、更高、更强”指在比赛中，运动员不断向人类自身极限的挑战，在竞争中展示蓬勃的青春活力，从而不断创造灿烂的体育美。成绩固然重要，但更重要的是蕴含于竞赛之中的强者风范和进取精神，因为只有这样才真正标志着人类的进步与发展。

当然，“更快、更高、更强”的宗旨需要通过运动场上的公平竞争来实现。只有公平竞争，才真正体现人类的进步。我们只有明白体育比赛的宗旨，掌握其实施条件，才能从根本上理解体育运动，才能掌握其欣赏内涵，才能培养和提高体育欣赏能力。

（二）树立正确的胜负观

运动场上激烈的竞争和胜负的瞬间转换，常常会引起观众的强烈情感反应。如果观众只注重比赛结果，往往会导致冲突和暴力事件的发生。因此，欣赏体育运动，必须树立正确的胜负观。

现代奥林匹克运动有一句广为流传的名言是“重要的是参加，而不是取胜”。这句名言说明，人类举办体育比赛的目的是为了吸引更多的人参与到体育运动中来，通过体育竞赛使人类更团结、更友爱。因此，对体育比赛中的胜负结果，我们应以一种平常心来对待，获取胜利不是体育竞赛的唯一目的，更不是终极目的。更何况，胜负还受到运动员竞技状态、气候、环境和对手情况等诸多因素的影响和制约，比赛结果难以预料。树立正确的胜负观，感受运动员表现出来的技术美、战术美、健康美、意志美等，是一种正确的欣赏态度，从中也能提高体育欣赏能力。

（三）了解相关的理论知识

体育欣赏的对象不仅包括体育运动，还包括体育建筑、体育雕塑、体育工艺等。为了获得更多的欣赏感受，必须了解相关的理论知识，在学习过程中提高体育欣赏能力。

三、主动参与体育实践

欣赏各种体育美，必须对相关事物有感性认识，在此基础上才能获得对事物整体的直觉，才能获得更多的欣赏感受。主动参与体育实践，在实践中了解各种运动项目的特点和裁判规则，了解各种体育设施的结构和功能，是认识体育事物的主要途径。在此基础上，综合运用已具备的理性知识和欣赏经验，可以有效提高体育欣赏能力。

第八章　体育文化

体育有着非常丰富的文化内涵，这也是体育在精神领域的价值所在。体育文化是人类本身需求的特殊反映。它是人类在体育生活和体育实践中创造出来的，并通过有形的身体形态、动作技能、运动器材、物质以及无形的与社会属性相关的意志、观念、时代精神反映出来，显现了各具特色的存在方式。

第一节　体育文化概述

一、体育文化的含义

文化是指人类所创造的物质财富与精神财富的总和及其创造过程。体育文化则是关于人类体育运动的物质、制度、精神文化的总和，大体包括体育认识、体育情感、体育价值、体育理想、体育道德、体育制度和体育的物质条件等。体育的技术方法属于体育认识的范畴，它是人类认识过程的一种特殊形式。各种运动形式（如奥林匹克运动项目）、各种竞赛规则、运动服装、运动场地、运动器材以及奥林匹克仪式、奥林匹克精神等，都属于体育文化。

一般情况下，文化包括心理、行为、物质三个方面（不同层面）的要素。体育文化也不外乎三个层面：体育文化的心理要素，也就是文化的精神、观念层面，有时称之为精神文化；体育文化的行为要素，也就是文化的行为方式、制度规范层面，有时称之为行为制度文化；体育文化的物质要素，也就是文化的物质实体层面，有时称之为物质文化，包括凝结体育文化特质的各种物质产品。一般而言，物质文化是最外表的层面，行为制度文化次之，精神文化是内核。

二、体育文化的表现形式

从体育的不同活动主体、不同活动方式、不同活动目标来分析，体育文化表现为：学校体育文化、竞技体育文化和社会体育文化。学校体育文化是以培养学生的体育意识、体育精神和体育技能为主要形式，以增进学生身心健康和提高学生的体育素养为主要目标的文化过程，它主要是作为文化教育的一部分而存在的；竞技体育文化是人类追求生命价值过程中不断验证自身极限的一种文化过程；社会体育文化是以大众参与为主要特征，以健身健美为主要目的的社会文化生活过程，它是社区文化最重要的内容之一。

从体育发展演进的历史过程来看，体育文化表现为古代体育文化、近代体育文化和现代体育文化三大类。古代体育文化的宗教性、民族性、地域性、自发性和工具性较强，而其商业性和自觉性较弱。近代体育文化以学校体育文化的崛起为主要特征，其宗教性基本消失，民族性、地域性弱化，商业性、工具性和自觉性都明显增强。现代体育文化具有鲜明的国际性、产业化和人性化特点，内容更加全面，形式日益丰富，影响不断扩大，它已是现代人生活方式的重要组成部分。

从体育的空间分布来看，体育文化既可以从最大的方面表现为东方体育文化和西方体育文化两大类，也可以从中观的层次将中国体育文化表现为中东部体育文化和西部体育文化，体育文化还可以从较小的方面表现为企业体育文化、社区体育文化、军营体育文化、校园体育文化和村镇体育文化等。区域性文化的交融与发展已成为现代人体育文化和生活的主旋律。

体育文化从内在品质上表现为体育观念、体育思想、体育理论、体育科学、体育精神、体育艺术、体育道德、体育法规和体育风尚等若干方面。体育观念是在三大体育实践活动中形成的一般的体育意识，它对人们的体育活动有一定的影响和制约；体育思想是体育观念的进一步升华，是指导人们从事体育活动的高级的体育意识，比体育观念更加全面、系统；体育理论是体育实践经验的科学总结，是理论化、系统化的体育观念和揭示体育本质和规律的体育思想，在这个意义上也有人把体育理论称为体育哲学；体育科学是侧重于技术上研究体育现象之间内在的、本质的、必然的联系的科学，它与体育理论的区别在于它是技术科学，而体育理论是理论科学；体育精神是人们在长期的体育实践活动过程中形成的一种内涵厚重、指向明确、易于体验、认同率高的人类精神，是一种顽强拼搏、公平竞争、团队协作、超越自我的精神。现代奥林匹克之父顾拜旦曾明确提出“奥林匹克精神首先是一个文化概念”，这是关于体育精神的文化性质的权威论断；体育艺术是体育、艺术高度完美的结合，是在体育活动过程中展现出来的人有意无意之中创造的独特的美；体育道德是体育活动过程中规范人与人之间关系的行为准则和主体意识；体育法规则是保证体育活动有序进行的强制手段，正是由于这种内在自觉和外在约束的统一才使体育活动能够按照一定的程序和习惯顺利开展；体育风尚是由于学校体育的有意识教育和竞技体育的有效引导，而在大众体育中表现出来的人们从事体育活动的阶段性、区域性重点倾向和特别嗜好。

从体育活动所依附的文化载体上看，体育文化表现为体育场馆文化、体育用品文化和体育影视文化等若干方面。体育场馆文化是由体育建筑艺术、体育竞赛的氛围和现场媒体宣传（包括广告艺术）等内容构成的综合文化。体育场馆文化建设是体育文化硬件建设与软件开发的最佳结合点；体育用品文化主要包括体育器材文化、体育服饰文化、体育证照文化和体育纪念品文化，这是现代体育文化繁荣的一个十分重要的方面，也是体育文化产业化最具前景的增长点；体育影视文化是现代影视文化非常重要的内容之一，它不仅是指那些以反映体育题材为主要内容的影视作品，而且也包括体育现场直播、现场采访和现场评论。体育影视文化的崛起为体育文化提供了最有效的手段。

第二节 中国传统体育文化

一、中国传统体育文化概述

中国传统体育文化是以儒家“天人合一”为哲学基础，以保健性、表演性为基本模式，以崇尚礼让、宽厚、平和为价值取向的体育活动。中国传统体育文化根植于“天人合一”、阴阳、八卦、五行等理论之中，而西方竞技体育文化在西方哲学重外在、重分析、重与自然的斗争等观念的指导下形成和发展的；中国传统体育文化的整体观重人体自身的统一性及与自然界的和谐，带有某种经验、直觉、模糊的性质，而西方竞技体育文化是科学实验、解剖学、生理学、现代医学等的综合运用；中国传统体育文化重节奏、韵律、神韵、内涵、和谐美，重朦胧、抽象、含蓄美，而西方竞技体育文化重阳刚的力量、速度之美，重外在、形体美。中国传统体育文化讲求娱乐性、表演性和礼仪性，注重个人修养，形成以追求“健”与“寿”为目的的民族性格，融进了以身心合一、动静结合的导引养生、武技的发展，却削弱了体育运动中的竞争性；西方竞技体育文化始终向着竞争性、惊险性、公开性、健美性、趣味性方向发展，注重人的全面发展，而忽视了竞争中的道德教育，容易产生暴力倾向。中国传统体育文化通过身体锻炼来以外达内、由表及里、由身体有形的活动来促成无形精神的升华，实现理想人格的塑造；西方竞技体育文化则重人体胜丁重人格，注重人本身的价值，让人在运动中、在各种力的交汇中去实现人体的塑造，进而实现理想的人生。

由于市场经济的发展和对外开放政策的实施，中国的政治、经济、文化出现了勃兴。在新的环境下，中国传统体育文化注入了新的血液。因此，西方的竞争观念、自我价值的彰显也成为中国传统体育文化的追求。同时，西方一些专家、学者也开始致力于东方体育文化的研究，试图从其处世之道和养生方法中寻求精神的解脱。一些运动项目，如篮球、排球、足球、田径、体操、乒乓球等项目已在中国深入民心，得到了中国大众的喜爱；而中国传统体育项目，如武术、太极拳、气功、秋千、龙舟竞渡等项目，开始向西方移植，打破了西方体育一统天下的格局。中国传统养生思想为西方所接受，西方竞争观念为我们所认可。中国传统体育文化的生命观、健康观和与此相适应的保健体育，蕴含着有关人体科学的丰富内容，如注重身心统一、内外协调、动静结合等许多辩证思想，对指导当今的人类保健活动，仍具有重要的现实意义。西方竞技体育所表现的竞争观念与现代社会是相吻合的，正被中国传统体育所接受和认可。

二、中国传统体育文化的内涵

从我国传统文化中孕育、培植和发展起来的传统体育文化，无处不闪现出传统文化博大精深的文化内涵。无论其指导思想、理论基础和练习实践都形成了自己独特的、有别于西方的思想体系、理论体系和实践体系。中国传统体育文化之所以能绵延数千年，其根本原因在于它们蕴含着深刻的东方哲学，揭示出人与自然相互依存的关系。主要表现在：

（一）天人合一，顺应自然

“天人合一”思想是传统哲学中一个极为重要的观点，这种思想深深地渗透到传统体育文化之中。传统的天人合一思想，强调了天人之间的统一性与合理性。老子讲“人法地、地法天、天法道、道法自然”。孟子提出“万物皆备于我，上下与天地同流”“始生人者，天也；始生地者，天也”。甚至把人的伦常和情感贯注于“天道”，并将其拟人化：“天亦有喜怒之气，哀乐之心，与人相符。以类合之，天人一也”。这种天人感应、阴阳互补的理论不胜枚举。

我国传统体育科学理论的构建直接来源于天人合一的哲学思想，阴阳理论在传统体育思想中根深蒂固。如汉代蹴鞠中的圆鞠与方墙；传统武术中的动静、虚实、刚柔、进退等的演化，无一不是在阴阳理论的指导下衍生而来的。在传统的养生术中，阴阳更成为其核心的理论基础。至于太极图说更是最终演变为整个传统体育科学的理论依据。“无极而太极。太极动而生阳，动极而静，静而生阴，静极复动。一动一静，互为其根”。这一理论很好地解释了天体的演变和人体在自然力的影响下的功能变化。最能代表中国传统文化的体育项目是太极拳。太极拳的全部运行机制，都是按一物两体、和谐稳定的模式来进行的。太极拳所呈现的动静、开合、形神、虚实、刚柔构成了一个互补系统。所以说，传统体育追求的不是人与自然的对立、挑战与对抗，而是强调两者的融合与顺遂；追求身体与精神在同一过程中得到颐养。

（二）礼仪为先，道德先行

是中国传统文化价值体系的中心范畴和文明进化的主旋律。孔子是中国礼文化的先驱，他提出了一整套以礼为核心的学说：“不学礼，无以立”“非礼勿视、非礼勿听、非礼勿言、非礼勿动”。

中国传统体育作为传统文化的重要组成部分，必然受制于礼文化的约束。如唐代盛行的“十五柱子戏”，柱子上就分别标有“仁、义、礼、智、信、温、良、恭、俭、让”等红字和“慢、傲、佞、贪、滥”等黑字，木球击中红字者为胜，击中黑字者为败。从这一小小的游戏中就充分体现了体育活动中的道德规范和价值观念。“礼和让”一直伴随着中国传统体育文化的交往活动。如果上下级交手，下级的让即是“礼”，上级若是技高一筹，也礼让三先。即便是在较为激烈的武术竞技中，也只能是“点到为止”。因此，在传统体育文化中难以看到激烈而震撼人心的对抗场面，通常只是在一定范围内技艺的切磋而已。

（三）修身养性，愉悦身心

传统体育着重于修身养性，愉悦身心，而轻于定时定量的运动规程和模式，以及对人体极限的冲击。内外兼修，形神兼备，注重武德是武术文化的第一宗旨。在武术运动的练习中无处不显示出自强进取、自我修养、人格完善的传统文化精神。杨继业、岳飞、戚继光、花木兰……一大批文武兼备的民族英雄都得益于武术文化的熏陶。

愉悦身心、宣泄情感是传统体育文化的表现形式之一，民间的体育和女子体育尤甚。“将军自起舞长剑，壮士呼声动九垓。功成献凯见明主，丹青画像麒麟台”。以剑寄情，报效国家的雄心壮志和建功立业的决心彰显无遗。“香销宝鸭月如霜，欲罢去蒲故拙行。卷起局边佯数子，暗抬星眼掷儿郎"，一幅其乐融融的家庭体育娱乐的画面展现在眼前。"丽质盈盈，巧语嬉嬉，争簇秋千架"，更是把宋代女子荡秋千的心态勾画得活灵活现。

（四）心静神凝，延年益寿

传统文化把心理平衡、延年益寿、生活情趣构成了一个互感的有机体。它认为，如果一个人无欲无求，少思少虑，退避自守，在心理上也就能清净空灵，在生理上也就能长寿。"静"作为传统体育文化中修身养性的第一要诀，"知止然后有定，定而后能静，静而后能安"。静是体力上、精神上的放松，静则气和、志正体直。如武术中内功的修炼和气功中的行气，都要求排除杂念，全神贯注，意守丹田。要做到视而不见，听而不闻；泰山崩于前而不动，猛虎啸于后而不惊。只有心静神凝，内气才能磅礴腾挪、上下鼓荡、击流不息，以达到强身益智、祛病增寿的养生效果。

总之，中国传统体育文化，尤其是武术文化和养生文化，以其深层次的哲学思想、成熟的训练方法、完美的艺术形象和回归大自然的情趣为世人所瞩目。这两种文化虚实相宜，实用性与观赏性并举，浅表行为与深层哲理紧密衔接，为全人类的发展提供了极好的运动方式和思维轨迹，至今仍不失为人类体育文化中的精品，值得弘扬与发展。

第三节　奥林匹克运动文化

奥林匹克运动文化，包括奥林匹克运动的全部思想体系和活动内容，是奥林匹克运动在实践过程中所创造的物质财富与精神财富的总和。物质财富即物质文化，主要指奥林匹克运动对人体技能的改造、发展，以及所采用的各类场馆、器材等设施和由此产生的文化形态。精神财富即精神文化，主要指奥林匹克运动对人的内心世界、社会行为的影响以及与之相关的各项文化艺术活动。古代及现代奥林匹克运动都蕴藏着丰富的物质文化与精神文化。

一、奥林匹克运动文化概述

奥林匹克运动历经100多年的风风雨雨已发展成为迄今为止人类历史上最盛大的社会文化现象。回顾奥林匹克运动产生与发展的历程，我们不能不追溯它最早的源头——古代奥林匹克运动会，它那追求和平、友谊和神圣休战，坚持公平竞争的体育原则，组织比赛的竞技模式，对世界体育及现代奥林匹克运动的发展产生了深刻的影响。古希腊被称为欧洲文明的发源地。也是古代奥林匹克运动会的发祥地，这个古代奥运会的竞技场遗址就是我们奥运火炬熊熊燃起的地方。

古希腊是一个城邦割据的国家，各城邦之间争夺吞并，在长期的斗争中，人们不满意这种互相厮杀的局面，希望能有一个至高无上的君主来造就一个和平统一的希腊，并寄托于神的力量，于是产生了全希腊崇奉的万神之首——宙斯神。在祭奉宙斯神时，体育竞技成为祭奉宙斯神的活动之一。古代奥运会是希腊人献给万神之首的祭礼赛会，他们认为只有同维持天地间秩序的神建立起和善的关系才有利于生存，神灵降福于人类的方式就是在神面前展示人的力量、速度、协调、健美，从而形成了祭礼竞技。

公元前776年宗教和体育竞技合为一体，组织了大规模的体育祭礼活动，并决定在奥林匹克每四年举行一次。这样，公元前776年举行的奥林匹克运动会被正式载入史册，到公元394年历时1170年，由于奥林匹克运动会期间实行神圣休战，使奥林匹克运动会没有间断地举行了293届，创造了人类文明史上的奇迹。古代奥林匹克运动会体现的公平竞争的原则，“永远争第一”“在生活的一切领域追求最高成绩”的拼搏意识，竞技优胜者技艺高强、道德高尚、知识丰富、内心充实、体魄健美、举止优雅的身心、和谐发展的思想都对现代奥林匹克运动产生了积极的影响。

现代奥林匹克运动的产生是在一个广阔的时代背景下长期孕育的结果。14—18世纪，欧洲大陆出现了三次大的思想文化运动，为奥林匹克运动的兴起奠定了思想基础。资本主义工业化生产和资产阶级教育方式为奥林匹克运动的兴起提供了土壤。资产阶级教育家把体育作为培养人才的重要手段加以大力提倡，不仅恢复了古希腊的体育制度，还进一步制定了锻炼身体的各种措施，使体育成为培养全面发展人才不可缺少的教育活动。随着对古代奥运会遗址的发掘，人们进一步认识了古希腊的体育精神和价值。

法国教育家顾拜旦是公认的奥林匹克运动的创始人，他为奥林匹克运动的诞生和发展做出了卓越的贡献。在他的不懈努力下，1894年6月16—24日，“国际体育运动代表大会”在巴黎索邦神学院举行，这次大会唤起了与会者对古代奥运会的神往，与会代表一致同意顾拜旦的主张，决定复兴奥林匹克运动会，并通过了复兴奥运会的决议。1896年4月6—15日，第一届现代奥林匹克运动会如期在雅典举行。发展至2016年巴西的里约热内卢，实际举办了31届，参加的国家和地区达到207个。现代奥林匹克运动其影响力远远超出了体育范畴，在当代世界的政治、经济、哲学、文化、艺术和新闻媒介等诸方面，产生了一系列不容忽视的影响，奥林匹克运动不仅构成了现代社会所特有的体育文化景观，还以其特有的文化魅力愉悦人们的身心，更以其强烈的人文精神催人奋进，它已成为人类社会友谊、团结的象征，为维护世界和平和人类社会的进步做出了巨大贡献。

二、奥林匹克运动文化的表现形式

奥林匹克运动是在奥林匹克主义指导下，以体育运动和四年一度的奥林匹克庆典为主要活动内容，促进人的生理、心理和社会公德全面发展，沟通各国人民之间的相互了解，在全世界普及奥林匹克主义，维护世界和平的国际社会活动。奥林匹克运动包括以奥林匹克主义为核心的思想体系，以国际奥委会、国际单项体育联合会、各国奥委会为骨干的组织体系和以奥运会为周期的活动体系。它是以体育为载体的社会文化现象，其文化表现形式有以下几方面：

（一）以奥林匹克主义为核心的思想文化内涵

奥林匹克运动之所以长盛不衰，其主要原因就是它在发展过程中逐渐形成了以奥林匹克主义为核心的思想体系，它为奥林匹克运动注入了灵魂，使奥林匹克运动有了坚实的思想基础和明确的指导方针。奥林匹克文化和文化内涵集中表现为以奥林匹克主义为核心的思想体系，这一体系主要由奥林匹克主义、奥林匹克宗旨、奥林匹克精神、奥林匹克格言、奥林匹克名言所组成。

奥林匹克主义是将身心和精神方面的品质均衡地结合起来，并使之得到提高的一种人生哲学。它将体育运动与文化和教育融为一体。奥林匹克主义的中心思想是人的和谐发展，它将体育运动作为人和谐发展的途径，并与教育和文化紧密结合赋予它极强的教育价值和文化价值。

奥林匹克宗旨是通过没有任何歧视，具有奥林匹克精神——以友谊、团结和公平精神相互了解的体育运动来教育青年，从而为建立一个和平和更美好的世界做出贡献。奥林匹克运动力图通过体育运动增进各国人民之间的相互了解，达到减少战争、促进和平的目的。

奥林匹克精神就是相互了解、友谊、团结和公平竞争的精神。对文化差异的容忍和理解是奥林匹克精神所着重强调的，四年一度的奥运会将世界上所有的体育文化集中在一个窄小的空间和时间范围内，建立和谐的文化氛围，使人们摆脱各自文化带来的种种偏见。在不同的文化的展现中，看到的不是各种文化的差异和排斥，而是人类文化百花齐放、千姿百态的壮丽图景，从而使奥林匹克运动所提倡的国际交流真正得以实现。竞技运动的公平与公正同样是奥林匹克精神的主旨之一，只有在公平的基础上竞争才有意义。

“更快，更高，更强”是奥林匹克运动的格言，具有丰富的文化内涵，它充分表达了奥林匹克运动不断进取、永不满足的奋斗精神和不畏艰险、勇攀高峰的拼搏精神，在比赛场上，面对强手发扬勇往直前的大无畏精神，敢于斗争，敢于胜利。对自己则是永不满足，不断战胜自己、超越自己，实现新的目标。对自然要敢于征服，挣脱自然的束缚，从而取得更大的自由。

“参与比取胜更重要”是奥林匹克运动广为流传的名言。参与的可贵之处在于参与者有着高尚的品质、真诚的态度、奉献的精神和对理想的追求，其意义远远超出了名次和奖牌。在参与中，运动员们才能不断地超越自己和超越他人，才能在“更快，更高，更强”之中寻找自我，实现自我。参与意识是各国大多数运动员奥林匹克运动的精神支柱，正是由于参与的精神，奥林匹克运动才能发展到今天这样的规模，其意义才能大大超出体育的范围。

（二）独特与鲜明的象征性标志

奥林匹克运动是表示人类社会团结、进步、友谊的“一个伟大的象征”，具有崇高目标和丰富内涵的奥林匹克运动的思想体系，皆物化成一系列独特而鲜明的象征性标志，如“奥林匹克标志”“奥林匹克会旗”“奥林匹克圣火”“奥林匹克会歌”“奥林匹克奖牌”“奥林匹克吉祥物”等，这些标志有着丰富的文化含义，形象化地体现了奥林匹克思想的价值和文化内涵，用一些简明洗练的艺术形象、符号表达了奥林匹克思想的基本点，将抽象的概念变为可见的、可听的、可触的物质文化，反映了人们对奥林匹克运动认识的深化。例如，奥林匹克标志五环，其颜色为蓝、黄、黑、绿、红，五种颜色象征五大洲，其中蓝色代表欧洲，黄色标志亚洲，黑色意指非洲，绿色喻作澳洲，红色象征美洲。奥林匹克的会旗和五个环的含义，代表着全世界的运动员在奥林匹克运动会上欢聚一堂，而且强调所有参赛运动员应以公正、坦诚的运动员精神在比赛场上相见，充分体现了奥林匹克主义的内容——“所有国家、所有民族”的“奥林匹克大家庭”主题。奥林匹克圣火象征着光明、团结和友谊，象征着和平和正义。吉祥物表示奥运会吉祥如意，表达主办国祝愿奥运会圆满成功，祝福选手们取得好成绩的良好愿望。

（三）奥林匹克仪式

奥林匹克仪式是奥林匹克文化中最具特色和魅力的组成部分，吸引着全世界几十亿人的目光，体现了人类渴望和平、追求创造美好和平世界的崇高理想。如第 27 届悉尼奥运会开幕式，澳大利亚女子 400 米世界冠军弗雷曼站在水中，点燃奥运主火炬的刹那，第 27 届奥运会开幕式的和平主题也随着熊熊的火焰喷射出来。当火炬台沿着奥林匹克体育场水逆流而上，这个和平的主题得到了升华。自古水火不能相容，而从希腊奥林匹亚山传来的圣火，却与水交融在一起。水火都能交融在一起，还有什么不能通过和平的方式解决？当韩国和朝鲜运动员在半岛旗下共同走进体育场时，全场震动了，突然间，在悉尼主体育场的 11 万观众爆发出震耳欲聋的掌声。国际奥委会主席萨马兰奇在主席台上站起来，给这个相互隔绝了半个世纪、如今走到一起的代表团鼓掌，在场的无数人激动地流下了热泪，有人感动不已地说“这是和平的力量”。当运动员全部进入会场之后，一条巨幅白绢从主席台正对的看台上飘然而下，渐渐覆盖到数万运动员，一束灯光洒落在白绢之上，映出一个清晰的口衔橄榄枝的和平鸽的图案，这些运动员来自全球 200 个国家和地区，几乎遍布了全球每个角落，和平鸽“飞”在他们头上，降落在他们的头顶。在奥运圣火中，一切战争将失去理由，在悉尼的奥运圣火里写满了和平的祝福。

顾拜旦为实现把现代奥运会办成一个神圣的体育祭坛，一个与多种形式合为一体的盛大文化节日的目标，他强调现代奥运会要体现出美和尊严。在这种思想指导下，奥运会逐渐形成了一整套特有的恢宏、庄严、华彩而凝重的传统仪式，如作为奥运会前奏的圣火传递，放飞和平鸽，运动员和裁判员的庄严宣誓，严肃而热烈的授奖仪式，欢快而充满激情的闭幕式，这些仪式的作用在于为这一盛会创造一种崇高而神圣的意境，以此来净化人们的心灵，体现人类美好的向往。

（四）奥运会展示的人体美与拼搏精神

奥运会是奥林匹克运动的主旋律，它是世界各国体育竞技的一次最高检阅，是世界各国人民和平、团结、进步和奋发向上精神的象征，同时也是盛大的文化庆典。顾拜旦认为：“体育运动必须创造美，并为美提供机会，它创造美是因为它创造了活生生的雕塑——运动员，通过建筑、场景和庆典带来美。”奥运会向世人展示第一流的人体美，我们可以看到篮球运动员高大修长的身材，游泳运动员丰满匀称的体态，田径运动员健壮发达的身体，举重运动员隆起的肌肉显示出无穷的力量，体操运动员小巧玲珑的身影……加之各国运动员精心设计的运动服的颜色搭配，更显示出无穷的魅力。

奥运比赛展示的竞技美，如美国篮球“梦之队”出神入化的技战术配合，巴西足球精巧细腻令人叹为观止的艺术足球，田径场上百米决赛刮起的“黑色旋风”，艺术体操如诗如画的韵律美，举重运动员“力拔山兮气盖世”的力量美等，同样显示着奥运竞技文化的内涵。运动员精湛的技术，拼搏进取的精神，最大限度地挖掘自身潜力，向自身体能生命的极限挑战，创造一种在努力中求得欢乐幸福、身心愉悦的形象，体现出更快、更高、更强、奋发向上的精神。人们在观赏奥运会竞技比赛、参与奥林匹克运动的过程中受到美的熏陶。

（五）内涵丰富的艺术节

奥林匹克运动力图从不同的角度和不同的层次，去挖掘、展示人类社会中一切美好的东西，以促进人的健美的身体与健全的精神和谐发展。奥林匹克宪章规定奥委会必须制订文化活动计划，并至少须贯穿于奥运村开放期间，这种文化展示活动就是奥林匹克艺术节。它向人们展示一个五彩缤纷的艺术天地，这里有气势磅礴的奥林匹克建筑，形象生动的绘画、雕塑等视觉艺术，有优美的声乐、器乐等听觉艺术，有文学、诗歌等想象艺术，有戏剧歌舞等综合艺术。充分展示举办国和世界各种文化特色的文化活动，使音乐、舞蹈、文学、绘画、雕刻、摄影、戏剧、建筑艺术、体育集邮等各种文化形式争奇斗艳，各类艺术珍品交相辉映。奥林匹克运动综合地反映了人类文明，并推动着人类文明的进步。

第四节　大众体育文化

一、大众体育文化概述

大众体育文化或称群众体育文化，是通过民间传统体育和现代体育，集娱乐和健身为一体的、多种多样的现代体育文化生活。

大众体育文化作为社会文明的有机整体，成为调节社会文化生活、善度闲暇时间的重要组成部分。由于大众体育文化反映的是生活在不同区域人民的劳动生活，因而具有强烈的民族传统体育特点，又融入了现代体育的竞技性；大众体育文化，不仅是广大民众强身健体的有效手段，而且是喜庆节日的文化娱乐内容。

大众体育文化以其本身的特点和社会的需要传播着体育文化，主要体现在：

1. 大众体育文化是促进健康、增强体质的重要途径。

2. 大众体育文化极大地丰富了社会文化生活，是全面建设小康社会的重要组成部分。

3. 大众体育文化是促进民族传统体育和国际交流的需要。由于其目的的多样性、对象的广泛性、时间的业余性、形式的灵活性、项目的随意性、效益的社会性、组织管理的复杂性和活动的娱乐性，因而它是一项容量大、吸引力强、涉及范围极广的社会文化活动。

二、大众体育文化的表现形式

（一）大众体育文化的民族性表现

一般情况下，大众体育能够根植于民众之中的往往是民族体育，而大众体育文化也正是一部民族兴衰与发展的文化史。因为，不论哪个民族的文化都是人类发展史中的一部分，都展现着不同地域和民族的不同辉煌，所以民族传统体育文化都以不同的方式走向世界，也以不同的方式推动历史的文明和社会的发展。事实上，被称为文化的东西，常常就是一个国家和民族在漫长的历史发展过程中逐步创造、沿袭、进而形成的传统和习惯，其表现形式多种多样。它们往往具有强烈的民族性、地域性、历史积淀性和继承性以及丰富的文化个性。

大众体育文化的民族性，恰恰带有浓厚的民族文化色彩。比如，武术、赛马、中国式摔跤、秋千、蹴鞠、马球、捶丸、龙舟、舞狮……其民族体育文化主要表现在：

第一，适合本区域民族的身心特点、环境气候和资源的利用。

第二，在喜庆节日中，为丰富文化生活，大多开展的内容是以娱乐为主的竞赛活动。

第三，振奋民族精神，促进对外交流，弘扬民族精神和传统文化。中国民间传统的体育活动，在新疆、内蒙古、西藏、云南、贵州等各少数民族地区尤为盛行。

（二）大众体育文化的传统性表现

传统一般是指世代相传，既有古代的传统体育文化，也包括现代人的体育文化生活。

我国传统的武术和养生术，一直以中国“功夫”传承着中华民族的传统文化。在古代经典小说《西游记》中的孙悟空、《水浒传》和《三国演义》中的众多英雄豪杰，以及为他们修建的庙宇和墓碑等，通过各种不同的形式，塑造着栩栩如生的人物性格、德操和高强的武功，弘扬着传统文化。在现代影视中，以反映中国古代社会进程的传奇英雄和武林高手为体裁的作品受到各年龄段、各层面，乃至全世界的欢迎；以古代英雄建造的寺庙，成为各旅游线路中驻足观光的重要景点。

在现代人的体育文化生活中，我们把长期开展体育活动的单位、院校，称为体育传统单位和学校，并据此制定了系列法规进行评比和确认。如长期以来，我国开展的《社会体育评比制度》《群众体育工作评定制度》《争创体育先进制度》和《田径之乡评比制度》等，为推动我国大众体育文化的开展起到了保障作用。

（三）大众体育文化的时尚性表现

时尚是指当时被一部分人认可的最新的风尚。大众体育文化的时尚性不仅仅是某一运动项目的传入和兴起，而且往往伴随着一种意识、思想和文化的传播。近几十年先后流行于全国的气功、呼啦圈、迪斯科、台球、保龄球、网球、冰雪运动和健身操等，既是对民间传统文化的挖掘和对它们功能的重新认识，又是社会的变迁与新文化的导入。

大众体育文化的时尚性主要表现在：(1) 人们的好奇心，促使着人们去体验和感受新兴体育；(2) 在紧张的学习、工作和生活之余，可以让人们的身心得到调整和放松；(3) 通过娱乐的形式，掌握一项技能，使自己的生活更充实而有意义；(4) 大众体育文化的时尚性，尤其是以它的文化性，被一部分人所接受。虽然只有少部分人直接参与到运动中来，对大多数人而言，开始只能是街头巷尾谈论的话题，但是，随着时间的推移，人们对新兴体育的认识会与日俱增。

（四）大众体育文化的实效性表现

大众体育之所以能形成文化，是人类源于生产、生活实践，人们通过身体的活动，向大家传递一种思想、一种意识，在娱乐中达到锻炼身体的文化活动。大众体育文化的实效性主要表现在：(1) 鲜明的特点。大众体育文化，以鲜明的特点，反映出民族性、地域性、娱乐性和健身性。(2) 传播快。当某一新颖的大众体育文化现象出现时，即使不借助媒介，也会在短时间内家喻户晓。例如，20 世纪 80 年代在中国先后兴起的甩手疗法和呼啦圈现象。(3) 适宜性强。适宜不同的群体，不同年龄段的人群，可以说有很多大众体育项目是老少皆宜的，如迪斯科、网球和游泳等。

第五节　校园体育文化

时至信息时代，人们极力倡导“人与自然融合，人对自身挑战”，那画出优美线条的网球，姿势潇洒舒展的保龄球，蓝天、白云、草地、湖泊间跳跃的高尔夫球，扣人心弦的足球，跌宕起伏的篮球，超越极限的田径，舒缓优美的太极，热烈欢腾的秧歌，悠闲从容的散步，头顶蓝天，身处绿地，徜徉于河流，空行于林间，还有攀岩、滑雪、飞镖、蹦极、冲浪、滑水、热气球、健美操、自行车、激流划艇、空中滑板等体育项目，构成一幅优美的画卷，也构成了人们对生命本质的认识——强身健体。只要你愿意，这里总有一项适合你。

一、校园体育文化的含义

校园文化是一个多层次、立体化的有机整体，作为这个整体的重要组成部分的校园体育文化是推动校园文化发展最有力的催化剂，同时它是具有深刻内涵和丰富外延的一种独特的文化现象，对于加强学校的精神文明建设，提高校园文化质量，全面推进素质教育和全民健身计划的落实，以及师生终身体育意识的培养都具有十分重要的意义。

校园体育文化是指在学校这一特定的范围里，人们在历史实践过程中所创造的体育精神财富和物质财富的总和。它有广义和狭义之分，广义的校园体育文化指所有的学校师生员工在体育教学、健身运动、运动竞赛、体育设施建设等活动中形成和拥有的所有的物质和精神财富。狭义的校园体育文化指学校师生员工们的体育观念和体育意识。校园体育文化和校园德育、智育、美育文化等一起构成了校园文化群，它又与竞技运动文化、群众体育文化一起组成了广义的体育文化群。根据校园体育文化要素的不同，可将其分为三大类，即意识文化、行为文化和物质文化。这三类文化均能有助于人们的心理调节，满足师生员工对精神文明生活的需要。

校园体育文化包括体育教学、健身锻炼、运动竞赛、体育表演、道德行为、制度、规范等。通过多种多样的体育手段和方法，可以锻炼学生意志品质，催人奋发进取，培养集体观念，加强组织纪律，协调人际关系，消除精神烦恼，给人愉悦，使人身心得以和谐、健康。同时，可以拓宽学生的知识和思维视野，最终达到培养创造精神，丰富课余文化和促进德、智、体全面发展的目的。

二、校园体育文化的表现形式

校园体育文化是通过身体运动的方式进行的，它要求人体直接参与活动，这是校园体育活动最本质的特点之一，它决定了校园体育具有促进学生身心健康的功能。其表现形式为：

（一）校园体育文化的创新性表现

体育运动有一个重要特征，就是鼓励和要求不断创新，正是这种“鼓励创新”的精神，体现出体育运动的文化特质。开展校园体育活动是实现学校体育目标的重要途径，是培养学生“终身体育”和“健康第一”思想的重要环节。《全国普通高等学校体育课程教学指导纲要》指出，“为实现体育课程目标，应使课堂教学与课外、校外的体育活动有机结合，学校与社会紧密联系。要把有目的、有计划、有组织的课外体育锻炼、校外活动、运动训练等纳入体育课程，形成课内外、校内外有机联系的课程结构。”通过课外体育活动与课堂教学互补，从而实现课内外一体化。

目前，各学校开展体育俱乐部和体育协会，是课余锻炼的有效组织形式，向学生提供活动时间、场地、器材及辅导教师。学生在体育俱乐部和体育协会活动中，选择自己的锻炼项目，不仅能充分调动学生的积极性和兴趣，促进技术、技能的掌握，养成自觉锻炼的习惯，而且能提高学生的组织活动能力与社会实践能力，逐步实现学校体育向“终身体育”的过渡。

学校体育俱乐部不仅是大众体育的组织形式，它还在高水平竞技的层面上，其功能与作用已超过了体育教学的本身，使校园体育文化更富有创新意识，加速了学校体育文化的整体发展。

（二）校园体育文化的开放性表现

在校园体育文化中，学生已经从已往的封闭式校园走向社会，参加各种体育活动，观看和参加世界大学生体育比赛和国内高水平比赛，如全国大学生 CUBA 篮球联赛、飞利浦全国大学生足球联赛、全国大学生田径锦标赛，以及省内高校校际间的各项体育比赛。通过学校之间，与社会之间频繁而广泛的以体育为内容的交流和接触，增进学生对社会的了解，开阔眼界。同时，学校体育文化还应该根据素质教育的要求，组织学生开展户外活动，如滑冰、滑雪、旅游、远足、野外生存等，培养学生学会自我生存本领，磨炼自己的意志品质，提高自己在不同环境中的适应能力和社会交往能力，汲取社会文化中的有益成分，弥补校园文化的不足。这种开放性特征本身就蕴含着一种教育功能，并且起到完善学生身体健康的新形象。

（三）校园体育文化的层次性表现

校园体育文化既具有表面丰实的内容，又具有深层的结构和丰富的底蕴，这种深层的东西在一定程度上难于言说，但往往能使生活在这个体育文化氛围中的不同人都能受到影响。另一方面，校园体育文化本身具有不同的层次，雅俗共赏，能够适应不同层次大学生的要求。

高等学校具有体育场地，器材设施相对齐全，师资力量雄厚，图书资料丰富的优势。这对完成高校体育教学任务，开展好校园体育文化，推动全民健身运动和校园精神文明建设提供了物质保证，加之广大师生的知识水平，这就决定了高校校园体育文化的高层次特征。

体育竞赛作为校园文化的重要内容，是在全面发展身体，最大限度地挖掘和发挥人的体力、心理、智力等方面潜力的基础上提高运动技术水平。通常以课外体育竞赛为龙头，多种体育锻炼形式并存，每年各学校要举行8~10个项目全校性球类、田径、健美操、武术等比赛，同时开展小型多样活动，以院、系、专业、小班为单位的趣味运动会，及各种友谊对抗赛，进行多方位的体育交流，使学生在热烈的校园体育文化中，增加团队精神，提高竞争的意识。另外，还鼓励学生积极参加课外体育锻炼，如课间操、各种球类、健美、田径运动等。在不同的季节里自己可选择适合自己的活动方式，如春天郊游，夏天游泳，秋天登高，冬天滑冰、滑雪等。

近些年来，大学校园内蓬勃兴起的体育文化节、体育科技知识讲座、球迷协会、体育摄影、邮展、书法、美术、体育知识竞赛、体育征文等，这些都为体育活动锦上添花，增添了无穷的魅力。

（四）校园体育文化的聚散性表现

体育文化对一个学校的发展具有“内聚和外散”的互动功能，丰富多彩的校园体育文化，对广大师生员工有着巨大的吸引力，各种体育活动的开展和参与，不仅使人们彼此之间的感情和心灵得到沟通，而且是学生素质教育中最理想的课程。

通过体育竞赛以及各种方式的活动，培养学生公开竞争、尊重裁判、尊重对方、遵守规则的良好体育道德风尚。比赛中，场上运动员顾全大局，积极配合，场下的观众呐喊助威，群情激昂，场上场下升腾着强烈的集体荣誉感，就会形成一种无形而又巨大的内聚力，对加强校园的精神文明建设起到了积极的作用。参加一些全国、全省性的高校和地方组织的体育比赛和交流，运动员的竞技水平和道德风貌等都会向社会传播，对于树立学校的形象，反映学校的精神风貌，扩大学校在社会的影响，都会产生积极而深远的影响。

实践篇

SHIJIANPIAN

第九章　篮　球

篮球运动于1891年12月初，在美国马萨诸塞州斯普林菲尔德市基督教青年会国际训练学校（后为春田学院），由该校体育教师詹姆斯·奈史密斯博士发明，当年的篮球规则只有13条，由他创建的篮球项目竟然在二百多个国家的市面上流传着，而且至今美国篮球还誉满全球。

第一节　篮球的基本技术

篮球技术是指在比赛中为达到攻、守目的所运用专门动作方法的总称，分为进攻与防守两大部分。进攻技术有进攻移动、传接球、运球、投篮、持球突破和抢攻篮板球等；防守技术有防守移动、防守对手、抢球、打球、断球和抢篮板球等。

一、移动技术

移动是在比赛中为了争取攻守主动所采用的各种脚步动作的总称。移动的基本目标就是攻守双方努力争取时间上、位置上和空间上的优势。随着运动水平的不断提高，对移动质量的要求逐渐升级，成为评价篮球意识的最重要组成部分之一。

移动主要包括基本姿势、起动、跑（加速跑、直线跑、曲线跑、变向跑、变速跑、侧身跑、后退跑等）、跳（单脚跳、双脚跳、原地跳、助跑跳等）、急停（跳步急停、跨步急停等）、转身（前转身、后转身）、防守步法（平滑步、斜滑步、上下滑步、滑步结合交叉步、追步）等。

基本姿势：两脚前后或左右开立，距离约与肩同宽，两腿微屈，重心落在两脚之间，收腹含胸，屈肘，两手放在体侧前方，防守时的姿势稍有不同，两脚开立略比肩宽，两臂张开，做好随时向各个方向迅速起动的准备。

起动：就是突然加速。向前起时以后脚、向侧起动时以异侧脚前脚掌短促有力地蹬地，同时上体迅速前倾或者侧转向跑的方向移动重心，手臂协调摆动，起动后的两三步，前脚掌着地迅速有力，手臂迅速摆动，能在最短的时间内发挥速度。

跑：跑的种类很多，常用的有变速跑、变向跑和侧身跑，篮球场上的各种跑与通常的跑区别不大，关键是要随时注意场上的球、对手、队友等的情况变化。突然、及时地出现在最需要、最合适的位置。

跳：主要指向各个方向的助跑及原地起跳等，与通常的跳跃不同的是：篮球场上需要随时随地能向各个方向（前、后、左、右、垂直）跳起及连续跳跃的能力。并且这些起跳往往是在对手的干扰、对抗和破坏下完成的。

急停：分为跨步急停和跳步急停。持球急停时，要控制好身体重心、明确中枢脚，以防止由于重心不稳或变换中枢脚而造成的走步违例。

转身：它包括前转身和后转身，转身是指以一脚为中枢脚进行旋转，另一只脚蹬地向前后跨出，改变原来的身体方向。

二、进攻技术

篮球进攻技术包括无球和有球技术两类。主要有空切、徒手摆脱、传接球、运球、投篮、持球突破等。

（一）无球队员进攻技术

无球队员的进攻行动有主动创造进攻机会和帮助同伴两种。主要是外围队员向篮下空切、突然移动摆脱接球、内线队员摆脱对手及接球等。一般依靠起动、变向变速跑、急停、转身、假动作等实现进攻目的。

1. 空切：空切的目的是摆脱防守队员，到空位或篮下得球投篮或进行攻击配合。

2. 徒手摆脱：无球队员在对方采用人盯人防守而无法顺利接球时，要主动摆脱对手创造接球进攻的机会。

（二）持球队员进攻技术

队员得球之后，基本的进攻动作是传接球、投篮或运球突破，因此，队员接球时，首先要保持“攻击”的姿势（能传、能投、能突），使接球与下一动作紧密结合。

1. 传、接球

现代篮球运动要求运动员在比赛中运用传球技术应做到：快速、准确、及时、隐蔽、多变。无论采用哪一种传球方法，从整个传球过程来看，都是有持球动作、传球手法、球的飞行路线、球的落点几个环节和准确的落点能给同伴创造良好的投篮机会，给防守者带来极大的威胁。

篮球比赛中，传球经常是在严密防守的情况下进行的。传球作为进攻的桥梁，要想取得进攻的主动权，必须把握好传球的时机，善于运用合理的传接球技术，及时将球传给同伴，共同完成进攻任务。

（1）传球技术

①双手胸前传球：这是一种最基本、最常用的传球方法。具有准确性高、容易控制、便于和其他技术结合的优点。

动作要领：双手持球于胸腹之间，两肘自然下垂靠近体侧，身体呈基本站立姿势，眼平视传球目标。传球时，后脚蹬地发力，身体重心前移，两腕旋内外翻，用食指、中指拨球将球传出。球出手后，两手心向下，略向外翻（图9－1－1）。

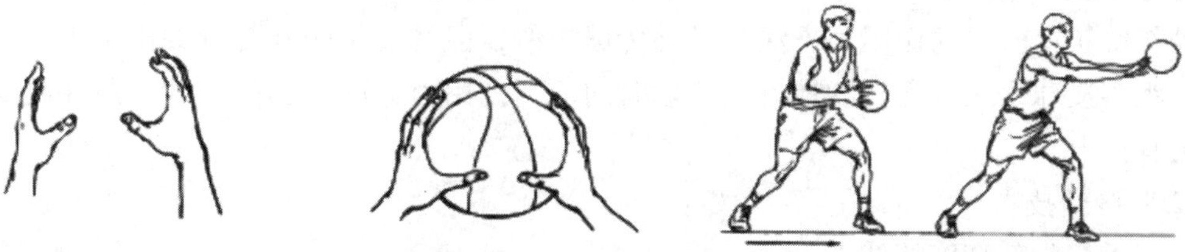

图9－1－1 双手胸前传球

中近距离传球，主要靠手腕的翻抖和手指拨球。远距离传球时，要加大蹬地跨步、伸上臂的力量。

②双手头上传球：具有出手点高的优点，如抢篮板球的一传、外围队员的转移球等。

动作要领：双手持球于头上，双手手指朝上、两肘微屈。传球时，利用前臂前摆，手腕内旋并前屈，手指拨球将球传出。远距离传球时可增加蹬地、跨步和腰腹的力量。

③双手低手传球：这是一种近距离的传球方法，可以利用跨步、转身挡住防守者的移动路线，常用于策应、掩护配合中。

动作要领：五指自然分开，掌心空出，两手掌心向上，持球的侧下方。传球时将球置于腰腹前，传球时手腕外旋，用中指、无名指拨球，柔和地将球传出。

④单手胸前传球：这是一个近距离的传球方法，具有快速、灵活、隐蔽等特点，便于和运球突破结合运用。

动作要领：双手持球于胸前，右手传球时，双手将球引至右肩前方，右手腕稍向后仰，手心向前，左手扶球的侧下部。出球时，右臂短促前伸，手腕急促前屈，用食指、中指、无名指拨球，将球传出。

⑤单手肩上传球：这是一种常用于中远距离的传球方法，传球时力量大、球飞行速度快，在抢到后场篮板球发动长传快攻时运用。

动作要领：双手持球于胸前，两脚平行开立，右手传球时，左脚向传球方向跨出半步，右手将球引到右肩侧上方，右肩外展，肘部高于肩部，左肩对着传球方向，重心在右脚上，传球时，右脚蹬地发力同时转体带动上臂，前臂迅速挥摆，手腕前屈，食指、中指、无名指用力拨球将球传出。

⑥单手体侧传球：这是一种近距离隐蔽传球的方法，外围队员传球给内线同伴时常用这种方法。与跨步、突破等假动作结合运用效果较好。

动作要领：以右手传球为例，两脚开立，两腿弯曲，双手持球于胸前。传球时，右手持球后引，经体侧向前做弧形摆动，手腕前屈，用食指、中指的力量拨球，将球传出。

⑦单手背后传球：这种传球法在快攻结束时或突破分球时使用较多，具有一定的隐蔽性。

动作要领：以右手传球为例，双手持球于胸前，侧对接球队员。传球时，左脚向前迈出一步，双手持球右摆，当球摆至身体右后侧，左手离开球，右手引球继续沿髋关节向后绕，当前臂摆到背后时，右手腕向传球方向急促前屈，食指、中指用力拨球将球传出。

⑧反弹传球：这是一种常用的近距离隐蔽传球方法。是小个儿队员对付高大防守者的有效传球手段。可用单手胸前、单体侧、单手背后等方法反弹传球给同伴。

动作要领：所有动作用力方法与各种传球相似，但是要掌握好传球的击地点，一般在传球人距离接球人三分之二的地方，传球时向前下方用力，球弹起的高度一般在接球人的腹部为宜。

（2）接球技术

①双手接胸部高度的球

动作要领：两眼注视来球方向，两臂伸出迎球，手指自然分开，拇指相对呈“八”字形。两手呈半球状。当手指触球瞬间，两臂迅速随球后引，以缓冲来球的力量，两手握球于胸腹之间，保持身体的平衡，做好传球或投篮或突破的准备。

②双手接头部高度的球

动作方法和双手接胸部高度的球相同，只是迎球时臂要向上方伸出。

③双手接低于腰部的球

动作要领：接球时屈膝降低重心，一脚向来球方向迈出，上体前倾，眼睛注视来球，双手伸出迎球。当手指触球后，两臂随来球后引，握球于胸腹之间，呈基本站立姿势，以利转换其他进攻动作。

④双手接反弹球

动作要领：接球时，迎球跨步，上体前倾，眼睛注视来球反弹的高度，两臂迎球向前下方伸出，两手五指自然分开呈半球状，手指触球后，两手握球，顺势将球移至胸腹间，保持身体平衡。

2. 投篮

篮球运动攻守矛盾的焦点是投篮。进攻的目的是为了投篮得分，防守的目的是为了阻止对方投篮得分，一场比赛的胜负由投篮得分多少决定。因此，一切攻守技术和战术都是以投篮为中心，创造更好的投篮机会。

如何提高得分能力就要提高投篮命中率，同时还要力求增加投篮次数。这两者是质和量的关系，是相辅相成的，增加投篮次数的方法加快进攻节奏，缩短配合时间，精简配合组织。提高投篮命中率方法包括加强投篮的训练、掌握正确的投篮动作和善于在比赛中合理地运用投篮技术和创造更好的投篮机会。

投篮技术分为原地投篮、行进间投篮和跳起投篮三种。投篮主要动作：原地双手胸前投篮；原地双手头上投篮；原地单手肩上投篮；行进间单手肩上投篮；行进间单、双手低手投篮；反手投篮；勾手投篮；跳起单手肩上投篮；跳起双手头上投篮；扣篮等。

（1）投篮技术

投篮技术的动作方法较多，依据其技术特征，投篮技术的动作方法可分为原地投篮、行进间投篮、跳起投篮和扣篮。

①原地投篮

原地投篮是基本的投篮方法，是其他投篮技术动作的基础。原地投篮的特点是稳定性强，容易保持身体平衡，便于全身协调用力。一般在中远距离投篮和罚球时运用。

②双手胸前投篮

它是较早采用的投篮方法。优点是持球稳定性强，投篮力量大，距离远，突然性强，便于和突破、传球技术结合。缺点是投篮出手点较低，防守容易干扰。比赛中女运动员运用较多。

动作要领：双手持球于胸前，两脚前后或左右开立，两腿微屈，两眼注视球篮，肘关节自然下垂。投篮时，两脚用力蹬地，腰腹伸展，两臂向前上方伸出，手腕同时外翻，拇指下压，使球通过拇指、中指、食指的指端投出。球出手后，身体随投篮方向自然伸展。

③单手肩上投篮

它是篮球比赛中运用较多的一种投篮方式，是行进间和跳起投篮的基础。具有出手点高、突然性强的特点，便于和其他技术动作相结合，适用于不同位置和距离的投篮。

动作要领（以右手投篮为例）：右手的五指自然分开，指根以上部位持球，手腕后屈，左手扶球一侧。右臂屈肘，肘关节自然下垂，置球于右肩前上方，两脚左右开立，两膝微屈，重心落在两脚上。投篮时，下肢蹬地发力，右臂向前上方伸直，手腕前屈，食指、中指用力拨球，通过指端将球投出。球出手的同时，身体随投篮动作向上伸展，脚跟微提起（图 9－1－2）。

图 9－1－2 单手肩上投篮

④行进间单手投篮

行进间投篮是在跑动中接球或运球接近球篮时采用的投篮方法。多在快攻或切入篮下后采用。行进间单手投篮。它是比赛中跑至篮下近距离时所采用的投篮方法。

动作要领（以右手投篮为例）：跑动中右脚跨步时接球，左脚跨步迅速蹬地起跳，右腿屈膝上抬，同时举球至右肩上，腾空后当身体接近最高点时，右臂向前上方伸出，手腕前翻，食指、中指拨球，通过指端将球投出（图 9－1－3）。

图 9－1－3 行进间单手投篮

⑤行进间单手低手投篮

它是在切入篮下时常用的投篮方法。其特点是出球稳定性好，出手速度快，伸展距离远。目前有些运动员在比赛中采用一步（跨步）低手投篮的技术。

动作要领（以右手投篮为例）：右脚向前跨一大步同时接球，左脚接着跨步并用力向前上方起跳，右腿抬起，同时双手向前上方举球，右手心朝上托球下部。投篮时，借助身体上升的惯性，手臂向前上方伸展，手腕上挑，使球由食指、中指指端柔和地投出（图 9－1－4）。

图 9－1－4　行进间单手低手投篮

⑥行进间反手投篮

它是多在沿球场端线运球超越篮下时运用的一种投篮方法。

动作要领（以右手投篮为例）：右脚跨出一大步的同时接球，左脚跨一小步并且制动蹬地向上起跳，身体呈反弓形，控制向前的冲力。起跳后抬头，目视球篮，两手向上举球，当球举过头部时，左手离球，右手托球向球篮方向伸直，手腕屈，食指、中指拨球，通过指端将球投出。

⑦原地跳起单手肩上投篮

动作要领（以右手投篮为例）：双手持球于胸前，两脚左右开立，两膝微屈，重心落在两脚之间，起跳时，迅速屈膝，脚掌用力蹬地向上跳起，双手举球至肩上，右手持球，左手扶球的左侧，当身体接近最高点时，左手离球，右臂向前上方伸直，手腕屈，食指、中指拨球，通过指端将球投出。落地时，屈膝缓冲。

⑧运球急停跳起投篮

它是一种实用性较强的投篮方法。常用于快攻结束时和阵地战进攻中。

动作要领：在快速运球中，采用一步或两步急停接球，两膝微屈，重心快速移动到两脚之间，迅速蹬地向上起跳，同时双手举球，当身体接近最高点时，右臂向前上方伸展，手腕前屈，食指、中指拨球，通过指端将球投出。

⑨接球急停跳起投篮

它是在移动中接球急停，与防守队员形成错位或防守者稍有迟疑时，可突然起跳投篮，若与持球突破结合运用效果更好。

动作要领：在移动中用跨步或跳步接球急停，两膝微屈，重心下降快速蹬地起跳，同时举球至肩上，当身体接近最高点时，右臂向前上方伸展，手腕前屈，食指、中指拨球，将球投出。

⑩转身跳起投篮

它主要用于内线队员背向或侧向球篮接球后进行攻击的手段。

动作要领（以右手投篮为例）：背向或侧向球篮接球后，用左（右）脚为轴做前（后）转向面对球篮，两脚迅速蹬地向上起跳，同时两手持球上举，当身体接近最高点时，右臂向前上方伸直，手腕前屈，食指、中指用力拨球，通过指端将球投出。

3．运球与持球突破

持球队员在原地或移动中，用单手连续拍按借助地面反弹起来的球的技术叫运球。

运球包括原地运球和移动中运球。运球不仅是进攻队员摆脱防守创造传球、突破、投篮得分机会的桥梁，也是进攻队员发动快攻、组织与调整战术配合、瓦解防守阵形的重要手段。熟练的运球技术，是队员控制球、支配球能力的一种体现。篮球运动的不断发展，也促进了运球技术的不断提高，由于攻击性防守的出现，运球队员为了更好地控制球、支配球，采用以肩为轴、上臂发力、前臂迎送球的动作幅度加大、手贴球时间延长的侧身运球来对付攻击性防守，更好地保护球，以便和其他技术动作有效衔接。

（1）运球技术的动作方法

①原地高运球

动作要领：两脚前后开立，两膝微屈，运球的手臂自然弯曲，以肘关节为轴，随球上下摆动。上体稍前倾，目视前方，手按拍球的上方，球的落点在身体的侧前方。

②原地低运球

动作要领：两腿深屈，降低重心，上体前倾，用上体和腿保护球。手短促地用力按拍球，球的反弹高度在膝关节以下，以便更好地控制球和摆脱防守。

③行进间高运球

动作要领：在原地高运球的基础上，跑动中上体前倾，手用力向前下方推按球，球的落点在身体侧前方，使球反弹的高度在胸腹之间，手脚协调配合，使球有节奏地向前运行。这种运球方法身体重心高，速度快，便于观察场上情况。

④行进间运球急停急起

在运球推进时，进攻队员利用速度变化来摆脱防守而采用的一种有效方法。

动作要领：在快速运球遇到防守的堵截时，利用跨步急停动作，右手按拍球的前上方，然后短促有力地按拍球的上方，变为原地低运球；急起时，身体重心迅速前移，后脚用力蹬地跨出，同时右手按拍球的后上方，运球前进。

⑤行进间体前换手变向运球

在快速运球中遇到对手堵截时，突然向左或向右改变运球方向，借以摆脱防守的一种运球方法。

动作要领：如果运球队员从对手右侧突破，应先向对手左侧运球，当对手向左侧移动时，运球队员突然向右侧变向，用右手按拍球的右侧上方，同时，右脚向左前方跨出，用肩挡住对手，接着迅速换左手按拍球的后上方，从对手的右侧运球超越防守。

⑥背后运球

对手堵截一侧，距离较近时，运球队员可用背后运球改变方向突破防守。

动作要领：按拍球迅速，将球控制在侧后方。变向时，腕指控制球部位正确，左脚上步及时。

⑦运球转身

当对手逼近，不能采用体前变向突破时，可用此方法突破防守。

动作要领：以右手运球为例，变向时，左脚前跨一步为中枢脚，右手按拍球右侧前方，随着后转身动作，将球拉向身体的后侧方，然后换左手运球，从对手的右侧突破后加速前进。

⑧胯下运球

当对手迎面堵截抢球时，可利用胯下变向运球超越防守。

动作要领：以右手运球为例，胯下变向运球时，左脚在前，右手按拍球的右侧上方，使球从两腿之间穿过，右脚向左前方跨出，换左手运球继续前进。

（2）持球突破

持球突破是运用脚步动作与运球相结合的一项进攻技术。持球突破可分为原地持球突破和接球急停突破两种。步法有同侧步、交叉步、转身三种。突破的技术结构由蹬跨移重心、转体探肩、放球和加速四个环节组成。

持球突破要掌握时机，一种是主动创造机会。如利用假动作诱使对方失去正常防守位置。或者是在接球时利用跳少急停与防守队员错位等。另一种是防守者出现的错误，如上步时过猛或过分逼近、防守位置不正确、判断错误等。比赛中。有时由于战术需要，在同伴配合下，形成一对一的局面时，可以强行突破。

（1）交叉持球突破

以从防守队员左侧突破为例。突破时，用左脚掌内侧向左后方用力蹬地，迅速向防守人左侧跨出一大步，同进弯腰屈膝、上体右转探肩，贴近对手身体，在右脚离地前，用右手立即将球拍至左脚右侧前方，右脚迅速蹬地跨步，加速超过对手（图 9 –1 –5）。

图 9 –1 –5　交叉持球突破

（2）同侧步持球突破

准备姿势与交叉步相同。突破时，右脚向前方跨出一步，向右转体探肩，重心前移，左脚前掌迅速蹬地，向右前方跨出，突破防守（如图 9 - 1 - 6）。

图 9 - 1 - 6 同侧步持球突破

三、防守技术

防守技术分防守无球队员、防守持球（运球队员）两种。包括脚步动作、防守姿势、判断选位、抢位、打球和断球等。当前防守技术的发展提高了防守的攻击性，防守的控制范围扩大。移动速度大大提高，充分运用了手臂动作，提高了抢断和封盖能力。同时，防守的协同意识和判断能力也有很大提高。

（一）抢球、打球、断球动作要领

抢球是从进攻队员手中夺取球的方法。抢球时，首先要判断好时机，在持球队员思想松懈或没有保护好球时，迅速接近对手，以快速敏捷有力的动作，把球抢夺过来。

1. 拉抢：防守队员看准对手的持球空隙部位，迅速用两手抓住球后突然猛拉，将球抢过来。

2. 转抢：防守队员抓住球的同时，迅速利用手臂和两手转动的力量，将球抢过来。为了加大夺球的力量，可以利用转体动作。如果抢球不成功时，应力争与对手形成“争球”。

打球是击落对方手中球的方法。它包括打原地持球队员的球、打运球队员手中的球和打行进间投篮队员手中的球。

1. 打持球队员手中的球：当进攻队员接到球的一刹那而未保护好球时，防守队员突然上步打球。如果进攻队员持球部位较高，一般采用由下而上的方法打球。打球时，掌心向上，用手掌击球的下部。如持球较低，则采用由上而下的方法打球。

2. 打运球队员手中的球：以右手运球为例，当运球队员向前推进时，防守者应在左脚向左滑步抢堵截的同时，看准球从地面弹起的刹那间，突然用左手以短促的动作从侧面将球打出，并及时上前抢球。

3. 打行进间投篮队员手中的球：进攻队员运球上篮时，防守者侧身跟随运球队员，当对方起步上篮跨出第二步举球时，迅速移动到他的左侧前方，用左手从他的胸部向斜下方将球打落。

4. “盖帽”：进攻队员投篮或上篮时，当球刚离手的一刹那，防守队员立即跳起将球打落，称为“盖帽”。

动作要领：“盖帽”前要根据进攻队员的投篮动作和身高、弹跳等特点，降低重心，迅速移动，选择有利位置，准确判断对手的起跳及出球时机；当对手起跳投篮时，立即跟随起跳，身体和手臂充分伸展，当对手举球到最高点或球刚出手的一刹那，迅速而果断地用手腕、手指的力量向侧或向前点拨球，将球打落。打球动作要小而突然，前臂不要下压，以免犯规。

断球是截获对方传球的方法。根据传球方向和防守队员断球前所处的位置，一般分为横断球、纵断球、封断球三种。

1. 横断球：是从侧面跃出截获球的动作。

动作要领：断球时，重心迅速向断球方向移动，以短而快的助跑，单脚或双脚用力蹬地跃出，身体伸展，两臂前伸，用双手或单手将球截获。

2. 纵断球：是从接球队员身后或侧后方突然用绕前步跃出，截获进攻队员的传球。

动作要领：当防守者要从对方右侧绕前断球时，右脚先向侧前方跨出第一步，然后侧身跨左脚绕到对手身前，同时重心前移，双脚用力蹬地向前跃出，将球截获。

3. 封断球：是在封堵持球队员传球时截获球的动作。

动作要领：当持球队员暴露了自己的传球意图或传球动作较大，防守者可在对方球出手的一刹那，突然起动，伸臂封盖或将球截获。

（二）抢篮板球技术

抢进攻篮板球。一般进攻队员是站在防守队员的外侧，处在不利于直接抢篮板球的位置。因此，当本方队员投篮时，既要及时判断球的反弹落点，又要运用快速的脚步移动，配合身体动作，摆脱对手，冲抢篮板球或补篮。拼抢意识要强，合理运用假动作，使摆脱动作突然、有效，具有攻击性。在此基础上，可以有组织地进行集体拼抢，充分发挥集体的智慧和力量。

抢防守篮板球。防守队员首先应明确对手抢到篮板球会给本方构成极大的威胁，所以必须增强拼抢防守篮板球的意识，充分利用靠近篮圈的有利条件，养成“先挡人后抢球”的习惯。内线队员一般采用后转身挡人，并保持最有利的起跳姿势，挡人的目的是延误对手抢位起跳，所以转身的挡人动作完成后，应迅速起跳抢篮板球。同时，外线队员亦可采用前、后转身、滑步等动作堵挡对手冲抢篮板球。

第二节　篮球的基本战术

篮球战术分进攻和防守两部分，由单个配合和整体配合组成。全队完整的攻、守战术配合，必须建立在两三人配合的基础上。有了熟练的单个配合，才能有灵活多变的全队战术。

一、进攻战术的基础配合

篮球进攻战术基础配合是指进攻时两三人之间有组织有目的的协同行动，它包括传切配合、策应配合、突分配合、掩护配合和快攻配合。全队完整的进攻配合必须建立在基础配合之上。熟练地掌握两三人的传切、策应、突分、掩护等基础战术配合及其变化，是提高全队进攻战术配合质量的重要保证。

（一）传切配合

传切配合是进攻队员之间利用传球、切入等技术组成的简单配合。

1. 传切的练习方法

示例1：图9－2－1所示，在④传球给⑤后，立刻摆脱对手向篮下切入，接⑤传来的球投篮。

示例2：图9－2－2所示，在⑤与⑥互相传球之际，④乘对手不备之机，突然空切篮下，接外围同伴的传球，然后投篮。

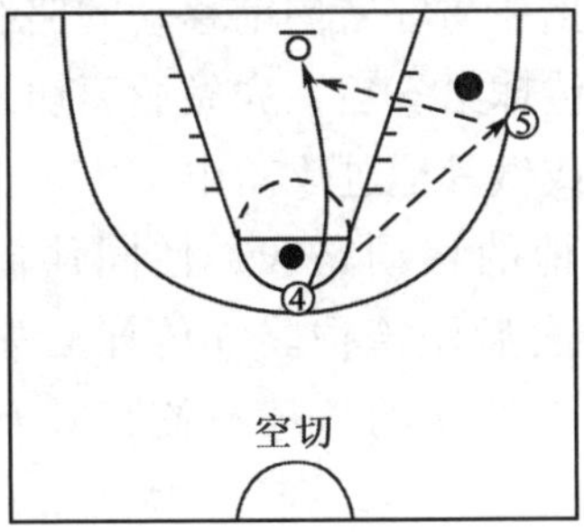

图9－2－1 传切的练习方法

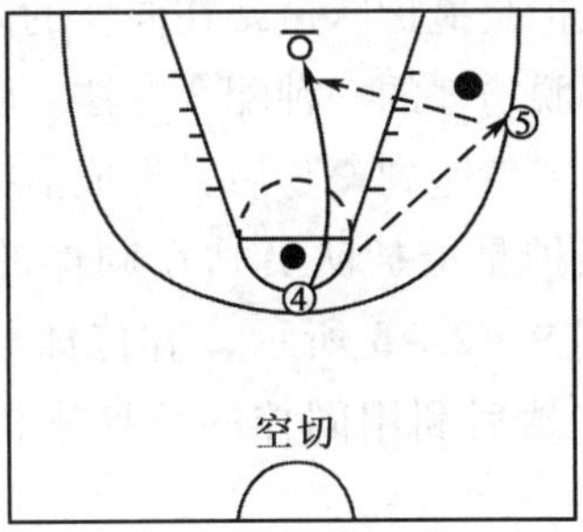

图9－2－2 传切的练习方法

2. 传球配合的要求

切入队员要善于掌握时机，利用假动作或突然加速摆脱防守，持球队员要用瞄篮和突破等假动作吸引防守队员的注意力，当同伴空切篮下时，要及时、准确地运用不同的传球方式，从防守的空隙中，将球传给切入者。

（二）突分配合

持球队员利用突破打乱对方的防守部署，给同伴传球的配合方法。

1. 突分配合的练习方法

示例：图9－2－3所示，⑤突破后，遇到⑦迎上补防，立刻把球传给切入篮下的⑦，⑦接球后投篮或与其他同伴配合。

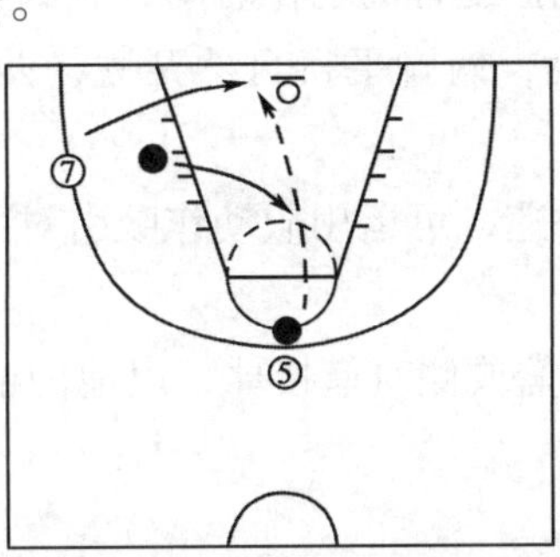

图9－2－3 突分配合的练习方法

2. 突分配合的要求

突破要快，注意保护球，同时随时观察攻守队员的位置变化情况，分球及时准确，接应队员要及时跑位接球。

（三）掩护配合

进攻队员用合理的动作挡住同伴的防守者的移动路线，使同伴借以摆脱防守的一种配合方法。

其形式有前掩护、侧掩护、后掩护，在临场运用时，可根据不同情况进行多种变化，如后掩护、假掩护、连续掩护、双人掩护等，掩护配合可以给有球的同伴做掩护，也可以在无球队员之间进行。

1. 掩护配合的练习方法

前掩护是掩护队员站在同伴的防守者前面，用身体挡住防守者向前移动的路线，使同伴借机摆脱防守的一种配合方法。图9－2－4所示，④传球给⑤后，先做篮下切入的假动作，然后突然跑到●身后，形成前掩护。⑤接球后投篮或做其他进攻动作。

后掩护是掩护队员站在同伴的防守者身后，挡住他的移动路线，使同伴借以摆脱防守。图9－2－5所示，⑤传球给④的同时，⑥到●身后做掩护。⑤传球后先做切入假动作，然后利用同伴的后掩护摆脱防守，切入篮下，接④的传球投篮，⑥及时转身跟进。

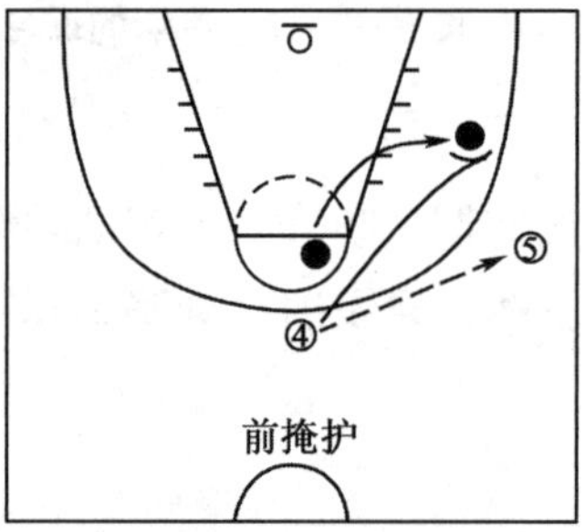

图9－2－4　前掩护

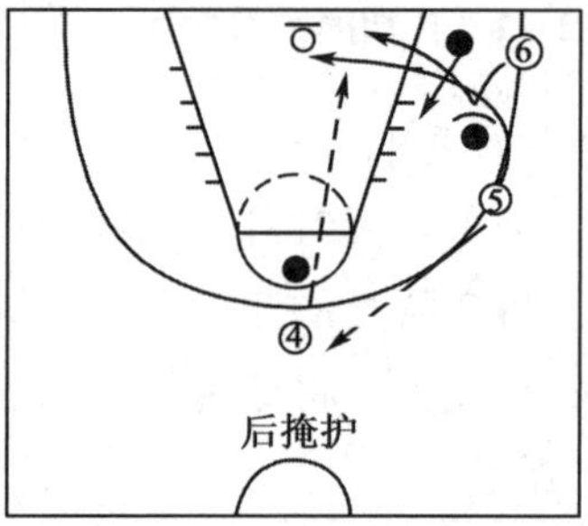

图9－2－5　后掩护

2. 掩护配合的要求

（1）同伴之间必须掌握好掩护配合的动作时间，做到相互默契。

（2）掩护时身体姿势要正确，两脚平行自然开立，两腿微屈，约离对手一个手臂的距离。

（3）掩护时行动要突然、快速，可运用假动作吸引对手，掌握好切入和传球时机。

（四）策应配合

策应配合是指进攻队员背对篮或侧对篮接球，以他为枢纽，与同伴相配合面形成一种里应外合的配合方法。

1. 策应的配合练习方法

示例：图9－2－6所示，⑤传球给④后，利用假动作摆脱防守，上前到外策应位置接④的传球做策应，④传球后摆脱防守，然后接球投篮或突破上篮。

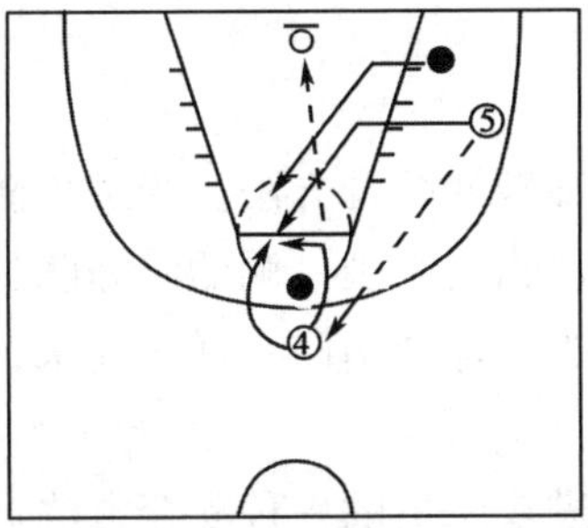

图 9-2-6 策应的配合练习方法

2. 策应配合要求

策应者要及时抢位要球，接球后，两手持球于胸前，两肘外展保护球。策应者如果身材高大，也可把球置于头上，要随时观察场上情况，以便及时把球传给处于最有利位置的同伴，同时注意自己的进攻机会，根据攻防情况，处理好内外结合的关系。在策应时，要用转身、跨步等动作协助同伴摆脱防守或个人进行攻击。配合队员要根据策应者的位置，及时把球传到远离防守的一侧，做到人到球到，并设法摆脱防守，准备接球。配合结束（投篮）后，两人立即跟进抢篮板球。

二、防守基础配合

防守基础配合是两、三个防守队员利用合理的技术、协调的动作破坏进攻的一种方法。

配合方法：防守配合包括挤过、穿过、绕过、交换防守、关门、补位和夹击等配合。

（一）挤过配合

它是破坏掩护配合的方法之一。当对方掩护，防守队员在掩护队员接近自己时，要迅速向前跨出一步，靠近对手，从两个进攻队员之间侧身挤过，继续防守自己的对手。防守掩护的队员应及早提醒同伴并后撤一步，以备补防。

挤过配合的要求：挤过时要贴近进攻队员，上前抢步要快，防守掩护者的队员，要提醒同伴，并选择协防的有利位置，密切注意两个进攻队员的行动，及时做好补防的准备。

（二）穿过配合

它是破坏掩护的一种方法。当进攻队员掩护时，防掩护者的队员及时提醒同伴并主动后撤一步，让同伴及时从自己和掩护队员之间穿过，继续防守自己的对手。

（三）绕过配合

它是破坏掩护的一种方法。当进攻队员掩护时，防掩护者的队员贴近对手，让同伴从自己的身后绕过，继续防守自己的对手。

（四）交换防守配合

它是破坏掩护配合的一种方法。进攻队员利用掩护已经摆脱防守时，防掩护的队员及时发出换防的信号，与同伴互换各自的对手。在适当时候再换防原来的对手。

交换防守配合的要求：交换防守前，一般是由防守掩护者的队员主动提示同伴，换防时，动作要果断、快速。在适当时候再换回来，防守各自原来的对手，以免在个人力量对比上失利。

（五）关门配合

它是两个防守队员协同防守突破的配合方法。当进攻队员运球突破时，防守突破的队员向侧后方移动挡住其移动路线，临近突破一侧的防守队员，应及时快速地向突破队员的前进方向移动，与突破的队员靠拢，像两扇门一样关起来，堵住进攻者的前进路线。

（六）夹击配合

它是两个防守队员防守一个进攻队员的一种配合方法。

夹击配合的要求：当对方运球停止和持球队员处于各个场角时，要果断夹击，并积极挥动手臂，封阻其传球路线，不要盲目抢球、打球，尽量避免不必要的犯规！

（七）补防配合

它是两个防守队员之间的一种协同配合方法。当同伴被突破时，临近的防守队员立即放弃自己的对手，去补防那个威胁最大的进攻者，漏人的防守队员则要及时换防。

补防配合的要求：补防时，动作要快速、果断。其他防守队员要及时换防威胁最大的进攻者。

三、攻防战术的整体配合

（一）快攻与防守快攻

1. 快攻

快攻是由防守转入进攻时，以最快的速度、最短的时间，在人数上造成以多打少的优势，或在人数相等以及人数少于对方的情况下，乘对方立足未稳，果断而合理地进行的一种快速进攻战术。

长传快攻是队员在后场获球后，几个队员在快速跑过程中运用短而快的传接球，迅速推进过中场迫近对方篮下进行攻击的一种配合。

快攻战术的结构分发动与接应、推进、结束三部分。

（1）发动与接应：发动是快攻战术的前提，接应有固定接应和动机接应两种。

（2）推进：是紧接第一传的配合，是快攻的桥梁。

（3）结束：指快攻进行的前场最后完成攻击所运用的配合。

2. 防守快攻

防守快攻是在由攻转防的过程中，队员有组织地运用个人战术行动和几个人之间的协同配合，主动堵截对手，积极抢、断球，破坏其快攻战术，为控制对手进攻的速度，以达到稳定防守、迅速组织起各种不同形式的。

（二）半场人盯人防守与进攻半场人盯人防守

1. 半场盯人防守

半场人盯人防守是在篮球比赛中由进攻转入防守时，全队有组织地迅速退回后场，在半场范围内进行盯人防守的一种全队战术。

基本要求：

（1）防守队应根据双方的身高、位置和技术水平，合理地进行防守分工，尽量与对手力量相当。

（2）由进攻转入防守时，要迅速退回后场，找到自己的对手，积极抢、断球，夹击和补防。

（3）防守有球队员要逼近对手，主动攻击球，积极封盖投篮，干扰传球。

2. 半场人盯人防守战术方法

半场人盯人防守战术方法是根据半场人盯人防守战术的特点，从每个队员的具体实际出发，综合运用传接球、投篮、运球、突破等个人技术动作，及传切、掩护、策应等几个人之间的战术基本配合，所组成的一种全队进攻战术。共分二个阶段：

第一阶段：准备阶段，即推进前场，快速到位做好进攻部署阶段，避免中场停球。

第二阶段：发动阶段，即运用战术

（三）区域联防与进攻区域联防

1. 区域联防

区域联防是指由进攻转入防守时，防守队员退回半场后，各按分工负责防守一定的区域，严密防守进入本区域的球和进攻队员，并与同伴协同防守，形成一定的队形，有机地组成集体防守战术。其特点是：位置较为固定，分工明确，有利于组织抢后场篮板球和发动快攻，但容易在局部区域被对方以多打少。

区域联防的常用形式有："2－1－2""2－3""3－2"等阵容。其战术要求：

（1）根据攻守双方的特点合理布置。一般是把快速灵活且善于抢断队员放在外防区，把身材高大、力量好、补防意识强、可控制篮板球的队员放在内线防区。

（2）5个队员要积极协同配合，以球为主，人球兼顾，有球紧、无球松，整体队形随球的转移而及时调整。

（3）要充分利用"关门"、夹击、补防等防守配合，严防背插、溜底线和突破等攻击性较强的进攻配合。注意保护中锋。

2. 进攻区域联防

进攻区域联防是根据对方防守的队形和本队的特长所采用的进攻配合战术。其常用形式有："1－2－2""1－3－1""2－1－2""2－3"等。其战术要求：

（1）快攻是进攻区域联防的有效方法之一。进攻争取在对方尚未退回后场组织好防守队形之前，积极发动快攻。

（2）进攻队应针对防守队形，采用插空站位的进攻队形。

（3）进攻是要利用各种配合声东击西、内外结合的攻击，借以打乱防守队形，创造投篮机会。

（4）要积极争抢前场篮板球并随时准备退守。

第三节　篮球运动的规则

一、关于场地、器材的线条及尺寸

(一) 场地要求

篮球场地所提到的线条都要用相同颜色画出（建议白色），宽度为5cm，清晰可辨。一块标准场地，图9－3－1所示。

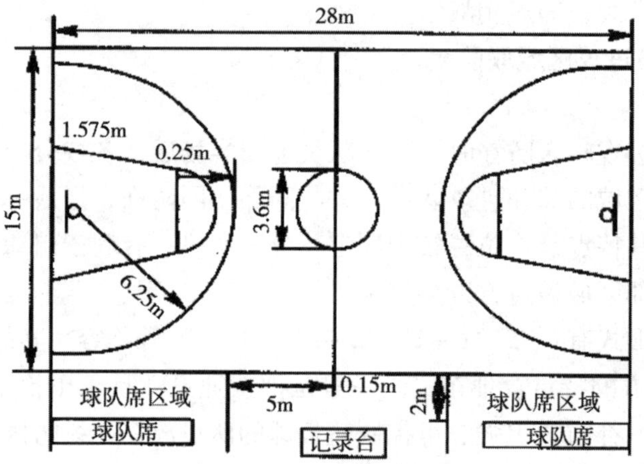

图9－3－1　场地要求

(二) 球的要求

篮球是圆形的，为认可的橙色。按惯例它应有八瓣成型的镶片。外壳是皮革、橡胶或合成物质。充气后，使球从1.80m的高度（从球的底部量起）落到球场的地面上，反弹起来的高度不得低于1.20m，也不得高于1.40m（从球的顶部量起）。球的圆周不得小于74.9cm，不得大于78cm（7号），重量不得少于567g，不得多于650g。

二、工作人员及其职责

裁判员及其助理人员。裁判员包括主裁判员和副裁判员各一名。记录台人员，即记录员、助理记录员、计时员和24秒计时员各一名。裁判员、记录台人员或技术代表都无权同意改变规则。

(一) 裁判员服装

灰色上衣，黑色长裤，黑色篮球鞋和黑色袜子。

(二) 主裁判员的权力

1. 检查和批准在比赛过程中使用的所有器材。
2. 指定正式的比赛计时钟、24s装置、计秒表并确认记录台人员。
3. 不得允许任何队员佩戴对其他队员有危险的物品。

4．在中圈执行跳球，开始每半时、每节或决胜期的比赛。

5．当情况需要时，有权停止比赛。

6．如果球队在得到通知后拒绝比赛，或其行动阻碍比赛的进行，有权判定该队弃权。

7．在2，4 节以及每一决胜期终了，或任何认为有必要时候审查记录表、核定比分。

8．每当有必要或裁判员的意见不一致时做出最终的决定。

9．有权决定这些规则中未明确规定的事项。

三、要登记暂停与替换

（一）暂停

1．每队在前两节中有两次暂停，在后两节中有三次暂停，每一次决胜期中有 1 次暂停。

2．在第 4 节或任一决胜节的最后 2 分钟，在一次投篮成功后比赛计时钟停止时，得分的队不得获得一次要登记的暂停。

3．教练员或助理教练员有权请求暂停。他要亲自到记录台处用双手做出规定的手势，明确地提出“暂停”请求。

4．当裁判员鸣哨并给出暂停手势时，暂停开始。当裁判员鸣哨并招呼球队回到场地时，暂停结束。

（二）替换

1．当球成死球其比赛计时钟停止时，以及当裁判员报告犯规或违例以结束了和记录员的联系时，可以进行替换。

2．当裁判员招呼某替补队员进场时，他即成为队员。当裁判员招呼那名队员的替换者进场时，该队员即成为替补队员。

3．替补队员有权请求替换。他要亲自去记录员处并用手做出专门的常规手势清楚地请求“替换”。

4．一旦替换机会开始，记录员就要发出他的信号，向裁判员表明已提出了替换请求。

四、违例

违例是违犯规则。

（一）运球规则

1．当已获得控制球的队员将球掷、拍或滚在地面上，并在球触及另一队员之前再触及球为运球开始。

2．队员用双手同时触及球或使球在一手或两手中停留的瞬间运球即完毕。

3．队员的手不和球接触时，运球队员的步数不受用限制。

4．投篮。球被对方队员拍击，或传球或漏接。然后球触及了另一队员或被另一队员触及。

5．队员不得掷球打篮板，并在球触及另一队员之前再触及球，裁判认为是投篮则除外。违反本条规则是违例。

（二）3s 规则

1．某队在场上控制球并且比赛计时钟正在走动时，该队队员不得在对方的限制区内停留超过持续的 3s。

2．划定限制区的各线都属于限制区的一部分，队员触及任何一线都算位于限制区内。

3．一名队员为了建立他自己在限制区外的位置，他必须把双脚置于限制区外。

4．对下列情况的队员必须予以默许：试图离开限制区、他在限制区内，当他或在限制区之内或之外的同队队员正在做投篮动作，并球正离手或恰已离手时，他在限制区内已接近 3s 时运球投篮。

（三）24s 违例

任何时候当一名队员在场上获得活球后，该队必须在 24s 之内试图投篮。必须满足下列条件，才构成一次投篮。

1．24s 装置鸣响之前球必须离手。

2．球离手后在 24s 装置鸣响前必须触及篮圈。

如果一个控制球的队在 24s 内未能投篮，应由 24s 装置的鸣响来宣布。

当在 24s，接近结束时投篮，球已经离手在空中飞行时 24s 装置鸣响，如果球进入球篮，此球为投中。

罚则：由对方在违例发生最近处掷界外球。

（四）带球走违例

当持活球的队员用同一脚向任何方向踏出一次或数次，另一脚（称为中枢脚）不离开与地面的接触点时出现了旋转。带球走或带球行进（在场地内）是持球队员一脚或双脚向任一方向移动超出了本条规则所述的限制。

（五）球回后场

1．某队控制前场活球。

2．在他的前场最后触及球，使球回他的后场。

3．然后同队的队员在后场首先触及球。三条缺一不可，如若违反即是回场球违例。

罚则：由非回场的队在其前场掷界外球。

五、犯规

犯规是违反规则的行为，含有与对方队员的身体接触或违反体育道德的举止。对犯规队员要进行登记，随后按规则的有关条款进行处罚。

（一）侵人犯规

1．阻挡：阻止持球或不持球的对方队员行进的非法的身体接触。

2．撞人：持球或不持球的队员推动或移动到对方队员躯干上的身体接触。

3．从背后防守：防守队员从对方队员的背后与其发生的身体接触。即使防守队员正在试图去抢球，从背后与对方队员发生身体接触也是不正当的。

4．拉人：干扰对方队员移动自由而发生的身体接触。这个接触（拉人）可能由身体的任何部位来造成。

5. 非法用手：发生在防守队员处于防守状态时，用手去接触对方队员阻碍其行进。

6. 推人：用身体的任何部位强行移动或试图移动已经或没有控制球的对方队员时发生的身体接触。

7. 非法掩护：试图非法拖延或阻止非控制球的对方队员到达希望到达的场上位置。

罚则：掷界外球、补罚球或两次罚球等情况。

（二）技术犯规

比赛的正当行为要求双方球队的成员（队员、教练员、替补队员和随队人员）与裁判员及其助理人员有完美和真诚的合作。比赛双方均有权做出最大的努力来获得胜利，但胜利的取得必须符合体育道德精神和良好的比赛作风。队员不理裁判员的劝告或运用如下不正当行为的是技术犯规。

1. 在同裁判员、到场的技术代表、记录台人员或对方队员讲话或接触时没有礼貌。

2. 使用很可能引起冒犯或煽动观众的言语或举动。

3. 戏弄对方或在对方眼睛附近摇手妨碍其视觉。

4. 妨碍迅速地掷界外球以延误比赛。

5. 被判犯规后，在裁判员要求举手时不正规地举手。

6. 离开场地去获得不正当的利益。

7. 队员把整个身体的重量悬挂在篮圈上。

8. 显然是无意的和对比赛没有影响的，或属管理性质的技术性违犯不被看作是技术犯规，裁判员提出警告后又重犯。

罚则：队员被判技术犯规后，由对方队员进行一次罚球和骑跨中线的掷界外球。

第十章　足　球

足球运动是以脚支配球为主，两个队在同一场地内进行攻守的体育运动项目。它是世界上最受人们喜爱、开展最广泛、影响最大的体育运动项目，被誉为“世界第一运动”。有些国家将足球定为“国球”。一场精彩的足球比赛，吸引着成千上万的观众和数以亿计的电视观众，成为电视节目中的重要内容，有关足球消息的报道，占据了世界上各种报刊的篇幅。当今足球运动已成为人们生活中不可缺少的组成部分。

第一节　足球的基本技术

足球技术，就是指运动员在足球比赛中所采用的合理行动和动作方法的总称。它在比赛中有着特殊的地位，是完成战术配合、决定战术效果的前提和保证。

一、踢球

踢球是指运动员有目的地用脚把球踢向预定目标的技术。踢球是足球技术中最重要的技术，在比赛中运用得最多。踢球主要用于传球和射门。

1. 踢球技术动作过程

踢球的方法很多，动作要领也有所不同，但是每一种踢球方法都是由助跑、支撑脚的站位、踢球腿的摆动、脚触球和踢球后的随前动作五个环节组成。

（1）助跑：助跑是指踢球前的几步跑动。它的作用在于调整人与球的方向、距离，以便在踢球时使支撑脚能够处于所需要的正确位置，从而增加击球的力量。助跑最后一步要大一些，这为踢球腿的充分摆动增大摆腿速度、制动身体的前冲和提高击球的准确性创造了条件。助跑分为直线助跑和斜线助跑。助跑的方向和击球的方向相同叫直线助跑，助跑的方向和击球的方向成交叉叫斜线助跑。

（2）支撑脚站位：支撑脚的位置以踢球腿的摆动能达到最大的摆幅、发挥最大的速度和有利于踢球脚准确地接触球的合适部位为原则。支撑脚的位置一般是由所使用的踢球方法（脚法）来决定。凡采用的踢法需要踩在球的侧方的，一般距离球 10 ~ 15 厘米；凡采用的踢法需要踩在球的侧后方的，一般距离球 25 ~ 30 厘米。踢活动球时，更要掌握好支撑脚的位置。因支撑脚落地时球仍在继续运行之中，要把踢球腿后摆的时间计算在内。如追踢向前滚动的球时，支撑脚落地的位置要稍靠前，这样才能与球保持合适的距离。支撑脚要积极踏地以制动身体的前冲力量，膝关节要微屈，以维持身体的平衡和保证充分地摆腿和自如地踢球。因此，支撑脚实际上起着固定支点的作用。

（3）踢球腿的摆动：击球力量的大小由多方面因素决定，而主要取决于踢球腿的摆动。它是踢球力量的主要来源。摆幅大，摆速快，踢出去的球力量就大，球的运行速度就快，运行距离就远。因此，踢球腿的摆动动作是否正确，直接关系到踢球的力量、击出球的速度和球的运行距离。踢球腿的摆动是在支撑脚跨步时（助跑最后一步）顺势向后摆起的。在支撑脚着地的同时以髋关节为轴，大腿带动小腿由后向前摆。当膝关节摆到接近球的垂直上方的刹那间，小腿加速前摆击球。

（4）脚触球：包括踢球脚的部位和击球的部位。一般来说，用脚的某一部位击球的后中部，作用力通过球心，出球平直。当踢各种活动来球时，应准确判断来球的速度、方向，根据出球目标，合理选择踢球脚以及脚与球的部位。

（5）踢球后的随前动作：踢球后随着腿的前摆和送髋，使身体重心向前移动，这样既易于控制出球方向和加大踢球力量，又能缓和因踢球腿急速前摆而产生的前冲惯性，以维持身体的平衡。踢球后的随前动作还便于与下一个动作衔接。

在上述五个环节中，支撑脚的站位、踢球腿的摆动、脚触球是主要的因素。

2. 踢球技术动作要领

踢球的方法很多，但主要有脚内侧踢球、脚背正面踢球、脚背内侧踢球、脚背外侧踢球，还有脚尖踢球和脚跟踢球（图 10－1－1）。

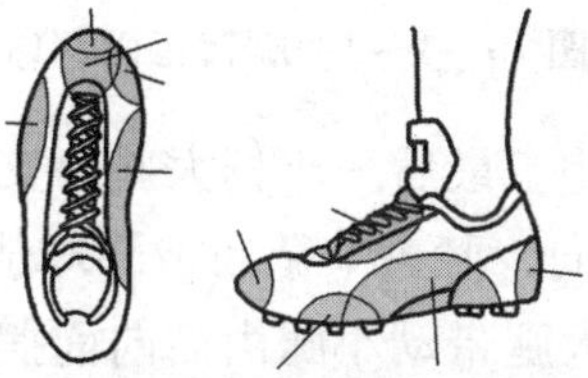

图 10－1－1 踢球的重要部位

（1）脚内侧踢球（又称脚弓踢球）：它是脚内侧部位（舟骨部位）踢球的一种方法。其特点是脚与球接触面积大，出球准确，且易于掌握。脚内侧踢定位球：直线助跑，支撑脚的最后一步稍大些，支撑脚站在球的侧面约 15 厘米处，脚尖正对出球方向，支撑腿膝关节微屈。在支撑脚着地时，踢球腿大腿带动小腿由后向前摆动，在前摆的过程中大腿外展，当膝关节的摆动接近球的正上方时小腿做爆发式摆动，在触球前脚跟送出使得脚内侧部位所形成的平面与出球方向垂直，踢球脚脚底与地面平行，脚尖微微翘起，踝关节功能性地紧张使脚型固定，触球后身体跟随移动，髋关节向前送（图 10－1－2）。

图 10－1－2 脚内侧踢球

（2）脚背正面踢球（又称正脚背踢球）：脚背正面踢球由于其解剖特点，摆幅相对较大加之用脚背踢球接触面相对较大，因而踢球力量也大，准确性也较强。但受以上因素影响，出球的方向及性质相对变化也较小。在比赛中经常使用脚背正面踢球。球的性质多为不旋转的直线球（图 10－1－3）。

图 10－1－3　脚背正面踢球

脚背正面踢定位球：直线助跑，最后一步稍大些，支撑脚积极着地支撑，在球的侧面 10～12 厘米处，脚尖正对出球方向，膝关节微屈，踢球腿随跑动向后摆动，小腿屈曲，支撑的同时踢球腿以髋关节为轴，大腿带动小腿由后向前摆动。当膝关节的摆动接近球的正上方时，小腿做爆发式摆动，脚趾屈，以脚背正面部位击球的后中部。击球后身体及踢球腿随球前移

（3）脚背内侧踢球（又称内脚背踢球）：它是指用脚背内侧部位（内侧几个跖骨的背面）接触球的一种方法（图 10－1－4）。

图 10－1－4　脚背内侧踢球

①脚背内侧踢定位球：斜线助跑，助跑方向与出球方向约成 45°，最后一步稍大，以支撑脚底积极着地，脚尖指向出球方向，距球内侧后方约 20～25 厘米，膝关节微屈。在支撑同时，踢球腿以完成后摆，并开始以髋关节为轴大腿带动小腿由后向前摆动，当大腿

摆至与支撑腿接近同一平面时，小腿做爆发式摆动，此时脚尖外转、脚背绷直，以脚背内侧部位触击球。击球后踢球腿及身体继续随球向前。

②脚背内侧踢各种方向来的地滚球：根据来球速度、运行轨迹，选好击球时的位置并及时移动到位。在选择支撑点时应考虑到来球的情况和摆腿的速度，以保证脚触球的瞬间，球与脚的相对位置仍能保持规格要求。

（4）脚背外侧踢球（又称外脚背踢球）：脚背外侧踢球是用第三、四、五跖骨部位接触球的一种方法。由于踢这种球的脚踝灵活性较大，摆腿方向变化较多，且助跑时又是正常的跑动姿势，故其出球隐蔽性较强（图 10－1－5）。

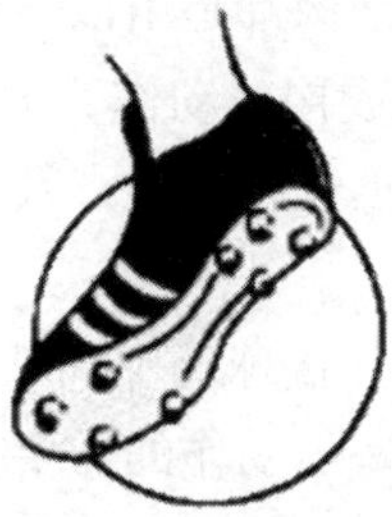

图 10－1－5　脚背外侧踢球

①脚背外侧踢定位球：助跑、支撑脚站位及踢球腿摆动均与脚背正面踢球技术的三个环节相同，脚触球是用脚背外侧部位。此时要求膝关节内转，脚背绷紧，脚趾紧屈并提膝。触球后身体随踢球腿的摆动前移。

②脚背外侧踢地滚球：可用于踢前方、侧前方及正侧方和侧后方来的地滚球。踢球的动作要求与踢定位球相同，但支撑脚的站位时应考虑球的滚动速度，以保证在脚触球的瞬间支撑脚与球的相对位置符合要求。

3．易犯错误

（1）踢定位球

①支撑脚位置偏后，踢球时身体后仰或臀部后坐，脚触球在球的后下部，踢出球偏高。

②踢球腿的后摆较小或没有后摆，而仅是将球踢出以致前摆过分，造成踢球无力或出球偏高。

③在前摆过程中小腿爆发式地摆动过早，使得脚出球时并非是小腿摆速最大时，因而出球无力（对出球方向也有影响）。

④踢球腿摆动方向不正，以致踢球施力方向没通过球的重心，出球旋转。

⑤脚趾屈得不够，以致不能用脚的正确部位触球，出球力量和方向均受到影响，且易损伤脚趾。

⑥踢球脚与球接触时未能按要求接触球的合理部位，影响了出球的准确性，对出球力量及性质也相应产生影响。

（2）踢地滚球

①支撑脚站位不当，没有根据来球的方向、速度等选择支撑脚的位置，也没有对自己踢球腿的摆动速度加以控制。

②没有根据来球的方向和速度合理选择助跑路线和脚法。

二、接球

接球是指运动员有目的地用身体的合理部位把运行中的球接下来，控制在所需要的范围内，以便更好地衔接下一个技术动作。接球是为下一个动作服务的，接球质量的好坏直接影响下一个动作的顺利完成。在比赛中来球的性质、状态不同，所以接球根据不同的情况，采用不同的动作方法。

1. 技术动作结构分析

无论采用哪一种接球方法，动作结构都是由以下四个环节组成。

（1）观察和移动：为了更好地完成接球动作，事先要注意观察来球的情况。从球的运行路线、球的旋转与速度等情况中，迅速判断落点及时移动，使自己能处于做接球动作时所需要的最佳位置。

（2）选择接球的部位和接球方法：接球的不同部位和采用不同的方法，各有其不同的作用，因此，必须根据临场情况及下一步动作的需要，恰当地选择接球的部位与接球的方法。

（3）改变来球的力量：根据来球力量大小和接球实际需要，可分别采取加力或减力（缓冲）方法。根据来球力量的方向和接球实际需要，还可按照反射定律调整入射角，获取理想的反射角。

（4）随球移动：接球动作一做完立即随球移动，紧密衔接下一个动作，在接球与处理球之间不能有停顿。

2. 技术动作要领

接球的方法有很多种，常见的有脚内侧、脚背、大腿、胸部等部位的接球。

（1）脚内侧接球

脚内侧接球是用脚内侧部位接球的一种技术。由于脚触球面积大，动作简单，易于掌握，比赛中经常使用这种技术接各种来球。

①脚内侧接地滚球：支撑脚脚尖正对来球。膝关节微屈，同侧肩正对来球。接球腿提膝大腿外展，脚尖微翘，脚底基本与地面平行，脚内侧正对来球并前迎，当脚内侧与球接触的一刹那迅速后撤，把球接在脚下（图 10－1－6）。

图 10－1－6　脚内侧接地滚球

②脚内侧接空中球：将接球腿抬起，使脚内侧部位对准来球的方向并前迎，脚在接触球的一瞬间后撤，并将球接在所需的位置上（图 10－1－7）。

图 10－1－7 脚内侧接空中球

（2）脚背正面接球

脚背正面接球多用于接有较大抛物线的来球，且非常适合接与球员运动方向一致的来球。

基本技术要点：脚背正面上迎下落的球，接球脚微上翘，当球与脚面接触的瞬间，小腿及接球脚踝关节适度紧张，与球下落的速度同步下撤，将球接到需要的地方（图 10－1－8）。

易犯错误：第一，大腿上抬不够，造成接球缓冲空间过小；第二，接球前，接球腿及踝关节过于放松或紧张以至于失去对球的控制；第三，接球及缓冲下撤时间把握不好。

技术提高：接高空垂直下落的球时，也可以将脚微抬起，脚尖适当上翘，当球接触脚背的瞬间踝关节放松将球接在身体附近。

图 10－1－8 脚背正面接球

（3）大腿接球

大腿接球一般可以用来接抛物线较大的高空球和略高脚的低平球（如图 10－9）。

图 10－1－9　大腿接球

①大腿接抛物线较大的下落球：面对来球方向，根据球的落点迅速移动到位。接球腿抬起，当球与大腿接触的瞬间大腿下撤将球接到需要的位置上。

②大腿接低平球：面对来球方向，根据来球高度，接球腿大腿微屈，送髋前迎来球，当球与大腿接触瞬间收撤大腿，使球落在所需要的位置上。

（4）胸部接球。

由于胸部接球部位较高，加之胸部面积大、肌肉较丰满等特点，易于掌握，故接高球的一种好方法胸部接球包括挺胸式、收胸式两种方法。

①挺胸式接球：面对来球站立（两脚左右或前后开立），两膝微屈，重心置于支撑面内，上体后仰，下颌微收，两臂自然张开维持身体平衡。接触球瞬间，两脚蹬地，膝关节伸直用胸部轻托球的下部使球微微弹起于胸前上方（图 10－1－10）。

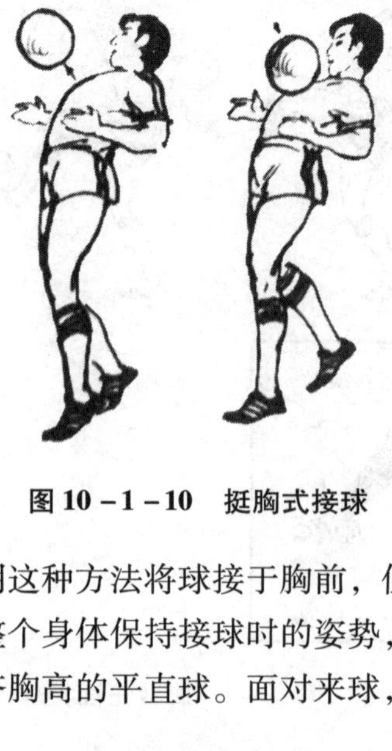

图 10－1－10　挺胸式接球

对于较高的平直球也可采用这种方法将球接于胸前，但触球瞬间膝关节由直变屈，脚由提脚跟状态变全脚掌落地，整个身体保持接球时的姿势，下撤将球接在胸前。

②收胸式接球：多用于接齐胸高的平直球。面对来球，两脚左右或前后开，两臂自然

张开挺胸迎球，触球瞬间收胸、收腹、臀部后移将球接在体前（图 10－1－11）。若将球接在体侧时，则触球瞬间转体将球接在转体后相应的一侧。

图 10－1－11　收胸式接球

三、运球

运球技术从狭义上讲，仅是指运球的方法，即指用身体的某一部分触球，使球能随运球者一起运动；从广义上看，则不仅让球随人运动，还必须越过对方的防守，也就是说如何使用这些运球方法达到越过对方防守的目的。这里就包含了运球方法的运用问题。

1．技术动作过程

运球技术动作通常是由运球方法的选择与准备、跑动中间断触球、为下一动作的连接做好准备三个环节组成。

（1）运球方法的选择与准备这一环节的进行是根据临场情况瞬间做出，而且随时根据需要改变运球方法，所以这一环节仅仅指开始实施运球技术时所应进行的。

（2）跑动中间断触球：这一环节是运球技术的最关键部分，当开始实施运球技术后应根据临场情况的需要使用适宜部位去间断触球，并使球始终处于自己的控制范围内，为了达到这个目的，必须注意如何避开（或超过）对手，注意触球时的力量及球运动的方向。运球跑动要自然、重心低、步幅小、频率快。这些要求是根据比赛实际提出的。协调自然的跑动能使动作自如，变向、变速较易进行。重心低便于突停突起，变换方向，而且不易在对抗中失去平衡。频率快是为了利于动作随时变换，并能随时触到球以保持对球的控制权。运球过程中眼睛不要只注视在球上而应注意到周围情况，这样才能在临场情况发生突然变化时迅速采取措施，并将球控制到所需要的位置上去。

（3）为下一动作的连接做好准备：这里主要是指运球任务已经结束，接着需要传球和射门时球所处的最佳位置以及身体应处于何种状态更有利于下一个动作。这就需要在运球即将结束时迅速做好上述准备，这种准备应是在运球过程中自然协调地进行，从而使得运球与传球（射门）一气呵成。

2．技术动作要领

常用的运球技术有脚内侧、脚背正面、脚背外侧、脚背内侧运球。

（1）脚内侧运球：要求在运球前进时支撑脚始终领先于球，位于球的侧前方，肩部指向运球方向，支撑腿膝关节微屈，重心放在支撑腿上，另一条腿提起屈膝，用脚内侧推球前进，然后运球脚着地（如图 10－1－12）。

图 10－1－12　脚内侧运球

（2）脚背正面运球：运球时身体保持正常跑动姿势，上体稍前倾，步幅不易过大，运球腿提起，膝关节微屈，髋关节前送，脚尖下指，在着地前用脚背正面部位触球后中部将球推送前进。由于脚背正面运球时身体保持正常跑动姿势，故可以发挥出较快的速度，因而这种技术多用于在运球前方一定距离内无对手阻挡时。

（3）脚背外侧运球：运球时身体保持正常跑动姿势，上体稍前倾，步幅不易过大，运球腿提起，膝关节微屈，髋关节前送，脚尖绕矢状轴向内旋转，使脚背外侧正对运球方向，在运球脚落地前用脚背外侧推球的后中部（图 10－1－13）。

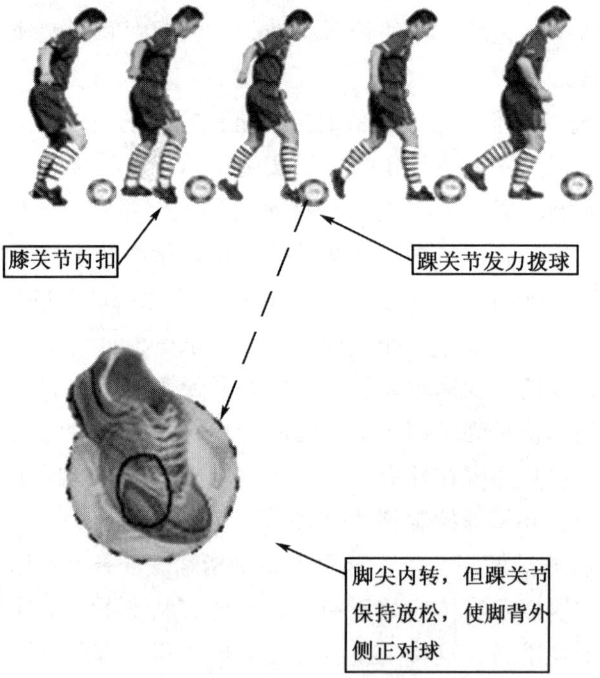

图 10－1－13　脚背外侧运球

（4）脚背内侧运球：身体稍侧转并自然协调放松，步幅小，上体前倾，运球腿提起外展，膝微屈外转，脚尖外转，使脚背内侧正对运球方向，在运球脚落地前用脚背内侧推球，使球随身体前进。

3. 运球过人方法

前面所述仅是运球的基本方法，掌握了这些基本方法后，在无对手阻挡时可以将球控制在自己的周围。但若遇到对手阻挡时要想超越对手的阻挡，必须恰当地综合使用这些方法，抓住对手瞬间出现的漏洞，达到超越对手的目的。

（1）利用速度强行过人：持球者以突然的快速推拨球（力量较大）并与快速的奔跑相结合越过对手的阻挡。使用这种方法必须具备以下几个条件：对手身后的较大纵深内无其他防守者。或其他防守者难以补位，或持球者高速运球。对手跑上来准备抢球，或持球者与防守者僵持时持球者突然推拨球起动。这种方法主要是利用自己的起动速度或抓住对手突停突起、或突然起动时所耽误的时间。

（2）利用身体的掩护强行过人：当持球者接近对手时双方速度减慢，持球者侧身利用身体靠住对手以另一侧脚将球拨出，同时转身将对手倚在身后并随球超越对手。这种方法一是要求持球队员有能力倚住对手而不被对手挤开；二是将球控制在远离对手的一侧，对手伸脚时不能触及球；三是在抵住对手时不可将重心偏离支撑面，否则一旦对手闪开时自己也失去平衡。

（3）利用变速运球过人：对手在持球者侧面，持球者用另一脚运球、利用运球速度的变化达到甩掉对手或越过对手的目的。这种方法主要针对防守者是被动的，容易被运球者甩掉达到过人的目的。有时则采取突停突起甩掉对手，运球者必须能很好地控制球与自己的身体，做到球随人来，人随球走，才能达到过人的目的。

（4）人球分路过人：这种方法主要是利用防守者注意力集中在球上，并认为可以触到球的心理，达到过人的目的。因此当防守者出脚抢球时，运球者抢先将球推到前方，而防守者的抢球脚未触到球着地时，身体重心也转过来了，这时运球者迅速从防守的另一侧越过去控制球，防守者再转身起动很难追上。

4. 易犯错误

（1）眼睛只盯着球，不能随时观察周围情况因而不能根据临场情况及早采取措施。

（2）身体僵硬影响动作的协调自如，造成不恰当的触球，或触球时力量过大。

（3）运球技术运用不合理，造成脚尖捅球。

（4）运球时步幅过大，重心偏高，不能随心所欲地触球控球。

（5）由于触球部位不恰当运球时球不能按照运球者的意图进行。

四、头顶球

头顶球是指运动员有目的地用前额将球击向预定目标的动作。足球比赛中不仅要处理各种各样不同形式和不同性质的地滚球，同时也要处理各种空中球。当遇到胸以下部位不能触及或规则不允许触及的一些球时就要用头球来处理，因为头是人身体最高的一个部位，额骨的前面较为平坦，只要掌握顶球技术球就会有力。现在足球比赛中对时间与空间的争夺异常激烈，头顶球技术的使用不仅使运动员占据空间又能争取时间，所以头顶球是处理高空球的重要手段。

1. 技术动作过程

头顶球技术动作是由移动选位、身体的摆动、头触球、触球后身体的平衡四个环节组成。

（1）移动选位。由于头顶球技术都是用来处理运行的空中球的一种技术，因此要想能够处理好来球，首要条件是对来球的速度、运行轨迹做出正确的判断，选好击球点，并及时到达顶球位置或起跳位置，同时还应考虑到自己的弹跳能力和比赛当时双方的情况，只有充分地估计了这些情况后的选位，才能保证完成顶球动作。

（2）身体的摆动。身体的摆动是由身体的许多部位的肌肉协调用力来完成，其摆动顺序是由下而上，这样才可以使击球部位获得最大的速度。这一环节是顶球力量的主要来源，但球所受力的大小并不完全决定于用力的大下，还将受到头触球环节的准确与否及来球力量的大小等影响。顶出球的方向并非按照垂直碰撞的反射方向顶回，而多与垂直反射方向成一定角度，为了准确地将球击到预定目标，必须在身体摆动时考虑到来球方向与将球顶出方向间的关系，使身体摆动发挥出最大作用。

（3）头触球。这一环节的主要任务是保证顶出球的准确性。它有三层含义：一是用头的哪一部位接触球；二是用头的一定部位接触球的哪一部位。将球顶回，三是与来球方向成一定角度，并将球顶到一定距离的预定目标，因此要主动用力。在头触球时，必须使身体摆动所获得的速度与由接触部位造成的反射方向一致并指向预定目标，有时由于比赛情况无法保证身体摆动所获得的速度与接触部位造成的反射方向一致，则必须使这两个不同的力（或速度）的合力（合速度）方向指向预定目标。

（4）触球后身体的平衡。顶球者在触球后维持身体平衡的主要因素：一是两臂合理摆动，移动；二是落地时屈膝、踝；三是来球的冲力。顶球者应根据不同来球和顶球方法，恰当协调四者关系维持身体平衡。

2. 技术动作要领

头顶球技术分前额正面顶球和前额侧面顶球。

（1）前额正面顶球

这是由额肌覆盖着的额骨正面部分去击球的一种动作方法，由接触部位中前额的阴影部分。

①原地头顶球：身体正对来球方向，眼睛注视运动中的球，两脚左右开立（或前后），膝关节微屈，重心置于两脚间的支持面上，两臂自然张开。当球运行到将垂直于地面的垂线时，两腿用力蹬地，迅速向前摆体，微收下颌，在触球瞬间颈部做爆发式振摆，用前额正面击球中部，上体随球前摆（图 10－1－14）。

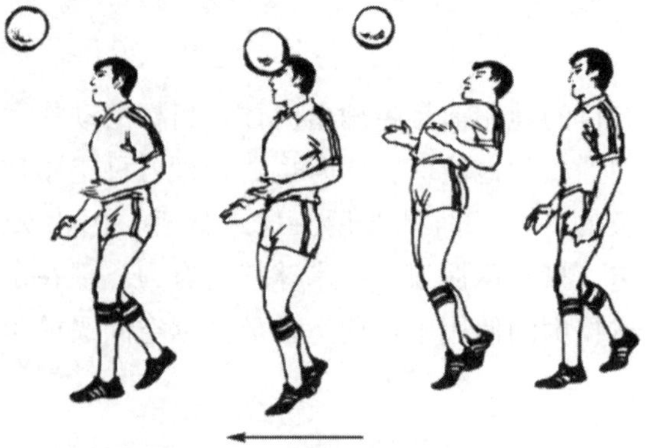

图 10－1－14　前额正面顶球

②跑动中头顶球：顶球的动作要领与原地顶球相同，只是第一环节应正对来球跑动抢点。球顶出后，由于跑动速度较快，为保持身体平衡须随球向前移动。

（2）前额侧面顶球

前额侧面头顶球，跳起后，身体向出球异侧方向屈，展腹挺胸，顶球时上体迅速向出球方向扭摆，同时颈部紧张地摆头（图 10－1－15）。

图 10－1－15 前额侧面顶球

①原地头顶球：根据来球的运行速度、运行轨迹，及时移动到位。两脚前后开立（或左右开立），出球方向的一侧脚在前，重心逐渐过渡到前脚上，眼睛注视来球，前膝微屈，两臂侧前后自然张开，当球运行到体前上方时，前脚掌并适度旋转，上体随着向出球方向扭摆，同时用力向出球方向甩头，以前额侧面击球的后中部。

②跑动中头顶球：与原地额侧头顶球动作要领相同，不同的是此动作是在快速跑动中开始和完成的，注意完成动作后的身体平衡。

3．易犯错误

①由于害怕心理，顶球是闭眼，以致造成错误的部位顶球。

②对运行中球的速度、轨迹判断不准确，因而不能很好地选择顶球的位置与起跳位置，顶不着球。

③掌握不好起跳时机，造成顶不到球，有时虽可顶到球，但也顶球无力。

④身体摆动环节不能协调有力地进行，影响顶球力量。

⑤由于习惯性闭眼或害怕缩颈等使接触球部位不准，影响出球准确性。

⑥跳起顶球时，由于不能很好地控制身体，容易产生不协调的摆动，不仅影响出球的力量，也影响出球的准确性。

五、掷界外球

由于掷界外球时接球人不受越位规则的约束，因此，不仅用于恢复比赛，而且可以为进攻创造有利条件。尤其在前场 30 米内掷界外球将球直接掷到门前，可以给对方造成很大威胁。

1．技术动作过程

（1）掷界外球的动作是一个下端固定的爆发式的平摆运动，需要稳固的支撑。

（2）根据身高和臂长掌握合理的掷出角（不超过45°），它是影响远度的重要因素，一般球出手早掷出角大，反之则小。

（3）球出手速度快则掷得远，这需要力量基础和协调用力能力。

（4）充分利用助跑的初速度有助于将球掷远。

2. 技术动作要领

（1）原地掷界外球

面对出球方向，两脚前后或左右开立，每脚均应有一部分站在边线上或边线外。膝关节弯曲上体后仰呈背弓，重心移到后脚上（左右开立在两脚上），两手自然张开，拇指相对，持球的侧后部，屈肘将球置于头后。掷球时，后脚用力蹬地（或两脚蹬地），两腿迅速伸直，身体重心由后脚移到前脚，收腹屈体，同时两臂急速前摆。当球摆到头上时用力甩腕将球掷入场内。掷球时，后脚可以沿地面向前滑动，两脚均不得离地（图10－1－16）。

图10－1－16　原地掷界外球

（2）助跑掷界外球

两手持球放在胸前，在助跑迈出最后一步时上体后仰呈背弓，同时将球上举至头后，掷球时动作与原地掷界外球动作相同。将球掷出后，后脚可在地面上向前滑行，但不能离地。

3. 易犯错误

（1）掷界外球时动作不符合规则要求，造成犯规。

（2）用力不协调，掷出角不合理而影响出球的远度。

第二节　足球的基本战术

足球战术是比赛中为了战胜对手，根据主、客观的实际所采用的个人和集体配合的手段的综合表现。足球比赛是由攻守矛盾组成的。攻和守不断地转换组成了比赛的全过程。因此，足球战术可分为进攻和防守两大系统。进攻和防守中又分别包含着个人战术和集体战术两类。比赛实践证明，成功地组织战术和巧妙地运用战术是夺取比赛胜利的重要因素。

一、现代足球战术特征

1. 机械分工消失

现代足球比赛，由于全攻全守战术打法的运用与发展，锋、卫职责机械分工已经消失。比赛中队员上下、左右大范围跑位十分频繁，后卫插上助攻直至射门得分，前锋退居门前积极防守的现象已屡见不鲜。当然，队员位置机械分工的消失并不等于比赛场上队员没有位置职责分工。实践证明，全面化的队员仍然首先是本位置的专家，其次是其他位置的能手，根据比赛主客观实际，出色地、创造性地完成本队总体战术赋予他的各项任务。

2．队形与阵形合理组合

比赛队形是指比赛场上队员的位置分布，是球队攻守力量搭配和职责分工的形式。它是战术的一个组成部分，其目的是使每名场上队员在明确基本位置和主要职责的前提下，充分发挥个人的智慧和全队的攻守特点，以克“敌”制胜。队形是阵形在不同比赛场合下更具体、更严谨、更灵活的运用，需要周密组织，随机变化的人员组合。队形是一个队攻守战术效应的重要基础，凡不能保持，攻必乏力，守必漏洞。队形分为整体和局部两大类。如优秀队在比赛中整体队形压扁，一般在 40 米左右，三条线脉络清晰，间距合理。局部地区队形往往是三角形。合理的队形进攻中利于支援，防守中利于保护补位。阵形与队形完美结合的核心要有利于创造和利用时间、空间。

二、接应

1．接应的概念

接应是一种无球的战术行动。它是在局部地区制造以多打少、瓦解对方牢固防守的有效手段，能为本队创造更多进攻点，促进进攻战术的灵活多变。

2．接应的要点

接应持球队员时，要考虑到与持球队员的距离、角度和呼应。

（1）距离

接应的距离与接应时的场区、防守压力有密切的关系。在前场，由于受时间、空间的限制，距离一般在 4 ~ 5 米，可随时提供即刻接应和援助。在中场，由于有较大的空间，距离一般可在 8 ~ 12 米，这一区域通常为攻、守的过渡区，接应队员的位置，对改变攻击方向、打法起到积极作用。在后场，由于对手减少，争抢的压力要少于上述两个区域，故接应者的距离可为 7 ~ 25 米，这样更有利于掌握好进攻面。

（2）角度

接应的角度一般应是靠内，这样会有多方面的好处：①持球队员很容易看到接应者。②持球者可向接应者快速传球、传好球。③传球范围大。④场上视野广，有利于观察和控制场上情况。⑤持球者一旦丢球，便于转换成防守者。

（3）呼应

呼应是接应技巧的组成部分，也是与同伴联系的信号。比赛中呼应用语要简练、洪亮。呼应不仅可为持球者提供信息和技术提示，也可增强同伴的信心和勇气。

3．接应中常见问题及注意事项

（1）常见问题

①无接应：如边路持球队员进攻时进攻队员都向里插入，无人接应持球队员，使持球队员陷入孤军作战。又如，当中间队员持球时，接应队员都想前插突破对手防线接球，因此，易使持球队员被对手逼死，无法向前传球。

②接应队员跑位不合适，使持球队员无法传球。

③与持球队员靠得过近（或过远），接到球后无法向前推进。

④全挤在中路，不能充分拉开，无法利用场地的宽度给防守者制造困难。

⑤接应队员缺乏呼应，致使接应队员插上跑动与持球队员的传球不能达到同步。

（2）注意事项

①接应中应遵守距离、角度原则，但不可过多地用这些原则束缚队员，要允许他们根据比赛场面随机应变，综合运用。

②无球队员要牢记，在持球队员附近至少应有一人接应，而邻近队员对该位置要及时补位，养成接应的观念和习惯。

③接应队员既要有积极向前突破的观念，又要有随时可能变为防守者的想法。

三、紧逼与保护

1. 紧逼的概念

所谓紧逼是指防守队员几乎能触到被防守者，并且能够运用一个动作就可以直接阻碍进攻队员处理球的防守方法。无论个人或集体防守，紧逼都是最主要的方式。

2. 紧逼的距离

紧逼的距离一般离对手1～1.5米为宜。这样既能随时断截对方的传球，又能在对方转身突破时处于领先对手的位置。

3. 保护的概念

保护是指位于抢球队员第一防守者身后的保护队员直接提供增援的防守方法。保护队员所处的位置可封阻进攻一方对守方球门的威胁。他与抢球同伴之间的距离和位置，应根据球、本方球门和攻方队员的具体位置，伺机而变，灵活选择。保护队员的职责主要是处理发生在球周围的各种情况。抢球同伴与对手争夺球的结局，便是保护队员下一步行动的基本依据。

四、局部进攻配合

足球比赛中，全队的进攻战术配合都由若干局部进攻配合所构成。无论多么复杂、精细的全队进攻配合，都必须通过局部进攻配合来完成。所谓局部进攻配合是指在局部区域中，两名或三名队员，通过运球、传球、跑位等配合，突破一名或两名防守队员的方法。局部进攻配合有二人和三人配合。

1. 二人进攻局部配合

比赛中经常采用的二人配合进攻方法有传切配合二过一、踢墙式配合二过一、交叉掩护二过一和回传反切二过一。二过一是足球比赛中最常用、最有效、最简捷的进攻配合方法，不论在球场任何一个区域、任何两名队员都可以采用。在局部区域，二人进攻配合能力的强弱，直接反映了全队进攻配合的质量，也反映了队员的技术水平、战术意识及配合默契的程度。

（1）传切配合二过一

传切配合二过一是两名进攻队员通过一传、一切配合越过一名防守队员的配合方法。①斜传直插二过一（图10－2－1）。②直传斜插二过一（图10－2－2）。

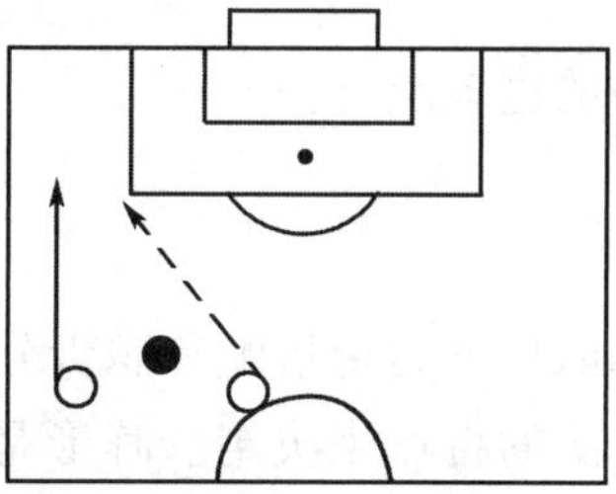

图 10－2－1 斜传直插二过一

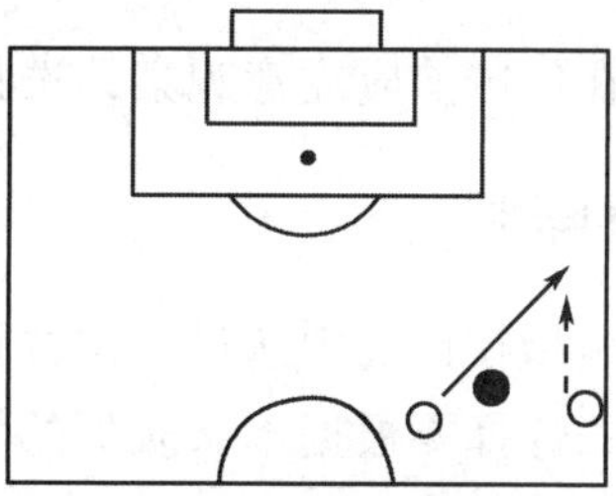

图 10－2－2 直传斜插二过一

斜传直插和直传斜插二过一都只是通过一次传球和穿插就越过一名防守队员。配合十分简捷和实用。在进攻配合时，两名进攻队员要保持适当的距离。控球队员可采用运球或其他动作，诱使防守者上前阻截。插入的队员必须突然、快速起动，但应避免越位。

（2）踢墙式二过一

踢墙式二过一是两名进攻队员通过两次传球越过一名防守队员的配合方法（图 10－2－3）。

①对持球队员的要求

带球逼近防守队员，把防守队员吸引过来，距离 2～3 米处传球。最好传地滚球，力量适度，方向准确。传球后立即快速插入，准备接球。

②对接应队员（即做墙队员）的要求

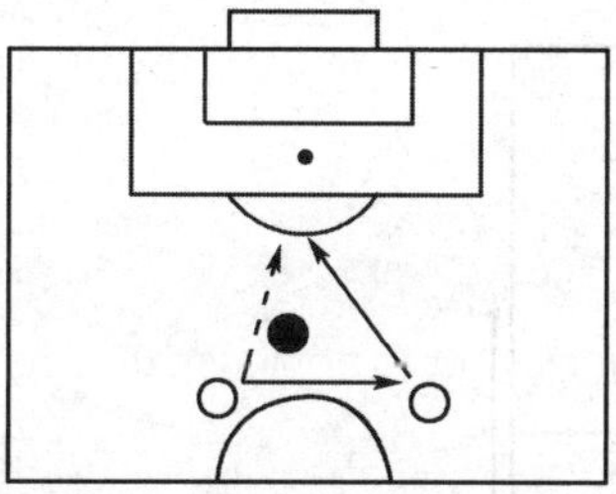

图 10－2－3 踢墙式二过一

图 10－2－4 三人配合

当控球同伴带球逼近防守队员时，接应队员要突然摆脱防守者与持球同伴形成三角形位置，并侧对进攻方向，以利于观察传球。一次触球，力量适当，传球到位，尽量传地滚球。传球后立即跑位，寻找再次进攻配合的有利位置。

2. 三人配合

三人进攻配合，一般指在局部区域由 3 名进攻队员攻击两名防守队员（即 3 对 2）的战术配合方法。它与两人进攻配合相比，具有进攻面广、传球点多、战术变换大的特点，对防守的威胁也较大。因配合是由 3 人组成，复杂性和困难程度比二人配合大，对队员的要求也更高。

连续二过一至少由两组二过一配合组成（图 10－2－4）。

在三人配合时应做到：

①3 名进攻队员的位置基本上呈三角形。两名无球队员不能一起跑向同一点造成位置

重叠。

②控球者在传球前应注意观察，选择最有威胁的进攻配合。

五、比赛阵形

比赛阵形是指在比赛中队员的位置排列，是本队攻守力量搭配和职责分工的形式。

比赛阵形的选择要根据本队队员的特点和与赛队的特点来决定。阵形是比赛战术的一个组成部分。要使每个场上队员在明确基本位置和主要职责的前提下，充分发挥个人的智慧和全队的攻守特点，运用比赛阵形以达到克敌制胜的目的。

阵形的演变

现代足球的比赛阵形是伴随着足球运动的发展而发展的。规则的变化，技术、战术、身体素质诸因素的不断提高，促进了阵形的演变。阵形的演变可归纳为以下几个阶段。

（1）第一阶段（1863—1930 年）

现代足球诞生时的规则规定：凡进攻队员在球的前面就是越位。当时的技术水平低，进攻手段是向前踢球后进行冲击或向前带。为此，设一名防守队员就可以抵挡 9 名进攻队员，即九锋一卫阵形。越位规则的修改有利于进攻和进球，增加防守队员势在必行，相继出现三卫七锋和四卫六锋阵形。攻多守少是这些阵形的共同特点。直到 1884 年在英国诞生攻守人数排列基本平衡的塔式阵形，才改变了攻多守少的状况（图 10－2－5）。塔式阵形在足坛流行了 40 余年，积极地推动了足球运动的发展。

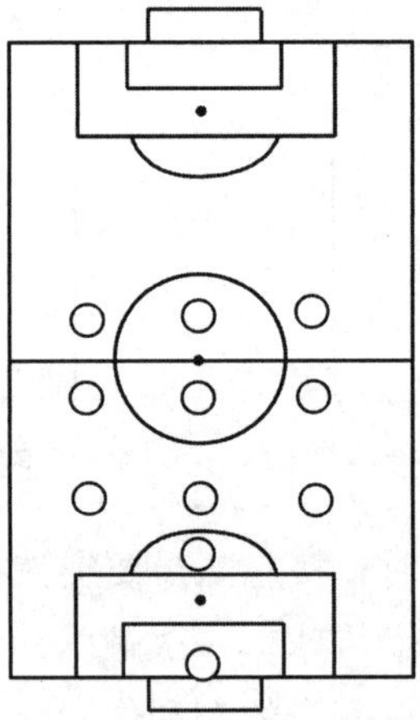

图 10－2－5　九锋一卫阵形

纵观这一长达半个世纪的足球发展，显示出当时的足球水平较低，技术较粗糙，发展提高较慢。

（2）第二阶段（1930—1970 年）

这是现代足球水平提高较快的阶段。阵形变化频繁，发展较快，攻守矛盾尖锐，变革深刻，对世界足球发展影响较大。

①WN 阵形

1925 年国际足联再次修改越位规则，将越位的概念由进攻队员与对方球门线间对方队员不足三人改为不足两人，虽改一字，但对促进足球运动的发展作用很大。1930 年英国契莆曼创造了在足球史上占有重要地位和作用的 WN 阵形（图 10－2－6），其显著特点是攻守人数排列平衡。它对英国人在 20 世纪 50 年代前统治世界足坛起到了重要作用。

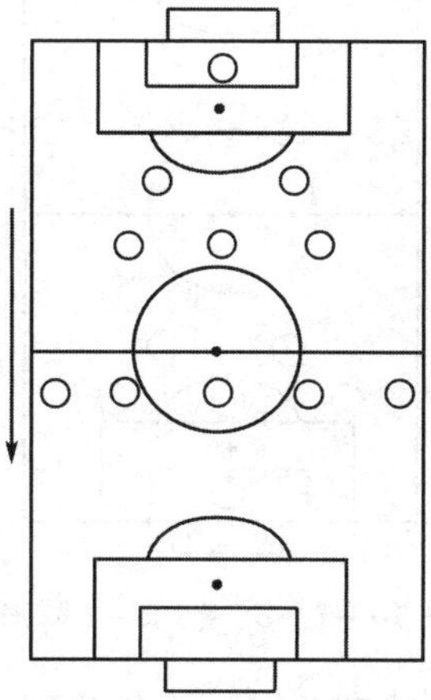

图 10－2－6 WN 阵形

②四前锋、4－2－4、4－3－3 阵形

A. 四前锋阵形

20 世纪 50 年代，匈牙利首创四前锋阵形（图 10－2－7）。这是一个倡导进攻的阵形，它以技术精湛、配合流畅、进攻犀利、打法新颖而一举成名。1953 年和 1954 年匈牙利队以 6:3 和 7:1 大胜英国队；1954 年又获得第五届世界杯亚军，一时四前锋阵形风靡世界。这种敢于进攻和创新的精神为足坛树立了榜样，被誉为足球第一次重大变革。

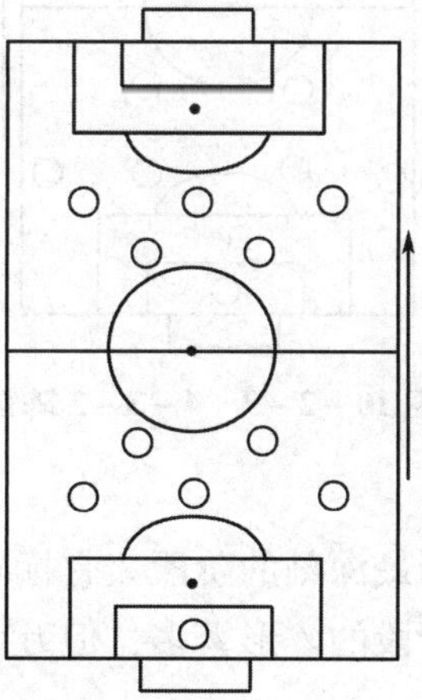

图 10－2－7 四前锋阵形

B. 4－2－4 与 4－3－3 阵形

1958 年巴西队在瑞典举办的第六届世界杯上运用 4－2－4 阵形一举夺魁（图 10－2－8）。4－2－4 阵形也是一个以攻为主攻守平衡的阵形，攻守转换快而顺畅，由于边锋和边后卫协助控制中场而利于夺取比赛主动权。4－2－4 阵形曾在世界足坛广为流行，被誉为足球的第二次重大变革。

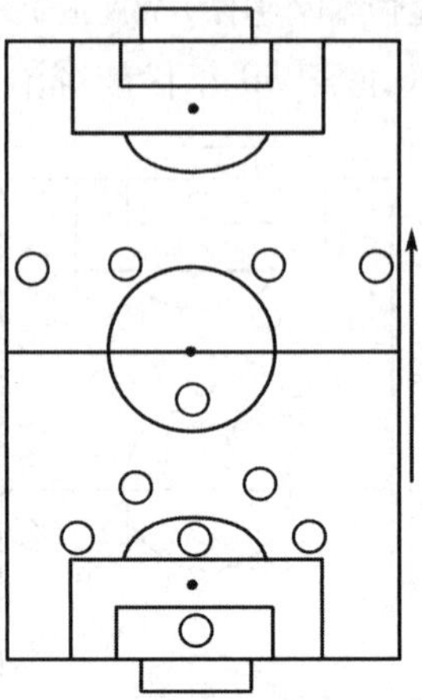

图 10－2－8　4－2－4 阵形

1962 年第七届世界杯上，巴西队在 4－2－4 的基础上推出 4－3－3 阵形（图 10－2－9），创造性地灵活运用扎加洛攻时任左边锋、守时任左边前卫的踢法，既加强了进攻，又增强了中场的防守。巴西队蝉联了世界杯冠军。

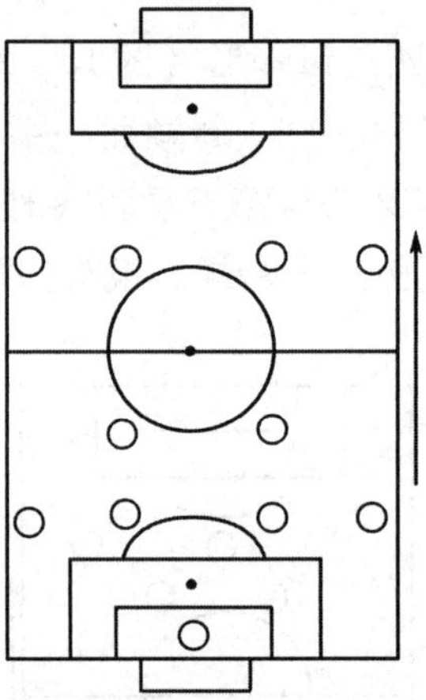

图 10－2－9　4－3－3 阵形

（3）第三阶段（1970—至今）

这是现代足球发展最快、变革最深刻的阶段。它标志着足球机械分工的结束，进入了全面化与多职能的足球时代。这阶段的阵形繁多，但万变不离其宗，都是围绕着全攻全守的主线在变化，并向纵深发展。

①1－3－3－3 阵形

1974 年第十届世界杯上，以荷兰与联邦德国为代表，首创了崭新的全攻全守踢法 1－3－3－3 阵形（如图 10－2－10）。这种踢法要求运动员能攻善守，首先是本位置的专家；其次是其他位置的能手队员的活动范围大，职能增多，不仅对运动员的个人技术、战术意识和身体素质提出了全面的要求，还对全队的整体攻防一体化要求更高，这被誉为足球的第三次重大变革。

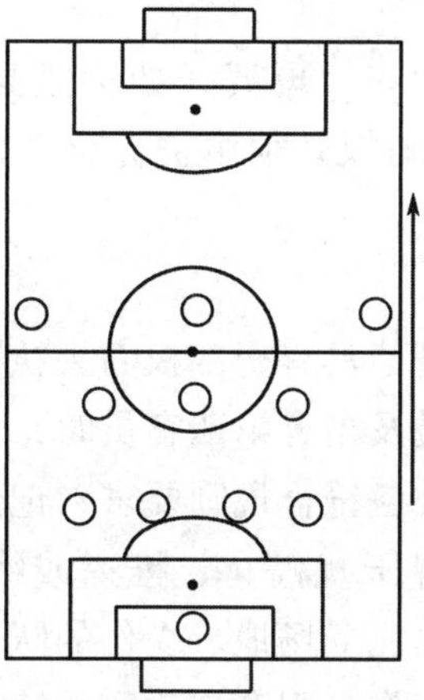

图 10-2-10 1-3-3-3 阵形

②3-5-2 与 5-3-2 等其他阵形

3-5-2 与 5-3-2 阵形。这是 20 世纪 80 年代出现在欧洲锦标赛和第十三届世界杯上的阵形。实践证明：夺取中场优势是获得比赛主动权的关键，用四名后卫对付普遍采用两名前锋打法的战术是人力的浪费。进攻时，边后卫进入中场以夺取中场优势和主动，并伺机插上进攻防守时，在中场阻击和瓦解对方的进攻，对方进攻向两边纵深推进时，边后卫势必后撤防守。此时，3-5-2 阵形变成 5-3-2 或 4-4-2 阵形。因此，3-5-2 与 5-3-2 阵形实际上是根据攻守的需要，队员在场上位置布局的变化。

第三节 足球运动的规则

一、足球竞赛规则

现代足球竞赛规则产生于 1863 年 10 月 26 日，当时规则只有 14 条，经过 100 多年的实践，不断完善，目前已发展到 17 章。

1. 比赛场地

球场边线长度不得多于 120 米或少于 90 米，球门线的长度不得多于 90 米或少于 45 米，在任何情况下，球场边线的长度必须大于球门线的长度。国际足联规定世界杯决赛场地为长 105 米、宽 68 米。

2. 球

圆形，用皮革或其他适当材料制成的；球圆周不长于 70 厘米、不短于 68 厘米；450 克、不少于 410 克；压力在海平面上等于 0.6~1.1 个大气压（600~1100 平方厘米）。

3. 队员人数

一场比赛应有两队参加，每对上场队员不得多于 11 名，其中必须有一名守门员。如果任何一队少于7人则比赛不能开始。

4. 队员装备

队员必需的基本装备：运动上衣、短裤（如穿紧身内裤，必须与短裤的主色同一颜色）、护袜、护腿板、足球鞋。护腿板必须由护袜全部包住。每名守门员的服装必须有别于其他队员、裁判员和助理裁判员。

5. 裁判员

每场比赛由一名裁判员控制，他具有全部权力去执行与比赛有关的竞赛规则。

执行竞赛规则：与助理裁判员及当有第四官员时，和他们一起控制比赛，确保任何比赛用球符合规则要求；确保队员装备符合规则要求；记录比赛时间和比赛成绩；因违反规则停止、推迟或终止比赛；因外界干扰停止、推迟或终止比赛；如果他认为队员受伤严重，则停止比赛，并确保将其移出比赛场地。受伤的队员只有在比赛重新开始后才能重返比赛场地；如果他认为队员只受轻伤，则允许比赛继续进行直到成死球；确保队员因受伤流血时离开比赛场地，该队员经护理后流血停止，在得到裁判员信号后方可重回场地；当一个队被犯规而根据“有利”条款能获利时，则允许比赛继续进行。如果预期的“有利”在那一刻没有接着发生，则判罚最初的犯规；当队员同时出现一种以上的犯规时，则对较严重的犯规进行处罚，裁判员不必立即向可以被警告和罚令出场的队员进行处罚，但当比赛成死球时必须这样做；向对自己行为不负责任的球队官员进行处罚，并可酌情将其驱逐出比赛场地及周围地区；对于自己未看到的情况，可根据助理裁判员的意见进行判罚；确保未经批准的人员不得进入比赛场地；比赛停止后重新开始比赛；将在赛前、赛中或赛后向球队官员进行的纪律处分及其他事件的情况用比赛报告提交有关部门。

6. 助理裁判员

（1）每场比赛应委派两名助理裁判员，（由裁判员决定）应为示意：当球的整体越出比赛场地时，应由哪一队踢角球、球门球或掷界外球；可以判罚处于越位位置的队员时；当要求替换队员时；当发生裁判员视线外的不正当行为或任何其他事件时；无论何时，当犯规发生时助理裁判员比裁判员更接近犯规地点；当踢点球时，在球被踢之前守门员是否向前移动以及球踢出后是否进门。

（2）助理裁判员还应依据竞赛规则协助裁判员控制比赛。在特殊情况下，助理裁判员可以进入场内协助裁判员控制好9.15米的距离。

7. 比赛时间

（1）比赛分为两个半场，每半场45分钟。特殊情况经裁判员和双方同意另定除外。任何改变比赛时间的协议（如因光线不足每半场减少到40分钟）必须在比赛开始前制定，并要符合竞赛规程。

（2）中场休息不得超过15分钟，只有经裁判员同意方可改变中场休息时间。

（3）在每半场比赛中损失的所有时间应予补足。

8. 越位

（1）队员处于越位位置本身并不犯规。队员处于越位位置：队员较球和最后第二名对方队员更接近于对方球门线。队员不处于越位位置：他在本方半场；他齐平于最后第二名对方队员；他齐平于最后两名对方队员。

（2）处于越位位置的队员，在同队队员踢或触及球的一瞬间，裁判员认为其就下列情况而言“卷入”了现实比赛中时才被判为越位犯规：

①干扰比赛。

②干扰对方队员。

③利用越位位置获得利益。

（3）如果队员直接从下列情况下接到球，则没有越位犯规：

①球门球。

②掷界外球。

③角球。

（4）对于任何越位犯规，裁判员应判给对方在犯规地点踢间接任意球。

9. 任意球

任意球分为直接任意球和间接任意球两种。球，踢球时必须将球放定。踢球队员在球未经其他队员触及前不得再次触球。

（1）直接任意球

如果直接任意球直接踢入对方球门，判为得分。如果直接任意球直接踢入本方球门，判给对方踢角球。

（2）间接任意球

当裁判员判间接任意球时，应单臂上举过头，并保持这种姿势直到球踢出后被其他队员触及或成死球时为止。只有当球进门前触及另一名队员才可得分。如果间接任意球直接踢入对方球门，判为球门球。如果间接任意球直接踢入本方球门，判给对方踢角球。

（3）任意球的位置

①在罚球区外的任意球。所有对方队员距球至少9.15米（10码）直到比赛进行。

②在罚球区内的任意球。属于守方的任意球：所有对方队员距球至少9.15米（10码）；所有对方队员应站在罚球区外直到比赛进行。属于攻方的任意球：所有对方队员距球至少9.15米（10码）直到比赛进行，除非他们已站在本方球门柱之间的球门线上。

二、裁判法

1. 裁判员与助理裁判员的跑动

（1）裁判员的跑动路线从目前国内外的不同跑动路线可以归纳为四种：大S形跑、跟踪跑、小S形跑、直线跑。

①大S形跑。这种跑动路线使裁判员保持在球的左侧后方，与助理裁判员保持密切的联系，球在进攻方向的左侧发展时能与球保持较近的距离，球在右侧发展时，裁判员向右路靠近较少，距球较远。

②跟踪跑。这种跑动没有固定的路线，裁判员是以球为中心进行跟踪，最大优点是始终与球保持较近的距离，但当球由右路向左路转移时裁判员不能保持面向助理裁判员。有时也容易影响队员的活动和传球路线。跟踪跑对体能要求相当高。

③小S形跑。球在中路或右路发展时能在球的左侧后方保持与助理裁判员的联系。球在左路发展时裁判员往往背向助理裁判员，球发展到罚球区能及时跟上。

④直线跑。这种跑动与小S形跑大体上相似，由于它基本上是处于两个罚球区之间的直线活动，裁判员就能把握发球区内的判罚。直线跑较节省体力。裁判员采用哪一种跑动路线应考虑到场地、气候、技术风格与战术特点而有所变化。

（2）裁判员跑动原则

①裁判员的位置一般是处在球的左侧后方10～15米，与助理裁判员保持密切的联系。

②裁判员跑动所选的位置避免与双方队员的位置重叠。

③裁判员的跑动不应影响队员的活动与传球路线。

（3）助理裁判员跑动的要求

①在本方半场边线外活动。

②较多用侧向滑步跑、倒退跑，做到面向场内、扩大视野、人球兼顾。

③与本方半场的倒数第二个队员保持平行，以利于准确观察越位。

2. 哨音与手势

（1）比赛中下列五种情况裁判员必须鸣哨。

①开始比赛（长音较响）。

②令比赛停止。

③胜一球（长音响亮）。

④罚球点球（短促洪亮）。

⑤比赛时间结束（一或二短一长）

裁判员鸣哨应该及时、果断、响亮，以表达裁判员的意图。如一般犯规可短促洪亮，对严重犯规可有力洪亮，对有争议可连续短音等。在比赛中除以上五种情况外，裁判员可以不鸣哨。

（2）裁判员的手势

①直接任意球——单臂前或侧平举，指向罚球方向。

②间接任意球——单臂上举，掌心向前。

③角球——单臂斜上举，指向踢角球的角球弧。

④球门球——单臂向前斜下举，指向球门区。

⑤运用有利条款示意继续比赛——两臂斜下伸，掌心向前，做连续前摆动作。

⑥判罚球点球——单臂向前斜下举，明确指向罚球点。

⑦罚出场和警告——使用红、黄牌时，应一手持牌单臂上举，有短时间的停顿。

3. 旗示助理裁判员主要通过旗示来协助裁判员执行裁判任务

（1）掷界外球——旗侧斜上举指示掷界外球方向。

（2）球门球——旗前平举指向球门区。

（3）角球——旗斜下举指向角球弧。

（4）越位——旗上举，裁判员鸣哨后即指向越位地点（远端——斜上举，中间——前平举，近端——斜下举）。

（5）犯规——旗上举左右摇晃，裁判员鸣哨后旗侧斜上举指示罚球方向。

（6）换人——双手将旗横举过头，持于头的左侧上方。

4. 裁判员与助理裁判员的配合

助理裁判员应协助裁判员按照规则控制比赛，三人间的协调配合是顺利完成裁判任务的重要条件。三人分工与协调配合的方法介绍如下。

（1）球出界

①球在主力裁判员一侧的边线与球门线出界，一般以助理裁判员为主。即要求助理裁判员出旗快些，指向掷球方向，或指示是角球还是球门球。球在裁判员一侧的边线与球门线出界，一般以裁判员为主，即要求裁判员出手快些，指示掷球方向，或指示角球还是球门球。

②如果球在主力裁判员近身，他需要看越位、犯规、球出界三项任务时，则以看越位为主，一旦球出界，不能指明发球方向则可旗上举而不指明方向。此时裁判员应及时出示手势。反之，球在裁判员一侧，而裁判员未到位，看不清楚是否出界，裁判员可以回头看主力裁判员，若球已出界，助理裁判员应举旗球方向，若助理裁判员未看清最后触球者，则可旗上举，由裁判员指示掷球方向。

③裁判员可观察掷球队员的上肢，助理裁判员观察掷球队员的下肢，看是否有违反规则的情况。

（2）越位

通常助理裁判员举旗，裁判员鸣哨判罚。助理裁判员举旗后，比赛情况发生明显变化（球已出界，守门员已接到球）裁判员可给手势，示意助理裁判员将旗放下。助理裁判员举旗后，裁判员“漏旗”，助理裁判员应继续上举旗，待攻方威胁明显解除后，助理裁判员可自行放下旗。助理裁判员举旗，裁判员鸣哨后，越位地点的旗示要准确。遇到有越位进球时，裁判员应示意进球无效，并跑到越位地点指示罚间接任意球。裁判员所处位置好，认为助理裁判员在越位问题上“错旗”则应给予手势示意将旗放下。若认为助理裁判员“漏越位”，可以鸣哨判罚，但一定要求看准。

裁判员如何避免漏旗：

①位置跑得对，旗在视野内。

②背对助理裁判员，注意及时回头看。

③“两次”看旗好，保险又牢靠。

（3）犯规

①助理裁判员可以协助裁判员判罚犯规，尤其是裁判员视野外的犯规。

②罚球区内犯规原则上由裁判员掌握判罚，但是攻守双方明显的故意手球犯规，由于位置关系裁判员漏了，助理裁判员看得准也应协助。

③助理裁判员协助判犯规也应注意犯规动作性质及“有利条款”的掌握。

④直立裁判员摇旗示意犯规时，裁判员鸣哨后，助理裁判员应指示发球方向，若裁判员根据“有利条款”而不判时，应给予手势示意助理裁判员将旗放下。

⑤若发现在裁判员背后出现犯规时，助理裁判员有责任协助裁判员判罚。通过两边助

理裁判员之间的旗示联系，提示裁判员可以根据犯规的严重程度在比赛时或成死球时报告裁判员。

⑥罚球区附近守方犯规，犯规地点究竟在罚球区内还是外，助理裁判员通过预定的信号提示裁判员。

（4）罚球点球

助理裁判员重点看球进否，犯规原则上由裁判员掌握。若助理裁判员发现有明显犯规，可将旗自然放在身前提示裁判员。

（5）进球

①助理裁判员认为球进门，以向中线方向跑动作为信号。若认为越位进球则上举旗，站立不动。如果裁判员坚持认为进球有效，助理裁判员则应服从裁判员的判决。

②裁判员应养成鸣哨判进球前向右转身先看助理裁判员随后再鸣哨的习惯，以防止漏旗，便于配合协调减少差错。

③遇到球的整体在空中或地面越进球门，随即被守方踢出时，助理裁判员应力求站在球门线处左手举旗指向中线示意进球，这样更具有说服力，裁判员与助理裁判员位置不好，对似是而非的进球不能轻率判进。

第十一章　排　球

排球运动开始于1895年，在美国马萨诸洲霍利约克城，一位名叫威廉·G·摩根的天主教青年会体育教育督导在辅导人们进行各种体育锻炼的实践中感到当时流行起来的篮球运动固然很好，但运动剧烈，不太适合年纪大的人，因此在经过一段时间的摸索之后，他创造了一种新游戏：在网球场上用篮球内胆进行比赛，双方人数不限但要相等，各据一方。将球胆在球网两边来回传托，使其在空中飞来飞去，这就是排球最早的雏形。最初的排球运动只是一种消遣，比赛人数的多少，球的大小，比分的多少都由比赛双方临时协商决定。很快这个游戏就在基督教青年会中广泛地传播起来，最早被美国摩根和斯普林菲尔德市体育干事弗兰克·德博士及消防署林奇署长共同商定名位“小网”（Mitontte），1896年第一次表演赛之后，改名为“Volleyball”，这个名称一直被沿用至今。

第一节　排球的基本技术

排球技术繁多，其中最基本的是上手发球、正面垫球、正面上手传球、正面扣球和单人拦网等技术。

一、准备姿势和移动

在排球运动中，准备姿势和移动是完成各项技术和战术的前提和基础，两者夫系密切，不可分割。

（一）准备姿势

按身体重心高低可分为半蹲、稍蹲和低蹲三种。

半蹲准备姿势主要用于传球、垫球和拦网。动作方法：两脚斜前后开立或平行站立（稍宽于肩），脚尖微内扣，提踵，身体重心落在两脚前掌。膝关节弯曲，大小腿之间约成90°；上体前倾，身体重心靠前。两臂放松，两肘自然弯曲、下垂，双手置于膝上。身体适当放松，使其处于灵活的激动状态，两眼看来球。

稍蹲准备姿势主要用于速度较慢、抛物线较高的传球、垫球和扣球。动作方法与半蹲姿势基本相同，只是身体重心稍高，两膝弯曲较小，两手接近身体。

低蹲准备姿势主要用于接快速有力的来球和吊球。动作方法与半蹲准备姿势比，两脚开立距离大，身体前倾，两手置于膝前稍前伸。

（二）移动

移动是为了接近球，以便击球；也是为了抢占场上的合理位置与同伴配合；两个技术动作的衔接也常常要靠移动来串接。比赛中所做的各种技术动作，以移动的比重最大。

排球场上移动的特点：以短距离为主；要求起动快，尤其是第一步要出得快。

移动的快慢既取决于腿部爆发力的大小，也取决于移动技术的好坏。从技术角度分析有两种：第一，移动前要迅速采取向已定方向移动的合理准备姿势，即身体重心要倾向移动方向；第二，后蹬脚的着力点要远离重心的投影。以向前移动为例，起动要采取后腿用力向后蹬地，收腹使上体向前倾，有利于身体迅速前移。起动后的步法有多种，根据来球的不同情况，通常分以下四种。

1．滑步

来球速度不快，距离不远时可以用滑步移动。滑步特点：两脚不交叉，步幅虽小，但随时可以制动和保持身体平衡，便于碎步调整对准来球。

如向左滑步时，右脚向右蹬地，左脚向左迈步，右脚再跟过来踏在左脚的右侧，再继续向右蹬地，如此连续滑步。向右、向前、向后滑步动作相同。如只滑一步，称为并步。

2．交叉步

迅速落在距身体侧面二三米远的球，可以采用交叉步移动。交叉步特点：动作快，步子大。

如向左移动时，右脚向右蹬地后，从左脚前面向左交叉迈出一大步，然后左脚再向左跨步制动，对准来球，保持好击球前的准备姿势。向右也同样。

3．跨步

如果来球低而快，可采取向来球跨出一大步，降低重心，上体前倾，以便迎击低球。球近时可以直接跨步，球远时可以在滑步或跑步之后再做跨步。

4．跑步

来球远时则用跑步。如球在身后，近时可以采用后退跑，远时则要转身向后跑。跑步要尽快抢占来球位置，并通过制动站稳后再做击球动作。

以上四种移动步法还可以结合起来运用。如滑步后接交叉步、跑步后接滑步等。

二、发球技术

发球是指队员站在发球区内将球抛起后，用一只手将球击出，直接从网两标志竿内的上方进入对方场区内的一种击球方法。发球主要有正面下手发球、侧面下手发球、正面上手发球、勾手发球、正面上手发飘球、勾手发飘球等。

（一）正面下手发球

动作要领是面对球网两脚前后开立，左脚在前（以右手发球为例），两膝微屈，上体稍前倾，重心偏在后脚上，左手持球于腹前。左手将球轻轻抛起，在右臂前约40cm，离左手约20cm高，同时右臂伸直后摆。右臂以肩为轴，由后下方向前上方摆动，身体重心随之前移，在腹侧适当高度，用全掌、掌根或虎口击球的后下部，击球后，迅速入场比赛（图11－1－1）。

图 11-1-1　正面下手发球

（二）正面上手发球

要领是面对球网两脚自然开立，左脚在前（以右手发球为例），左手托球于腹前。左手托球上送，将球平稳垂直抛于右肩前上方约 1.2m 处，离头部约 1m 高，同时身体略右转，右臂抬起，肘与肩高，抬头、挺胸、展腹看球。击球时，利用蹬地、收胸、收腹的力量带动右臂向前上方做鞭打动作一样的挥摆。用全掌击球的中下部，手腕迅速主动做推压动作把球击出，击球后，随着重心前移，迅速入场比赛（图 11-1-2）。

图 11-1-2　正面上手发球

（三）正面上手发飘球

动作要领是面对球网，两脚前后自然开立，左手托球于体前。抛球。用抬臂和手掌子托上送动作，将球平稳垂直地抛起在右肩前上方，尽可能地降低抛球高度，以便控制击球点。挥臂击球。在左手抛球的同时，右臂屈肘后引。肘稍高于肩、上体右转，挺胸展腹。击球时，利用蹬地向左转体和收腹的力量，带动右臂向前，直线加速挥动，身体重心从右脚过渡到左脚。右手掌根在头的上方击球后中部位。击球的手掌、手腕保持紧张，掌根触球面积要少，用力要突然、短促，加快球的初速度使球在飞行中不旋转。这样，通过空气对球的挤压就产生了球的飘晃现象。击球后手臂不宜多送。要有突停动作，身体重心也随击球的动移，准备进入场地。

（四）跳发球

动作要领是指运动员在发球区起跳后在冲跳过程中完成击球动作的一种发球技术。跳发球技术是与其他发球技术一样在强调抛球稳击球准确的要求外，特别强调助跑与起跳动作衔接的合理性和连贯性，使发球队员在冲跳过程中充分利用展体和收腹的力量，加大手臂振幅，加强手腕和手指在击球时的甩腕推送动作，保持较高的击球点，准确而具攻击力地将球发到预定位置。跳发球以其强有力的攻击力，加之球速快，弧度平，强烈的旋转，给对方造成很大的心理压力，使其接发球来不及判断，从而达到破坏一传或直接得分的目的。它的出现突破了传统的发球技术动作结构模式，使其成为现代排球比赛的主要得分手段之一（图 11－1－3）。

图 11－1－3　跳发球

三、垫球技术

垫球是排球基本技术之一。是接发球、接扣球以及后排防守的主要技术动作，是组织反攻战术的基础。垫球技术的熟练程度和运用能力是争取胜利的重要条件。有下面双手垫球、体侧垫球、正面低姿势垫球、背垫球、单手垫球、前扑垫球、鱼跃垫球、侧卧垫球、滚翻垫球、挡球和救入网球等。其中正面双手垫球是各种垫球技术的基础，适合接速度快、弧度平、力量大、落点低的各种来球，在排球比赛中运用较多。

垫球是用小臂从球的下部，利用来球的反弹力向上击球的技术动作。它在比赛中运用于接发球、接扣球、接拦回球，有时也用来处理球，是排球基本技术之一。

（一）正面双手垫球

动作要领是正面对正来球方向，两脚开立稍宽于肩，脚跟微起，两膝弯曲稍内收的准备姿势，两手手指重叠后合掌互握，掌跟靠拢，两拇指平行朝前，手臂伸直，手腕下压，两臂外翻，前臂形成一个击球平面。击球点在腹前约一臂距离，用前臂腕关节以上 10 厘米左右，桡骨内侧平面触球。击球时，手臂插入球下，蹬腿抬臂，身体重心向前上方移动。同时含胸、压腕、顶肘等动作协调配合，身体和两臂要有自然的随球伴送动作，以便控制球的落点和方向（图 11－1－4）。

图 11－1－4 正面双手垫球

（二）体侧双手垫球

动作要领是当球向左侧飞来，右前脚掌内侧蹬地，左脚向左跨出一步，左膝弯曲，重心随即移至左脚上，两臂夹紧向左伸出，右肩稍向下倾斜，用向右转腰和提左肩的动作，使两臂击球面截住球的飞行路线，垫击球的后下部（图 11－1－5）。

图 11－1－5 体侧双手垫球

（三）背垫球

动作要领是判断好球的飞行方向，迅速移动到球的落点处，背对击球方向，两臂夹紧伸直，击球手形与正面垫球相同，击球点要高于肩部。击球用力是通过抬头挺胸，展腹后仰，带动手臂向后上方抬送而实现的。在背垫低球时，也可以屈肘，翘手腕动作，以虎口处将球向后上方垫起（图 11－1－6）。

图 11－1－6 背垫球

（四）跨步垫球

动作要领是左（右）脚向来球方向跨出一步垫球，称跨步垫球。跨步垫球用于垫低球，是滚翻、倒地垫球的基础。其方法是：当判断来球落点后，及时向来球方向跨出一步，屈膝制动，身体重心落在跨出脚上，上体前倾，臀下降，两臂积极前伸插入球下，用前臂击球的后下部（图 11 –1 –7）。

图 11 –1 –7　跨步垫球

（五）单手垫球

动作要领是单手垫球多在无法用双手垫球的情况下采用，体侧单手垫球方法是一脚迅速向侧前方跨出一大步，重心移至跨出的腿上，以跨出腿的同侧臂迅速伸出，用虎口或小臂击球的后下部。在体前可用手背平面击球，手臂要伸直，有抬击动作。

（六）挡球

动作要领是双手或单手在肩部以上挡击来球，称为挡球。双手挡球有抱拳式和并掌式。抱拳式：一手半握拳，另一手外包、屈肘，两手小指外侧朝前。并掌式：两肘弯曲，两虎口交叉，紧贴，两掌合并呈勺形。挡球时小臂放松，手腕后仰，以掌根或两掌外侧组成的平面在额前或肩上击球的后下部。手腕要紧张，如果来球力量较小，应用小臂前摆力量把球向上挡起，对追胸球则应屈膝，使击球点在脸前上方。单手挡球时，手半握拳，腕紧张后仰，击球的后下部（图 11 –1 –8）。

图 11 –1 –8　挡球

四、传球

传球是排球运动中最基本、最重要的一项技术。传球是由准备姿势、迎球、击球、手型、用力 5 个动作部分组成。其中较难掌握的是触球时的手形。因为触球时手型正确与否直接影响手控制球的能力和传球的准确性，对初学者来说掌握了正确手形才能保证正确击球点和较好地运用手指，手腕的弹力。传球可分为正面传球、背传球、侧传球、跳传球等。正面传球是最基本的传球方法。因此传球技术学习必须从正面传球开始。传球的分类：传球一般可分为正面传球、背传球、侧传球、跳传球等。

（一）正面传球

1. 准备姿势

看清来球，迅速移动到球的落占，对正来球，两脚左右开立，约同肩宽，左脚稍前，后脚脚跟稍提起，两膝微屈，上体稍前倾。两臂弯曲置于胸前，两肘自然下垂，两手呈传球手形，眼睛注视来球方向。

2. 击球点

击球点在额前上方约一球距离处。

3. 传球手形

当手触球时，手腕稍后仰，两手自然张开，手指微屈呈半球状。两拇指相对成“一”字形或“八”字形，两拇指间的距离不能过大，以防漏球（图 11－1－9）。

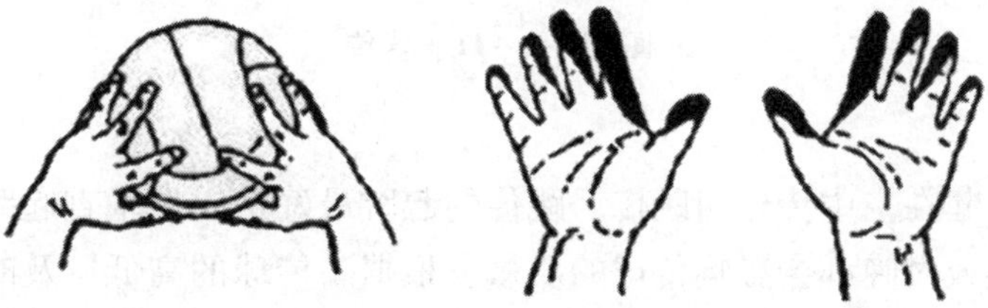

图 11－1－9 传球手形

4. 击球用力

当来球接近额前时，开始蹬地、伸膝、伸臂，两手微张迎球，以拇指内侧，食指全部，中指的二三指节触球的后下部，无名指和小指触球两侧。手触球时，指腕保持适当紧张，以承担球的压力。用手指的弹力、手臂和身体协调的力量将球传出（图 11－1－10）。

图 11－1－10 击球

（二）背传

动作要领是背传的准备姿势比正传时稍直立，身体重心在两脚之间，不前倾，双手自然抬起，放松置于脸前。当判断一传来球之后，迅速移动到球下，双手抬起，手触球时，手腕适当后仰，掌心向上，在额上方击球的下部。传球时，用蹬地、展腹、抬臂向后翻腕及手指的弹力把球向后上方传出（图 11－1－11）。

图 11-1-11　背传

（三）跳传

动作要领是跳起在空中传球叫跳传。跳传的起跳最好是向上垂直起跳，要掌握好起跳的时间，起跳过早或过晚都会影响传球的质量。根据一传球的高低，及时起跳，两手放在脸前，当身体上升到最高点时，靠伸臂动作和手指手腕的弹击力量将球传出。由于在空中无支撑点，用不上蹬地力量，只有靠伸臂动作将球传出，因此，必须在身体下降前传球出手，才能控制传球力量。

五、扣球

扣球是攻击性最强的基本技术，是由被动转为主动的主要方式，也是得分的主要手段，在比赛中占有重要地位。扣球技术可分为：正面扣球和自我掩护扣球两大类。正面扣球包括扣近网球、扣远网球。扣调整球和各种平、快扣球。如平拉开、短平快、近体快、背快、背平快等。自我掩护扣球包括“时间差”“位置差”“空间差”三种。时间差有：短平快时间差、近体快时间差、背快时间差；“位置差”有短平快错位、快球错位；“空间差”有：前飞、背飞、拉四、拉三；扣球可用双脚起跳，也可采用单脚起跳，单脚起跳比双脚快，更适合扣各种快球。另外，扣球在运用时有各种变化。扣球在实战中可以灵活运用以求最佳效果。如扣直线球、扣斜线球、转体扣球、转腕扣球、扣轻球、打手出界、超手扣球、快抹、吊球、二次球等。

（一）正面扣球

正面扣球是扣球技术中最基本的一种，由于正面扣球面对网，便于观察来球和对方的防守布局，因此在比赛中准确性较高；并能根据对方情况随时改变扣球路线和力量，控制球落点，因而进攻效果较好。是初学者必须掌握的进攻技术，下面进行重点分析。

1. 准备与判断

采用稍蹲姿势。一是要观察一传是否到位；二是要看二传的方向、弧度、速度、落点；三是选择好助跑的方向、路线、节奏，根据球的高度及运行情况考虑助跑起跳的时间、地点。助跑可以采用一步、二步、多步，初学者就应该有意识地练习向任一方助跑的能力。

2. 助跑

助跑的作用是接近球，选择合适的起跳点，同时有利于增加弹跳高度。助跑的时机、方向、步伐、速度、节奏要根据不同来球的情况而定。以两步助跑为例：助跑时，左脚先向前迈出一步，接着右脚再迅速跨出一大步，左脚及时并上，踏在右脚之前，两脚尖稍向内转。助跑第一步小，便于对正方向；第二步大，便于接近球和提高助跑速度；最后一步要以脚跟先着地过渡到全脚掌着地，有利于制动身体的前冲力，增加腿部肌肉的紧张，提高弹跳高度。

3. 起跳

目的在于掌握扣球时间和获得扣球高度。腿部力量大的人，下蹲可深一些；反之，可浅一些。髋、膝、踝这三个关节蹬伸要充分，要有爆发力。双臂侧（或后）摆动要放松，突然加速，有利于提高弹跳高度。起跳的目的不仅在于获得高度，还为了掌握扣球时机和选好击球点。在助跑跨出最后一步的同时，两臂经体侧后引，自后积极向前摆动，随之以腿蹬地向上起跳，两臂沉肩垂肘加速上摆配合起跳。手摆的速度越快、越及时，对起跳的高度越有帮助，两臂的摆动可根据扣球技术需要及本人习惯，采用不同摆臂方式。在助跑制动后向上摆臂的同时，两腿从弯屈制动的最低点，猛力蹬地向上起跳。双腿的弯曲程度，可依每人腿部力量或习惯不同而有所差异，但整个动作要协调、连贯，具有强烈的爆发速度。

4. 空中击球

起跳腾空后，身体呈反弓状，扣球手同侧肩后摆带动上体绕中轴转动，预先拉长收腹、收胸肌群。击球时从上体相向运动开始，猛烈收腹、收胸带动上臂屈肘，向前上方鞭甩伸直肘关节，最后通过屈腕、屈指、收肘把球猛力击出。击球是扣球的关键，其动作的好坏直接影响着扣球的质量。起跳后，挺胸展腹，上体向右转，右臂向后上方抬起，身体呈反弓形。挥臂时，以迅速转体，收腹动作发力. 依次带动肩、肘、腕各部关节呈鞭甩动作向前上方挥动，使全身的用力依次叠加传递，最后集中在手上，以加大击球力量。触球时，五指微张呈勺型，并保持紧张，以全手掌包满球，同时主动用力屈腕、屈指向前积极推压下甩，使扣出的球加速呈上旋。击球部位应根据人与球的关系、人与网的距离及高度来确定。击球点在起跳的最高点和手臂伸直最高点的前上方，击球结束后应注意避免触网。

5. 落地

为了避免腿部负担过重，应力争双脚同时落地。着地时以前脚掌先着地再过渡到全脚掌落地。同时顺势屈膝，以缓冲下落力量，并立即准备好做下一个动作（图 11 –1 –12）。

图 11 –1 –12 起跳

(二) 扣快球

快球是我国传统的打法，特点是时间短、速度快、隐蔽性强、突然性大，能起到攻其不备的作用。扣快球对一传要求很高，必须在一传到位的情况下，扣球队员随一传得球同时助跑到网前，在二传队员传球前或传球的同时起跳，并迅速挥臂击球，以造成对方来不及拦网的扣球。扣快球时，助跑距离短，节奏快，助跑角度一般与网成45°，上体和挥臂动作的振幅小，主要利用前臂和手腕加速甩动击球。扣上升期的球时应在球传出之前就开始挥臂，球出网口时正好挥臂。要求初学扣快球者一定要牢记：在一传到位的情况下，随球助跑，球起人跳，高点击球或出网击蹿以及高抬肘快下手的要领。

(三) 调整扣球

在一传不到的情况下，为了不失进攻机会，可进行调整扣球。其技术动作和正面扣球基本相同，但难度较大。要求扣球队员能适应来自不同方向、角度、弧度、速度的球，以灵活的步伐、良好的弹跳、准确的空中动作，调整好人与球的位置，根据与网的距离运用不同的手法，控制球的力量、旋转、弧度、路线和落点。掌握好调整扣球也是为运用后攻技术打下良好的基础。

六、拦网

拦网是排球运动的基奉技术之一，拦网不只是消极阻挡和被动防守，现已发展成为一项重要的进攻技术。当今比赛中，成功的拦网，既可拦住对方的扣球，减轻后排防守的压力；又可直接得分，削弱对方的锐气，给对方心理上造成威胁。拦网水平的高低，直接影响到比赛的胜负。栏网技术分为单人拦网和集体（两人或三人）拦网。单人拦网是拦网的基本形式，是集体拦网的基础，而集体拦网只是更注重互相之间的配合。

动作要领是两脚平行站立约与肩宽，两膝弯曲，上体微微前倾，两臂自然弯曲放于胸前。两腿用力瞪地，两臂经体侧向前上摆或小画弧向上摆动，两手自脸前向上伸出，借助两臂上摆迅速起跳。身体腾空后，两臂从额前平行球网向上沿的前方伸出，两手自然张开，两手和两臂间的距离以不漏球为准。拦击时，两臂尽力伸向对方上空，屈指屈腕呈勺型。触球时，手腕用力下压，盖住球的上方。以前脚掌先着地，顺势屈膝缓冲下蹬，接着做好下一个动作的准备姿势。技术要点是蹬地起跳臂上举——两手封球腕盖压；技术难点是封球盖压（图 11－1－13）。

图 11－1－13 拦网

第二节 排球的基本战术

一、个人战术

个人战术是指在集体战术配合的基础上，队员根据个人的特点和战术的需要，巧妙地运用个人技术的变化，以达到有效的进攻和防守的目的。成功的个人战术，可以弥补集体战术的不足。个人战术有发球、一传、二传、扣球、拦网及后排防守等。

（一）发球个人战术

任务是在观察和分析对方的具体情况后，有针对性地采用不同的发球战术，先发制人。常见战术的使用：

1. 加强发球的性能

发出力量大、速度快、弧度低平、旋转性强或飘晃度大的球。

2. 控制发球的落点

（1）将球发到对方两个队员之间的连接区、边线或后场端线附近。

（2）将球发向对方参加进攻的队员，落在该队员的前、后、左、右。

（3）将球发给对方二传，或落在该队员跑动的必经线路上。

（4）将球发给一传技术差，或情绪焦躁，或精力分散，或刚刚换上场的队员。

3. 改变发球的方法

（1）改变发球的位置：发球队员可采用站在距端线近、中、远距离处发球；也可以站在发球区左边、中间、右边发球。

（2）改变发球的弧度：发球时，加强上旋或发左旋、右旋球，改变飞行弧度；还可以发高吊球。

（3）改变发球的速度：可以采用击球点高、距网近、速度快的飘球或跳发球技术；也可采用高弧度的、慢速度的发球方法。

4. 适时变换发球，增强攻击性和提高准确性

（1）如本方得分难、比分落后较多或遇到对方进攻强轮次等情况时，可采用加强攻击性的拼发球战术，以改变落后状况。

（2）如本方比分领先较多时，可采用威力大的发球，以扩大战果。

（3）如本方发球连续失误或对方暂停、换人后及对方处于进攻较弱的轮次或接发球连续失误时，应注意发球的准确性。

（4）如比赛处于关键时刻，发球更要注意准确性，避免无谓失分。

（二）一传个人战术

任务是在第一次接对方来球时采用有目的、有意识的击球动作，组成本队战术。常见战术的使用：

1. 组织快攻战术时，如本方快攻队员来得及进行快攻，一传的弧度要低平，速度稍

快，以加强进攻的节奏；如果来不及（防守后的快速反击），则应提高一传弧度。

2. 在组织强攻战术时，一传的弧度略高些，为二传队员创造便利传球条件。

3. 前排队员一传时，力量不宜过大，弧度应稍高，如来球力量不大，可用上手传球，后排队员则相反。

4. 当对方第三次传垫球过网时，一传可用上手传球，以便更准确地组织快速反击或传给网前队员进行两次攻。

5. 如发现对方场区有较大的空当，或对方队员无准备时，一传可直接用传、垫、挡等动作把球击向对方。

（三）二传个人战术

任务是有效地组织进攻战术，给扣球队员创造有利的进攻条件，突破对方拦网。常见战术使用：

1. 根据本方队员的特点和布局情况，进行合理的分球。如采用集中与拉开，近网、中网或远网，弧度高与低球等传球战术。

2. 根据对方拦网的部署，与进攻队员在时间上和位置上进行协调配合，合理选择拦网的突破口，造成以多打少的局面。

3. 根据本方队员的不同起跳时间，采用升点、降点传球给以配合；用声东击西的隐蔽动作和假动作，打乱对方拦网布局。

4. 根据本方队员一传的情况，如到位球或不到位球、高球或低球、近网球或远网球等，合理运用传球技术组织各种战术。

5. 根据对方防守队员的站位，在有利于自己的情况下，突然将球传入对方空当。

（四）扣球个人战术

任务是根据对方拦网和防守情况，选择合理扣球技术和路线，有效突破对方防御。常见战术使用：

1. 扣球线路变化

（1）扣球时采用直线与斜线相结合，长线与短线相结合。

（2）利用助跑路线与扣球路线不同的方向，迷惑对方拦网和防守队员。如直线助跑扣斜线球，斜线助跑扣直线球。

（3）朝防守技术差和意志薄弱的队员扣球，或扣空当和防守薄弱的区域。

2. 扣球动作变化

（1）运用转体、转腕扣球技术，突然改变扣球方向，避开对方拦网。

（2）用超手高点扣球，从拦网人手上方进行突破。

（3）利用正面扣球变为勾手扣球动作，造成对方拦网判断失误。

（4）利用突然性的两次攻，造成空网或一对一进攻的有利局面。

（5）高点平打，造成球触拦网手后飞向后场远区，或有意向两侧打手出界。

（6）突然用单脚起跳扣球，使对方来不及拦网。

（7）运用轻扣或吊球技术使球随拦网队员一同下落，增加拦网队员自我保护球的难度，或使球落在对方网前，或使球落在拦网队员的身后。

（8）利用“时间差”“位置差”“空间差”，晃开对方拦网。

（五）拦网个人战术

任务是根据对方扣球情况，利用时间、空间等变化因素，用不同手法，阻拦对方进攻。常见战术使用：

1. 拦网队员可采用拦直线起跳向侧伸臂拦斜线或在拦斜线位置起跳拦直线的方法来迷惑对方扣球队员。

2. 改变空中拦网手的位置。如在空中拦直线时突然移动手臂改为拦斜线等。

3. 有时可制造假象，使对方受骗。如假装露出中路空当，引诱对方扣中路，当对方扣球后即关门拦中路球。

4. 在发现对方要打手出界时，可在空中及时将手撤回，造成对方扣球出界。

（六）防守个人战术

任务是选择最有利位置，采用合理的接球动作，按战术要求把球防起。常见战术使用：

1. 根据对方二传传球的方向和落点，迅速做出判断，立即移动到相应的位置，正对来球准备接球。

2. 在选择前后位置时，应根据对方二传球与网的距离和扣球队员击球点高低选择防守。如球离网近，无人防守时，防守取位可向前；如球离网远或近网球被拦时，防守队员取位可向后。

3. 选择左右位置时，主要根据对方扣球队员的助跑路线和扣球队员起跳后人与球所保持的关系来选择防守位置。一般来说，防守位置应在对方扣球队员和球连线的延长线处。

4. 根据对方扣球的特点，采取相应的防守行动，如对方只扣不吊时，取位要靠后；如对方打吊结合时，要随时准备向前移动；如对方扣球只有斜线，要放弃直线防斜线等。

5. 防守应根据本方前排拦网队员的情况，主动选择防守位置加以配合和弥补。重点防守前排拦网的空当。

二、集体战术

集体战术是指运动员为突破对方防守或抑制对方进攻所采用的有组织、有目的的集体配合行动。包括阵容配备、交换位置、信号联系几个方面。

（一）阵容配备

根据队员的特长、本队的战术思想安排队员的场上位置，以最大限度地发挥该队的技术、战术水平。一般有“四二”配备、“五一”配备、“三三”配备三种（图 11－2－1）。

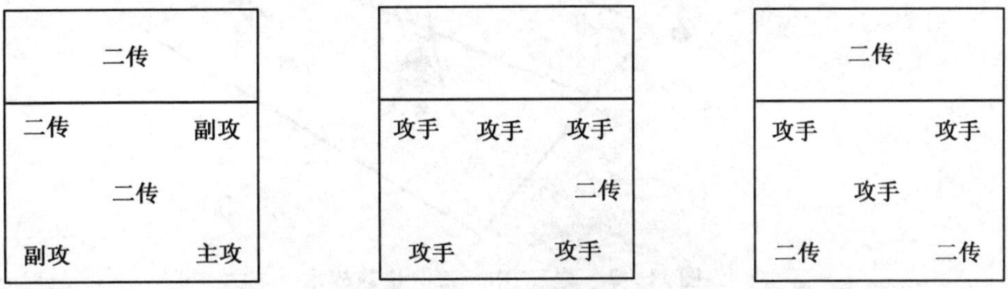

图 11－2－1 阵容配备

（二）交换位置

为了充分发挥队员的特长，加强攻防力量，弥补缺陷，在规则允许的条件下可交换位置。

1. 前排队员之间的换位方法

为了便于组织进攻战术，把二传队员换到 2 号位或 3 号位；为了加强进攻力量，把进攻力量强的队员换到便于扣球的位置上；为了加强拦网，抑制对方的重点进攻，把身材高大或弹跳高及拦网能力强的队员换到 3 号位，或与对方主攻队员相对的位置上。

2. 后排队员之间的换位方法

为了发挥个人特长，后排队尽快各自换到自己熟练的防守区进行专位防守；为了在比赛中便于应用行进间“插上”战术，把二传队员换到 1 号位或 6 号位，以缩短插上时的距离：根据临场情况把防守能力强的队员换到防守任务较重的区域，把防守能力弱的队员换到防守任务较轻的区域。

3. 前后排队员之间的换位方法

后排的二传队员插上时，可从 1 号位、6 号位或 5 号位插上到 2、3 号位之间的位置，准备做二传，前排的 2、3、4 号位队员则后退，准备接球和进攻。

（三）信号联系

为了实现快速多变的进攻战术，必须使用信号联系来统一新行动，信号是由教练员和运动员事先商定好的信号，联系可采用简明语言、手势（手形，手指）来传递。

三、进攻战术

进攻战术阵形即进攻时所采取的队形。接发球进攻，简称一攻，一般由一传、二传、扣球三部分组成。接发球进攻战术不外“中一二”“边一二”“插上”三种阵形。

（一）“中一二”进攻战术

这是进攻战术中最简单、最基本的战术形式。由 3 号位队员做二传把球传给 2 号位或 4 号位队员扣球（图 11－2－2）。

图 11－2－2 “中一二”进攻战术

1.“中一二”进攻战术的特点

“中一二”战术的特点是：战术容易组成，但变化少，只能有两点进攻。战术意图易被对方识破，其突然性和进攻性弱。

2.“中一二”战术的应用

（1）集中与拉开：二传队员根据临场情况向2号位或4号位队员用忽而集中、忽而拉开的传球迷惑对方拦网。

（2）跑动掩护进攻：为了增加战术的突然性，可以通过主、副攻手的跑动、换位和互相掩护，变定点进攻为活点进攻，设法摆脱对方的集体拦网，造成一对一的局面。

（二）“边一二”进攻战术

接发球时，把球垫给前排2号位队员，由2号位队员传给3、4号位队员扣球（图11－2－3）。

图11－2－3 “边一二”进攻战术

1.“边一二”进攻战术的特点

其特点是两个进攻队员可以互相配合，起一定掩护作用，而且可以有较多的战术配合变化，它的攻击性比“中一二”战术强。

2.“边一二”进攻战术的应用

“边一二”战术形式除去组织两人定位、定点扣球以外，还可以组织“快球掩护拉开”“前交叉”“围绕”“快球掩护夹塞”“梯次”“短平快掩护拉开”“掩护活点进攻”等战术变化，特别是3号位队员的进攻面大、路线多。

（1）“快球掩护拉开”战术：3号位队员上前扣快球（或作佯攻），掩护4号位打拉开球。

（2）“前交叉”战术：4号位队员扣快球，3号位队员从4号位身后交叉扣一般低球。

（3）“围绕”战术：4号位队员扣拉开球，3号位队员绕到2号位二传队员的身后进攻。运用“围绕”战术时，2号位的二传队员稍靠3号区站位，做背传球不宜太拉开。

（4）“掩护夹塞”战术：3号位队员扣短平快球（或佯作进攻掩护），4号位主攻队员向内直插起跳扣半高球（俗称夹塞）。

(5)“重叠”进攻战术：3号位队员扣球或佯装进攻掩护，4号位队员跑到3号位队员后扣半快球，或4号位队员佯扣，3号位队员扣半快球。

(6)“短平快掩护拉开”进攻战术：4号位队员扣短平快球，3号位队员掩护；或4号位队员掩护，3号位队员扣球。

(三)“插上”进攻战术

“插上”进攻战术是指己方一个后排队员在对方发球时，迅速跑到前排担任二传，使前排成为三个人进攻的形式（图11－2－4）。

图11－2－4 “插上”进攻战术

1.“插上”进攻战术特点

它的特点是可组成多种快速多变的战术配合，造成对方拦网判断困难。

2.“插上”进攻战术的应用

“插上”战术形式中的几种战术变化如下：

(1) 中间快球、两边拉开：3号位队员打快球或快球掩护，2、4号位队员两边拉开进攻，这是“插上”进攻的最基本打法，在实战中运用较多。这种打法能充分利用球网的全长组织进攻，可以破坏对方集体拦网，但对方可以组成人盯人的一对一单人拦网。两边拉开进攻时，4号位可运用一般拉开或平拉开快球，2号位可运用背快球或背平快球。

(2) 交叉进攻：这是在快球掩护的基础上形成的战术变化。

①“前交叉”进攻战术：4号位队员内切快球掩护，3号位队员与4号位队员交叉跑动扣球，完成战术配合后自然换位，成死球后各返原位；

②“后交叉”进攻战术：3号位队员快球掩护，2号位队员与3号位队员交叉跑动，绕至二传队员前扣半快球或半高球。

(3) 梯次进攻：这也是在快球掩护的基础上形成的一种战术。进攻时利用3号位队员扣快球或作掩护，另一队员在3号位队员的背面起跳扣球。

①由4号位队员跑动至二传队员面前扣快球，运用快球掩护造成对方拦网队员起跳，而二传队员改传为平高球，供给跟上来的3号位队员进攻；

②由3号位队员跑快球，2号位队员在其身后扣梯次战术的半高球。

第三节 排球运动的规则

一、比赛场地、器材及球网要求

比赛的区域包括比赛场区和无障碍区。比赛场区为18米长、9米宽的长方形地面。比赛场区地面上的界线主要有中线、边线、端线、进攻限制线（包括其延长线）、发球区短线。这些界线将比赛场区分成了前场区（进攻限制区）、后场区（非进攻限制区）、发球区等几个主要区域。比赛场区四周没有障碍物的区域为无障碍区。排球重量为260～280克，球网设置于中线上空。正式比赛，男子网高2.43米，女子网高2.24米。球网长为10米，宽为1米，两侧由左、右两根柱子固定，中间由上、下两根钢丝牵拉平行于地面。球网两侧各有一条标志带，标志带与其垂直下方场区地面的边线对齐，两条标志带的外侧各有一根标志杆。

二、比赛空间

指比赛区域上方的空间。在比赛空间中，最重要的是过网区和非过网区两个概念。过网区是指排球竞赛规则规定的球从比赛一方场地进入比赛另外一方场地必须通过的空间。过网区的范围是上自天花板，下至球网上沿，左右两侧至两根标志杆以及它们向上延长至天花板的延长线以内这么一个空间。非过网区是指过网区之外的空间。

三、比赛组织

每场比赛开始前以及每场比赛的决胜局开始前，由负责本场比赛裁判工作的第一裁判员主持比赛双方队长进行抽签，胜方首先选择发球、接发球或者场区。比赛开始后，由第一裁判员、第二裁判员、司线员、记录员负责比赛的裁判工作。

四、比赛状态

（一）上场阵容

每队必须有6名队员上场比赛。不足6人的情况为阵容不完整。阵容不完整可以进行正常替换补足。不能正常替换补足的，给予阵容不完整的判罚。

（二）场上队员的位置

1. 发球时队员的位置：发球击球时，前后关系的同列队员、左右关系的同排队员，必须处于正确的位置，否则被给予判罚。

2. 换发球时队员的位置：队员按顺时针方向轮转一个位置，否则被给予判罚。

（三）界内球和界外球

1. 界内球：落在比赛场区地面（包括场区界线）上面的球。

2. 界外球：球接触地面的位置完全在比赛场区地面以外，球触及场外物体或者人员，球触及球网标志带以外部分的球网部分、标志杆、网绳、网柱，球的整体或者部分从过网区以外过网。

（四）比赛结果的认定

1. 胜一球：发球方得一分，继续发球；接发球方得一分，同时获得发球权。

2. 胜一局：非决胜局，先得 25 分，并且同时超出对方 2 分者获胜；2:24 时，继续比赛，直到某队领先 2 分时，该队获胜。决胜局，先得 15 分者获胜；14:14 时，直到某队超出 2 分时，该队获胜。

3. 胜一场：比赛采用 5 局 3 胜制。

4. 弃权的处理：弃权方以比局为 0:3 负，每局比分为 0:25。

5. 阵容不完整的处理：已经结束的比局、比分有效。不完整方输掉该局或者该场比赛，对方为满分。

（五）发球

发球应该依据抽签的情况和球队的位置表安排，按照一定的顺序进行。发球必须由位于后排右侧位置的队员在发球区内用一只手或者手臂进行。发球犯规的情形有：发球顺序错误，裁判鸣哨前发球，发球时球没有抛起或者持球的手没有撤离球，发球时发球队员脚踏及比赛场区或者发球区以外的地方，发球 8 秒犯规，球没有过网或触击本方队员，发球掩护，后排自由防守队员（自由人）发球，发球出界。

（六）击球

指发球和拦网之外的击球。击球时，球可以接触身体的任何部位。击球犯规的情形有：全队 4 次击球，个人两次击球（拦网除外），持球，过网击球，后排队员击球犯规，自由人的击球犯规，本队队员不得将本队自由人在前场区内用上手传球方式传出的整体高于球网上沿的球击过球网，借助击球，拦击对方的发球，击球出界，击球又可以分为进攻性击球和非进攻性击球。

（七）拦网

指队员靠近球网手向上伸出高于球网阻挡对方来球的行动。拦网犯规的情形有：对方击球前过网拦网（实质为过网击球），对发球进行拦网，后排队员完成拦网（个人或者参加集体拦网），自由人试图拦网或者完成拦网（个人或者参加集体拦网），从标志杆以外伸入对方空间进行拦网，拦网出界。

（八）球网附近的球

球必须从过网区进入对方场区空间。球从过网区以外进入对方无障碍区时，允许将球从同侧过网区以外击回来，然后从过网区击入对方场区空间。球进入球网后可以再行击球。球击穿球网或者使球网坠落，该球重新进行比赛。

（九）球网附近的队员

1. 超过球网：在不影响对方比赛的情况下，击球后允许手随球在网上进入对方场区上。

2. 网下穿越：在不干扰对方队员比赛的情况下，允许队员身体部分进入对方空间或者整个人从网下穿越。

3. 犯规的情形：有击球企图的触网或者干扰比赛的触网，手或脚整体越过中线接触对方场区地面，网下穿越干扰对方比赛，过网触及对方队员。

（十）后排自由防守队员（自由人）

换人不记入本队每局6人/次的换人之内，并且换人时不必经过常规程序，速上速下，比较自由。自由人不被允许的行为主要有：发球，拦网和试图拦网，在场上任何位置上对整体高于球网上沿的球完成进攻性击球，在前场区内用上手传出的球，同伴在球的整体高于球网时完成进攻性击球，担任队长或者场上队长，

（十一）比赛中的暂停、换人、交换场地、局间休息

1. 每队每局比赛最多可以请求2次暂停，每次暂停时间为1分钟。

2. 每队每局比赛最多可以请求6人/次的换人。

3. 每局比赛（决胜局除外）之后，双方要交换场地进行下一局比赛；决胜局某队获得8分时，双方要交换场地，不进行休息，并且按照交换场地前双方队员已有的位置继续进行比赛。

4. 每次局间休息为3分钟。

（十二）不良行为及其处理

1. 轻微不良行为：进行指正，不给予判罚，不记录在记分表上。

2. 给予判罚的不良行为：这类不良行为有粗鲁行为、冒犯行为、侵犯行为三种。一旦发生前述三种行为，要视情况给予失一球、判罚出场、取消比赛资格的不同等级的判罚，并将判罚记录在记分表上。

第十二章 乒乓球

乒乓球，中华人民共和国国球，是一种世界流行的球类体育项目。它的英语官方名称是“table tennis”，意即“桌上网球”。乒乓球因其打击时发出“Ping Pang”的声音而得名，在中国就以“乒乓球”作为它的官方名称。

第一节 乒乓球的基本技术

在乒乓球这一对抗性运动中，为了得分或者不失误而运用的各项专门的合法的动作，就是乒乓球技术。

一、握拍技术

（1）直握拍法

①快攻型直握拍法：拍柄贴在虎口上，拇指的第一指节压住球拍左肩、食指的第二指节压住球拍右肩，拇指第一指节和食指第一、二指节位于球拍前面呈钳形，两指尖距离1~2厘米，其他三指自然弯曲叠置于拍后（图12－1－1）。

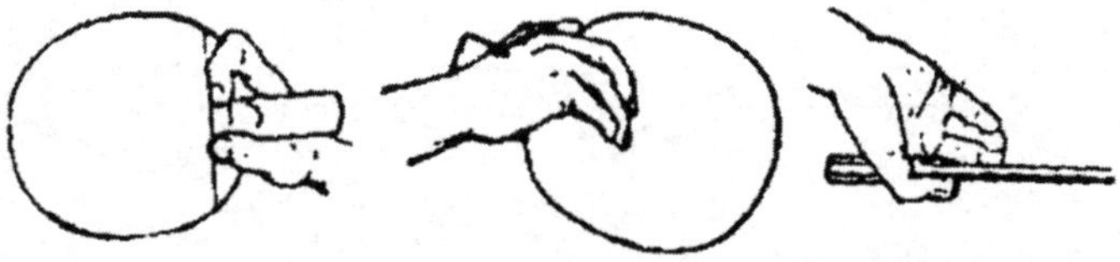

图12－1－1 快攻型直握拍法

②弧圈型直握拍法：食指扣住拍柄与拇指共同形成环状，其他三指在拍背面自然微伸叠置于拍后（图12－1－2）。

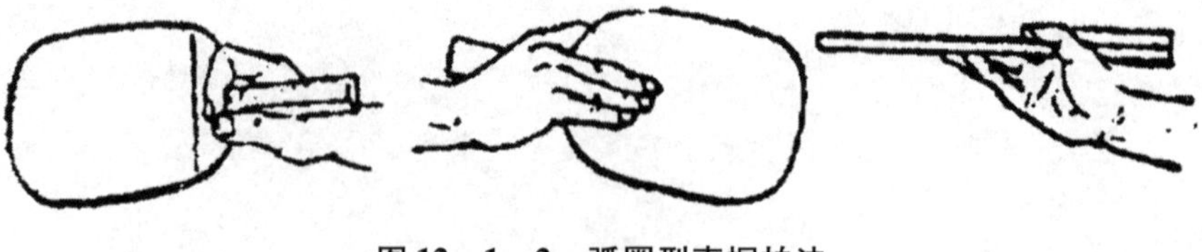

图12－1－2 弧圈型直握拍法

③削球型直握拍法：拇指弯曲紧贴拍柄左侧，稍用力下压，其余四指分开并自然伸直托住球拍的背面（图 12－1－3）。

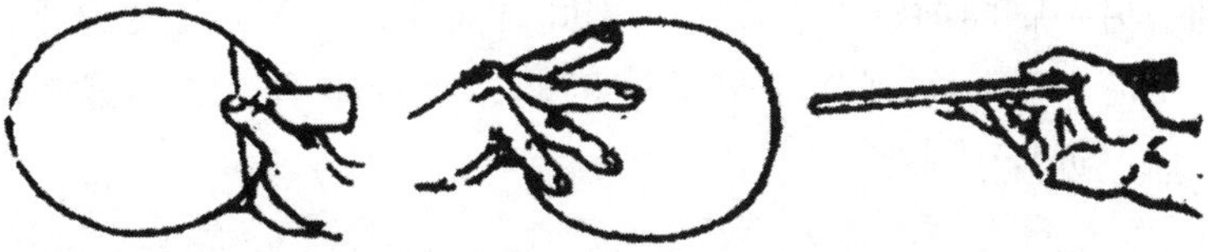

图 12－1－3 削球型直握拍法

（2）横握拍法

①攻击型横握拍法：拇指自然斜伸，贴于拍面。食指自然斜伸，贴于球拍背后，用第一指节顶住球拍，顶点略偏上（图 12－1－4）。

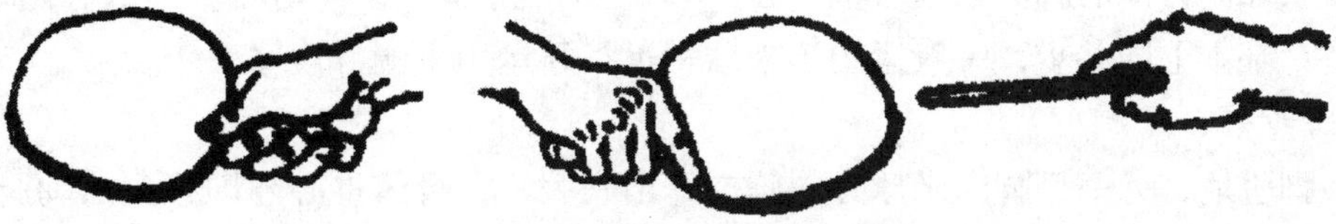

图 12－1－4 攻击型横握拍法

②削攻型横握拍法：拇指在前自然弯曲贴于拍柄，食指在拍后自然斜伸贴于拍面，其他各指自然握住拍柄（图 12－1－5）。

图 12－1－5 削攻型横握拍法

二、站位技术

（一）基本站位

进攻型打法一般距离球台 50 厘米左右，擅长近台进攻的选手，站位可再稍近些。擅长中近台进攻的选手，站位可稍靠后些。擅长正手侧身抢攻的选手，可站在球台偏左侧。擅长打相持球或反手实力较强的选手，可站于球台中间略偏反手的位置。削攻型打法一般距离球台 100～150 厘米，多在球台中间略偏反手的位置。

基本站位所指的是一个大概范围，并不是固定的一点，各种类型打法的基本站位不仅不一样，而且它们所指的范围大小亦不相同。直拍近台快攻打法的基本站位所指范围较小，弧圈球打法站住范围就大些，而削球打法则更大。

（二）基本步法

两脚开立，比肩稍宽，左脚稍前，右脚稍后，前脚掌内侧着地，脚后跟略提起，两膝自然微屈，重心在两脚之间，含胸收腹，身体略前倾，肩关节放松，执拍手位于身前偏右处，球拍略高于台面。另外，对每个选手的基本姿势还要依其身体条件及技术特点略有变化。

1. 单步

以一脚为轴，另一脚向前、后、左、右不同方向移动，重心随之跟上。其特点是：移步简单、灵活、重心平稳。它适用于来球速度快，离身体不远的小范围内击球。如近网球、搓球、推挡球、近身削球等。

2. 并步

先以来球异方向的脚向同方向的脚移一步，然后同方向的脚再向来球的方向迈一步，重心随之交换。其特点是：身体不腾空，重心起伏小而稳定。一般为攻球、削球选手在左右移动时常采用。

3. 换步（即跟步）

先以来球同方向的脚向来球方向跨出一步，另一只脚跟着移动一步，重心随之交换。其特点是：基本上同并步，一般运用于来球稍远，还运用于侧身攻球。

4. 跨步

以一脚蹬地，另一只脚向来球方向腾空跨出一大步，身体重心随即移到摆动脚上，另一只脚跟着移动。其特点是：速度快、幅度范围比单、并、换步移动大，进攻型选手多用于扑打正手球，削球选手多用于突然的攻击（图 12 –1 –6）。

图 12 –1 –6　跨步

5. 跳步

以来球异方向的脚用力蹬地为主，使两脚同时或几乎同时离地向来球的方向跳动，蹬地用力大的脚先落地，另一只脚紧跟落地，可以原地或向左右前后跳动。其特点是快速、灵活、移动幅度比单、并、换步大，有短暂的腾空时间，靠膝关节和踝关节的缓冲来减少重心的起伏。快攻打法用跳步侧身抢攻较多，弧圈球打法在中台左右移动或侧移动时常用，搓球、削球时用跳步调整位置较多。

6. 交叉步

先以靠近来球方向的脚作为支撑脚，远离来球方向的脚向来球方向移动，并超过另一只脚，然后另一只脚随即向来球方向再迈一步。其特点是移动幅度比上述步法的移动幅度都大，主要用于离身体较远的来球。如快攻、弧圈球打法在侧身进攻后扑右空当或削两边大角度来球时常用此种步法。

三、发球技术

发球是乒乓球运动中非常重要的技术，是比赛的开始，它不受对方来球的制约和限制。在比赛中，发球可以直接得分，可以为发球抢攻创造条件，充分发挥自己的技术风格和特点，限制对方技术特长发挥，破坏对方战术，造成对方心理恐惧，使自己增强比赛的信心。

（一）平击发球

特点：速度一般，基本不转或略带上旋。

动作要点：正手发球时左脚在前，身体稍向右转，左手掌心托球，置于身体右侧，右手持拍置于身体右侧，持球手将球向上抛起，同时右臂稍向后引拍，在球略低于网时，持拍手从身体右后方向前挥拍，拍形稍前倾，撞击球的中部靠上。击球后，前臂和手腕继续随势向前挥动，身体重心移至前脚。击出的球应先落在本方台面的中区。反手发球时，右脚在前，球向上抛起后，右手持拍从身体左后方向前挥动，拍形稍前倾，击球中部靠上，身体重心移至前脚（图 12－1－7）。

图 12－1－7　平击发球

（二）反手发急上旋长球

特点：球速快，弧线低，前冲力大，是快攻型打法常用的发球。

动作要点：右脚稍前，持拍手位于身前，球向上轻轻抛起，同时持拍手向后引拍，上臂自然地靠近身体右侧，当球从高点下降到低于球网时，持拍手以肘为中心，前臂向右前方横摆发力击球，触球时拍面稍向前倾摩擦球的中上部，使球快速前进并具有一定的上旋，球离拍后，第一跳要落在球台端线附近。

（三）反手发轻短球

特点：动作小，出手快，力量轻，落点靠近球网，使对方不易发力还击，可牵制对方。

动作要点：手臂先向后上方引拍，当球下降至网稍高时，前臂向前下方轻微用力送出，拍面后仰，触球中下部并向底部摩擦。球离拍后，第一跳要在本方台面近网区弹起越网落到对方近网区的地方。

（四）反手发急下旋长球

特点：球速较快，带有一定的下旋，对方接球时不易借力。

动作要点：拇指用力压拍左肩，拍面稍后仰，前臂向后上方引拍，当球下降到低于球网时，前臂迅速向前下方用力推切球，拍面触球中下部。手腕在球拍触球一刹那时，要略加一点弹击动作，以加快急下旋球的速度。球离拍后，第一跳要落在球台端线附近。

（五）正、反手发转与不转球

特点：动作相似，出手迅速，线路短，不出台。

动作要点：球拍触球时，拍面较平，摩擦球的中下部或偏底部，并向前下方发力为加转球。触球时，拍面稍立，不是摩擦球体而是将球推送出去，为不转球。

（六）正手发右侧上旋急球（奔球）

特点：球速快，角度大，突然性强，并向对方右侧偏拐。

动作要点：持拍手向右后上方引拍，拍面较垂直。当球下降时，上臂带动前臂由右后方向左前方挥摆，同时腰髋也由右向左转动。拍面触球的一瞬间，拇指用力压迫左肩，手腕同时从后向前用力抖动，球拍沿球的右侧中部向中上部摩擦。

发球技术的学练方法：

①徒手做抛球、引拍与挥拍击球模仿练习。

②先发斜线，后发直线；先发不定点，后发定点。

③练习发各种旋转性能的球。

④用同一动作发单一速度、线路、落点、旋转的球。

⑤用近似动作发不同速度、线路、落点、旋转的球。

⑥采用多球训练法，结合个人技术特点，练 1 ~2 套质量高的特长发球。

四、接发球技术

接发球是处于被动地位，它的难度主要是判断和分析对手的发球意图及球的旋转、速度、落点等因素来决定自己的回接方法。接发球既是受控于对手的发球，又要反控于对手的一板抢攻。接发球技术的优劣对比赛胜负起着重要的作用。如能有效地接好对方发球，遏制或瓦解对方发抢的主动优势，那么在比赛中就有了一半以上的取胜可能。接发球技术包括点、拨、搓、拉、攻、推、削、摆短、撇侧旋球等。

接发球技术的学练方法：

首先是接好台内短球，可采用快搓摆短，快捅底线长球，快挑多种落点，撇大角，拧搓左右侧旋，拧挑左右侧旋，推送下沉球等技术手段。其次是要突出“快”和“变”，以快为主，如点球快、拉球快、挑球快，运用搓球、推挡球也要快。变就是落点、速度、旋转的变化。落点和速度的变化包括拉、挑、拨斜直线，推两角、压中路和快搓短球、快捅底线长球等。旋转变化包括撇侧旋、拉小弧圈、拧挑左右侧旋、拧搓左右侧旋、搓转不转球等。接发球要力争做到有拉、有攻、有点、快摆、快捅、时长时短，忽左忽右和多种旋转变化的主动意识，给对方制造难度，不能随心所欲，变被动为相持，甚至转为主动，为第四板创造进攻机会。

五、推挡技术

推挡是直拍左推右攻打法的一项重要技术，也是初学者入门的一种基本技术。其特点是站位近、动作小、速度快、变化多。推挡是争取主动的助攻手段，亦是积极防御的技术，掌握推挡技术要求速度快、力量大、变化多、有韧性。技术种类可分为平挡、反手快推、加力推挡、推挤、下旋推挡、减力推挡和正手推挡等。

直拍推挡技术口诀：

拇指前推食指压，边提边推拍倾斜。以肩为轴臂前伸，球触拍心效果佳。

（1）平挡

特点：借力还击，力量轻、速度慢、线路短。

动作要点：拍面接近垂直，略高于台面，手指手腕控制拍形，上升前期触球中部靠上，借助来球反弹力，前臂和手腕向前上方挥动。

（2）快推

特点：速度快、变化多、灵活，一般运用于相持、接弧圈球、拉球和中等力量的突击来球。

动作要点：上臂、前臂向后下方稍引拍（动作要小），手臂迅速迎前，击来球的上升期，击球一刹那手腕外旋用力，触球中上部，手臂向前并稍微向上辅助用力快推。

（3）加力推挡

特点：力量重、速度快，主要运用于助攻，常迫使对方离台造成被动，为抢攻创造条件。还可适当用于对付速度较慢、旋转较弱的上旋来球或力量较轻的攻球和推挡球。

动作要点：前臂提起，上臂后收，肘部贴近身体，在上升后期或高点期击球，适当运用伸髋转腰动作，加大手腕发力，并用中指顶住拍背向前用力，身体重心同时向前移动。

推挡技术的学练方法：

①正、反手对墙面做挡球练习。

②反手对反手斜线、中路、直线的对推（挡）。

③一点推两点或左半台不同落点的对推（挡）。

④反手推挡对方正手攻直线、侧身攻斜线、反手攻斜线等。

⑤采用推挤与加力推结合回击弧圈球练习。

六、攻球技术

攻球技术在各类打法中占据重要的地位，其特点是站位近、判断快、动作小、击球速度快、变化多，同时具有击球还原快、动作放松快、步法移动快等。

攻球技术分为正手攻球、反手攻球和侧身攻球三大部分，包括快攻、快点、快拉、突击、扣杀、快带、杀高球、中远台攻球、攻打弧圈球等各种技术。

（一）正手快攻（亦称正手快抽）

特点：站位近、动作小、速度快、进攻性强。

动作要点：右脚稍用力蹬地，膝髋稍向前挺，腰向左转，带动手臂向前挥动迎球。击球点在体前右侧，触球瞬间前臂快速用力收缩，向前打为主，略有摩擦。在来球的上升或高点期击球，触球的中上部，手腕手指调节好拍形辅助发力，触球瞬间有一摩擦球的动作。

（二）正手快拉（通常也叫提拉、拉抽）

特点：速度较快，动作较小，线路较活并与突击动作较接近，用它快拉不同落点，配合拉轻重力量和旋转变化等，伺机进行突击、扣杀。

动作要点：前臂发力为主，击来球高点期或下降前期，手腕同时向前向上用力转动球拍摩擦球，以便制造弧线。应注意判断好来球下旋的强弱，若来球下旋强，球拍向上摩擦球的力量要大些，弧线要高些；反之向上摩擦球的力量要小些，弧线应低些，拍面角度和触球部位也要根据来球下旋的强弱来调节。

直拍正手攻球技术口诀：

边蹬边转边挥拍，球拍斜挥到额头。以肘为轴收小臂，拍形前倾防架肘。

（三）正手扣杀

特点：力量重、球速快、威力大、攻击性强。常用于还击各种机会球。

动作要点：主要靠腰髋的转动及腿的蹬力，带动手臂向前发力，手腕手指除控制落点外，还应辅助手臂一起向前下爆发用力，击来球高点期，亦可在上升期击球。扣杀一般来球，拍面稍前倾，击球中上部；扣杀强烈下旋球时，拍形与台面垂直，高点期击球中部，发力以撞击为主，略带摩擦。若来球高且近网，可直接将球向下稍前扣杀。

（四）正手中远台攻球

特点：力量较重、进攻性较强。常用于侧身后扑正手球和正手打回头。

动作要点：站位中远台，上臂带动前臂向左前上方发力为主，手腕控制拍面角度，右脚蹬地，上体左转，重心前移，在来球高点期或下降前期击球的中上部或中部，手臂挥动要快，用力要集中，适当运用腰、腿的力量。

（五）正手攻打弧圈球

特点：速度快、力量大、威胁性强。

动作要点：高手引拍，拍形稍前倾，相对固定。发力以大臂和腰髋的转动为主，触球瞬间前臂有一收缩动作，击球点一定要在身前，发力方向为向前、向下，击球时间在上升后期。

（六）反手攻球技术

特点：出手快、突然性强。

1. 直拍反手攻球动作要点

右髋和腰右侧略向左后方压转重心，前臂稍向后摆，引拍稍高。髋关节略向右转，前臂向右前方用力，肘部内收，左肩稍向后拉，击球中部稍偏左侧，手腕辅助发力，稍带摩擦球，食指掌握好拍形，拍后中指决定发力方向（图 12－1－8）。

图 12－1－8　直拍反手攻球

2．横拍反手攻球动作要点

腰髋部略向左转的同时，带动前臂略向后引拍，手腕稍后屈。在腰髋部略向右转的同时，前臂和手腕向前右方发力，触球的中部或中上部，前臂和手掌背部的运行方向决定击球的方向，拇指控制拍形和击球弧线。

攻球技术的学练方法：

①反复徒手挥拍练习，结合步法一起练。

②一人推挡，一人攻球，先定点定线路，然后有规律地变化落点，最后无规律地推不同落点练习。

③对攻练习：1/2 台斜线对攻、直线对攻，2/3 台移动中对攻。

④左推右攻对方两点，对方也交替左推右攻至本方两点，即两条斜线对两条直线。

⑤一人推挡，一人反手攻斜、直线，或侧身攻斜、直线等。

⑥二人对推或对搓，一人拉弧圈球，一人攻打弧圈球，可采用侧身、扑正手等。

七、弧圈球技术

正手拉加转弧圈球。

特点：速度稍慢、稳健性好、具有强烈上旋、弧线曲度大。

动作要点：球拍低于来球，右脚掌内侧蹬地，以腰、髋扭转带动手臂由后向前挥动，快速收缩前臂，在高点期或下降前期，向前上方摩擦球的中部或中上部，拍形与台面垂直或稍前倾，触球瞬间甩动手腕。

八、搓球技术

搓球类似削球的动作（又称为“小削板”），是过渡性技术。特点是站位近、动作小、出手快。回球多在台内进行，用它对付下旋来球是一种比较稳妥的方法，也是学削球的入门技术。搓球分为快搓、慢搓、摆短、搓侧旋等。

（一）快搓

特点：击球时间早，回球速度快，可以变节奏。主要用于对付近网下旋球，可以回搓近网球和底线长球。

动作要点：拍面稍后仰，手臂要迅速前伸迎球。在上升前期击球，来球下旋强，拍触球的底部，前臂和手腕向前用力，摩擦要大些；来球下旋弱，拍触球的中下部，前臂和手腕向下向前用力切摩要大些。根据来球旋转强弱调节拍形。

（二）慢搓

特点：击球时间晚，回球速度慢，利于加转，同快搓结合运用可改变击球节奏。

动作要点：击球时间为下降前期触球中下部，拍形稍后仰，前臂配合手腕动作向前稍下切摩用力。正手搓球以拇指和中指用力为主，横拍以靠近虎口处的肌肉和拇指、食指的协调用力为主。根据来球旋转程度，调节拍面角度和用力方向。来球旋转强，触球靠近底部，向前摩擦用力大；来球旋转弱，触球中下部，向下向前切摩用力。搓加转球，用球拍的下部触球，前臂和手腕、手指向前下用力摩擦击球，以摩为主；搓不转球，用球拍的上部或中部触球，前臂和手腕、手指向前下撞推送用力，以撞为主。

（三）快摆（即摆短）

特点：速度快、落点短、弧线低。主要对付近网下旋球，限制对方抢拉或抢攻。

动作要点：上升前期击球，拍面后仰，触球的下中部或底部。击球时动作幅度很小，前臂向前伸的动作和快搓相似，触球时手臂和手腕用力很小，可借助来球的反弹力，有时还有一定的减力动作。

搓球技术的学练方法：

①徒手模仿练习：自己向台内抛球，待球弹起后将球搓过网。

②一人发一定旋转的球，一人将球搓回对方球台。

③一人用多球固定线路发下旋球正、反手位，一人正、反手结合搓球，先慢后快、先长后短。

④反手斜线对搓，正手斜线对搓，一人反手、一人正手直线对搓。

⑤1/2 台不同落点的正手或反手对搓，结合正、反手攻球。

九、削球技术

削球是一项防御性技术，具有稳健性好、冒险性小的特点。削球能限制对方进攻，迫使对方被动甚至失误，为自己的进攻创造条件。削球的种类可分为削轻拉球、削追身球、削突击球、削加转球、削前冲弧圈球等。

第二节　乒乓球的基本战术

战术是一种综合运用技术、心理和身体素质的方法，其目的是争取比赛的胜利。战术是以基本技术和技术实力为基础，技术掌握越全面、越纯熟、越实用、越有质量，就越能更好地完成战术实施，并取得良好的效果。基本战术有发球抢攻、搓攻、对攻、拉攻、削攻结合、挡攻削结合、接发球抢攻等。

一、发球抢攻战术

发球抢攻战术是各种类型打法的重要战术之一，是比赛的重要得分手段，特别是在关键时刻，果断运用发球抢攻显得格外重要。

（1）反手发急下旋球为主，配合发短球和急上旋球后抢攻或推挡。

（2）反手发右侧上、下旋球至对方中间偏右近网处，配合发大角度长球，伺机抢攻。

（3）正手发下旋转与不转短球至对方右角或中路为主，配合发长球至对手左方，伺机抢攻，一般先发加转球。

二、对攻战术

对攻是进攻型选手相互对抗时，双方利用速度、旋转、落点变化和轻重力量进行控制与反控制对方，力争主动的重要手段。它主要是发挥快速多变的特点来调动对方，以达攻击的目的。快攻对付以弧圈球为主的打法，主要是用速度、落点和轻重力量的变化，迫使对方难以发挥旋转的作用、拉不出高质量的弧圈球。快攻对付以快攻为主的打法，主要是用速度、力量和落点变化，迫使对方难以发挥速度和力量的作用。各种具体对攻战术，主要是依靠左推右攻或正反手攻球结合变化落点和轻重力量组成。

（1）紧压对方反手、结合变线，伺机正手抢攻或侧身抢攻。

（2）压左调右（亦称压反手变正手），压左等右，伺机抢攻。

（3）用加、减力推挡结合推下旋，压对方反手、中路，伺机抢攻。

（4）连压对方中路，突变两角，或压两角抢攻中路。

（5）采用轻重球相结合运用的战术。

三、搓攻战术

搓攻战术是削中反攻和攻守结合类打法的主要进攻战术，又是快攻类打法对付攻球和削球打法的辅助战术。它主要是利用旋转和落点变化控制对方，为进攻创造机会。

（1）搓不同落点：如搓两角、搓同线长短、搓异线长短、搓追身，伺机突击。

（2）搓转不转结合落点变化：如快搓转不转，快、慢搓结合，下旋和侧旋结合等，伺机突击。

（3）搓拉结合：如先搓后拉、先拉后搓、搓中变推等，伺机突击。

四、双打

双打比赛是一个十分活跃且很有趣味的项目，它要求两名选手紧密配合、相互了解、相互信任、共同合作、发扬集体主义精神，这样才能取得好的成绩。

1. 双打的配对

（1）一名快攻与一名弧圈球选手配对，如邓亚萍和乔红，即一快一转、一前一后。

（2）一名快攻左手与一名快攻右手配对，形成一左一右移动走位。

（3）一名快攻正胶与一名快攻反胶配对，形成环形移动走位。

（4）两名削球选手配对，最好是一个站位稍前，一个站位稍远。

2. 双打的走位

（1）“八”字形走位：适用于一左手和一右手执拍进攻型选手配对（图 12－2－1）。

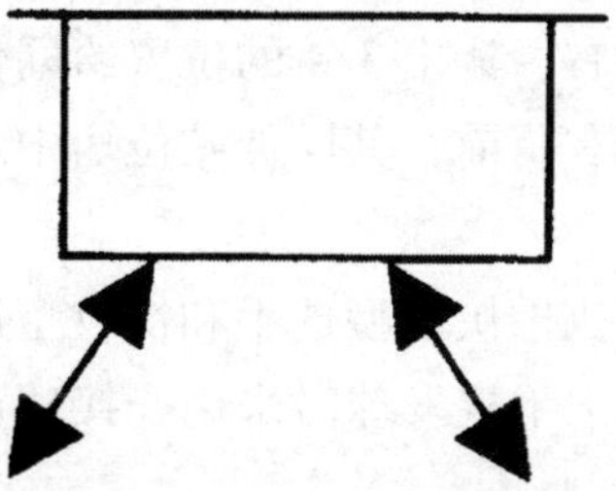

图 12－2－1　“八”字形走位

（2）环形移动：适用于两名右手执拍选手配对时的走位（图 12－2－2）。

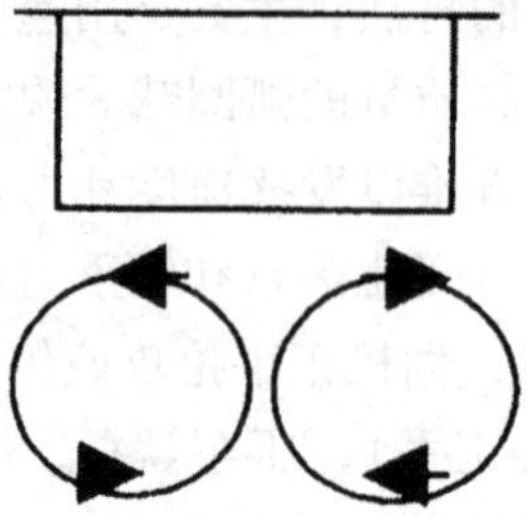

图 12－2－2　环形移动

（3）“T”字形移动：适用于一近台与一中远台选手配对时的走位（图 12－2－3）。

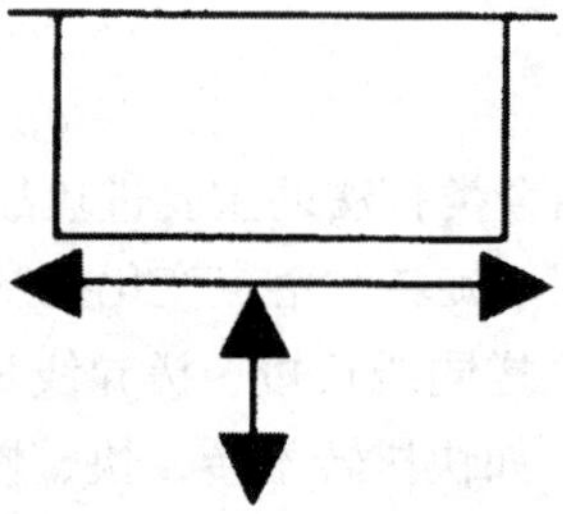

图 12－2－3　“T”字形移动

（4）横“∞”字形移动：适用于对方对本方一名选手交叉打两角时的走位（图 12－2－4）。

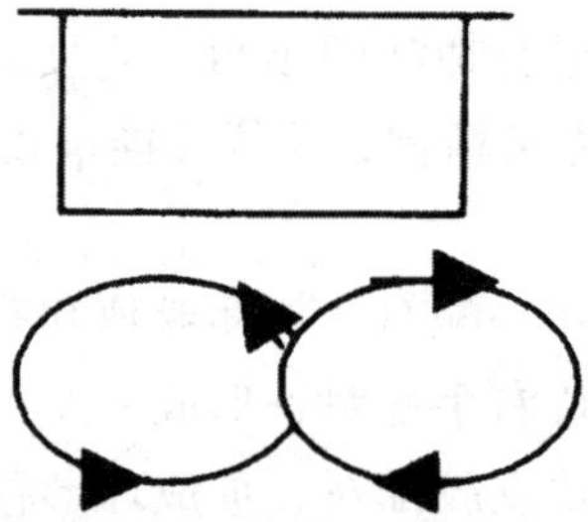

图 12－2－4　横“∞”字形移动

3. 发球和接发球时的站位

（1）发球员与同伴站位

①平行站位，发球点站位偏右，让出 3/4 的位置给同伴居中近台站立。

②前后站位，发球员站位偏右稍前，其同伴站位居中略后。

（2）接球员与同伴站位

①平行站位，多为一左一右执拍快攻型选手和快攻型选手采用反手接发球时采用。

②前后站位，快攻型选手用正手接发球时采用，接球员站近台偏中位置，同伴稍后错位站立。

五、多球训练法

多球训练是一种行之有效的现代科学训练方法。它可以减少捡球时间，提高单位时间的击球次数，增大练习密度，有利于掌握、巩固和迅速提高运动员的技术水平。在掌握提高某种技术时，可以收到立竿见影的效果，也可以集中时间、集中力量打歼灭战，专门练习平时不易常练的技术，如发球、接发球、连续进攻等。对技术组合和综合战术的练习效果更佳。多球训练速度快、密度大，有助于提高专项耐力、速度和力量等身体素质，培养勇敢顽强的意志品质。

1. 多球训练应注意的问题

（1）多球训练决不能代替单球训练，它与单球训练的时间安排是1:2，至多是1:1，否则会产生不良的后果。

（2）防止和克服因为球多（不用每球必捡），容易出现不动脑子或不认真对待每一板球的错误倾向。

（3）注意掌握好运动负荷，应采用定时、定量，如规定供球次数或命中次数，随着训练水平的不断提高，应逐步加大运动负荷。

2. 多球训练的学练方法

（1）用多球自供自练，如练习一种发球、一套发球或多种多套发球。

（2）用多球自供自练二人练习，如一人练发球，另一人练接发球。先练某一种再练一套或几套综合性的发球与接发球，可规定数量或时间，二人交换练习内容。

（3）一人陪练供球，一人练习单个技术。如正手攻球，先练原地，再练1/2 台、2/3台或全台移动攻球，先定点后不定点。

（4）一人陪练供球，一人练习组合技术。如左推右攻、推挡后侧身攻结合连续扣杀、发球抢攻、推挡侧身攻后扑打正手等。

（5）二人陪练轮换供球方法：一人一个点供球，一人供上旋另一人供下旋。一人快速供球另一人慢速供球。一人供短球另一人供长球，一人发力供球另一人不发力供球等。

（6）机器供球：利用发球机，按计划和要求供球练习。

第三节 乒乓球运动的规则

一、比赛用球

比赛用球是高分子聚合物为原材料的塑料新球，是由两个半球组成的有缝球。新球的直径标准由原来的39.50～40.50毫米上调到40.00～40.60毫米，如此微小的尺寸调整，却足以让乒乓球的旋转、速度与弹性发生明显变化，重量为27克。

二、比赛场地

比赛场地包括球台和球网。球台长 2. 74m、宽 1. 525m、高 0. 76m，台面呈均匀的暗色，无光泽。球台边缘各有一条 2cm 宽白色边线，台面中央有一个与端线平行的垂直球网将台面划分为两个相等的台区，各台区由一条 3mm 宽的白色中线划分为两个相等的“半区”。中线与边线平行，并应视为右半区的一部分。比赛台面不包括球台的侧面。球网装置包括球网、悬网绳、网柱及将它们固定在球台上的夹钳部分，整个球网的顶端距离比赛台面 15. 25cm。

三、合法发球

发球时，球应放在不执拍手的掌心上，四指并拢，手静止—张开—伸手。抛球时，应把球垂直向上抛起，不得使球旋转，并使球在离开手掌之后上升不少于 16cm。击球时，应在球抛起后从最高点下落时方可击球。在抛球至击球整个过程中，发球方不许遮挡球，应使接发球方和裁判员看清楚其发球动作；在这个过程中，球始终高于比赛台面，并且抛球和击球的动作应在球台的端线之后完成。在双打比赛时，球应先触及本方台面的右半区，然后直接越过或绕过球网装置，触及对方台面的右半区。

四、合法还击

对方发球或击球后，本方运动员必须击球，使球直接越过或绕过球网装置，或触及球网装置后再触及对方台面。如果发出或还击的球越过球网又返回时，对方可以对此球进行还击，使其直接触及对方台面，此球应看作越过或绕过球网。

五、重发球

在比赛过程中，合法发出的球越过或绕过球网装置时，触及球网装置落在对方台面或触及球网装置后被接发球员拦击，这时应判重新发球；或接发球方未准备好而球已经发出，并且接发球方没有企图击球，这时也应判重新发球。

六、一局比赛

在一局比赛中，先得 11 分的一方为胜方。但打到 10 平之后，先多得 2 分的一方为胜方。

七、一场比赛

一场比赛采用七局四胜制，比赛应连续进行，但局与局之间运动员有权要求不超过 2 分钟的休息时间。

八、选择发球、接发球和方位

在每场比赛开始前，用抽签的方法来确定发球、接发球和方位。抽签胜方可以先选择发球、接发球，由负方选择方位；或胜方先选择方位，由负方选择发球、接发球。

九、发球、发球次序及方位

在一局单打比赛中，发球方先发两个球，然后由接发球方发两个球，依此类推，直至该局比赛结束。但当双方的比分打到 10 平时，实行轮换发球，直至一方胜出 2 分。在双打比赛中，发球方先确定第一发球员，对方确定第一接发球员。比赛时，第一发球员先发两个球，然后由第一接发球员发两个球，接着由第一发球员的同伴发两个球，最后由第一接发球员的同伴发两个球，然后依此类推，直至比赛结束。但当双方比分打到 10 平时，实行轮换发球，发球和接发球次序不变，但每人只发一个球，直至一方胜出 2 分。

第十三章　羽毛球

羽毛球运动是一项能够让人眼明手快、全身得到锻炼的体育项目，运动量可根据个人年龄、体质、运动水平和场地环境的特点而定。

第一节　羽毛球的基本技术

羽毛球运动的基本技术主要由上肢基本手法和下肢基本步法两大部分组成。上肢的基本手法又由握拍、发球与接发球和击球三个技术部分组成；下肢的步法则由基本站位、前上网、中场左右和后场后退步法组成。

一、握拍

羽毛球技术中的握拍法和指法多种多样，基本的握拍方式有两种：正手握拍和反手握拍。

（一）正手握拍法

握拍之前，先用左手拿住球拍，使拍面与地面垂直，再张开右手，使手掌下部靠在球拍的握柄底托部位，虎口对着球拍框，拇指和食指贴在拍柄的两个宽面上，小指、无名指、中指自然并拢，食指与中指稍稍分开，自然弯曲并贴在拍柄上。掌心不要紧贴，拍柄端与近腕部的小鱼际平行，拍面基本与地面垂直。

（二）反手握拍法

反手握拍是在正手握拍的基础上，拇指和食指将拍框外转，拇指前内侧部位贴在拍柄的宽面部位，食指往中指、无名指、小指并拢握住拍柄，柄端靠近小指根部。

二、发球

基本的发球技术有：发高远球、发平高球、发平球和发网前球。

（一）正手发球技术

1. 发球站位

单打发球在中线附近，站在离前发球线 1m 左右处。双打发球站位可靠近前发球线。

2. 准备姿势

身体左肩膀侧对球网，左脚在前，右脚在后，重心在右脚上。右手持拍向右后侧举起，肘部放松微屈，左手拇指、食指和中指夹住球，举在胸腹前。发球时，身体重心由右脚移至左脚。此发球站位和准备姿势适合于各种正手发球动作。

3. 正手发球方法

（1）高远球：发出的球既高又远，使球呈垂直下落在底线附近。

动作要领：发球时，左手持球于身体右前方使球自然落下，右手大臂带动小臂，随转体从右后向前左前上方挥动，当球与拍面接触一刹那，握紧球拍，并利用手腕力量，向前上方击球；使球向对方的后场上方飞行，在对方场区底线附近形成垂直下落。球击出后，手臂向左上方自然挥动，击球后身体重心由右脚移至左脚（图 13－1－1）。

图 13－1－1　正手发高远球

（2）网前球：运用手腕和手指的力量把球轻轻发出，使球贴网而过，落到对方短发球区的区域内。

动作要领：发网前球就是把球发到对方发球线附近。击球时站位稍前、握拍要放松，大臂动作要小，主要靠小臂带动手腕向前切送，用力要轻。球拍触球时，拍面从右向左斜切击球，使球刚好越网而过，落在对方前发球线附近。

（二）反手发球技术

反手发球一般都以发平球和发短球为主。这种发球主要用拇指发力，并以拇指及其他手指来控制球速和落点。为使发球的效果好，在球与球拍弦接触的一瞬间，要手臂带动手腕向前横着切送，以保证球体飞行的稳定性。

1. 发球站位

站在前发球线后 10～50cm 及发球区中线附近，也可站在前发球线及场地边线附近。

2. 准备姿势

面向球网，两脚前后站立，上体稍前倾，重心落在前脚上。右手反握拍，左手拇指和食指捏住球的两三根羽毛，球托向下，球体与拍面平行或球托对准拍面放在拍面前方。

3. 反手发网前球方法

面向球网，两脚前后站立在发球线后 10～50 厘米附近，也可以站在前发球线及场地边线附近。手反握拍，左手捏球，球托明显朝下，球托对准拍面放在拍面前方。上体稍前倾，身体重心在前脚上。小臂带动手腕，采用弹击的方法将球击出，使球过网后即下落在对方前发球线附近（图 13－1－2）。

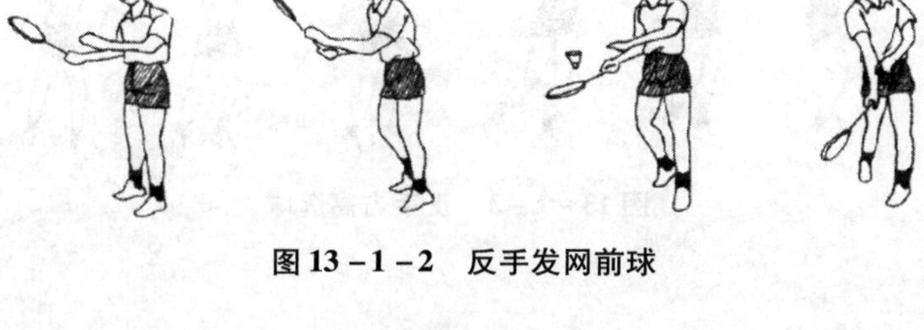

图 13－1－2　反手发网前球

三、接发球

接发球是指还击对方发过来的球。与发球一样，接发球技术也是羽毛球运动最基本的技术之一，在比赛时也起着重要作用。发球与接发球是一对矛盾，发球方想方设法发出各种不同弧线的球，以此来控制对方；而接发球方则后发制人，来达到反控制的目的。

（一）接发球的站位

单打的接发球站位离前发球线约 1.5 米处，在右发球区要站在靠中线的位置，在左发球区则站在中间稍偏边线位置。

（二）接发球的准备姿势

单打接发球应左脚在前，右脚在后，侧身对网，重心在前脚，后脚脚跟稍提起，双膝微屈，收腹含胸，持拍于右身前，两眼注视前方。

双打接发球准备姿势基本同单打一样，但重心可随意放在任何一只脚上，球拍高举在肩上，注意力要高度集中。

在接对方发来的高远球或平高球时，可用平高球、吊球或杀球还击，抓住进攻机会，还击得好，就掌握了主动。相反，后场技术没掌握好，还击球的质量较差，就会遭到对方攻击。

在接对方的网前球时，可用平推、放网前球、挑后场高球、勾对角球还击；如对方发球质量不好，也可用扑球还击。在发现对方发球抢攻意图时，如果自己防守能力又不强，那就放网前球或平推球还击，控制住球，落点要远离对方的站位，不让对方进攻。当对方连续发球抢攻时，接发球一定要冷静、沉着、准确判断，提高接发球质量，以牵制对方发球抢攻。

四、击球

（一）肩以上的基本技术

1. 正手高远球

首先要判断好来球的方向和落点，侧身后退，使球处在自己的右肩稍前上方位置。左肩对网，左脚在前，右脚在后，重心在右脚上。左臂屈肘，左手自然高举，右手持拍，手臂自然弯曲，将球拍举在右肩上方，两眼注视来球。击球时，右上臂后引，随之肘关节上提至明显高于肩部，将球拍后引至头部，自然伸腕（掌心朝上），以肩为轴，上臂带动前臂快速向前上方甩腕，在手臂伸直的最高点击球。击球后，持拍手臂顺惯性往前左下方挥动并收拍至体前。与此同时，右脚向前迈出，左脚后撤，身体重心由后脚转移到前脚上（图 13－1－3）。

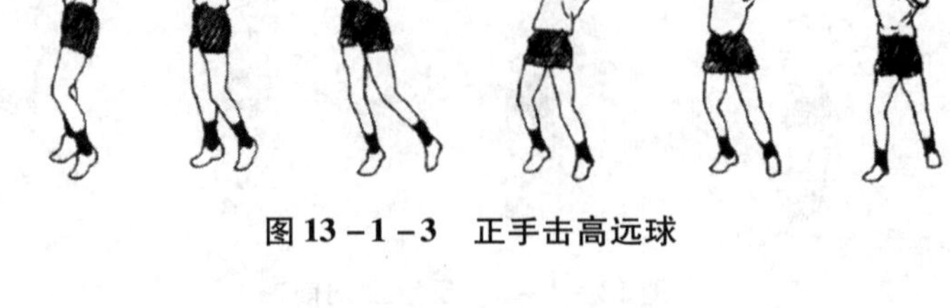

图 13－1－3　正手击高远球

2. 正手头顶平高球

击球前准备姿势以及击球动作与正手击高远球基本相同，只是击球点稍前，拍形角度稍前倾。

3. 扣杀球

正手杀直线球的准备姿势与正手击高远球相似，不同的是最后用力的方向朝下。在右脚起跳后，身体后仰呈反弓后收腹用力，靠腰腹带动大臂、大臂带动前臂、前臂带动手腕，形成鞭打向下用力，球拍正面击球托的后部，无切击，使球沿直线向前下方快速飞行。击球后立即还原成准备姿势。

4. 吊球

吊球的准备动作和挥臂过程基本上与高远球的动作一样，所不同的是，在吊球的刹那用手腕、手指的力量，把球轻轻地吊到对方的场区内。

（1）正手吊直线球：击球前动作同正手击高球。击球的一刹那，拍面稍倾斜，手腕快速切击球托的右侧后下部。关键是用力方向朝前下，使球越网后旋即下落。击球后，手臂随惯性自然回收到胸前（图 13－1－4）。

图 13－1－4　正手吊直线球

（2）正手吊斜线球：击球前动作同正手击斜线高球。当击球的一刹那，用较轻的力量击球（切击），关键是用力方向朝对角线斜下方。击球后，球拍随惯性自然回收到胸前。

（二）肩以下的基本技术

1. 搓球

在球与球拍接触的一瞬间，运用手指的灵活性和爆发力，将球拍面自下而上用力搓，让球带着旋转和滚动飞行（图 13－1－5）。

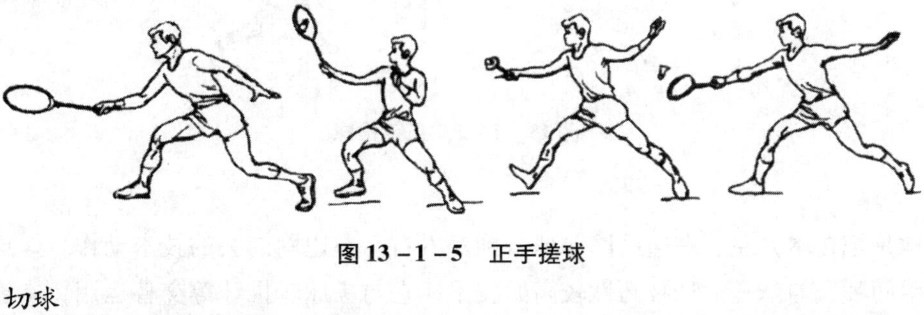

图 13－1－5　正手搓球

2. 切球

切球的动作要领与搓球一样，但挥拍的方向恰与搓球相反。击球时，将球拍面自上而下切下来，把球切向对方网前的场区。

3. 扑球

扑球就是当对方过来的球刚刚过网时即上前，在网的上方，举拍把球扑向对方的场区内。由于扑球速度快、路线短，是得分的重要手段（图 13 –1 –6）。

图 13 –1 –6　正手扑球

4. 推球

推球也属于前场的进攻技术，一般在对方把球击到己方网前区稍远和偏远之处并欲冲向网前时，即上前运用手指和手腕的力量，快速果断地把球推向对方的后场区域。击球点要高，球的弧度要平，速度要快（如图 13 –7）。

图 13 –1 –7　正手推球

5. 勾球

勾球是把在本方左、右边的网前球击到对方右、左边网前去的技术动作。勾球分为正手和反手两种。勾球是一种技巧性较高的技术，它与搓球、推球等交替运用，常能达到声东击西的战术效果。

6. 挑球

把对方击来的网前球、吊球挑高回击到对方后场去，称为挑高球（如图 13-1-8）。

图 13-1-8　正手挑球

五、步法

进行羽毛球比赛时，运动员在场上为了跑到适当的位置击球，而采取的快速、合理、准确的移动方法，称为步法。步法可称为羽毛球运动技术之母，步法和手法是相辅相成的，羽毛球的步法根据移动的方向又可分为上网步法、退后场步法和中场两侧移动步法。

（一）上网步法

上网步法是指从场地中央位置向网前移动的步法。

1. 跨步上网：起动时，左（右）先向前迈出一小步，然后右（左）脚向前跨出一大步，呈弓步状击球。击球后，用并步或交叉步退回中心位置。

2. 垫步上网：右（左）脚先迈出一小步，随后左（右）脚立即垫一小步靠右（左）脚跟，右（左）脚在左（右）脚垫步尚未着地时迅速向前跨大步。

3. 交叉步上网：起动后比跨步上网多加一步，其他则相同。

（二）退后场步法

退后场步法是指从中心位置后退到底线的步法。

1. 正手后退右后场：如果右脚在前的站位，则先完成右脚后蹬—臀部后转—成侧身站位，然后采用三步并步后退或交叉步后退（图 13-1-9）。

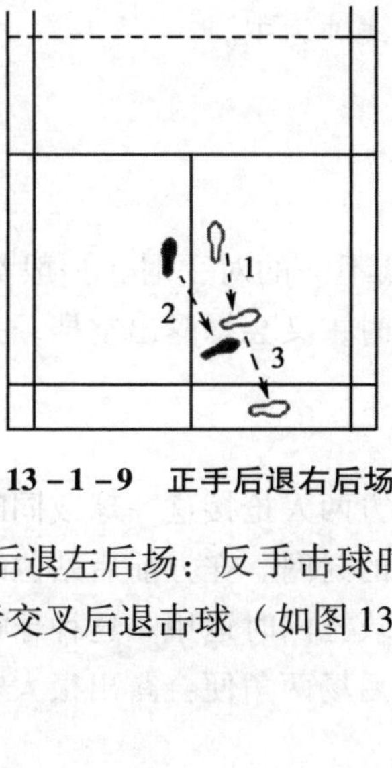

图 13-1-9　正手后退右后场

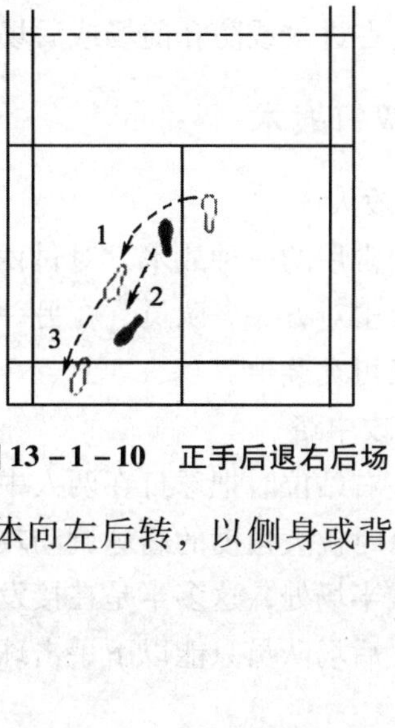

图 13-1-10　正手后退右后场

2. 反手后退左后场：反手击球时，必须先使身体向左后转，以侧身或背对网形式，两步或三步后交叉后退击球（如图 13-1-10）。

（三）中场两侧移动步法

中场两侧移动步法是指从中心位置向左右两侧移动到击球点上击球的步法。

1. 向右侧移动：两脚开立，右脚脚跟稍提起，身体重心略倒向左侧，左脚掌内侧用力蹬地，同时右脚向右侧跨出一大步到位击球。

2. 向左侧移动：动作同向右侧移动方向相反。

第二节 羽毛球的基本战术

一、单打战术

（一）压后场战术

通过采用高远球或平高球反复压对方后场两角，造成对方被动，然后伺机采用杀球和吊球攻击对方空当。

（二）发球抢攻战术

主要以发网前球和平快球为主，限制对方的进攻，迫使对方挑球。然后用杀球和吊球进攻对方的空当和弱点。

（三）控制网前战术

通过各种手段主动抢先放网或故意让对方先放网，然后上网重复放网，并与搓、推、勾、扑球结合运用，造成对方网前直接失误或被动挑球，此时抓住有利时机大力扣杀和快速吊球。

（四）打四方球结合突击战术

以快速准确的落点控制对方场区的四个角落，迫使对方前后左右奔跑，当对方来不及回中心位置或身体失去平衡时，抓住空当和弱点进行突击（扣杀）。

（五）打对角线战术

无论是在进攻或防守前场或后场，都是以打对角线球为主。

二、双打战术

（一）攻人

双打中常用的一种战术。对付两名技术水平高低不一的对手时，一般都采用这种战术。集中攻击对方一名队员，在另一名队员赶来协助时，又会暴露出空档；另一名队员不解围时，又可突袭他。

（二）攻中路

守方左右站位时把球打在两人中间，可以造成守方两人抢接这一球或同时让球，限制守方在接杀时挑大角度的高球调动攻方，有利于攻方的封网。守方前后站位时把球下压或轻推在边线半场处，这多半是在接发网前球和守中反攻抢网时运用。这种球守方前场队员拦截不到，后场队员只能以下手击球放网或挑高球，后场两角便会露出很大空档，因而有隙可乘。

（三）攻后场

用平高球、平推球、挑底线把对方一人紧逼在底线两角移动，在对方还击出半场和网前高球时即可大力扣杀。如在逼底线两角时对方同伴要后退支援，则可攻击网前空当或向后退者打追身球。

（四）后攻前封

后场队员积极大力扣杀，在对方接杀放网、跳高球或企图反击抽挡时，前场队员以扑、搓、推、勾等动作控制网前，或拦截吊封前半场，使整个进攻连贯而又凶狠。

第三节　羽毛球运动的规则

一、球场和器材

1. 场地及净空高度

羽毛球场地呈长方形，长 13.4 米，单打场地宽 5.18 米，双打场地宽 6.10 米。奥运会羽毛球场地净空高度必须在 12 米以上，场地必须是铺在有弹性的木地板上面的塑胶羽毛球场地。

2. 灯光

场地灯光需来自场地边线 1 米以外 12 米以上的高度，亮度至少平均为 1200 勒克斯（Lux）。

3. 墙壁颜色

场地四周墙的颜色必须是深色的。场地风力的控制——场地风力不大于 0．2 米/秒。比赛时，比赛场地应尽量无风。

4. 场地布局

在一个馆内同时有两块或两块以上场地进行比赛时，场地需平行安置，端线朝向主席台，并编号。

5. 球网

球网的材料为拉伸性较小的尼龙绳。网孔为边长 15 ~20 毫米的方形且均匀分布。球网的上沿由 75 毫米宽的白布条对折覆盖。球网的两端与网柱之间没有空隙。

6. 网柱

从球场地面起，网柱高 1.55 米。网柱必须稳固地同地面垂直，并使球网保持紧拉状态，网柱应放置在双打的边线上。

7. 羽毛球

球可由天然材料、人造材料或用它们混合制成。只要球的飞行性能与用天然羽毛和包裹羊皮的软木球托制成的球的性能相似即可。羽毛球应有 16 根羽毛固定在球托部。羽毛长 62 ~70 毫米。每一个球的羽毛从托面到羽毛尖的长度一致。羽毛顶端应围成圆形，直径为58～68毫米。羽毛应用线或其他适宜材料扎牢。球托直径25～28毫米，底托部为圆形。羽毛球重4.74～5.50克。

二、竞赛规则

1. 计分方法

（1）除非另有商定，比赛应以三局两胜定胜负。（比分也可以临时商定，但必须在本次赛事开始前决定）

（2）每球得分制。

（3）先得21分者为胜（男子单打、男子双打、女子单打、女子双打、混合双打均如此）。

（4）当比分为20平时，先净胜两分者为胜。

（5）如果双方打到29平时，先到30的一方为胜者。

（6）下一局开始由前一局的胜方先发球。

2. 交换场区

以下情况运动员应交换场区：

（1）第一局结束；

（2）第三局开始前；

（3）在第三局或只进行一局的比赛中领先的一方得分为11分时。

如果运动员未按规则规定交换场区，一经发现即在死球时交换，已得比分有效。

3. 发球

（1）发球时任何一方都不允许非法延误发球。

（2）发球员和接发球员都必须站在斜对角发球区内发球和接发球，脚不能触及发球区的界线；两脚必须都有一部分与地面接触，不得移动，直至将球发出。

（3）发球员的球拍击中球瞬间，整个球要低于发球员的腰部。

（4）击球瞬间，球拍杆应指向下方，从而使整个拍头明显低于发球员的整个握拍手部。

（5）发球开始后，发球员的球拍必须连续向前挥动，直至将球发出。

（6）发出的球必须向上飞行过网，如果未被拦截，应落入接发球员的发球区内。

（7）发球员须在接发球员准备好后才能发球，如果接发球员已试图接发球则被认为已做好准备。

（8）一旦发球开始，发球员的球拍击中球或未能击中球均为发球结束。

（9）双打比赛，发球员或接发球员的同伴站位不限，但不得阻挡对方发球员或接发球员的视线。

4. 发球区错误

发球区错误的情况有：

（1）发球顺序错误；

（2）从错误的发球区发球；

（3）在错误的发球区准备接发球，且球已发出。

处理：如果因发球区错误在下一次发球击出时或击出后发现，则错误不予纠正。如果因发球区错误在下一次发球击出前发现：双方都有错误，应“重发球”；错误一方赢了这一回合，应“重发球”；错误一方输了这一回合，则错误不予纠正。

如果因发球区错误而“重发球”，则该回合无效，纠正错误重发球。

如果发球区错误未被纠正，比赛也应继续进行，并且不改变运动员的新发球区和新发球顺序。

5. 重发球

（1）重发球时，原回合无效，由原发球员重新发球。

（2）除发球外，球过网后，挂在网上或停在网顶，判重发球。

（3）发球时，发球员和接发球员同时被判违例，将重发球。

（4）发球员在接发球员未做好准备时，将球发出，判重发球。

（5）球在飞行时，球托与球的其他部分完全分离，判重发球。

（6）裁判员对该回合不能做出判决时，将判重发球。

（7）出现意外情况，判重发球。

6. 违例

（1）过手违例，发球时，在击球的瞬间，发球员的拍杆应指向下方。否则，将判违例。

（2）过腰违例，发球时，在击球的瞬间，整个球应低于发球员的腰部。否则，将判违例。

（3）挥拍有停顿，发球开始后，挥拍动作不连贯，将判违例。

（4）脚移动、触线或不在发球区内，自发球开始至发球结束，发球员或接发球员的两脚都必须有一部分与球场地面接触，不得移动，且都必须站在斜对面的发球区内，脚不得触及发球区或接发球区的界线。否则，将判违例。

（5）最初击球点不在球托上或发球时未能击中球，将判违例。最初击球点不在球托上是指发球时，球拍先触及羽毛或同时击中羽毛和球托。

（6）发球时，球没有落在规定的接发球区内，将判违例。如发出的球没有落于对角的场区内或不过网，或挂在网上、停在网顶等。球从网下或网孔穿过或触及天花板或触及运动员的身体或衣服，将判违例。

（7）球触及球场或其他物体或人，将判违例。击球点超过网的向上延伸面，即在对方场区上空击球，将判违例。

（8）运动员的球拍从网上、网下侵入对方场区导致妨碍对方或分散对方注意力或妨碍对方、阻挡对方靠近球网的合法击球，将判违例。

（9）同一运动员连续两次挥拍击中球，或双打的同方两名队员连续各击中球一次，将判违例。

（10）球停在球拍上，紧接着被拖带抛出，将判违例。

（11）运动员严重违反或屡次违反比赛连续性的规定或运动员行为不端，将判违例。如擅自离开比赛场地喝水、擦汗、换球拍、接受场外指导等，或故意改变球形或破坏羽毛球或举止无礼等。

7. 站位方式

单打：当发球员得分数为0或偶数时，双方运动员均在各自的右发球区发球或接发球；当发球方的分数为奇数时，双方运动员均在各自的左发球区发球或接发球。

双打：比赛中，当比分为0或偶数时，球由右发球区对角发向对方场地的右接发球区；当比分为奇数时，球由左发球区对角发向对方场地的左接发球区。比赛中，只有当一方连续得分时，发球员必须在右或左发球区交替发球，而接发球方队员的位置不变。其他情况下，选手应站在上一回合的各自发球区不变，以此保证发球员的交替。

双打比赛无论是在开始还是在赛中，皆为单发球权，也就是说每次一方只有一次发球权。发球方失误不仅丢失发球权，也将丢失1分，如果这时得发球权的一方得分为奇数时，则必须是位于左发球区的选手发球；如果此时得发球权的一方得分为偶数时，则必须是位于右发球区的选手发球。

双打比赛只有接发球队员才能接发球，若其同伴接发球或被球触及则“违例”，判发球方得分，当发球被回击后，球可由二人中任一人击回，不得连击，如此往返直至死球。双打比赛发球时，发球队员和接发球队员必须站在规定的发球区和接发球区内发球和接发球，他们的同伴站位可以不受限制，但不得妨碍对方。运动员发球和接发球顺序有误，已得比分有效，纠正方位或顺序。

第十四章　网　球

网球（Tennis）是一项优美而激烈的体育运动，通常在两个单打球员或两对双打组合之间进行。球员在网球场上隔着球网用网球拍击打空心橡胶球。

第一节　网球的基本技术

一、基本握拍法

握拍的方法与击球动作有着密切的关系，是击球者手臂延伸后的扩大，每个击球动作都是由手臂、手腕、手指相互配合用力来完成的，所以，握拍的好坏对技术的提高和全面性有较大的影响。初学者必须按正确的方法握拍。正手握拍基本方法有四种：东方式、大陆式、半西方式、西方式（图 14－1－1）。这四种握拍方法都有各自的优缺点，每个人都要根据自己的特点与习惯选择不同的握拍方法完成不同的技术。初学者比较适合东方式握拍法，有了一定基础之后，可以采用半西方式或西方式握拍法。反手握拍方法有单手握拍和双手握拍两种。

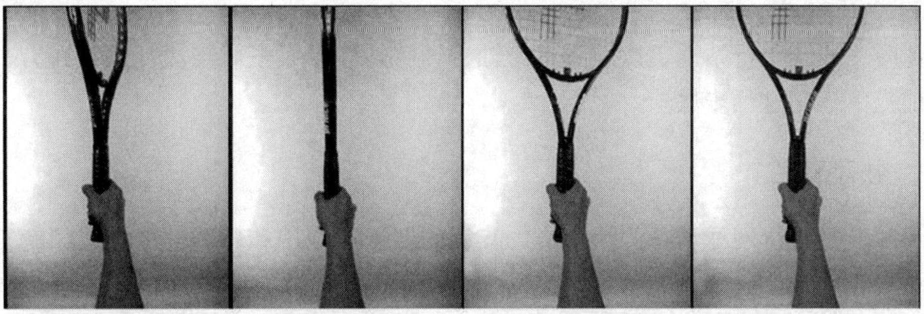

东方式正手握拍　大陆式正手握拍　半西方式正手握拍　西方式正手握拍

图 14－1－1　基本握拍法

（一）东方式握拍法

握拍时拍面与地面垂直，正手握拍虎口中央对准拍柄右上斜面握紧，由于与握手姿势相似，因此也称之为“握手式”握拍法。反手握拍虎口中央对准拍柄左上斜面握紧。

这种握拍法的优点在于简单易学，拍面稳定，容易击推球。但是正反手交替击球时，需要在左手的帮助下变换握拍方法。

（二）大陆式握拍法

大陆式握拍法，也称英国式握拍法，握拍时球拍面与地面垂直，虎口中央对准拍柄上平面握紧。它是准备姿势、网前截击和发球常用的一种握拍方式。

这种握拍法的优点在于无论是正、反手击球时都不需要转换握拍，简单灵活。但是底线击球时不容易发力，因此是底线的攻击性打法所不适宜采用的握拍方法。

（三）半西方式握拍法

半西方式正手握柏法是将食指第一关节贴在拍柄第三面和第四面之间，手掌心贴拍柄，手指自然伸展握住拍柄。

这种握拍法的优点是：易于发力进攻腰部以上高度的球，还可以打出强有力的上旋转球。缺点是：对于低于膝关节以下的球，不宜发力进攻。

（四）西方式握拍法

握拍时球拍面与地面平行，手掌从上面握住拍柄。这是底线上旋攻击型打法的首选握拍方法。

这种握拍法的优点在于能击出强有力的上旋球，且稳定性强。但是其技术难度相对较大，初学者在开始学习时较难掌握。

二、步法

网球击球时，其脚步主要采用“开放式”和“关闭式”两种方法。

（一）“关闭式”步法

以前脚掌为轴，另一脚向侧上方跨出，形成两脚交叉步法。这种步法在底线正反手击球和网前截击中大量运用。初学者应首先学习这种步法。

（二）“开放式”步法

击球时，两脚平行站立，以前脚掌为轴，转胯转体形成击球步法。通常在有一定技术基础的前提下运用这种步法。

三、熟悉球性

熟悉球性是进行网球学习的第一步，其目的在于对球拍和球的性能加以了解，并体会手持拍时人拍之间、人球之间的空间距离，对持拍击球动作建立初步的主体感觉。熟悉球性的练习主要是以球拍简单击球，练习中一方面注意保持握拍的方向和稳定，另一方面要主动寻找击球时的感觉。

两手各抓一球，同时左手抛向右边，右手抛向左边，在空中同时用异侧手接住球。

两人面对面抛球，分别接住落地球或空中球，距离逐渐拉长。

运用西方式握拍法，拍击球于地面，使其反弹，从单个拍击逐渐过渡到连续拍击。

运用大陆式握拍法，以平行地面的拍面往上连续垫球。

以拍面向上击球，让球落地一次后再以拍面向上击球，重复进行。

两人一组，网上进行短距离的来回击球练习，不限制球的落地次数。

四、底线正手击球技术

（一）技术动作方法

底线正手击球是指在握拍手同侧于后场击对方反弹来球的技术动作，这种击球方法通常用于接对方发球和反弹来球（图 14－1－2）。

底线正手击球动作由准备姿势、后摆引拍、挥拍击球和随挥跟进四个技术环节组成。

图 14－1－2 底线正手击球

1. 准备姿势

面对球网，两脚自然开立呈稍蹲姿势，身体重心落在前脚掌上，稍向前倾。左手扶住拍颈，拍面与地面垂直，拍头指向对方，注意对方来球，做好击球准备。

2. 后摆引拍动作

当判断来球需要用正拍回击时，以右脚为轴，左脚向右前方跨出呈“关闭式”击球步法，同时转动身体并使右臂沿直线向后上方快速引拍，球拍指向球场后端的挡网，拍头向上稍高于手腕，尽量保持侧身迎击球，左手随着侧身转体而指向前面的来球。

3. 挥拍击球动作

当球接近身体时，身体重心前移，以肩关节为轴，大臂带动小臂向前挥拍，手腕固定，向前挥拍时带动身体转动。击球时拍面垂直于地面并沿着来球的方向挥出，击球点应在左脚尖身体右佃方约与腰部同高的位置上。

4. 随挥动作跟进

击球后，球拍沿着球飞行的方向继续向上挥动，然后肘关节顺势弯曲，使右臂自然接触下巴，拍头随挥至左肩上方，并用左手扶住拍颈，右脚停留在身后脚尖触地面结束动作，恢复准备姿势。

（二）各种底线正手击球技术要点

1. 正手平击球

正手平击球是指以底线正手击球方法击出不旋转或略带旋转球的技术动作。这种击球方法简单易学，适合初学者使用，是底线正手击球的主要方法之一。正手平击球打法要使用东方式正手握拍方法，平击球是由于球拍面正击球体使球不旋转或略有旋转飞行，特点是速度快，球的飞行路线较直，球落地后弹跳低、前冲力大，但其准确性和控制性较差。其技术要点是：

（1）后摆引拍时，手腕稍上翘使拍头高于手腕，并引拍至头部同高。

（2）挥拍时手腕相对固定握拍，以减少拍面挥动过程中的变化。

（3）击球时拍面与地面保持垂直并以同样拍面继续前挥。

（4）引拍和挥拍击球的整个过程保持拍头不能下垂。

（5）击球后，球拍向前挥动于左肩上方自然收拍。

2．正手上旋击球

正手上旋击球指以底线正手击球方法击出强烈上旋球的技术动作。这种击球方法适合于有一定技术基础、能发力击球的人使用，是底线正手击球的主要方法之一。

正手上旋击球打法要使用西方式握拍法或使用介于东方式与西方式握拍之间的半西方式握拍方法，上旋球是由于球拍向上摩擦整个球体使球产生上旋。特点是飞行弧线高，落地后反弹高且冲力较大，是一种具有较强的攻击性和失误较少的打法。其技术要点是：

（1）后摆引拍时，拍头稍下垂，手腕翻转与手背形成角度。

（2）挥拍时，球拍从上向下再向前上方做环形挥拍动作。

（3）击球时拍面斜向下盖住球并做向上提拉动作，并加大腰部的转动。

（4）击球后，柔软地使用手腕，使球拍挥至身体内侧。

（5）挥拍击球过程拍面是一直变化着的。

3．正手削球（下旋球）

正手削球是指以底线正手切削方法击出下旋球的技术动作。正手削球的底线正手击球是主要技术方法的补充，在比赛中较少使用。

正手削球打法一般使用大陆式握拍方法，击球时由于拍面向前下方切削使球产生下旋，其特点是过网点很低，球落地反弹低并稍伴有前冲或回弹现象，是一种很省力的打法，但缺点是攻击力量不大。其技术要点是：

（1）后摆引拍时，直线将球拍引至身体后侧，动作较小。

（2）挥拍时手腕固定握拍，使拍面斜向地面稳定前挥。

（3）击球时用斜向地面的拍面以切削动作在身体侧前方击球。

（4）击球后球拍随球前送，并在身体前方以左手扶拍结束动作。

（5）后摆引拍和挥拍击球过程保持拍面相对稳定。

五、底线反手击球技术

（一）技术动作方法

底线反手击球是指在握拍手的异侧于后场击对方反弹来球的技术动作。这种击球方法通常用于接对方发球和反弹来球图（图 14－1－3）。

底线反手击球动作由准备姿势、后摆引拍、挥拍击球和随挥跟进四个技术环节组成。

图 14－1－3　底线反手击球

1．准备姿势

反手击球的准备姿势动作方法与正手击球相同。

2．后摆引拍动作

当判断对方来球朝你的反手方向飞来时，扶住拍颈的左手应迅速帮助右手变换为反手握拍法，右脚向左前方跨出呈“关闭式”击球步法，身体重心在右脚上，同时转动身体带动球拍向左后方摆动，球拍指向球场后端的挡网，后摆时手臂相对伸直，手腕用力使拍头稍翘起，右肩对着来球。反手后摆动作较正手后摆动作完成得更早些。后摆引拍整个过程左手始终扶住拍颈，直到开始做前挥动作为止。

3．挥拍击球动作

当球接近身体时，球拍由后向前上方挥出，前挥时手臂仍保持伸直，重心在右脚上，击球时手腕绷紧使拍面与地面保持垂直，击球点在右脚左侧前方膝与腰之间的高度上，结合转体和转肩的动作将球击出。

4．随挥跟进动作

击球后，球拍沿着球飞行的方向继续向右、前、上方挥动，单手握拍流畅、舒展，随挥至右外侧；双手握拍挥拍至右肩上方结束；左脚保持留在身后，脚尖触地。

学习要点：

（1）击球全过程眼睛始终盯住球。

（2）要提早后摆引拍，引拍后可保持其动作停顿片刻才挥拍击球。

（3）绷紧手腕，锁定球拍，保持拍面稳定。

（4）击球时紧收下须，有“手背击球”的意识。

（5）向前上挥拍，球拍随球送出（反拍下旋球是向下向前挥拍）。

（二）各种底线反手击球技术要点

1．反手平击球

反手平击球是指以底线反手击球方法击出不旋转或略有旋转球的技术动作。这种击球方法适合于单手反手击球的初学者使用。

反手平击球一般使用东方式反手握拍方法。特点是球速快，球的飞行路线比较平直，球落地后的前冲力量大。其技术要点是：

（1）后摆引拍时右脚向左侧前方跨出并用力踏地，屈膝降低重心。

（2）击球时手腕绷紧，使球拍与地面垂直。

（3）挥拍击球的路线是从后向前上方比较平缓的挥击，同时左劈自然展开留在身后，保持身体的平衡。

（4）击球后，球拍应随着惯性挥至右肩上方，持拍手臂挥直。

2. 反手上旋击球

反手上旋球是指以底线反手击球方法击出强烈上旋球的技术动作。这种击球方法适合于有一定技术基础的人使用。

反手上旋球打法一般使用东方式反手握拍方法，特点与正手上旋球基本一样，是一种进攻性反拍击球打法。其技术要点是：

（1）后摆引拍时，持拍手肘关节微屈并稍靠近身体。

（2）击球时拍面稍向后倾斜，利用球拍向上摩擦球体使球产生旋转。

（3）击球过程中，前肩应该像一个卷曲的弹簧被放开一样，平滑地转动，这个放开动作造成了拍头出去的速度，并把力量作用于击球。

（4）击球完成后，球拍不要停止，应继续向右前上方挥动。

3. 反手削球（下旋球）

反手削球是指以底线反手切削击球方法击出下旋球的技术动作。这种击球方法较为简单易学，且比较安全，适合于初学者使用。

反手削球一般使用大陆式握拍方法，其特点是球过网时很低平，落点容易控制，稳健省力，但球的攻击力不强，常常作为防守性打法。其技术要点是：

（1）后摆引拍时，拍头要比反手上旋击球起得高，球拍要相对远离身体，手腕上翘，使拍头高于手腕，拍面稍斜向地面。

（2）向前挥拍时肘关节外展，手臂伸直，保持拍面稳定。

（3）击球时手腕绷紧，拍面微开，球拍由后上向前下方做切削动作，击球点比反手上旋击球稍前。

（4）击球后球拍的随挥动作由下稍向上成弧形前挥至肩部或头部高度。双手反手击球是指以双手握拍方法在握拍手异侧击对方反弹来球的技术动作。这种击球方法由于双手握拍，拍面容易稳定，初学者易于学习和掌握。

4. 双手反手击球

双手反手击球的特点是拍面比较稳定，击球准确性高，不论来球高低，都便于对球施加上旋，发力击球比较容易，攻击性强，能够弥补反拍击球力量不足的弱点（图 14－1－4）。但对脚步移动和判断能力的要求很高，体力消耗较大，扩大了对方的攻击范围。其技术要点是：

（1）当判断需要用双手反击球时，右手立即换成东方反手握法，左手顺着拍柄向下滑，直到双手相接，左手掌贴在拍柄背面以东方式正手握拍法握拍。

（2）后摆引拍时右脚向左前方跨出，身体重心在右脚上，侧身转肩背朝网，双臂相对靠近身体，直线向后充分引拍。

（3）挥拍时回身扭腰，球拍由后下向前上方挥出，挥拍过程尽量保持拍面与地面垂直。

（4）击球点位于身体左前体侧与腰部同高处。

（5）击球时右臂伸直，拍面垂直于地面，并有向前推击球的感觉。

（6）击球后随挥动作充分向右前上方挥动，环绕至右肩上方收拍，收拍时左臂不能挡住脸部。

（7）挥拍结束时保持后脚确定留在身后并与地面接触。

图 14－1－4　手反手击球

六、截击球技术

（一）截击球技术方法

截击球是指凌空击对方来球的技术动作，即当球在落地之前将来球击回对方场区，可以在网前截击，也可以在场内任何地方截击空中球。截击球以网前截击为主。截击球的特点是缩短击球距离，扩大击球的角度，加快回球速度，在网球比赛中成为一种主要打法和进攻手段。

截击球的动作技术包括准备姿势与站位、后摆引拍、挥拍击球、随挥动作四个技术环节。

1．准备姿势与站位

准备姿势的基本方法与底线击球相同，因来球速度快、距离短，所以要集中注意力，眼睛注视来球，重心稍降低并落在前脚掌上，上体前倾，做好更充分的击球准备。网前截击的一般站位应该在离网 2～3m 的位置上，单打应位于前场中间，双打则位于距同侧边线约 2m 处。截击球以大陆式握拍为主。

2．后摆引拍动作

当判断来球需要截击时，异侧脚向反方向前侧跨出呈“关闭式”步法。同时以肩带动转体后摆引拍，引拍时手腕锁紧球拍使拍面固定，要保持球拍与肩平行，拍头高于手腕且稍高于肩膀，眼睛紧盯着来球。迅速、简单、幅度小是截击后摆引拍动作的特点。

3．挥拍击球动作

向前挥拍时，手腕固定，保持适度开放的拍面，结合“关闭式”步法，重心前移，带动紧张固定的右肩膀顺势向前挥拍。击球时，手腕紧固，击球点保持在体前，主动上前迎击球，充分利用身体前冲的力量，以短促的动作向前向下切削来球。

4. 随挥动作

截击球的随挥动作一般短促有力，击球后随惯性球拍向前下方做随挥动作，送出30cm左右即停止。

截击球的学习要点：

（1）准备动作和位移要充分。

（2）结合“关闭式”步法击球。

（3）整个动作过程短促、简单。

（4）网前截击尽可能高空击球。

（二）各种截击球技术要点

1. 正手截击球

正手截击球是指在握拍手同侧进行凌空击球的技术动作。其技术要点是：

（1）后摆引拍时，左脚立即向右前方跨出，同时转肩，带动球拍向后引，拍头要高于握拍手，绷紧手腕，握紧球拍。

（2）截击球的动作有点像挡击或撞击，在拍面短促向前撞击的同时微微向下做切削球的动作，击球时保持拍头上翘，拍面稍向后仰。

（3）击球后有一个小幅度向前的随挥动作，随挥过程手腕仍紧握拍。

2. 反手截击球

反手截击球是指在握拍手异侧进行凌空击球的技术动作。对大多数参加网球运动的人来说，反拍截击比正拍截击更容易，因为它更符合人体解剖学肌肉用力结构特点。其技术要点是：

（1）后摆引拍时，右脚立即向左前方跨出，左手扶拍手向后拉拍，同时转肩，做短距离后摆引拍动作，拍头高于握拍手，眼睛注视来球。

（2）挥拍击球时，左手松开稍后伸，右手握紧球拍前挥并在身体前方切削来球。

（3）向前挥拍时，两只手的动作好像在拉长一根橡皮筋，以保持身体平衡。

3. 截击高球

截击高球是指在体前高位置上截击对方来球的技术动作。当对方来球高度比较高，但又不够高压球的高度时，需要以截击球技术在身体前面高点截击来球。其技术要点是：

（1）后摆引拍时加大后摆引拍的幅度，手腕上翘使拍头竖起。

（2）击球时球拍对准球做高位切削动作。

（3）重心前移，然后做简短的随挥动作。

（4）反手截击高球时，扶拍手帮助球拍向后引拍，同时，控制好拍面，球拍后摆引拍幅度不要太大，拍头朝上，体前击球。

4. 截击低球

截击低球是指在体前靠低姿势截击低于球网的球的技术动作。截击低球比截击高球难度大一些。其技术要点是：

（1）截击低于网的来球时，首先要降低身体重心，屈膝至来球的适宜高度，移动时如采用前弓步，后膝盖甚至可触及地面，所以截击低球通常被喻称“膝盖打球”。

（2）击球时拍头略低于手腕，拍面开放，在身体前面击球。

（3）击球动作和随挥动作更为短促。

5. 迎身截击球

近身截击球是指截击朝着自己身体快速飞来的“追身”球的技术动作。在网前截击时，经常会遇到这种朝身体飞来的球，因为其速度快、来球距离短，截击者没有时间往一侧跨步打正规的正手或反手截击球。其技术要点是：

（1）迅速把球拍放在身体前面，并使反拍面向前。

（2）击球时保持手腕绷紧，拍面在身体正前方挡击来球。

（3）这种截击受动作限制无法加力，以防御为主，技术水平高的人，可以通过手腕的变化来控制球的落点。

6. 中场截击球

中场截击球是指以截击方法在本方发球线附近截击来球的技术动作。一般在发球上网战术中使用。其技术要点是：

（1）击球点大部分在腰部及其以下的部位。

（2）对不同高度的来球应及时调整拍面的角度。

（3）来球力量较小时应加大后摆引拍动作和前摆力量。

七、发球技术

（一）发球动作方法

发球是指在底线单手抛球再将球击至对方发球区的技术动作。发球是网球比赛中唯一由自己掌握而不受对方影响的技术，其好坏直接关系到一分的得失。发球动作由准备姿势和站位、抛球与后摆动作、挥拍击球和随挥动作四个技术环节组成（图 14－1－5）。

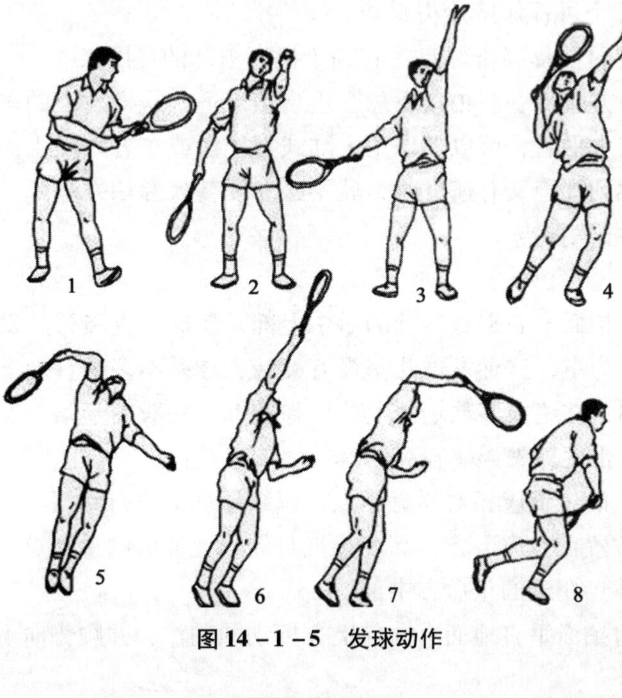

图 14－1－5 发球动作

1. 准备姿势和站位

准备发球时，两脚前后分开与肩同宽，左脚与底线相距5cm并成45°角，右脚与底线平行，左肩侧对球网，重心放在右脚上，把球和球拍放在体前腹部的高度。对于初学者而言，在右区发球时，一般站立在中点与右边线中间的位置上；在左区发球时，一般站在离中点约1.5m处。

2. 抛球与后摆动作

抛球时用拇指、食指和中指第一、二关节托住球，掌心向上。抛球时整个手臂伸直向上托送，利用手臂向上惯性使球平稳地离开手指，避免屈腕屈肘动作，尽可能让球垂直向上。抛球偏向右前方，抛出球的高度是握拍的手臂充分向上伸直时球拍的顶部再加一个拍面的高度，抛球后左手上举片刻。抛球后摆动作开始，在抛球的同时球拍从前方开始往下向后上方摆起，同时做屈膝、转体展肩的动作，后摆完成时拍头在头后指向上，身体重心随着抛球先移向后脚，后摆动作完成后重心开始前移。

3. 挥拍击球动作

挥拍时，右肘伸直高抬拍头指向天上，手腕微转将拍面正对出球方向，当球落到击球点的瞬间，迅速挥臂击球后上部，并伴随着扣腕动作，击球点保持在体前右上方。挥拍同时左手自然下落。此时，身体重心前移，身体面对球网。

4. 随挥动作

击球后，继续保持完整的向前上方伸展的随挥动作，拍面随惯性挥至身体的左下方，右脚跨过底线进入场区，并迅速调整好所处的位置，准备接对方来球。

学习要点：

（1）稳定的抛球是发好球的重要因素。

（2）抛球后左手上举片刻有利于身体平衡。

（3）球拍击球整个过程保持抬头看球。

（4）击球时，尽可能提高击球点，有利于提高击球的过网点。

初学者开始用东方式正手握拍法发球会更自然舒适，这样发出的球会比较平，不太旋转。当发球达到一定水平后，可以考虑用大陆式握拍法或东方式反手握法来发旋转球。但如果正手握拍发球感到既稳又有速度时，就不必非要变换握拍方法。

（二）各种发球技术要点

1. 平击发球

平击发球是指以拍面中心平直击球的后中上部，使球平直飞行的发球技术动作。平击发球以大陆式握拍法为主，这种发球几乎没有旋转，球差不多笔直地下去，力量大，往往贴着网才能进入场内，在绝大多数场地上球反弹较低，一般用于第一发球，发球成功时有时能直接得分。但平击发球失误率较高。其技术要点是：

（1）发球时站立的位置应相对靠近中点，以缩短球的飞行路线。

（2）击球点的位置在右肩上方，高度接近身体向上伸展的最高点。

（3）拍面的触球点在球的正后方中部。

（4）挥拍击球时拍面垂直地面有向前上方挥动的动作，并顺势向下平稳挥出。

（5）击球后，球拍随挥至体前、左侧膝部位置。

2. 切削发球

切削发球是指以切削的方法击球的发球技术动作。切削发球是使用率较高的一项发球技术，它可以用于第一发球和第二发球，是每个初学者必须要经常练习和掌握的技术。切削发球带有侧旋，因为它以曲线进入发球区，发球成功率高。但它的速度往往较慢。其技术要点是：

（1）发球时站立的位置相对离中点稍远。

（2）击球点的位置稍靠右肩外侧，其高度比平击发球的位置稍低。

（3）拍面的触球点在球的中部偏右方，甚至在中下部偏右方。

（4）球拍接触球一刹那，球拍从后侧擦击球（像切菜一样），使球产生侧旋。

（5）击球后，球拍随挥至体前左侧下方结束。

3. 上旋发球

上旋发球是指发出的球带有强烈的上旋。上旋发球综合了侧旋的特点，球的过网点较高，落地急速，球落地后反弹很高，但这种发球难度较大。这是一种以上旋球为主、侧旋为辅的发球方法。其技术要点是：

（1）发球时站立的位置与切削发球相同。

（2）抛出球的位置在头后偏左的头上方。

（3）拍面的触球点在球的中部偏下方。

（4）击球时身体呈弓形，利用杠杆力量对球施加旋转，球拍快速从左向右方挥动，并从下向上擦击球的背面，使球产生右侧上旋。

（5）击球后，球拍随挥至体前靠右侧结束。

第二节 网球的基本战术

网球战术的实质是控制与反控制，在比赛中能充分发挥自己的特长，限制对手的发挥，这就达到了战术的目的，比赛就容易取胜；技术是战术的基础，学习战术首先应学好技术及其运用，然后学习整体的配合。

技术是比赛获胜的关键，而在比赛中合理地运用战术，则是获取比赛胜利的重要保障。战术是技术的合理应用，战术往往是几种技术的组合运用，掌握全面的技术是战术成功的前提条件。战术的选择应根据个人的特点来确定。发球和网前技术比较好的人，宜选择上网型打法；而底线抽击技术比较好的，宜选择底线型打法。

一、单打战术

单打战术的运用要求运动员头脑冷静，应变能力强并根据自己的技术、战术特点，灵活多变，把各种战术有机地结合起来运用。单打技术主要有上网型打法、底线型打法和综合型打法三种。

（一）上网型打法

上网型打法战术的指导思想就是利用网前进攻为主要得分手段。它的基本战术可分为发球上网、随球上网、接发球上网、偷袭上网、伺机上网及放轻球上网。

发球上网是上网型打法者利用发球的力量进行主动进攻，先发制人，然后上网抢攻的一项主要战术，是上网型打法者在比赛中的主要得分手段。

（1）用第一发球的力量，发侧旋球，目标对准对方发球区右区外角，然后上网，冲至发球线中线偏左，主要封住对方正拍接的直线球，截击球至对方反拍区。

（2）用第一发球平击球或用第一发球的力量发上旋球，目标对准对方发球区右区内角，然后上网，冲至发球线中线，判断来球，截击至对方底线正、反拍深区，随中场截击贴近网。

（3）用第一发球力量发上旋球，目标对难对方发球区左区外角，然后上网，冲至发球线偏右，主要封对方反拍接的直线球，截击球至对方正拍区。

（4）用平击发球或侧旋发球，发球在左区内角上网，冲至中场处，判断来球，截击至对方正、反拍底线深区，然后人随球跟进，准备近网截击。

随球上网战术是利用双方在底线对攻相持时或对方接发球时，出现质量不高的中场球（在发球线前后附近得球），果断地用正、反拍抽击，然后随球上网的一项战术，也是比赛中的主要得分手段。

（1）利用平击、侧旋、上旋等不同球速、不同落点的发球，使对方接发球出现质量不高的浅球或中场球。如回球落点在正拍的2/3区时，则可用正拍进行随击球上网；如回球落点在反拍的1/3区时，则可用反拍进行随击球上网。

（2）在底线相持对攻或对拉中，利用抽击球的速度、力量、旋转等落点的变化来控制对方，使对方回球时出现质量不高的浅球或中场球，然后迎上做随击球上网，以达到攻击对方的目的。

（3）利用上旋抽击球，把对方压在底线后面，等待时机突击上网。

（4）对拉中突击大角度拉开，改放小球上网。

（二）底线型打法

底线型打法是以底线正、反抽击球为基础组织的战术。它的指导思想是用速度、旋转、落点的变化来创造进攻机会。底线型打法的主要战术有对攻、拉攻、侧身攻、紧逼攻、防反攻。

1. 对攻战术

底线型打法的两面攻战术，是利用底线正、反拍抽击球具有强大的连续进攻能力，配合速度和落点变化与对方展开阵地战，力争主动，从而达到攻击对方、控制对方的目的。

（1）以正、反拍抽击球，攻击对手的弱点，用速度压住对方。

（2）用正、反拍强有力的抽击球，连压对方一点，突出其另一点。

（3）用正、反拍的有力击球，调动对方大角度跑动，同时寻找进攻得分机会。

（4）在调动对方两边跑动时，突然连续打重复球，再加变线。

2. 拉攻战术

拉攻战术是底线型打法中比较普遍的一种战术。它是以底线正、反拍拉上旋球，或正拍拉上旋球、反拍切削球，来使对方左右跑动，一旦出现机会，马上给予致命一击。

（1）正、反拍拉强力上旋球于对方底线两边大角深处，不给对方上网及底线起拍机会，寻找机会进行突击。

（2）正、反拉上旋球时加拉正、反拍小斜角，使对方增加跑动距离并出现质量低的回球，然后伺机进攻。

（3）逼拉对方反拍深区，伺机突拉正拍。

（三）综合型打法

综合型打法以基本功扎实、技术全面为基础，可根据不同的对手和不同的技、战术掌握情况、场地特点与战术需要、灵活地变化战术打法。综合型打法攻守平衡，符合积极主动、机动灵活的战术原则。

1. 对付发球上网型打法者，采用接发球破网或先接成功率，再准备第二拍破网。

2. 对付随球上网打法者，采用底线打深球战术，不给对方以上网的机会，如果对方随球上网了，就采用两边节奏不同的破网或挑上旋高球破网。

3. 对会底线拉上旋球打法者，可采用发球上网或随球上网的战术，用正拍进行对拉、反拍切削控制落点的战术，寻求进攻机会。

4. 对付底线稳健型打法者，采用发球上网或随球上网及底线紧逼战术，以打乱对方节奏。

二、双打战术

制订合理的战术和与同伴间的密切配合是双打获胜的基础。双打中的战术主要有：发球局战术与接发球局战术两种。

（一）发球局战术

双打中的发球局与单打中的发球局一样，是直接对对方实施进攻并以发球为龙头带动网前及抢网战术的运用，发球局战术包括：发球上网、发球上网抢网、澳大利亚网前战术。

1. 发球上网战术

用80%的力量发出不同落点的球，然后快速上网；第二发球也要利用旋转和落点的变化来为上网创造条件。上网后的中场第一拦网截击球要平而深或角度大，如起高球对方网前同伴将会扑击抢网。

2. 发球上网抢网战术

运用抢网战术首先是网前同伴可以在背后做手势，告诉发球员应发什么落点，抢与不抢；采取此战术可以干扰对方接发球，为发上网前得分及枪网得分创造条件。其次要强调发球员的发球质量、成功率和落点的变化。

3. 澳大利亚网前战术

澳大利亚网前战术的特别之处是发球方的一名同伴以低姿势在网前的中央准备截击。

这样能给接发方造成很大的压力，起到破坏对方接发球节奏，为发球上网截击和抢网创造有利条件。运用这一战术时，要求同伴告知发球落点和抢与不抢，另外第一发球成功率要高，这样才能有良好的战术效果。

（二）接发球局战术

接发球局战术运用得成功与否，取决于接发球的质量；接发球时应主动进攻，积极上网。接发球局战术包括：接发球双上网战术、接发球抢网战术和接发球双底线等战术。

1. 接发球双上网战术

为了抢占网前有利位置，当发球方发球时，接发球员要判断准确，应向前到底线里面去接球，然后随接发球上网。由于是向前迎击球，因此回接球的速度比较快，能给对方发球上网截击或抢网造成很大威胁。其对接发球员的要求比较高，要求接发球员判断好，移动动作小，并向前向下顶压击球，朝发球上网者脚底下回球，或斜线向双打边线内击球。

2. 接发球抢网战术

此战术的运用能使对方发球上网者增加中场截击球的心理负担而产生回球失误或回球质量不高。在运用此战术时，接发球员与同伴要密切配合，当接发球员接了一个质量高的低平球，对方发球者中场拦出一个质量不高的球时，应立即移动抢网，给对方致命一击；而接发球员发现同伴抢网，也应立即补位，防止对方截击直线球。注意接发球同伴不要移动过早，以免被对方发现而击直线。

3. 接发球双底线战术

在双打比赛中，如对方发球很有威胁，网前也很活跃，为破坏对方进攻的节奏，可采用接发球双底线战术。由于两人都退至底线，可使对方网前截击产生一定的心理压力，不能马上得分。因此，对接发球员来说，首先应注意接发球的成功率，然后再寻找机会进行反击，破网要打得凶狠，以破中路和两边小斜角为主，并结合挑上旋高球。

第三节　网球运动的规则

一、场地

网球场地应该是长方形。长度为 23. 77 米（78 英尺），单打比赛的场地宽度为 8. 23 米（27 英尺），双打比赛场地的宽度为 10. 97 米（36 英尺）。

场地由一条挂在绳索或钢丝绳上的球网从小间处分隔开。所使用的绳索或钢丝绳附着或佳在 1. 07 米（3. 5 英尺）高的两根网柱上。球网应充分伸展开、使之能够填满两个网柱之间的空间，其上网孔的大小以确保球不能穿过为宜。球网中心的高度应当为 0. 914 米（3 英尺），网绳或钢丝绳和球网的上端应当用一条网带包裹住，中心带和网带都应完全为白色。

网绳或钢丝绳的最大直径为 0. 8 厘米（0. 33 英寸），中心带的最大宽度应为 5 厘米（2 英寸）。球网每一边垂直向下的网带宽度应当在 5 厘米（2 英寸）与 6. 35 厘米（2. 5 英寸）之间。双打比赛中，每侧网柱的中心应距双打场地的外沿 0.914 米（3 英尺）。单打比赛中。如果使用单打球网，每侧网柱的中心应距单打场地的外延 0.914 米（3 英尺）。如果使双打球网，球网要用两根高 1.07 米（3. 5 英尺）的单打支柱支撑起来，每侧单打支柱的中心距离单打场地的外沿 0.914 米（3 英尺）。

二、计分方法

（一）盘数

正式网球比赛中，均采取三盘两胜制。在四大满贯网球比赛中，男子比赛采用五盘三胜制。

（二）局与盘的计分方法

1. 局：运动员每胜 1 球得 1 分，胜第 1 分记 15，胜第 2 分记 30，胜第 3 分记 40，先得 4 分者胜一局。但遇双方各得 3 分时，则为“平分”。“平分”后，一方先得 1 分时，为“接球占先”或“发球占先”。“占先”后再得 1 分，才算胜一局；如一方“占先”后，对方又得 1 分，则仍为“平分”。依此类推，直到一方在“平分”后净胜 2 分才能结束该局。

2. 盘：网球比赛，一方先胜 6 局为胜一盘。但遇双方各得 5 局时，一方必须净胜 2 局才算胜一盘（长盘制）。

（三）决胜局计分制

决胜局计分制用于每盘的双方局数为 6 平时（但制的第五盘不得使用此制度，应使用上述局的长盘制）盘两胜制的第三盘和五盘。

1. 单打的决胜局计分制：先得 7 分者为胜该局及该盘。若分数为 6 平时，比赛须到某方净胜 2 分时止。决胜局应全部采用数字计分。

发球员在右区发第 1 分球后，即改由对方依次在左区和中区发第 1、3 分球。此后双方轮流交替发球，每人连发 2 分球，其中第 1 分球均应在左区发球。如果出现从错误的场区发球，发觉后应立即纠正错误的站位，但发觉前已得的分数仍有效。此后，双方轮流交替发球，直到决出该局与该盘的胜负为止。

运动员应在每 6 分及决胜局结束时交换场地。

2. 双打的决胜局计分制：双打决胜局规则与单打决胜局规则基本相同，只是在发球时双方要轮换发球。另外，对待几种特殊情况要特殊处理。

（1）在比赛前已决定并宣布采用长盘制而不采用决胜局计分制，但在局数战成 6 平时却忘了比赛前的决定，而仍采用决胜局计分制。

如果第 2 分球尚未开始比赛前发现此错误，则第 1 分有效，但应立即纠正错误；如果在第 2 分已开始比赛后才发现此错误，则继续按决胜局计分制比赛。

（2）在比赛前已决定并宣布采用决胜局计分制，但是在局数战成 6 平时忘了赛前的决定而采用长盘制比赛。

如果在第 2 分球尚未开始比赛前发现此错误，则第 1 分有效，但应立即纠正错误；如果在第 2 分球已开始比赛后才发现此错误，则继续按长盘制比赛。

（3）双打比赛在决胜局时，某方运动员接球次序错误。

如果刚赛完 1 分球，则应立即纠正接球次序，已得的 1 分有效；如果在第 2 分球已开始比赛后才发现此错误，则仍按错误的接球次序轮流交替进行。

（4）在单打或双打比赛决胜局，某方运动员的发球次序错误。

如果刚赛完 1 分球，则应立即纠正发球次序，已得的 1 分有效；如果在第 2 分球已开始比赛后才发现此错误，则仍按错误的发球次序轮流交替进行。

三、通则

（一）发球前的规定

发球员在发球前应先站在端线后、中点和边线的假定延长线之间的区域里，用手将球向空中任何方向抛起，在球接触地面以前，用球拍击球（仅能用一只手的运动员，可用球拍将球抛起）。球拍与球接触时，就算完成球的发送。

（二）发球时的规定

发球员在整个发球动作中，不得通过行走或跑动改变原站的位置，两脚只能站在规定位置，不得触及其他区域。

（三）发球员的位看

1．每局开始，先从右区端线后发球，得或失 1 分后，应换到左区发球。

2．发出的球应从网上越过，落到对角的对方发球区内或其周围的线上。

（四）发球失误

未击中球；发出的球，在落地前触及固定物（球网、中心带和网边白布除外）；违反发球站位规定。发球员第一次发球失误后，应在原发位置上进行第二次发球。

（五）发球无效

发球触网、中心带后落在有效发球区内，或者在落地前，又触到了接球员或他所穿的或携带的任何物品后，接球员未做好接球准备，均应重发球。

（六）交换发球

第一局比赛终了，接球员成为发球员，每次互相交换，直至比赛结束。

（七）场地和发球的选择

由掷硬币来决定，胜方可以选择或要求他的对手来选择发球或场地，选择发球则另一方选择场地，选择场地则另一方选发球。

（八）脚误

在发球的整个过程中，发球员不能通过走动或跑动改变他的位置；发球员的双脚不能触及除了端线后、中心标志的假定延长线之间的区域以外的任何地方。

（九）妨碍对手

如果一名运动员的任何举动妨碍了对手击球，那么，如果是故意的，他将失分；若不是故意的，这一分要重赛。

（十）有效回击

1．如果球触到了球网、网柱、单打支柱、网绳或钢丝绳、中心带或网带并且从上面越过后落在对方场地内。

2. 无论是发球时还是回击球时，在球落到有效区后又反弹或被风吹回过网时。

3. 如果回击的球从网柱或单打支柱以外，无论是高于还是低于球网的上部高度，只要落在有效的场地内。

4. 如果运动员的球拍在击球后越过球网，而不是在球过网前击打并且回击有效时。

5. 无论是发球还是回击球时，如果击球击到了停在场内的另一个球时。

（十一）重发球

发球触网后仍然落到对方发球区内，接球员未做好接球准备，均应重发球。

（十二）交换场地

双方应在每盘的第1、3、5等单数局结束后，以及每盘结束双方局数之和为单数时，交换场地。

（十三）运动员失分

发生下列任何一种情况，均判失分：①在球第二次着地前，未能还击过网；②还击的球触及对方场区界线以外的地面、固定物或其他物件；③还击空中球失败；④故意用球拍触球超过一次；⑤运动员的身体、球拍在发球期间触及球网；⑥过网击球；⑦抛拍击球。

（十四）压线球

落在线上的球都算界内球。

四、双打规则

（一）双打发球次序

每盘第1局开始时，由发球方决定由何人首先发球，对方则同样地在第2局开始时，决定由何人首先发球。第3局由第1局发球方的另一球员发球。第4局由第2局发球方的另一球员发球。以下各局均按此次序发球。

（二）双打接球次序

先接球的一方，应在第1局开始时，决定何人先接发球，并在这盘单数局中继续先接发球。双方同样应在第2局开始时，决定何人接发球，并在这盘双数局中继续先接发球。他们的同伴应在每局中轮流接发球。

（三）双打还击

接发球后，双方应轮流由其中任何一名队员还击。如运动员在其同队队员击球后，再以球拍触球，则判对方得分。

第十五章 游 泳

游泳是一种凭借自身肢体动作和水的作用力，在水中活动或前进的技能活动。它一直与人类生存、生产、生活紧密联系着，在其不断发展中，逐渐成为重要的体育运动项目。游泳运动是世界上最受人们欢迎的运动项目之一。除了有很强的竞技和欣赏功能外，它的实用价值非常高，同时对于强身健体以及培养人的意志品德有独特的作用。在素质教育及能力教育全面推进的现代教育中，开展游泳教学不仅是教会学生掌握这一基本生存技能的重要渠道，而且还顺应了素质教育、能力教育以及体育改革的要求。

第一节 蛙 泳

一、蛙泳的臂部动作

蛙泳臂部动作分外划、内划和伸臂三个阶段。

（一）外划

外划动作（图 15 - 1 - 1），外划不产生推力，外划的主要目的是使双臂达到产生推力前的位置，以便开始内划。

当伸臂结束，双臂接近伸直时，双手开始向外前划动。双手向前，并稍向上曲线外划。然后，双手向下，开始抓水。

蛙泳外划的最后阶段，屈肘角度在 30° ~ 40°，以便双臂、双手后转，呈抓水姿势。呈抓水姿势之前，两手外下划的距离大致在 50 ~ 80 厘米。抓水动作一旦完成，外划结束，开始内划。

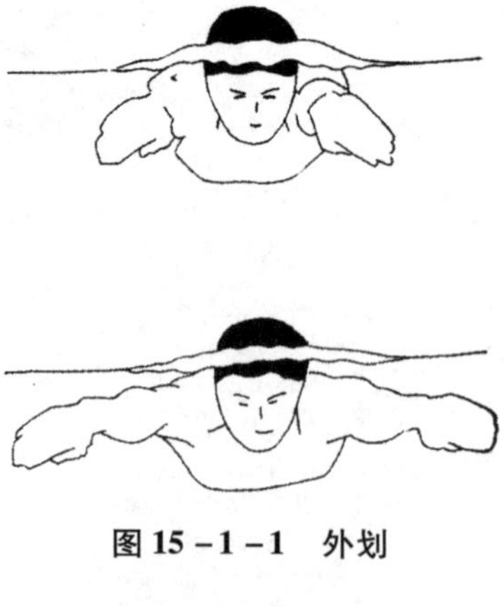

图 15 - 1 - 1 外划

（二）内划

如前所述，内划是臂划水过程中的推力阶段。内划动作（图 15－1－2）。抓水动作完成后，双手先向外后、再向内下做大弧度的内划。此时应保持高肘姿势。应以肘部为轴，手掌和前臂内下转，做划水动作。双手划至胸下将并拢时，内划结束。在内划过程中，应逐渐屈肘。内划结束时，大致屈肘 80°。抓水时，掌心向外。内划时，掌心逐渐内转。内划结束时，掌心转向内后。

双手划过胸下之后，继续内转，直到内划动作结束。在整个内划过程中，手掌与前臂保持直线，并逐渐加速划水。内划结束前，划速应达到顶峰。双手一开始前上伸，内划动作结束。

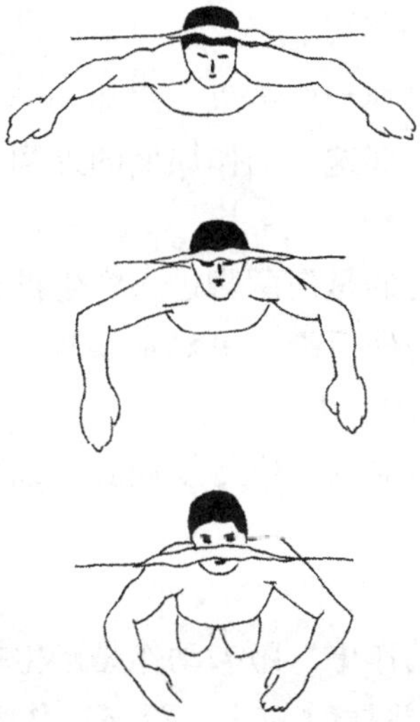

图 15－1－2　内划

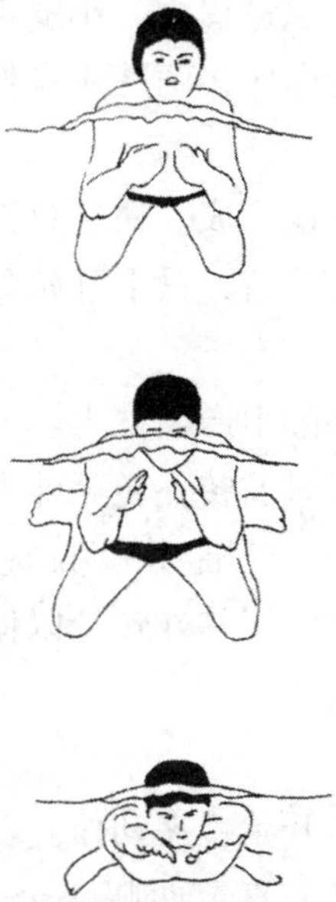

图 15－1－3　伸臂

（三）伸臂

伸臂动作：当双手内划动作约进行一半时，开始伸臂（图 15－1－3）。双手开始前上伸，此时几乎不再产生推力。手掌终止划水动作，双臂在肩下开始夹水。夹肘动作可避免手掌继续后划，有助双手前伸，进入伸臂阶段。双手在脸前向上伸，直至贴近水面时为止。双手一旦伸至水面，即开始在水面上，或在水面下前伸，直至双臂几乎伸直为止。此时，借助双手前伸的惯力，使双臂充分前伸，然后进入下一外划阶段。开始外划时，无须过分用力。双手伸向水面时，掌心应内上转，两肘应在体下靠拢。双手前伸时，掌心应下转，两肘靠拢，以便双臂保持最佳的流线型。在整个伸臂过程中，伸手动作应迅速。然而双手一日开始外划时，手掌移速应减慢。

伸臂方式：水上伸臂或贴近水面伸臂技术，这两种伸臂技术有助于运动员在伸臂和收腿过程中，身体可在较长时间保持流线型姿势。此外，前伸臂动作如手伸得过深，会拖长上划成抓水动作的时间。

二、蛙泳腿部动作

蹬水后，两腿呈倒置英文字母 V 形，然后双腿并拢夹水，使水后流，推动运动员前游。每次蹬水动作包括外蹬、下蹬和内后蹬水部分。蹬水时，脚掌是主要工作面，水流通过脚掌向后流动。腿部动作可分收腿、外翻、蹬夹和上摆滑行 4 个阶段。

（一）收腿

内划动作结束之后，小腿前收，靠近臀部。此时运动员沉髋，身体保持上倾姿势，以便在不屈髋的情况下收腿，应在屈膝前收小腿。

两脚应在髋部投影内直接前收。收腿时，趾尖向后，两脚脚趾靠近。为减小收腿动作的阻力，在整个收腿过程中，小腿不应超出髋部的投影区。在收腿过程中，为避免小腿和脚掌超出身体的投影区，两膝应自然分开，但两膝外分宽度不应超过肩宽，否则会增大阻力。

收腿动作应快速完成。快速收腿可缩短臂内划动作结束、蹬腿动作开始之间的游速减缓期。脚掌收至臀部后，马上开始外翻，进入腿部这一动作周期的外翻动作。

（二）外翻

外翻动作：外翻不产生推力。外翻动作的目的是使两脚进入产生推力的蹬夹前状态。

两脚收到臀部时前转，转至外翻动作。然后外后蹬，呈对水姿势。两脚对水姿势在外蹬动作的中途完成。外翻时，两脚移动速度减慢。

外翻时，双足背屈并外转，以便两脚掌外后对水。应尽量屈膝，以便两脚尽量靠近臀部，延长蹬夹水路线。

（三）蹬夹

两脚对水后，开始蹬夹动作。在蛙泳腿部动作中，蹬夹动作是产生推力的唯一阶段。

两脚后下蹬夹，直至两腿完全蹬直，接近并拢时为止。蹬夹动作开始时，脚掌内下转；蹬夹动作结束时，脚掌内转。

三、身体姿势

在蹬腿阶段的大部分时间内，上体应接近水平姿势。此时，臀部应靠近水面，肩部在水下，两臂接近伸直。目前，比赛规则允许蹬腿前冲过程中，夹在两臂间的头部没入水中，以保持身体的流线型姿势。收腿时，上体应保持前上倾姿势。在两脚外翻前，肩、膝之间保持直线。

四、呼吸

蛙泳运动员应不管比赛距离的长短，每个动作周期吸气一次。如果哪一个动作周期不吸气，其动作节奏即遭破坏，因此运动员为做出合理的收腿动作，必须抬头吸气。

臂开始外划前，双臂前伸，头在两臂间，两目应下视；两臂外划时，开始抬头；两臂成抓水动作时，头出水。

头出水后，臂下划，脸出水，以便两臂内划时，嘴露水面，当两手在额下上划时，运动员开始吸气。然后，当双臂前伸时，低头入水，此时头应在水下，夹在两臂间，以便蹬腿阶段身体保持良好的流线型。

运动员吸气时，应设法继续前进。为此，吸气时不应向上抬头，也不能向后仰头。正确的做法是前伸头吸气，也就是说吸气时目视前下方；伸臂和摆头入水时，通过向前做耸肩动作加速头部前摆。

第二节 自由泳

自由泳，俗称爬泳。游自由泳时，人在水中呈俯卧姿势，两腿交替上下打水，两臂轮流划水，动作很像爬行，所以人们称之为“爬泳”。

自由泳是四种竞技游泳技术中速度最快的一种姿势，在游泳比赛的自由泳项目中（不规定泳姿的比赛），运动员都采用这种姿势，所以通常人们也称之为“自由泳”。

一、自由泳身体姿势

游自由泳时，身体要尽量保持俯卧的水平姿势，头部应自然稍抬，两眼注视前下方，头的三分之一露出水面，水平面接近发际，双腿处于最低点，身体纵轴与水平面约成3°~5°的仰角（图15-2-1）。

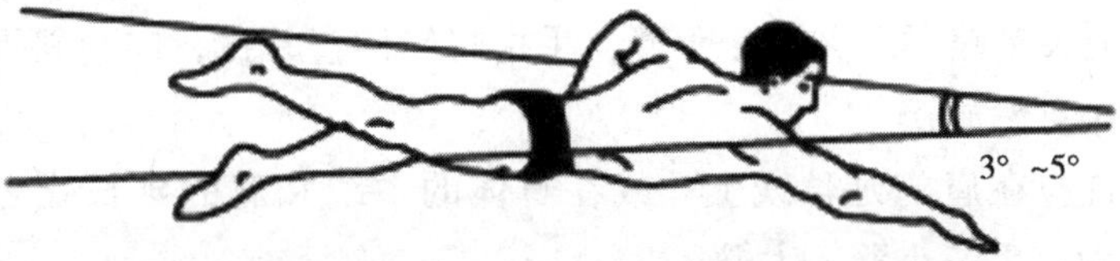

图15 2 1 中心轴保持不变

自由泳游进中，身体可以围绕身体纵轴做有节奏的转动，转动的角度一般为35°~45°（图15-2-2）。如果速度加快，角度就会相对减少。这种转动是由于划臂、转头和吸气而形成的自然转动，并不是有意识地做转动。

图15-2-2 身体的转动

二、自由泳腿部技术

在自由泳技术中，大腿动作除了产生推动力外，主要起着维持身体平衡的作用，它能使下肢抬高，以及协调配合双臂有力的划水。

自由泳腿的打水动作，几乎与水平面成垂直方向进行，从垂直面看，两腿分开的距离约为30～40厘米，膝关节弯曲的角度约为160°角（图15－2－3）。

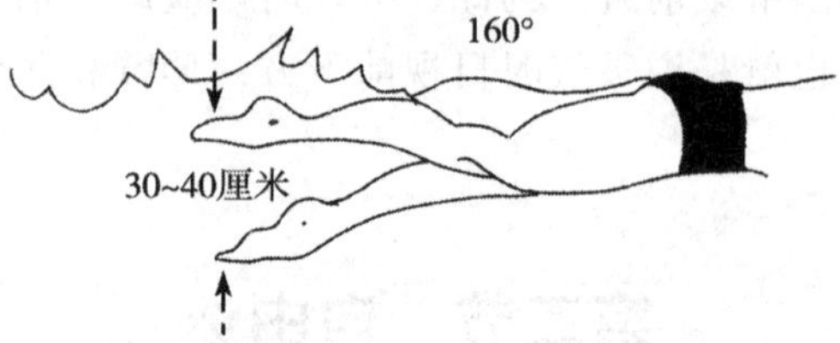

图15－2－3　打水

游进中，腿向上打水时，脚应接近水平；向下打水时，不应超过身体在水中的最低部位。正确的打水动作是脚稍向内旋，踝关节自然放松，向上和向下的打水动作应该从髋关节开始，大腿用力，通过整个腿部，最后到脚，形成一个“鞭状”打水动作。向下打水的效果最大，因此应用较大的力和较快的速度进行；而向上则要求放松、自然，尽量少用力，并且速度相对要慢。

三、自由泳手臂技术

自由泳的臂部动作是推动身体前进的主要动力。它分为入水、抱水、划推水、出水和空中移臂等几个阶段，这几个阶段在划水动作中是紧密相连的一个完整动作。

（一）入水

臂入水时，肘关节略屈，并高于手臂，手指自然伸直并拢，向前斜下方且插入水。注意手掌向外，动作自然放松。

手入水的位置应在肩的延长线上，或在身体的中线和肩的延长线之间（图15－2－4）。入水的顺序为：手—小臂—大臂。

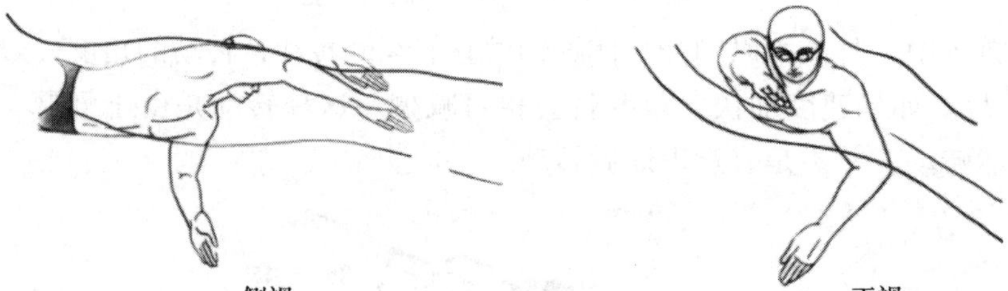

侧视　　正视

图15－2－4　入水

（二）抱水

臂入水后，应积极插向前下方，此时小臂和大臂应积极外旋，并屈腕、屈肘。在形成抱水的动作中，开始手臂是直的，当手臂划下至与水平面约成15°～20°角时，应逐渐屈肘，使肘关节高于手。在划水开始前，也就是手臂约与水面成40°角时，肘关节屈至15°左右。

抱水动作主要是为了划水做准备，因此它是相对放松和缓慢的。抱水就好像用臂去抱一个大圆球一样。抱水时，手的运动为向后—向下—向外的三部分组成。

（三）划推水

手臂在前方与水平面成40°角起至后方与水平面约成1520°角的运动过程都是滑水动作。它分为两个阶段：从抱水结束到划至与水面垂直之前称为“拉水”，过垂直面后称为“推水”。拉水时，应保持高肘姿势，手向内—向上—向后运动。当拉水结束时，手在体下接近中线，这时，肘关节弯曲的角度约为90°～120°角，小臂由外旋转为内旋，掌心由向内后方变为向外后方（图15－2－5）。

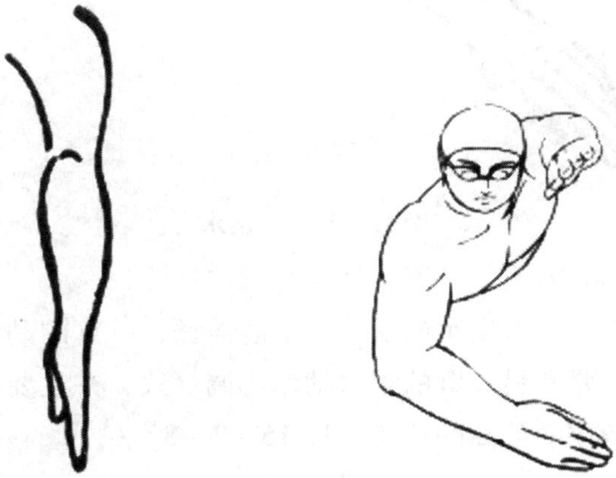

图15－2－5 推水开始

向后推水是通过屈臂到伸臂来完成的。在推水过程中，手是向外—向上—向后的运动。肘关节要向上、向体侧靠近，并且手掌始终要与水平面保持垂直。整个划推水过程，手掌的运动路线并不是始终在一条直线上和同一平面上，实际上是一个较复杂的三度曲线。从身体的额状面来看是一个“S”形，从身体的矢状面来看是一个“W”形（图15－2－6）。

图15－2－6 推水结束

在整个划水过程中，肩部应配合手臂进行向前—向下—向后的合理转动，这样有利于加长划水路线和加大划水力量。

（四）出水

在划水结束后，臂由于惯性的作用而很快地靠近水面，这时，由大臂带动肘关节做向外上方的“提拉”动作，将小臂和手提出水面。小臂出水动作要比大臂稍慢一些，掌心向后上方（图 15－2－7）。手臂出水动作应迅速而不停顿，但同时应该柔和，小臂和手掌应尽量放松。

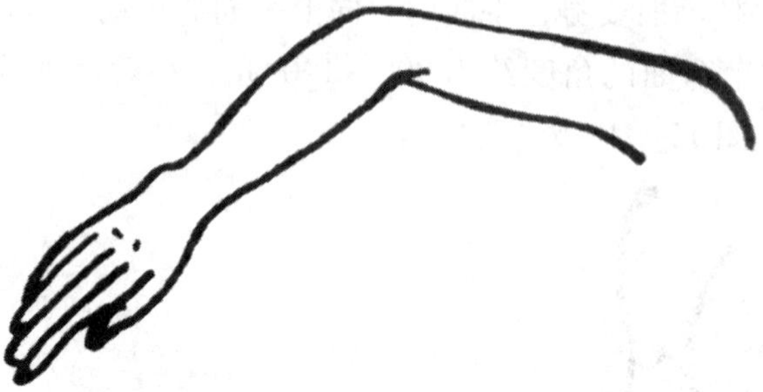

图 15－2－7　出水

（五）空中移臂

臂在空中前移的动作是手臂出水的继续，不能停顿，一臂的动作应该放松自如，尽量不要破坏身体的流线型，要和另一臂的划水动作协调一致，并且要注意节奏。在整个移臂过程中，肘部应始终保持比手部高的位置（图 15－2－8）。

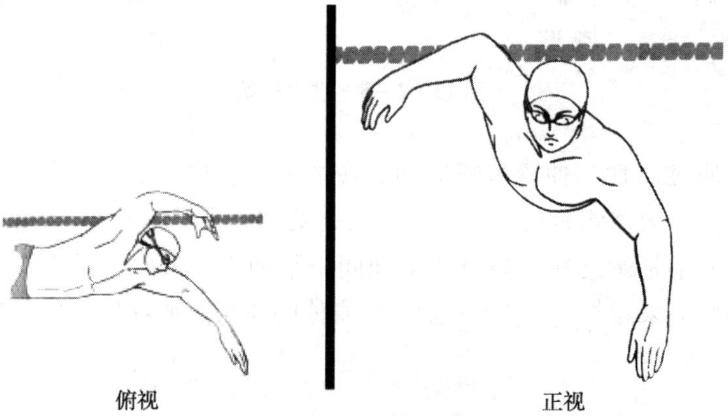

图 15－2－8　空中移臂

四、自由泳配合技术

自由泳的配合技术分：两臂的配合技术、两臂和呼吸的配合技术以及完整的配合技术。

（一）两臂配合技术

自由泳两臂的正确配合是保障前进速度均匀性的重要条件，并且还有利于发挥肩带力量积极参与划水。根据划水时两臂所处的位置，可以把手臂的配合技术分为三种：即前交叉、中交叉、中前交叉和后交叉。一般优秀运动员都采用中前交叉的技术。

（二）两臂和呼吸的配合技术

自由泳技术中的呼吸技术较为复杂，但是它的好坏，将直接影响着划水力量、速度和耐力。

自由泳的两臂配合有三种基本形式：即前交叉、中交叉、后交叉。

前交叉：指一臂入水时另一臂在肩前方，与水面成锐角。

中交叉：指一臂入水时另一臂划至肩下，与水面成直角。

后交叉：指一臂入水时另一臂划至腹下，与水面成钝角。

自由泳的呼吸和手臂的配合为一次呼吸 n 次划水（$n>2$）。吸气时，头随着肩、身体的纵向转动转向一侧，使头在低于水面的波谷中吸气。此时，同侧臂正处在出水转入移臂的阶段。移臂时，头转向正常位置。同侧臂入水时，开始慢慢呼气，并逐渐用力加快呼气的速度（图 15－2－9）。

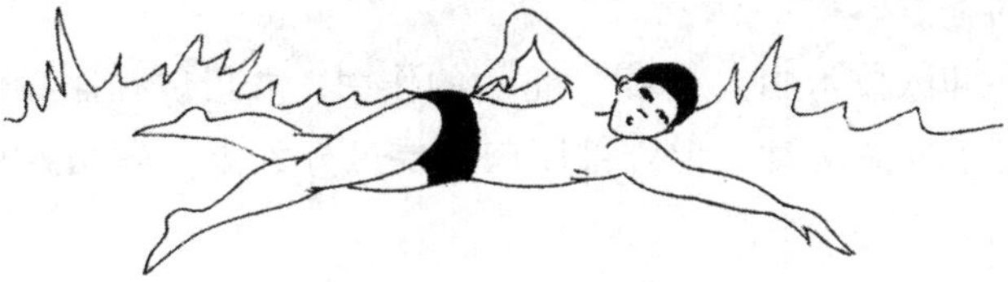

图 15－2－9 呼吸

五、完整的配合技术

即呼吸、手臂和腿的配合。因为手臂是产生推进力的主要来源，因此在配合中，呼吸和腿的动作都应该服从于手臂动作的需要。呼吸、手臂和腿的配合比例主要由三种：1∶2∶2（即一次呼吸，两次手臂动作，两次打腿的动作）；1∶2∶4；1∶2∶6。

第三节 仰 泳

仰泳是唯一一种仰卧在水面上游进的竞技游泳姿势，它与爬泳有许多相似之处，例如交替划水和打腿、身体滚动等，只是方向相反，所以也有人把仰泳称为反爬泳。由于仰泳的呼吸不受限制，打腿动作比较容易掌握，因此深受初学者喜爱。

一、技术动作口诀

肩沿线上手入水，展臂伸肩抱住水；屈臂划水至腰侧，前臂手掌后推水；

转肩提臂带动手，空中移臂要放松；一次呼吸两划水，吸气一定要用嘴；

推水下压快吐气，转肩移臂挺胸吸；三次踢腿吸口气，再踢三次吐出气。

二、仰泳的基本技术

仰泳的基本包括仰泳身体姿势、仰泳腿部技术、仰泳手臂技术和仰泳配合技术。

1．仰泳身体姿势

游仰泳时，身体要自然伸展，仰卧在水面，头和肩部稍高，腰部和腿部保持水平，身体纵轴在水平面上构成的迎角约为10°角，腰部和两腿均处在水面下（图 15－3－1）。

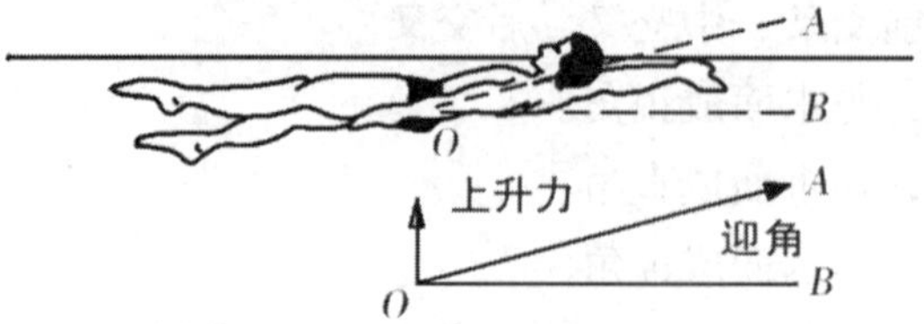

图 15－3－1　仰泳身体姿势

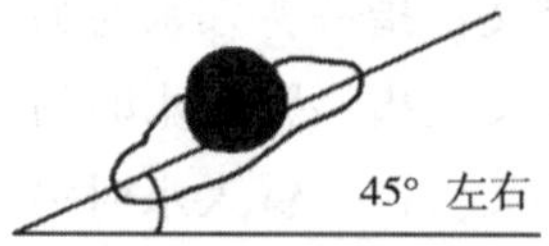

图 15－3－2　仰泳身体动作

①头部姿势。在仰泳技术中头起着“舵”的作用，并可以控制身体左右转动。头应保持相对稳定，不要上下左右晃动，但颈部肌肉不要过分紧张，后脑处在水中，水位在耳际附近，两眼看腿部的上方。

②头部姿势。在仰泳技术中头起着“舵”的作用，并可以控制身体左右转动。头应保持相对稳定，不要上下左右晃动，但颈部肌肉不要过分紧张，后脑处在水中，水位在耳际附近，两眼看腿部的上方。

身体的转动动作。游仰泳时，身体的纵轴应随着两臂划水动作而自然滚动，滚动的角度根据个人的情况不同而稍差别，肩关节灵活性较好的人滚动小，反之则大，一般为 45°角左右（图 15－3－2）。

身体滚动的目的主要是有利于划水臂处于较好的角度，能够加强划水的力量；能保持屈臂划水的一定深度；有利于臂出水和向前移臂。注意滚动的角度不应过大，否则不但会引起疲劳，而且会影响前进速度。

2. *仰泳腿部动作*

在仰泳技术中，腿部动作是保持身体处于较好角度、水平姿势的因素之一，并且踢水动作不但可以控制身体的摆动，而且能产生一定的推进力。

仰泳的腿部动作是以下压动作和上踢动作组成，即直腿下压，屈腿上踢。

①下压动作。腿向下压的动作是借助于臀部肌群的收缩来完成的。在整个腿下压动作中，前三分之二由于水的阻力，是膝关节充分展开，腿部肌肉放松。当打腿下压到一定程度，由于腹肌和腰肌的控制，停止向下，而过渡到向上移动，由于惯性的作用，小腿仍然继续向下，而造成膝关节弯曲，所以在腿下压的后三分之一是屈腿的。随着惯性的逐渐减弱和打腿的带动，小腿也开始向上移动，但此时脚仍然继续向下，直到惯性消失，大腿、小腿和脚一次结束向下的动作，构成向下“鞭打”的动作。下压的动作因为不产生推进力，因此相对的要求速度不要太快，并且腿部各关节要自然放松。

②上踢动作。当腿部动作下压结束时，由于水对小腿的阻力和大腿肌肉的牵制，大腿与小腿构成约 135°～140°角，小腿与水平面约成 40°～45°角（图 15－3－3）。

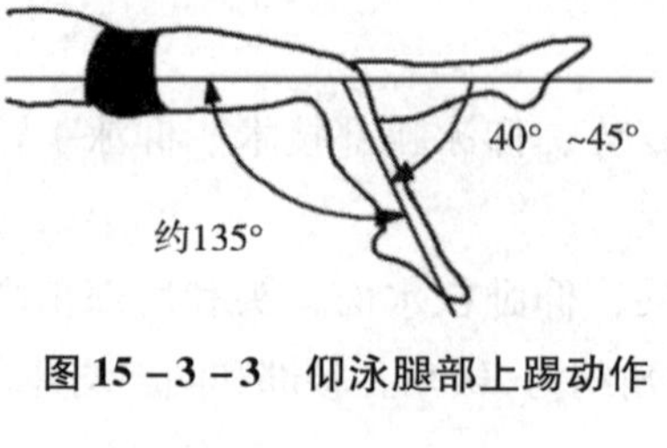

图 15－3－3　仰泳腿部上踢动作

此时打小腿弯曲到最大程度，小腿和脚对水面较大。上踢动作的开始，就需要用脚打的力量和速度来进行，并逐渐加大到最大力量和速度。当打腿向上移动超过水平面就结束向上的动作，此时膝关节接近水面。随后小腿和脚也依次结束向上，是膝关节充分伸展，构成向下“鞭打”的动作（图 15－3－4）。

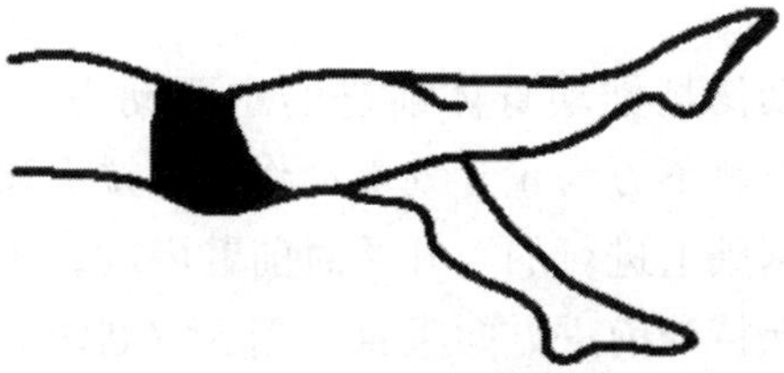

图 15－3－4 仰泳腿部鞭打动作

上踢动作是以大腿带动小腿、小腿带动脚来完成的，并且在任何情况下，尽量不要是膝关节或脚尖露出水面。上踢时，脚尖应内旋以加大对水面积。

3．仰泳臂部动作

仰泳臂划水动作是产生推动身体前进的主要因素。一个完整的手臂动作分为入水、抱水、划推水、出水和空中移臂等几个阶段，手掌由于入水、抱水和划推水在水下形成一个“S”形的路线。

①入水。臂入水时，应借助于移臂动作的惯性，臂部自然放松，入水点应在身体纵轴与肩的延长线之间，或在肩的延长线上。过宽和过窄都会影响速度。臂入水时应保持直臂，肘部不要弯曲，入水时小指向下，拇指向上，掌心向侧后方。手掌与小臂约成 150°～160°角（图 15－3－5）。

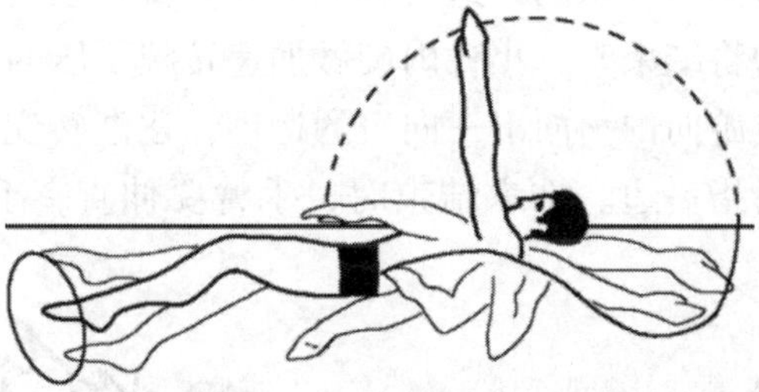

图 15－3－5 仰泳入手

②抱水。抱水是为划推水创造有利的条件。臂入水后要利用移臂时所产生的动量积极下滑到一定的深度，手掌向下、向侧移动，通过伸肩、屈肘、上臂内旋和屈腕的动作，配合身体的滚动，使手掌和前臂对准水并有压力的感觉（图 15－3－6）。

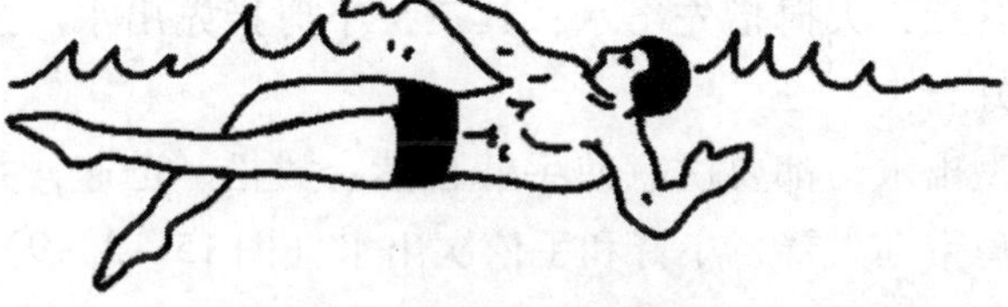

图 15－3－6 仰泳抱水

当完成抱水动作时，肘部微屈约成150°～160°角，手掌据水面约30～40厘米，肩保持较高的位置。

抱水时：手的运动方向为向后—向下—向外的三个分运动，水流由小指尖流向第一掌骨底，紧接着通过前臂外旋，改变掌心朝向，由向外—向下—向后变为向后—向上—向外侧的方向。

③划推水。仰泳的划水动作是推动身体前进的主要动力。整个动作是由屈臂抱水开始，以肩为中心，划直打腿外侧下方为止。划水动作包含拉水和推水两个阶段。

拉水是在臂前伸抱水的基础上进行的。开始时前臂内旋，手掌上移，肘部下降，使屈肘程度加大，手掌和小必要保持与前进方向垂直。当手掌划之肩侧时，屈臂程度最大，约为70°～110°角，手掌接近水面（图15－3－7）。

图15－3－7　仰泳拉水

拉水的前半部分，手的运动为向上—向外—向后的三个分运动；后半部分则是向上—向内—向后的三个分运动。水流从大拇指流行小指。这个阶段也是身体向划水臂同侧转动最大的阶段。

推水是在手臂划过肩侧时开始的，这时肘关节和大臂应逐渐向身体靠近，同时用力向脚的方向推水。当推水即将结束时，小臂内旋做加速转腕下压的动作，掌心游向后转向向下。推水时，手的运动时游向内—向下—向后的运动，逐渐转变为向内—向下—向前的运动。水流从小指流向大拇指一边。推水结束时，手臂要伸直，手掌在大腿侧下方（图15－3－8）。

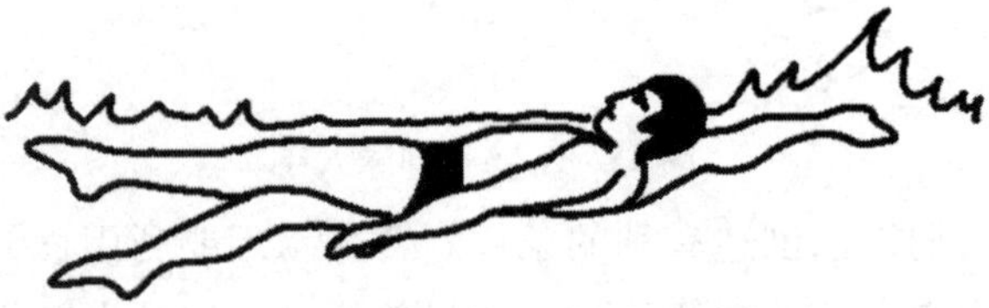

图15－3－8　仰泳推水

④出水。推水结束后，借助于手掌压水的反弹力迅速提臂出水。出水时手形有多种：其一，手背先出水；其二，大拇指先出水；其三，小拇指先出水。这三种手型各有利弊，相对来说最后一种较好。

无论采用哪种手型出水，都要注意使手臂自然、放松、迅速，并且要先压水后提肩，肩部露出水面后，由肩带动大臂、小臂和手依次出水（图15－3－9）。

图 15-3-9 仰泳出水

⑤空中移臂。提臂出水后，手应迅速从大腿外侧垂直于水面移至肩前。当手臂移至肩上方时，手掌要内旋，使掌心向外翻转（采用小拇指先出水技术的无此动作）。空中移臂时，必要伸直放松，移臂的后阶段要注意肩关节充分伸展，为入水和划水做好准备（图15-3-10）。

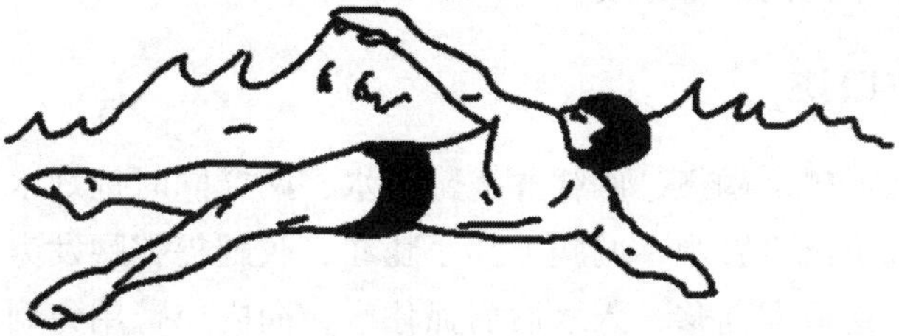

图 15-3-10 仰泳空中移臂

4. 仰泳配合技术

①两臂配合技术。仰泳两臂的配合是“连接式”的，即当一臂划水结束时，另一臂已入水并开始划水；一臂处于划水的中部，另一臂正处于移臂的一半。在整个臂的动作过程中，两臂几乎都处在完全相反的位置。

②臂和呼吸的配合。仰泳的呼吸相对来说比较简单，一般是两次划水一次呼吸。即一臂移臂时开始吸气，然后做短暂的憋气，当另一臂移臂时进行呼气。在高速游进时也有一次划水一次呼吸的技术，但是呼吸不能过于频繁，否则会引起呼吸不充分，造成动作紊乱。

③臂腿配合技术。臂腿配合是否合理，将影响整个动作的平衡和协调自然。臂在划水过程中，腿的上踢、下压动作要避免身体的过分转动，以保持身体的平衡、协调为原则。

三、实用练习方法（“*”表示难度系数）

（一）“甩鞋”练习*

目的：纠正打腿时的“蹬自行车”动作（屈膝太大、膝部有明显水花）。

要求：小腿、脚踝发力，将“鞋”向前上方甩，禁止大腿发力，将“鞋”往前下方蹬。

方法：坐在池边，做甩鞋的动作。

（二）单臂分解**

分解练习的方法很多，这里主要介绍常用的两种：

1. 一臂置于体侧，一臂划臂若干次后，两臂交换。

2. 一臂置于体侧，一臂伸展于头部前方，打水若干次后，两臂同时做移臂/下划动作，再进行若干次打水，两臂再次同时移臂/下划。

要求：无论哪一种分解练习，均要求移臂时依靠转体、转肩带动整个手臂出水，不可直接向上“抬”手臂。

目的：学会借助躯干转动的力量进行划臂、移臂。

第四节　蝶　泳

蝶泳手臂动作的外形好像蝴蝶飞舞，躯干和下肢的动作好似海豚在水中逐浪，所以蝶泳也被称为“海豚泳”。由于蝶泳需要较强的上肢带和腰腹部力量以及较好的协调性，所以是四种泳姿中最难掌握的一种泳姿。

一、技术动作口诀

蝶泳简介：蝶泳如蝶展翅飞，两腿并拢鞭打水，两臂同时抱划水，模仿海豚起浪飞。
腿部动作：臀部下沉挺腰腹，两腿上移小腿屈，收腿提臀腰发力，大腿带动小腿踢。
臂部动作：低头送肩向前移，入水展肩抓住水，向内屈臂用力划，推水提肘快出水。
呼吸动作：手臂入水慢吐气，推水伸颈抬头吸，吸气要快头放低，伸颈抬头要自然。
配合动作：蝶泳体位不固定，躯干波浪向前进。两腿合并似鞭打，腰腹腿部依次振。

二、技术动作要领

1. 入水

两臂在肩的延长线上入水，大拇指微指向下使掌心朝外下方。入水后向前伸肩，目视下方使头后部和脊椎形成直线（图 15－4－1）。

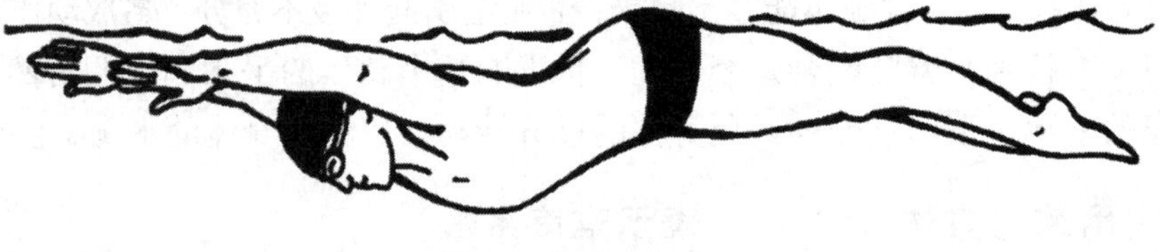

图 15－4－1　入水

2. 外划

两手向外划水（抓水），使两臂分开距离比肩宽，随后屈腕、转动掌心向下方压水，保持肘高于腕和手。双腿并拢伸直，上抬（图 15－4－2）。

图 15－4－2　外划

3. 内划

屈肘，手臂向内、向上、向后划水，划至两手距离最近时，内划结束，此时肘关节屈至 90°。髋部下沉，膝关节弯曲，小腿放松上抬（图 15－4－3）。

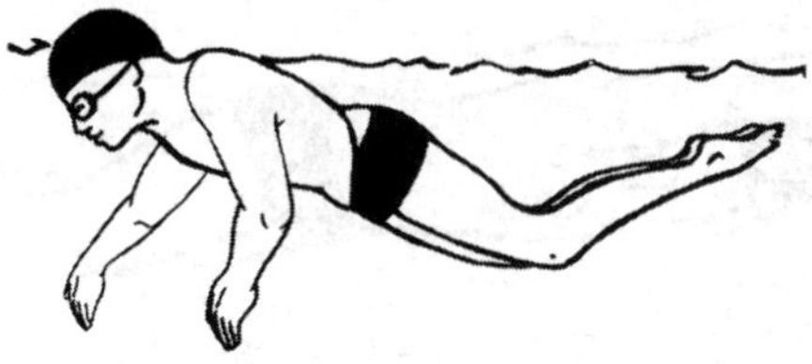

图 15 -4 -3 内划

4. 上划

内划结束后，手臂内旋，向外、上、后方划水。同时髋部发力，大腿带动小腿向下快速鞭状打水，下打到最深处时，抬头吸气。此阶段是划水与打腿产生最大推进力阶段，上划与下打需同时进行，将手、腿的力量合二为一，增大前进速度。（图 15 -4 -4）。

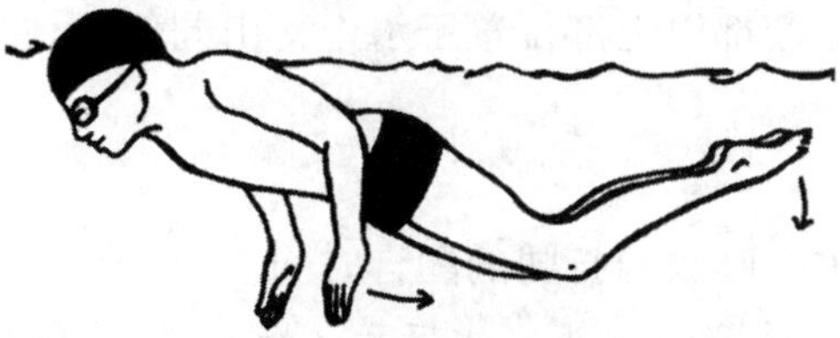

图 15 -4 -4 上划

5. 出水

当手划到大腿两侧时，手从旋内转为旋外，掌心向外，小拇指领先出水，利用划水的惯性将肘和肩提拉出水。此时腿部放松伸直，向水面上抬，准备下一次打水（图 15 -4 -5）。

图 15 -4 -5 出水

6. 移臂

低头，结束吸气。在肩的带动下，手臂迅速从空中前移到头前，准备入水。蝶泳采用低平的直臂移臂技术，从身体的两侧前移。移臂过程中，手臂要放松，大拇指朝下，手臂前伸到接近入水时肘微屈，以便入水后及时抓水。同时沉髋、膝关节弯曲，准备下打（图 15 -4 -6）。

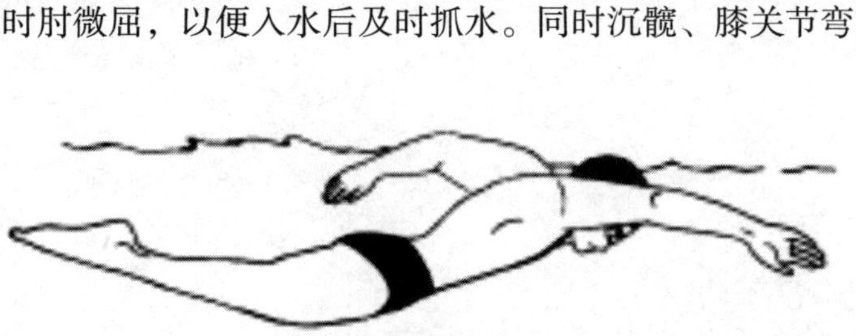

图 15 -4 -6 移臂

7. 入水（再次）

大拇指领先斜插入水，髋关节发力，大腿带动小腿向下打水（图 15 -4 -7）。

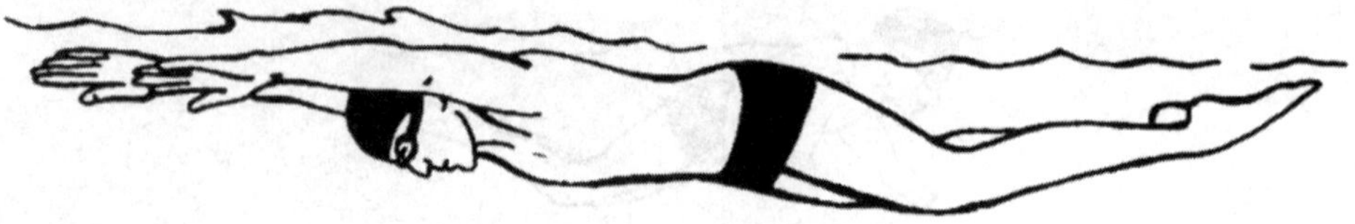

图 15－4－7　打水

三、实用练习方法（“＊”表示难度系数）

（一）半陆半水练习＊

目的：建立正确动作概念，掌握准确的划水与呼吸的配合时间。

要求：体会腰、背肌协同用力上划、移臂的感觉。

方法：俯卧于池边，将髋部以上部位置于水中，由同伴压住双腿，练习者做蝶泳的划手及呼吸动作。

（二）一手多腿练习＊＊＊＊

目的：掌握准确的划水、呼吸与打腿的配合时间。

要求：(1) 呼吸迅速，移臂时先头入水后手入水。(2) 保持打腿的节奏，呼吸时打腿不能停。

方法：一次划手多次打腿。可以从 4 次腿 1 次手→3 次腿 1 次手→2 次腿 1 次手，练习者根据掌握的情况，逐步减少打腿的次数。

第十六章　传统体育运动

中华民族传统体育是中国体育事业的重要组成部分，是中华民族宝贵的文化遗产。许多优秀的民族传统体育项目，不仅具有很强的健身价值，而且还有很高的艺术价值和丰富的娱乐、教育功能。

第一节　武　术

一、武术运动概述

武术以踢、打、摔、拿、击、刺等技击动作为素材，遵照攻守进退、动静疾徐、刚柔虚实等矛盾相互变化的规律编成徒手或器械的各种套路。武术是一种增强体质、培养意志、训练格斗技能的民族形式的体育运动。

（一）武术的发展

1. 武术的起源

武术是我国传统的民族体育项目，起源于生产和劳动，早在五六十万年前的旧石器时期，人们为了生存，运用石器、木棍等打猎、捕鱼、同野兽相斗，这样，人们逐渐获得了使用武器和格斗技能，它是武术格斗技术的萌芽。随着原始生产工具的进化，尤其是它的实际效果，为后来的武术技术“劈、刺、砍、扎”等奠定了基础。

2. 原始战争的出现，促进武术向军事战斗技能发展

原始部落间的战争，使武术在已有了狩猎的格斗和捕杀技能的同时，又有了军事战斗技能的发展。后来的武术运动，其内容就大都近于军事战斗技能而远于狩猎技能了。

3. 强身除病的客观要求使武术成为体育的一种手段

人们为了增强体质，减少疾病，逐渐就有了对体育的要求，在原始社会末期，人们已创造了一种叫作“舞”的运动形式来锻炼筋骨，活动关节。唐、宋时期，才开始有了简朴的武术套路，例如剑舞。强身除病的客观要求使武术成为体育的一种手段。

4. 中华人民共和国成立后武术运动的发展

中华人民共和国成立以后，党和政府十分关心人民的健康，重视民族体育文化遗产的继承和发展。1956 年，国家体委把武术列为竞赛项目，同时整理出版了《简化太极拳》《初级长拳》《初级剑术》《初级刀术》《初级枪术》《初级棍术》等书和挂图，并有了全国武术统编教材。1982 年召开了全国武术会议，1990 年将武术列入全运会的竞赛项目，

并多次举办国际武术邀请赛，从此，国内外武术运动发展得更快了。

（二）武术的特点

1．攻防技击性

武术作为体育项目，动作具有攻防技击性。与散打的技术与实用技击术基本是一致的，集中体现了武术攻防格斗的特点，只是从体育的观念出发，以不伤害对方为原则，严格规定了禁击部位和保护器具。

2．内外合一、形神兼备的民族风格

讲究动作形体规范，又求精气神传意，内外合一的整体运动观，是中国武术的一大特色。所谓内，指人的精神、意识和气息的运行；所谓外，指人体手眼身步的活动，如太极拳要求“以意识引导动作”，形意拳讲究“内三合、外三合”。

3．广泛的适应性

武术的内容和练习形式丰富多样，不同的形式和内容都有与其相适应的各种练功方法，其动作结构、技术要求、运动风格和运动量不尽相同，分别适合不同年龄、性别、职业、体质的需要，人们可以根据自己的条件和兴趣爱好加以选择。同时，武术运动不受时间、季节的限制，场地器材也可以因陋就简，这种广泛的适应性给开展群众性体育活动创造了有利条件。

（三）武术的作用

1．强身健体

武术之所以从军事技术中分离出来，其中的一个重要原因是练习武术对身体有着良好的影响，能起到强身健体的作用。练习武术时，无论是人体大的肌肉群，还是一些小的关节韧带，无论是人体外部的各个部位，还是内在的精神、意识、呼吸，都需协同作用，因此，对人体的锻炼是全方位、多层次的。

2．防身技击

武术由我国古代的技击术发展而成，其直接来源是攻防格斗。尽管现代的武术属于体育的范畴，然而技击性仍然是它的本质属性。通过练拳习武，不仅可以提高人体的各种身体素质，而且可以掌握一定的攻防技法，起到防身自卫的作用。另外，散打项目更是以攻防格斗为目的，坚持长期系统的学习，不仅可以提高防身自卫能力，还可以为国防、公安建设服务。

3．教育娱乐

中华民族素有“礼仪之邦”之称，根植于中华传统文化土壤中的中华武术，也必然以具有浓郁的伦理思想色彩为其主要特色，尚武与崇德便成为习武实践密不可分的两个方面。在中华浩瀚的历史长河中，关羽、岳飞、戚继光等无数民族英雄和武术家，无不是德行和技艺同时修炼，甚至德先于技。实行尚武与崇德的教育，可以陶冶人们的思想情操。另外，艰苦的习武实践，对于培养人们良好的生活习性和意志品质也具有积极作用。

中华武术独有的审美情趣也给武术增添了无穷的魅力。套路运动的动静疾徐、起伏跌宕美，散打运动的巧妙方法、激烈对抗美，不仅能培养人们的审美情趣，给人以美的教育，还能在节庆集会时丰富人们的业余文化生活，带给人们美的享受。

4. 经济效益

随着我国社会主义市场经济的逐步建立，传统的武术在体育产业化过程中所表现出的经济价值越来越被更多的有识之士认同。首先，作为一种精神产品，武术能不同程度地满足人们对精神文化生活的需求。其次，武术作为一种劳务，在进行武术教学训练以及辅导等活动时，也具有一定的经济效益。另外，作为一种资源，武术还能够带动相关产业的发展。相信随着社会经济发展，武术的经济效益将会越来越大。

二、武术基本功

（一）手型

1. 拳

各部位名称：拳眼、拳心、拳面、拳背、拳轮（图 16－1－1）。

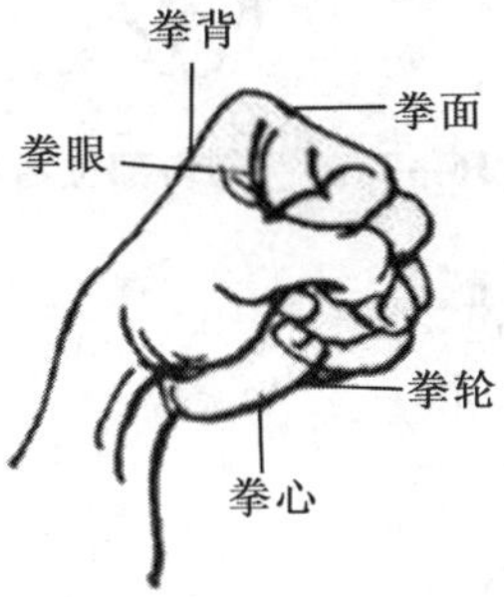

图 16－1－1　拳各部位名称

动作说明：五指卷紧，拇指压于食指、中指第二指节上。

要点：拳握紧、拳面平、直腕。

易犯错误：拳面不平、屈腕。

纠正方法：讲解拳的攻防作用。

教法提示：先示范与讲解拳的规格、要求，再采用手型变换练习。

2. 掌

各部位名称：掌心、掌背、掌指、掌根、掌外沿（图 16－1－2）。

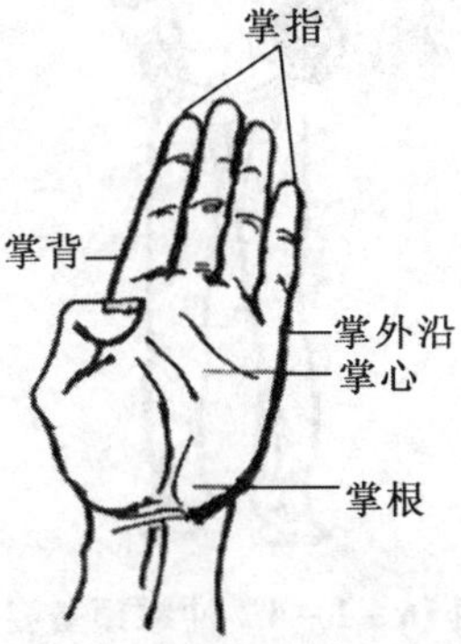

图 16－1－2　掌各部位名称

动作说明：四指伸直并拢，拇指弯曲紧扣于虎口处。
要点：掌心开展、竖指。
易犯错误：松指、掌背外凸。
纠正方法：讲解掌的攻防作用。
教法提示：同拳。
3. 勾
各部位名称：勾尖、勾顶（图 16－1－3）。

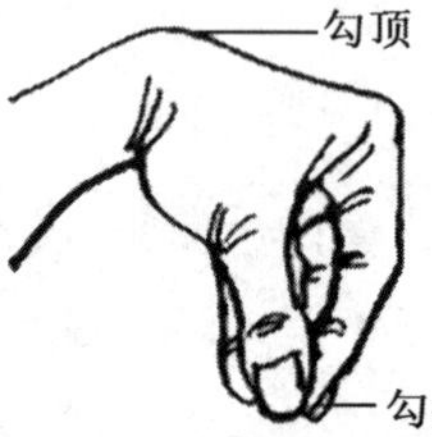

图 16－1－3　勾各部位名称

动作说明：五指撮拢成勾，屈腕。
要点：屈腕。
易犯错误：松指，腕没有扣紧。
纠正方法：讲解勾手的攻防作用。
教法提示：同拳。
（二）手法
1. 冲拳
预备姿势：两脚左右开立，两拳抱于腰间，拳心朝上（图 16－1－4）。

图 16－1－4　冲拳预备姿势

动作说明：右拳从腰间旋臂向前猛力冲出，力达拳面，目视前方（图16－1－5）。

图16－1－5 冲拳动作说明

要点：挺胸、收腹、直腰，出拳快速有力，做好拧腰、顺肩、急旋前臂的动作。

易犯错误和纠正方法如下。

（1）冲拳无力。

纠正方法：强调拧腰、顺肩、急旋臂、动作快速。

（2）冲拳力点不准。

纠正方法：击靶练习。

（3）拳面不平、屈腕。

纠正方法：讲解拳在攻防中的作用及受力分析。

（4）拳从肩前冲出。

纠正方法：强调肘贴肋运行，使拳内旋冲出。

教法提示：

①先慢做，不要用全力，注意动作的准确性，然后再逐步过渡到快速有力；

②结合步型、步法做冲拳练习。

2. 架拳

预备姿势：同冲拳（图16－1－6）。

图16－1－6 架拳预备姿势

动作说明：右拳向右上方架起，拳眼向下，目视左方（图 16－1－7）。

图 16－1－7　架拳动作说明

要点：松肩、肘微屈、前臂内旋，力达前臂外侧。

易犯错误和纠正方法如下。

（1）摆臂不顺，架拳不够稳健、舒展。

纠正方法：摆臂要松肩，架拳时前臂内旋、突停。

（2）经体侧架拳，动作路线不对。

纠正方法：利用对方打来之拳，体会上架要求。

教法提示：

①先慢做，体会上架位置，然后再加快练习；

②同冲拳②。

3. 推掌

预备姿势：同冲拳。

动作说明：右拳变掌，以掌外沿为力点向前猛力推出，目视前方（图 16－1－8）。

图 16－1－8　推掌动作说明

要点：同冲拳，注意沉腕、翘掌、力达掌外沿。

易犯错误与纠正方法：同冲拳。

教法提示：同冲拳。

4. 亮掌

预备姿势：同冲拳（图 16－1－9）。

图 16－1－9　亮掌预备姿势

动作说明：抖腕亮掌，臂成弧形举于头上，目视左方（图 16－1－10）。

图 16－1－10　亮掌动作说明

要点：抖腕、亮掌与转头要同时完成。

易犯错误和纠正方法如下。

（1）以臂部动作为主，抖腕动作不明显。

纠正方法：经常做抖腕练习，提高腕部的灵活性。

（2）亮掌与转头不一致。

纠正方法：做亮掌时，用信号或语言提示转头。

教法提示：

①先练习摆臂、抖腕、亮掌、转头动作，而后进行完整动作练习；

②同冲拳②。

（三）压肩

预备姿势：开步站立。

动作说明：两手抓握肋木，上体前俯并做下振压肩动作。也可以两人面对面站立，互相扶按肩部，做体前屈的振动压肩动作，也可由助手协助做搬压肩部的练习（图 16－1－11）。

图 16－1－11　压肩

要点：挺胸、塌腰，臂、腿要伸直，振幅逐步加大，压点集中于肩部，增加外力时由小到大。

易犯错误：压肩幅度小、拉不开。

纠正方法：先调整人与肋木的距离，压肩时应挺胸、塌腰、臂腿伸直、肩带肌放松，压点集中于肩部。

教法提示：压肩时振幅应逐渐加大，增加助力时由小到大。

（四）臂绕环

1．单臂绕环

预备姿势：呈左弓步站立，左手按于左大腿上，右臂上举。

动作说明：右臂由后向前绕环一周为后绕环（图 16－12）。

图 16－1－12　单臂绕环

要点：臂伸直、肩放松、画立圆，逐渐加速。

易犯错误：绕环时，臂没有画立圆，动作僵硬不灵活。

纠正方法：做动作时，肩部放松，臂伸直，腰要协调配合。

教法提示：先压肩。绕环时，速度由慢到快。

2. 双臂绕环

(1) 前后绕环

预备姿势：开步站立，右臂上举（图 16－1－13）。

图 16－1－13 双臂绕环预备姿势

动作说明：左臂前绕环，右臂后绕环（图 16－1－14）。

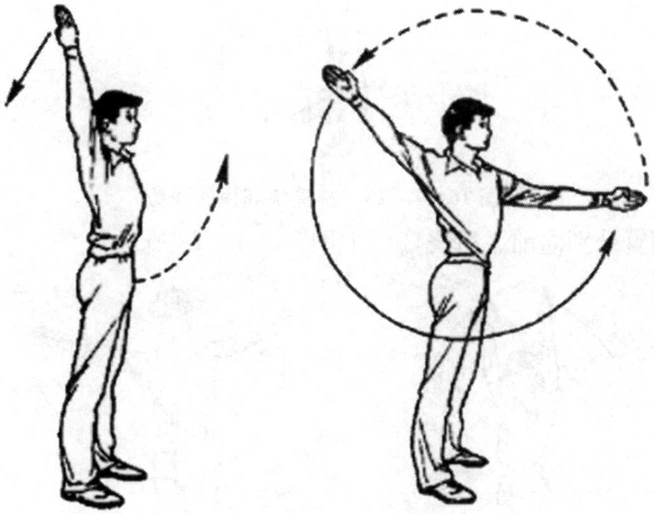

图 16－1－14 双臂绕环动作说明

要点：易犯错误、纠正方法、教法提示同单臂绕环。

(2) 左右绕环。

预备姿势：开步站立。

动作说明：两臂同时从右向左画立圆绕环（图 16－1－15）。

图 16－1－15　左右绕环

要点：易犯错误、纠正方法、教法提示同单臂绕环。

(3) 交叉绕环。

预备姿势：开步站立，两臂上举（图 16－1－16）。

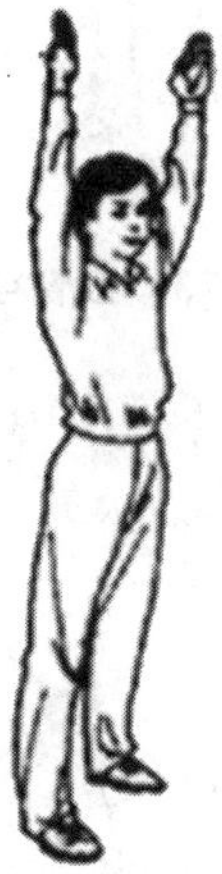

图 16－1－16　交叉绕环预备姿势

动作说明：两臂分别向前、后绕环（如图 16－1－17 所示）。

图 16－1－17　交叉绕环动作说明

要点：易犯错误、纠正方法、教法提示同单臂绕环。

第二节 跆拳道

跆拳道运动是一项起源于朝鲜半岛的古老而又新颖的竞技体育运动，是朝鲜民族在生产和生活基础上发展起来的一项运用手、脚技术和身体能力进行自身修炼和搏击格斗的传统体育项目。说它古老，是因为它在有记载的朝鲜民族史上已有3000多年的历史；说它新颖，是因为跆拳道自20世纪50年代中期在朝鲜半岛重新崛起到现在，半个多世纪以来，跆拳道运动项目努力向世界传播，已经风靡全球，成为一项新颖的竞技体育项目。

一、跆拳道运动概述

跆拳道的内容十分丰富，但主要内容包括品势修炼（动作组合）、搏击格斗和功力检验三大部分。

跆拳道是一种融合了中国武术、日本空手道和韩国武术的一种徒手攻防搏击术，源于朝鲜民间的传统武术。跆拳道的“跆”字，代表腿的技术体系，意为像台风一样猛烈地、强劲地跳踢的“脚”；“拳”代表手和躯干的技术体系，用来进攻的武器；“道”代表的是思想体系和一种训练方法，是指人生的正确道路，在这里寓意使用手脚的方法和原理。跆拳道运动要求练习者不仅学习跆拳道的技术，更注重对跆拳道礼仪、道德修养的学习和遵从，每一次练习都要求“以礼始，以礼终”，培养人的礼仪、忍耐、谦虚和坚韧不拔的精神，这对青少年尤其具有特殊的教育意义。

（一）跆拳道运动的起源与发展

1. 古代的跆拳道雏形

原始社会时期，朝鲜民族的人们大部分过着以农业为主的农耕生活，间或辅以狩猎。为了获得食物、抗击外来势力的入侵和抵御野兽的袭击，人们在反复的实践中逐渐发现了一些锻炼身体和参与战斗的方法，这些发自本能的发明，在社会进化的过程中逐步演化成有目的、有意识的斗技活动，形成了古代跆拳道的雏形。当时人们斗技的目的除了获得食物、抗击入侵和抵御野兽外，更多的是用于参加祭祀时展示力量的斗技大会，许多古书对这些祭祀斗技活动都有所记载，可见当时斗技相当盛行。

2. 朝鲜半岛三国时代的跆拳道形式

朝鲜半岛的三国时代是高句丽、新罗和百济三国并存时期。大约在公元前1世纪，三国相继兴起，高句丽在朝鲜半岛北部，新罗在东南部，百济在西南部，为了争夺领土，三国之间战争不断，纷争四起，因此这个时期跆拳道形式迅速发展，以适应战争的需要。据古书记载：“跆拳意指使用手和脚，磨炼四肢和身体的灵活用法，是武艺的基础。”“剑术是以空手击倒对方的‘手术’为基础。”可以看出，当时的练武之人在使刀、剑之前就已经熟练地掌握了跆拳道，力求无论有无武器都能灵活运用手和脚战胜对手，成为优秀的武士。

3. 高丽时代的跆拳道

高丽是公元918年在朝鲜半岛建立的一个统一的国家。高丽王朝的军队勇敢善战，推翻了新罗王朝，建立了高丽王朝。高丽的忠惠王本人十分喜爱手搏，便要求他的军队必须进行具有跆拳道特色的“手搏”竞技运动练习。士兵们常用拳掌击打墙壁、木块及砖瓦，以磨炼手部的攻击能力。忠惠王还邀请武艺超群的士兵金振郗到宫中表演手搏技艺，在朝野上下极力推崇“手搏”技艺，使跆拳道声望大振，受到广大民众的喜欢，并被规定为军队训练的必修项目。据《高丽史》记载，手搏是高丽人普遍喜好的竞技项目之一。

4. 朝鲜时代的跆拳道

1392年，高丽王朝被李成桂建立的王朝取代，国号“朝鲜”。朝鲜时代由于推崇佛学，重文轻武，这一时期朝鲜的跆拳道技术没有受到官方的重视，但在民间却始终没有停止过“手搏”和“跆跟”这些跆拳道的初始技艺活动。同时，军队也用“手搏”和“跆跟”作为选择士兵的方法，一个人若想做武官，就必须在竞技时用“手博”或“跆跟”技艺打倒三人以上才行。在朝鲜时代，跆拳道除了技艺得到发展外，在文字记载方面也有很大进展。1790年，正祖委派李德懋和学者朴齐家、白东修三人汇编了《武艺图谱通志》，这是跆拳道的代表作。在这部书中不仅收录了“手搏”“跆跟”的一些技法、动作图解和关于跆拳道的发展源流，而且还收录了多种武器的使用方法，并将很多其他域族的技击性很强的武术技艺融汇于跆拳道的技法之中，使跆拳道的源流在文字记录和理论上有了较科学的记载和记述。

5. 近代的跆拳道

1910年，日本侵占朝鲜建立了殖民政府，一度下令禁止所有的朝鲜文化活动，跆拳道自然也在禁限之内。此期间，跆拳道技艺在朝鲜境内销声匿迹，只靠流浪到日本和中国的跆拳道艺人将跆拳道与日本的武道和中国的武术融合在一起而保存下来，这反而使跆拳道技法得到充实和发展，逐渐形成了跆拳道新的技术体系。第二次世界大战后，朝鲜独立，国家的政治、社会面貌日益改观，自卫术也相应再度兴起，以前被迫流落异国他乡的许多朝鲜人也相继回归故里，同时也将各国的武道技艺带回本国，并进一步将这些技艺和跆拳道技法融于一体，去芜存精，融合发展，逐渐形成了现代跆拳道运动的基础体系。

6. 现代跆拳道运动的发展

1955年，在经历了几千年的发展和充实之后，朝鲜的自卫术终于被跆拳道运动的领导人和组织者统称为“跆拳道”，即现代跆拳道。1961年9月，韩国成立了唐手道协会，后更名为跆拳道协会，并成为全国运动会正式比赛项目。1966年，第一个跆拳道国际组织——国际跆拳道联盟（I. T. F）成立，崔泓熙任第一届主席。1973年5月，世界跆拳道联合会（W. T. F）在首尔成立，金云龙当选为主席。1975年，世界跆拳道联合会被国际体育联合会接纳为正式会员。1980年，国际奥委会正式承认了世界跆拳道联合会。在短短几十年里，跆拳道这项运动得到迅猛发展。跆拳道第一届世界锦标赛和第一届亚洲锦标赛分别于1973年和1974年在韩国首尔举行。跆拳道在1986年第十届亚运会上被列为正式比赛项目。1994年9月，经国际奥委会正式通过，被列为2000年奥运会正式比赛项目，设男女各四个级别。目前，跆拳道运动已经成为完全独立的正规的比赛项目。在世界锦标赛、亚洲锦标赛和亚运会上共设有男女各八个级别。跆拳道每两年举办一次世界锦标赛和世界杯比赛。

在国际跆拳道联合会（简称世界跆联）被正式公认后的十多年中，跆拳道运动在全球得到了空前的发展，现在风行全球150多个国家和地区，参与练习者多达7000万人，而且在洲际和世界各级各类大赛上都可看到跆拳道的影子。现在，世界上基本形成了以世界跆联为主体倡导的竞技跆拳道，其鲜明特点是以竞技为主、品势练习为辅。还有一种是国际跆联倡导的以品势修炼为主、竞技实战为辅的跆拳道运动。

（二）跆拳道的分类

1. 竞技跆拳道

竞技跆拳道以参加比赛为主要目的，它是奥运会正式比赛项目，主要是以腿法为主，在奥运会跆拳道比赛中禁止用拳击打对手面部，不能使用膝、肘的击打动作，不能抱摔对手。竞技跆拳道有八种基本腿法、一种基本拳法及四种基本步法。八种基本腿法：前踢、推踢、横踢、侧踢、下劈腿、勾踢、后踢、后旋踢。

2. 大众跆拳道

大众跆拳道，也称武道跆拳道，它的训练内容比较丰富，包括踢、打、摔、拿等格斗技术及品势、功力测试、特技表演、自卫术等，不但使用摔法制服对手，而且能用拳击打对手面部，因此与竞技跆拳道有很大的区别。当前在跆拳道道馆和俱乐部中主要练习的就是大众跆拳道。大众跆拳道具有健身防身的特点，通过大众跆拳道练习，不但能掌握潇洒的腿法、拳法、摔法和品势，而且在健身的同时学到防身格斗技巧。

（三）跆拳道的主要特点及作用

1. 跆拳道的主要特点

（1）手脚并用，以脚为主。

跆拳道不尚外观花样，动作简练、直接、威猛、实用。力求在最有效的距离内，用最快的速度，给予对方致命一击。故此，有人将跆拳道比喻为“无武装的自卫术”。

（2）以刚制刚，直来直往。

在实战中跆拳道极少采用闪躲防守方法，而多用格挡防守，直接接触对手，以刚制刚，招式简练硬朗，能在防守对方进攻后快速敏捷地反击对手。进攻时多采用快速连贯的组合腿法打击对手，尤其善用腾空腿击与旋转腿击高难度腿法，攻击目标主要是对方的头部，腿法起动尽量走直线，速度极快，命中率高，攻势凌厉，杀伤力强，使人防不胜防。

（3）功力测验，方法独特。

功力测验分“威力”与“特技”两种，是跆拳道训练、表演、晋级、比赛的重要内容。因为跆拳道具有令人生畏的杀伤力，如在比赛中直接作用在对手身上，会给运动员造成伤害，故采用砖瓦或木板等物体作目标，让选手用规定的动作击碎、击破，以检验选手的功力。

（4）强调武德，尊师重道。

由于跆拳道具有惊人的破坏力和可怕的杀伤力，故跆拳道也十分强调武德，要注重内心训练和精神修养，养成礼貌待人、忍耐克己、谦虚宽容的高尚道德品质。

2. 练习跆拳道的作用

(1) 强健体魄，防身自卫。

跆拳道是一项激烈的搏击运动，其动作符合人体的生理特点。经常从事跆拳道训练，可以有效地提高练习者的耐力、速度、力量、柔韧和灵敏性等身体素质。

(2) 竞技比赛，娱乐观赏。

通过比赛，可提高自己的实力，体现自我价值。跆拳道属技巧型、智慧型项目，既能丰富人民群众的文体生活，更能令观众领略跆拳道力与美综合的艺术魅力，鼓舞人心，激发斗志，振奋精神。

(3) 开发潜能，磨炼意志。

跆拳道的宗旨是开发人的智力、体力与精神的潜能，增强人的信心、勇气和正义感，陶冶人的情操，磨炼人的意志，振奋人的精神，使人具有创造性和建设性，使人自然、平衡、协调。练习跆拳道不仅仅是修炼手和脚的功夫，不仅仅是为了强身和防身自卫，也不仅仅是为了比赛和表演，更主要的应是经过长期艰苦的磨炼，在时间和汗水中磨炼意志、健全精神、塑造理想的人格。

(4) 健全精神，完美人格。

练习跆拳道一般在团体中进行，大家一起用声、用力、用神、用意、用每一招每一式来展示坚不可摧的躯体和表达勇敢顽强的拼搏精神。实践证明，通过学习和训练，可以使人从软弱变得坚强，从胆怯变得勇敢，从自卑变得自信，从自私变为大公无私，从狭隘变得宽容，从狂傲变得谦虚，从务虚变为求实，进一步塑造自我，完善人格。

(5) 超越平凡，走向成功。

通过跆拳道的训练，能使练习者体形健美，充满朝气与活力。学习跆拳道的实质就是学会三种方法：一是做人处世的方法；二是战胜自我的方法；三是学会走向成功的方法。

二、跆拳道运动的基本技术

跆拳道运动的基本技术是在比赛中根据跆拳道规则要求、跆拳道运动规律和比赛双方具体情况，有意识、有目的、有组织地合理运用技术。

(一) 跆拳道运动的准备姿势和步法

1. 准备姿势

准备姿势也称实战姿势或预备姿势，是跆拳道比赛中双方开始时的基本站立姿势。

准备姿势应便于进攻和防守反击以及步法的移动。

动作过程如下。

①两脚开立与肩同宽，两臂垂于体侧；

②左脚或右脚向另一脚的前方迈出，两脚相距一步距离前后站立，使身体侧对对方，同时两手半握拳，沉肩，两臂屈肘自然垂放；

③重心落在两脚之间，髋部略弯曲，眼睛平视对方面部，下颌微收。

2. 基本步法

基本步法是指以准备姿势站立后，向不同方向移动的方法。在跆拳道技术中，步法是其中重要的一环，尤其在运动员刚开始接触跆拳道这项运动时，要用较多的时间来进行专门的步法练习，由于竞技跆拳道规则的限制，在比赛中运动员主要是用腿攻击和防守反击，因此运动员的步法是否灵活，在一定程度上决定他的进攻和防守是否能够达到目的，这也使得步法训练在跆拳道训练中占据着重要地位。

（1）上步。

上步常用于逼迫对方后撤，或引诱对方进攻，而当对手使用上步时，自己可以立即使用进攻技术攻击对方。

动作过程：右架站立，右脚向前上一步，称为左架；反之，左架站立，动作相同。

（2）后撤步。

后撤步常用在对方使用前横踢时，当对方准备继续进攻时，可使用前腿的侧踢、鞭踢或劈腿阻击对方。

动作过程：右架站立，左脚向后撤架站立，左架站立动作相同。

（3）前跃步。

前跃步常使用在快速接近对方身体、使用横踢或劈腿等进攻动作时，当对方前跃步时，可用前腿的劈腿、后踢或后旋等进攻动作，但是，有时对方使用前跃步是为了引诱自己反击后调整重心时进攻得点。因此，此时自己可后撤一步而不被对方所利用。

动作过程：右架站立，两脚同时向前跃进一步，保持右架准备姿势。左架站立动作相同。

（4）后跃步。

后跃步常使用在对方进攻、自己需要快速与对方拉开距离时，此时由于自己有一个向后撤的惯性，再用进攻的动作就有一定的难度，一般是使用迎击动作后踢或后旋等。因此，若对方使用后跃步时，自己要防止对方的阻击动作，如果自己使用组合动作，在对方跃步时，自己一般使用侧踢、推踢或外摆劈腿等动作。

动作过程：右架站立，两脚同时向后回撤一步，保持右架准备姿势；反之，左架亦然。

（5）原地换步。

原地换步常用在对方与自己是闭式站位，自己为了与对方形成开式站位以便有利于击打对方胸腹时，或是为了不让对方的优势腿发挥威力，使对方感到别扭，而当对方原地换步时，可利用此时机抢攻得点。

动作过程：右架站立，两脚原地前后交换，由右架换成左架；反之，左架亦然。

（6）侧移步。

主动进攻时，对方反应速度快，则使用向一侧侧移步，诱使对方来不及调整身体重心而不能很好地反击，或是当对方进攻，自己不向后撤，而使用侧移步与对方贴近使用进攻动作。

动作过程：第一种步法是以前脚为轴，后脚向左（右）侧方向移动，用以改变与对手的站位方向；第二种步法是右架站立，右脚先向右（或向左）侧移动一步，随之左脚也迅速向右侧（或向左侧）移动一步。

(7) 垫步。

使用垫步主要是在主动进攻时用前腿攻击对方。

动作过程：右架站立，右脚向左脚内侧上步，同时左腿迅速抬起以便进攻和防守。

（二）基本技术

1. 手法

手法中有拳、掌、肘多种使用方法，既不失为攻击得分的方法，又是防守阻击的招式，一般偏重于防护格挡拦截。

(1) 拳法。

在跆拳道比赛中，拳法是一种非常重要的技术，运用拳法时，拳必须握紧，动作发力要迅猛短促，完成击打动作后要立即回收，以免被对方抓住手臂或手腕。主要拳法有冲拳、勾拳、弹拳、鞭拳、截拳。

(2) 掌法和肘击。

跆拳道掌法在比赛中不得使用。因此，掌法只能用于自卫实战之中。主要掌法有砍掌、插掌、弧形手掐击、掌根推击。

肘法多用于近距离击打，受击者易挫伤。有击肘、挑肘、顶肘等三种。

阻挡技法以刚制刚，充分显示手臂威力，因为跆拳道的防守很少采用闪躲，因此阻挡技术占有重要地位。

2. 腿法

跆拳道以其变幻莫测、优美潇洒的腿法著称于世，被世人称为踢的艺术，这是跆拳道区别于其他格斗术的一个重要特点。跆拳道的腿法讲究变化多样和灵活多端，对人体的柔韧性、大脑反应的灵敏性、身体运动的稳定性都有很高的要求，它是对人体机能和体能的综合考验。

跆拳道实战中脚踢进攻时一般使用的部位包括脚前掌、脚趾、脚背、足刀、脚后跟、脚后掌（脚跟底部）。利用这些部位可以进行站立踢、跳动踢、助跑踢、转身踢和飞踢等不同形式踢法进攻，而且每种踢法踢击的部位各有不同。实战过程中，运用脚踢时要根据具体情况，如对方所处位置、暴露的部位、防守的姿势以及双方的距离，选择不同的踢法。脚踢时要利用步法保持身体的平衡，并有效接近对方做出踢击动作。注意两臂的防守。踢击完成马上回到准备姿势，准备下一次的进攻和防守。腿的回位动作要快，以免被对方抓住或抱住。脚踢的练习方法主要是靠平时用各种腿法踢击悬挂的沙袋，经过反复练习提高踢的力量、速度和高度。

(1) 前踢。实战姿势的基本姿势开始。右脚蹬地，髋关节向左旋转，双手握拳置于体侧，同时，右腿以髋关节为轴屈膝上提。当大腿抬至水平或稍高时，膝关节向前送，向前顶，小腿以膝关节为轴快速向前上方踢出，力达腿尖，整条腿踹直。踢击后迅速放松，右腿沿原路线弹回，将右脚放置在左脚前面仍呈实战姿势。

动作要领：膝关节夹紧，小腿放松，要有弹性；往前送，高踢时往上送；小腿回收与前踢的速度一样快。主要攻击部位有面部、下颏、腹部、裆部。前踢亦可用于防守。将前踢发力部位由脚尖改换为脚跟时，前踢动作就变为前蹬动作，动作方法要点相同，只是脚的形状发生了变化。

（2）侧踢。实战的基本姿势开始。右脚蹬地，右腿以髋关节为轴屈膝提起，两手握拳置于体侧，随即左脚以前脚掌为轴外旋180°，髋关节向左旋转，右腿以膝关节为轴向前蹬伸，右脚快速向右前上方直线踢出，发力点在脚跟。发力后沿起腿路线收腿，放松，重心落下（原处或向前均可），再次回到实战姿势。

动作要领：起腿时大小腿、膝关节夹紧；踢出发力时头肩、腰、髋、膝、腿和踝成一直线；大小腿直线踢出，原路线收回。侧踢动作的主要攻击部位有膝部、腹部、肋部、胸部和头面部。

（3）后踢。实战姿势开始，转身后腿后撤背对对方。重心后移至左脚，右脚蹬地后屈膝提起，右脚贴近左大腿，两手握拳置于胸前；随即左脚蹬地伸直，右脚自左大腿内侧向后方直线踢出，力达脚跟。踢击后右脚沿原路线快速收回，呈实战姿势。

动作要领：起腿后上体和大小腿折叠收紧；后踢时动作延伸要长，用力延伸；转身、提腿、出脚动作连续一次性完成，不能停顿；击打目标在正后偏右。后踢动作的主要攻击部位有膝部、腹部、裆部、胸部和头面部。

（4）下劈。实战姿势开始。右脚蹬地，重心前移至左脚。同时，右腿以髋关节为轴屈膝上提，两手握拳置于胸前，随即充分送髋，上提膝关节至胸部，右小腿以膝关节为轴向上伸直，将右腿伸直举于体前，右脚过头。然后放松向下以右脚后跟（或脚掌）为力点劈击，一直到地面，呈实战姿势。

动作要领：腿尽量往高、往头后举，要向上送髋，重心往高起；脚放松往前落，落地要有控制；起腿要快速，果断；踝关节要放松。劈腿的主要攻击部位有头顶、脸部和锁骨。

（5）勾踢。实战姿势开始。右脚蹬地重心前移，右腿以髋关节为轴屈膝上提，两手握拳置于体侧；左脚以前脚掌为轴外旋180°，右腿以膝关节为轴继续向前上方伸成直线，顺势右脚的脚掌用力向右侧屈膝鞭打，顺鞭打之势上体右转，右腿屈膝回收，右脚落回原处，呈实战姿势。

动作要领：提膝，伸直，右侧屈膝鞭打动作要连贯快速，没有停顿；击打点在体前偏右侧，以脚掌为击打点；左脚旋转支撑并保持平衡，踹击后迅速将腿收回。勾踢攻击的主要部位是头面部和腹胸部。

（6）后旋踢。实战姿势开始。两脚以两脚掌为轴均内旋约180°，身体随之右转约90°，两拳置于胸前。上体右转，与双腿拧成一定角度。右脚蹬地（将蹬地的力量与上体拧转的力量合在一起），右腿继续向右后旋摆鞭打，同时上体向右转，带动右腿弧形摆至身体右侧，右腿屈膝回收；右脚落到右后呈实战姿势。

动作要领：转身旋转，踢腿连贯进行，一气呵成，中间没有停顿；击打点应在正前方，呈水平弧线；屈膝起腿的旋转速度要快；重心在原地旋转360°。后旋踢攻击的主要部位有面额和胸部。

（7）推踢。实战姿势开始。右脚蹬地，重心前移，右脚以髋关节为轴提膝前蹬，用右脚脚掌向前蹬推，力点在脚掌，推力向正前方。

动作要领：提膝后尽量收紧膝关节；重心往前移，利用身体的重量和力量；推的时候腿往前伸展，送髋；推的路线水平往前。推踢的主要攻击目标是腹部。

（8）横踢。实战姿势开始。右脚蹬地，重心前移至左脚，右脚屈膝上提，两拳置于胸前；左脚前脚掌碾地内旋，髋关节左转，左膝内扣；随即左脚掌继续内旋至180°，右膝关节向前抬至水平状态，小腿快速向左前横向踢出；击打目标后迅速放松收回小腿。

右腿落回原地呈实战姿势。

动作要领：膝关节夹紧，向前提膝，尽量走直线；支撑脚外旋180°；髋关节往前顺，身体与大小腿成直线；严格注意击打的力点在正脚背；踝关节放松，击打的感觉是“面团”“鞭梢”。横踢攻击的主要部位有头部、胸部、腹部和肋部。

（9）跳踢。指先跳起使身体腾空，然后在空中完成各种踢法的攻击技术。跳踢包括旋风踢、双飞踢、腾空后踢、腾空劈腿、腾空后旋踢、跳步横踢等多种方法，是跆拳道高难技术动作。

（10）单腿连踢。同一条腿连续进行两次以上的进攻方法。这种技术也属于跆拳道高难技术动作。

（11）双腿连踢。两条腿连续进行两次以上的进攻。这种技术同样属于跆拳道高难技术动作。

三、跆拳道运动的基本战术

运动员在比赛中，根据自己和对手的情况，充分发挥自己的特长，限制对方特长，为战胜对手而采取的计策和方法即战术。

跆拳道战术的实质在于使运动员能在比赛中依据各种可能发生的情况，运用自己平时训练中所练就的各项技能，最有效地发挥自己的优势去战胜对手。在运用战术的过程中，要树立正确的战术思想，体现以我为主、快速灵活的方针，要遵循跆拳道的技术发展变化规律，使战术训练有明确的目的性。

（一）跆拳道比赛的战术原则

跆拳道比赛的战术原则是制订战术计划、实施战术方案必须遵循的准则。主要战术原则有以下几种。

1. 根据跆拳道比赛技术特点的功能设计战术

技术是实现战术的基础，战术又是通过一定的技术动作实现的，不同技术动作的组合，表达了不同的战术意识。因此，根据跆拳道比赛技术动作的特点和功能设计战术是合理、有效地发挥技术的战术原则之一。它能使我们从跆拳道技术的整体性、相对独立性、相关性、动态性、有序性和互变规律性的系统观点出发，正确地制订战术，而不是孤立地、片面地只考虑某一个战术环节和某一个战术动作的技术因素，产生单一的战术方案。跆拳道比赛的技术以踢法为主，制订战术时根据踢法的不同形式、方位、远近、高低以及动作之间的连接规律，按照不同动作的不同作用，充分运用竞赛规则允许的方案，制订不同的战术方案。

2. 攻防兼顾的战术原则

跆拳道的比赛紧张、激烈、刺激，如果比赛中只一味讲究进攻或防守，就会攻防失调、顾此失彼。因此，比赛中一定要遵循攻防兼顾的原则，在瞬息万变的激烈对抗中临战不惧、临危不乱，保持合理的攻防节奏和效果。攻防兼顾原则是根据比赛时的具体情况灵活运用的，比赛时如果面对的是强于自己的对手，就要加强防守，运用防守反击战术与对手对抗；如果面对的是弱于自己的对手，就要采取主动进攻战术，争取主动战胜对方。如果两人水平相当，要攻防兼顾，充分发挥才智，运用适当的战术，做到有序进攻，稳妥防守，抓住战机，猛烈进攻。

3．利用控制与反控制原则

在跆拳道比赛中，经常会遇到这样的情况，就是一名运动员虽然具有较好的专项身体素质和较高的技战术水平，但比赛中被对方控制得不能有效发挥，他的一举一动都被对方有效控制，因而导致比赛失败。这种控制就是运用技战术遏制对方进攻的有效方法。

如果控制能力好，运用技战术合理，就会占据比赛的主动和优势；反之，就会处于劣势和被动。但如果具有更强的反控制技战术，就会变被动为主动。

4．灵活多变原则

跆拳道赛场上的局势是千变万化的，比赛时如果利用为数不多的战术，甚至采用固定的战术，容易被对方摸到规律，使自己陷入被动挨打的局面。因此，在设计战术和进行战术训练时，要根据比赛中可能发生的情况，多考虑几种战术组合及其相互之间的衔接配合和变化运用。利用多种技战术方法，最大限度地体现不同的进攻方向和进攻点。

利用比赛场上的时间、空间、角度、方向和位置，以及真假动作的交替变化，即利用一切可以利用的条件和规则允许，设计和练习灵活多变、多种形式的战术组合、战术意图。而且这些战术一定要有针对性和实效性。否则，只有华而不实的技术战术动作组合，形式再多，动作再漂亮，也不可能取得最终的胜利。

5．根据对方的实际情况设计战术

《孙子兵法》曰："知己知彼，百战不殆。"即只有正确地认识自己，清楚地了解对方的实际情况，才能百战百胜。跆拳道比赛中同样需要运用这一策略。要想战胜对方，就要了解对方的具体实力和各种优缺点，然后针对这些具体情况设计相应的战术，实现运筹帷幄、决胜于比赛之中的战略战术意图。因此，在双方交战前一定要全面了解对手的具体情况。

（二）跆拳道比赛的战术种类

跆拳道比赛的战术种类是指运动员在临场复杂多变的比赛中，根据比赛的规律和各方面的情况随机应变，有判断、有目的、有预见性地决定自己对付对手的策略思维活动。符合自己特点的战术容易掌握和运用，并可以达到有效使用的目的，而要切实提高战术的质量，则战术要先进，要充分了解战术本身的优点和缺点，以及对方的适应情况，挖掘发展潜力大的战术，不断地创造新战术。

1．技术战术

利用技术全面、熟练、有效果的特点，变化运用各种技术，发挥自己的得意技术，掌握比赛的主动权，抑制对手，达到战胜对手的目的。

2．假动作或假象战术

用逼真的假动作或假象欺骗对手，引其上当，分散其注意力，使其露出破绽，利用这个机会猛烈攻击而得分。

3. 心理战术

比赛开始前，利用情绪、动作和表情等威慑对手，比赛中用气势压倒对手，或利用规则允许和基本允许的各种手段，干扰对方的情绪，给对方造成心理负担，使对手技能战术发挥失常，挫伤对方的锐气，发挥自己的优势，在气势上战胜对方。

4. 破坏战术

使用重招使对手先受伤，失去正常比赛的能力，或用技术破坏对手技术，控制其动作发挥，使对方进攻无效并且消耗体力，丧失信心，导致比赛的失败。

5. 防守反击战术

利用防守好的特点，在防守的基础上利用反击技术打击对方。

6. 体力战术

对于耐力好的运动员来说，要充分发挥体力比对方好的优势，让对手和自己一直处于运动之中，与对方比拼体力，耗掉对方的体力而战胜对手。

7. 规则战术

在竞赛中，有对攻击部位和攻击方法的限制，但也有规则限制模糊的地方，可以利用规则允许或基本允许使用的各种制胜办法攻击对手。

8. 步法战术

利用自己步法灵活和动作敏捷的优势，围绕对手游斗，引对手上当或扰乱其情绪；待对方反击时又迅速撤退或靠近对手，扰乱对手的情绪和攻防意图，破坏对手进攻而战胜对手。

9. 优势战术

在比赛平分的情况下，利用规则上允许的技术，靠主动进攻次数或使用高难技术而取胜。规则中规定，在比赛平分的情况下，裁判员根据双方主动进攻的次数和使用高难技术的多少进行判定，进攻次数或使用高难技术多的一方为胜方。

10. 特长发挥战术

利用自己的特长、优势技术不断得分的战术。

11. 空间战术

充分利用赛场的空间，攻击对手不同的得分部位或同一部位，或故意露出某一部位引诱对手进攻，实行反击。

12. 语言战术

教练员和运动员达成默契的配合，用语言引诱对手上当受骗，但要注意语言的隐蔽性和合理性，既能够使对方上当，又不要触犯规则。

第三节 散 手

散手是武术的重要组成部分，是一项斗智、较技的对抗性竞赛项目；散手以不伤害对方为原则，其竞赛规则严格规定了后脑、颈部、裆部等为禁击部位；散手具有增强体质、健体防身、磨炼意志、培养品德的作用。

一、基本技术

(一) 手型、实战姿势和拳法技术

1. 手型

五指内屈握紧，拇指第一指骨压在食指和中指的第二指骨上，拳心朝下为平拳，拳眼朝上为立拳。

2. 实战姿势

准备姿势是以尽量缩小被打击面积，有利于灵活快速地出击为基本原则。

基本实战姿势：两脚前后开立，略比肩宽，两脚尖内扣，两膝微屈，重心在两腿之间，前、后脚开立角度约45°（一般正架左脚在前，反架右脚在前，可根据个人习惯选择）；两手握拳，左前右后，拳眼朝上，左手臂弯曲，肘关节夹角在90°~120°间，左拳与鼻同高，右手臂弯曲，肘关节夹角要小；含胸拔背，收腹，双肘保护两软肋部，方向向下，身体站立，下颌微收，闭嘴含齿，面向对手，两脚尽量脚前掌着地，便于移动。

3. 拳法

(1) 冲拳

①左冲拳实战姿势（一般为正架，左手在前），左脚微蹬地，左膝微向内转动，带动胯、腰直至肩部将转动力变为向前的推力，传达到大臂至小臂，最后力达拳面。左冲拳的路线是一条向前的直线，然后迅速还原成实战姿势。

要领：姿势灵活放松，不可僵化，以便于随时移动变化；重心不可太低，膝关节不得小于90°，两手紧护躯体，暴露给对手打击的有效部位尽量小；冲拳时，上体不可前倾，脸略向右侧平转，出拳路线要直，快出快收，迅速回到准备姿势。

左冲拳的用法：击打对手头部；重心下降击打对手腹部。

②右冲拳实战姿势，右脚蹬地并向内扣转动，脚带动胯部、腰部将力传送至肩，顺肩推动大臂、小臂，最后力达拳面。右冲拳的路线是一条直线。此时，左拳变掌回收到右肩内侧，保护头部。

要领：出拳时要将自脚至身体之力，经过发力过程顺利到达拳面，所以动作要协调。

右冲拳的用法：在双方对峙时，左冲拳刺开对方破绽，右冲拳充分利用蹬腿、转腰的力量加大冲拳力度，直击对方要害部位，如头部；当对手左掼拳向头部攻击时，俯身下躲，同时右冲拳击对手中盘腹部；当对手右冲拳进攻中盘时，先以左手拍压其拳，继而右冲拳反击其头部。

(2) 掼拳

①左掼拳：由实战姿势开始，上体微向右转，幅度不能过大，带动肩部、臂部直至拳面。

左掼拳是一种横向型进攻动作。出拳时，肘部微翻至水平面，横向用力，肘的角度约120°；左拳向前、向里横掼，拳心向下，力达拳面，右拳护于右腮。

左掼拳的用法：双方对峙时，对方出左冲拳，突然向右闪，左掼拳反击其头部；对方右掼拳时，俯身不躲闪，向左侧倾，立身反击对手右侧下腮部；对手左抄拳向胸腹部进攻时，左掩肘防守后，左掼拳反击其头部。

②右掼拳：右掼拳的特点是能充分借助右脚蹬地转腰的力量，力度较大，但因进攻路线长，动作幅度大，一般在连击或防守反击时较多用。由实战姿势开始，右脚蹬地向内扣转，合胯向左转腰，顺肩，肘部微屈；由下至水平抬起，右拳再由外至里横掼，弧度不能太大，力达拳面；左拳变掌，屈臂回收至左腮前做保护。

要领：右掼拳从发力时肘部动作跟上，由下至水平面快速出拳，当收拳时，肘部要随身体迅速回收保护软肋部。

右掼拳的用法：双方对峙时，俯身以左拳虚晃，佯攻其腹部，继而起身右掼拳攻其头部；对手右掼拳进攻腹部，左手向里掩肘防守，右掼拳反击其头部；双方相峙时，突然左向上步，攻对方左肋处。

（3）抄拳

抄拳属于上下进攻型动作，由于击打距离短，适用于近距离实战。双方接触时，正面攻击对手的胸、腹或下颏。由实战姿势开始，重心下沉；脚蹬地拧转，左、右转动腰，再由腰带动大臂、小臂，两臂的肘部屈 90°～110°角；拳心朝里，由下向前上方勾起，力达拳面；动作要连贯、顺达，用力由下至上。抄拳时，臂应微内旋，拳呈螺旋形运行。

要领：抄拳要借助脚蹬地、扣膝、合胯、转腰的力量，发力由下至上，协调顺达，重心下沉是为了更好地利用脚蹬地拧转的反作用力，加大抄拳力量。

抄拳的用法：对手左抄拳进攻胸、腹部时，沉身做转右掩肘，以左抄拳反击躯干部位；对手右掼拳进攻上盘右侧时，左手推挡右抄拳反击其躯干以上正面部位。

（二）散手中的基本步法与腿法技术

1. 步法

步法是散手技术中的重要内容。实战时，双方保持着一定的距离，只有通过步法的移动才能抢占有利的位置、发动进攻或转换防守。距离不合适，有效的进攻和防守就是一句空话。武术谚语云："步慢则拳脚慢，手到步到方之为动。"步法的总体要求是"疾、准、活"。"疾"是指步法移动要迅速；"准"是指移动的步幅要准确；"活"是指步法移动要灵活多变，不僵不滞，富有弹性。散手实战中表现出来的步法要综合使用，其中基本步法包括进步、退步、撤步、插步、跨步、闪步、换步、盖步、纵步、垫步、跃步等。下面简单介绍几种步法。

（1）进步

由实战姿势开始，前脚（左脚）先向前进半步，后脚再跟进半步，进步步幅不宜过大，后脚跟进后的身体姿势不变，衔接进步与跟步时越快越好。

（2）退步

后脚先后退半步，前脚再退回半步。

（3）插步

后脚向左横移一步，脚跟离地，两脚略呈交叉。插步时身体不要转动，左侧面仍与对手相对。插步后要及时还原成实战姿势。

(4) 跨步

左脚（右脚）向左（向右）侧跨半步，右脚略向左脚靠近，两膝弯曲；同时右拳向斜下方伸出，左拳收至左胯旁。此步法主要用于侧闪防守，跨步后身体重心下降，以利于反击。两腿要一虚一实，两臂分别防守上、下，形成较大防守面。

(5) 闪步

左（右）脚向左（右）侧移半步，右（左）脚随之向左（右）滑步，同时身体转动90°，步法轻盈，转体闪躲灵活、敏捷。

(6) 换步

左脚与右脚同时蹬地并前后交换，同时两拳也前后交换成反架姿势。转换时要以髋关节带动两腿，身体不能明显向上腾空。

2. 腿法

腿法是散手技术中非常重要的一项技术。古谚道："手是两扇门，全靠腿打人。"

(1) 蹬腿

①左蹬腿实战姿势站立，面向对手，右腿直立或稍屈，左腿提膝抬起、勾脚，先向前登出，力达脚跟；也可送髋，脚掌下压，力达脚前掌。

②右蹬腿实战姿势，身体重心前移，左腿直立或稍屈支撑身体，右腿提膝前抬、勾脚，出脚时应稍送髋，身体轻微前压，以脚跟领先向前蹬出，力达脚跟，脚掌下压，力达脚前掌。

要领：支撑直立或稍屈，另一脚由屈到伸，脚尖勾起用脚跟猛力蹬出，快速连贯，高不过头，低不过腰，出腿时一定要注意蹬腿的路线是直线，不要做成弹腿。

用法：散手中的蹬腿，除与套路中的要求相同外，还汲取了前点腿的优点，力达脚跟。当击中对方时，脚踝发力，前脚掌下压，这样击后容易将对方蹬开或使其倒地。例如，当双方移动，与对手正面相对时，蹬腿击其躯干，是为主动蹬腿；当与对手距离较远时，垫步接近对方，同时蹬腿击其躯干，是为垫步蹬腿；当对方上步，用拳法进攻时，迎面抢先用蹬腿击其躯干，是为迎面蹬腿。

(2) 踹腿

①左踹腿实战姿势。右腿直立或稍屈支撑；左腿屈膝抬起，小腿外摆，脚尖勾起，脚掌正对攻击目标，展胯、挺膝向前踹出，力达脚掌，上体也可倾斜。

②右踹腿实战姿势。左腿直立或稍屈支撑，身体向左转180°，同时右腿屈膝前抬，小腿外摆，脚尖勾起，脚掌正对攻击目标，用力向前踹出，力达脚掌。

实战范例：以左侧踢踹腿，假装攻击对方下肢，随即用右踹腿实攻对方上肢；左侧弹腿假装攻对方下肢，然后转身踹腿攻击对方上肢。

用法：踹腿是比赛中使用频率较高的腿法之一，配合步法运用，变化多，宜于在不同距离上使用。例如，当对方向前进步时，退步，左踹腿反击对方下肢，是为退步踹腿；当对方进步时先用踹腿击其下肢，若对方提膝躲闪，可当其落地时，二次踹腿击其胸部，是为连续踹腿；先用前踹腿击对方，对方后撤躲闪，前腿落地，继续以后腿踹击对方头部，是为转换踹腿。

（3）横摆踢腿

①左横摆踢腿。上体稍左转并侧倾，同时带动左腿收髋、扣膝，直腿向右上方横摆打腿，踝关节屈紧，力达脚背至小腿下端。

②右横摆踢腿。实战姿势开始，左膝外展，上体左转，收腹，带动右腿收髋、扣膝，直腿向左上方横摆打腿，踝关节屈紧，力达脚背至小腿下端。

用法：以身带腿，速度快，力量大，运用得好能起到重创对手的作用；但因其弧形横摆，路线长，幅度大，较易被对手察觉和防守，实战中应注意动作快速及把握好时机。

（4）转身横扫腿

①左转身横扫腿。右脚向左脚前上步，微屈独立支撑，左后转身360°；随转体上体稍侧倾，左腿经左后向前横扫，脚面绷平，力达脚掌；目视左脚。

②右转身横扫腿。身体右后转360°，随转体右腿直腿由后向前横扫，脚背绷紧，力达脚掌；目视右脚。

实战范例：当对方用右侧弹腿攻击上肢时，拍挡防守后随即用右后横扫腿攻击对方上肢。

用法：横扫腿是横向型的进攻动作，虽动作路线长，但在直线动作难以进攻时，突然改变路线，亦能使对手防不胜防。运用时往往以假动作做掩护，动作要果断、敏捷、快速。

（5）后扫腿

左腿屈膝全蹲，脚前掌为轴；两手扶地向右后方弧线擦地，直腿后扫，脚掌内扣前勾紧，力达脚后跟至小腿下端背面。

实战范例：当对方以左弹腿攻击上肢时，拍挡防守后随即用后扫腿攻击对方支撑腿。

用法：交战中，突然下蹲，没有经验的对手会产生瞬间的迟疑，容易被扫倒。

（三）摔法技术

1. 夹颈过背

双方由实战姿势开始，甲以左直拳击乙头部，乙用前臂挡甲臂，左臂由甲左肩上穿过后，屈肩夹甲颈部，同时两腿屈膝，身体右转，以左侧髋部紧贴甲前身，继而两脚蹬伸，向下弓腰、低头，将甲背起，向后摔倒。

2. 抱腿过胸

甲用右冲拳击乙头部，乙立即上右步，屈膝，弓腰，两手抱甲双腿，随即向前上右步，蹬腿，挺身将甲抱起后，向后弓腰，仰头，后倒。

要点：上步下潜快，抱腿紧，仰头后倒大胆，空中翻身及时。

3. 抱腿前顶

甲出拳击乙头部时，乙上左步，下潜躲闪，两手抱甲腿，屈肘，两手用力回拉，同时用左肩前顶甲大腿或腹部，将甲摔倒。

4. 接腿勾腿摔

当对方用右侧弹腿踢击时，左手抄抱其小腿，右手由对方右肩上穿过，下压其颈部，同时左手上抬，右脚向前上方踢其支撑腿将对方摔倒。

5. 接腿侧摔

当对方用右侧弹腿踢击时，双手抓握对方右脚，并向左拉，随即向下、向右上方呈弧形摆荡将其摔出。

6. 接腿上托摔

当对方用右正蹬腿踢击时，两手抓握其小腿下端，随即屈臂上抬，两手挟托其脚后，同时上右步，向前上方推展将其摔倒。

（四）防守技术

拳经说“功中能守守不丢，守中善攻练家愁；严守只为攻必进，能攻才能好防守”。防守是积极主动的，其目的是为了更好地进攻。防守方法有以下几种：

（1）拍挡正架。预备姿势开始，左手（右手）以拳心或掌心为力点向里横向拍挡。

要点：前臂尽量呈垂直状，拍挡幅度小，用力短促。切勿向前迎拨，否则幅度过大。

（2）拍压左手（右手）。变掌，掌心或掌根的力点由上向前拍压。

要点：臂要弯曲，手腕和掌指要紧张用力，臂内旋，虎口、指尖均朝右（左）。

（3）阻挡。两脚蹬地，身体前移，以肩部或手心阻挡对方直线拳法的进攻，以臂部阻挡对方直线的进攻。

要点：身体紧张，含缩，闭气，尽量缩小被击面，两手保护要严密。

（4）挂挡。左手屈臂向同侧头部或肩部挂挡。

要点：大小臂叠紧并贴于头侧，要含胸侧身，暴露面小。

（5）外抄。左手臂外旋弯曲，上臂紧贴肋部，前臂水平，手心朝上，同时右手屈臂紧贴腹部，立掌，手心朝外，手指朝上。

要点：上臂紧护躯干，两手呈钳子状，抱脚时两手相合锁扣。

（6）里抄。左臂外旋，微屈，紧贴腹前，手心朝上，同时右手臂紧贴胸前，虎口朝上，掌心朝外。

要点：与外抄相同。

（7）撤步。前脚由前向后收步，接近后脚时脚前掌着地，重心落于后腿。

要点：前脚回收迅速，虚点地面，上体正直，支撑要稳。

（8）提膝。后膝微屈独立支撑，前腿屈膝提起。

要点：重心后移，提腿迅速，根据对方腿法进攻的路线、方位，膝盖分别有里合、外摆或垂直向外的变化。

二、基本战术

散手的战术方式是指为了完成战术意图而由各种动作组成的具体方法。散手以其丰富的技术内容和相生相克、互相制约、相互转换的技术规律，为散手多彩多姿的战术形式提供了先决条件。散手的战术方式有以下三种：

（一）直攻战术

直攻战术是指在没有虚晃假动作的掩护下，所使用的攻击对方的方法。运用直攻战术须具备以下条件：

（1）当对方的反应速度、动作速度、位移速度没有自己快时；

（2）当对方的攻防动作不够熟练时；

（3）当对方的体力不足时；

（4）当对方的防守姿势出现空隙时；

（5）当与对方的距离能有效地使用进攻动作时。

（二）强攻战术

强攻战术是指硬性突破对方的防守后发出的攻击。运用强攻战术须具备以下条件：

（1）力量、速度、耐力素质比较好，但技术不如对方时；

（2）身体素质好，技术比较全面，但比赛经验不如对方时；

（3）对方的近战能力比较差时；

（4）对方的耐力比较差时；

（5）对方的心理素质比较差时。

采用强攻战术，以破坏对手的心理平衡、战术准备和距离感，从而乱中取胜。猛冲猛打并不是盲目蛮干，而是通过强攻这一战术手段扬己所长，实现打击对方的目的。

（三）佯攻战术

佯攻战术是有目的地造成对方的错觉，把对方引入歧途，实现真实进攻。在散打比赛中，佯攻是最为常见的战术形式之一。随着战术水平的普遍提高，特别是当对手反应快、防范能力强时，直接进攻容易被防守、截击或反击时，采用左右、前后、上下虚晃动作，和指上打下、指下打上、指左打右、指右打左等假动作，可以转移对方的注意力，促使对方对自己的虚假动作产生某种反应，而改变正确的防守姿势，然后加以利用，使自己的进攻机会得以出现，可以提高进攻效率。

第四节　拳　击

拳击运动以攻击、躲闪、移动、扭斗、反击等为主要技术，讲求仅用拳头来战胜对手，而不允许使用腿、脚、肘、膝。这项运动要求拳手或运动员要具有一定的力量、耐力、速度、灵敏度，并且勇猛果敢，故而被称为“勇敢者的运动”。

一、拳击进校园

2014 年 8 月 15 日，习近平总书记在看望青奥会中国体育代表团时曾说年轻时练过拳击。

习总书记强调，拳击运动应当带动积极向上、自强不息“尚武精神”的弘扬。他说：“实现中国梦必须弘扬中国精神。这就是以爱国主义为核心的民族精神，以改革创新为核心的时代精神。这种精神是凝心聚力的兴国之魂、强国之魂。”武术强壮的不光是身体，更能改变精神气质，通过习武重塑民族性格，增强民族凝聚力。尚武精神的大力弘扬，必将助力“中国梦”的实现。

本着这一初衷，重庆文理学院和鼎霸体育勇于实践，合作成立重庆文理学院鼎霸拳击星工厂。2017 年 5 月 27 日，鼎霸拳击星工厂正式落成，重庆文理学院成为国内首个开设大学生拳击俱乐部的高校。作为拳击类课程综合教学实训实践平台，俱乐部着力于培养拳击选手、教练、裁判、经纪人、解说员等拳击产业链专业人才。

这仅是重庆文理学院“拳击进校园”活动的诸多举措之一。学校还举办“拳王进校园”活动，邀请中国第一个世界职业拳王熊朝忠、WBC（世界拳击理事会）/WBA（世界拳击协会）双料世界职业拳王裘晓君等一行十余人到学校与师生进行互动交流，并聘请拳王熊朝忠为“特聘教练”。中央电视台体育频道《体育世界》栏目对此进行了专题报道。同时，重庆文理学院在全校范围开设了拳击类公共选修课，让有兴趣的同学均可参与锻炼学习，并开展校际之间的大学生拳击邀请赛、对抗赛，以促进多样化的体育文化进校园。

这一系列举措让拳击运动真正走进了大学校园。

拳击运动不仅可以满足大学生们在体育运动上的不同需求，也是大学体育俱乐部制改革的重要举措，同时为拳击运动普及打下良好的基础工作。它可以推动传统体育向特色体育转变，促进学校转型发展和内涵建设，也为地方体育事业和体育产业发展贡献了力量。

二、基本技术

（一）基本姿势

1. 脚

两脚前后开立略宽于肩；左脚在前，脚尖内相约 45°，全脚举着地；右脚在后，脚尖斜向前方，前脚掌着地；身体重心在两脚之间。

身体重量均匀地分配在两脚上。右脚前掌蹬地，并且偏离身体的中线。

两膝关节处于轻微弯曲状态，并稍向内扣。经过一段时间的训练之后，拳击运动员就能发现最适合于自己的两足间的距离。

2. 身体

防护自己的有效部位和在同一时间内尽可能多地击中对方的有效部位，躯干的运动在一定程度上则起着重要的作用。躯干应尽可能保持中正，两肩略内扣，背部呈弓形，左肩舒适自然地保护下巴。

3. 手

左手手指自然弯曲松握，前臂稍向内旋，肘关节的夹角约等于 90°，左拳高于肩平，以便能够使其旋转或出拳。

右手自然握拳屈肘位于右下颌骨处，随时准备捕捉战机，重击对方。

两肘屈曲以感舒适为度，并将两肘内夹保护肋部。

4. 头

“透过自己的眉毛”去窥视对方，不可仰头或歪头。在学习过程中，应该对着镜子检查自己的姿势。

图 16-4-1

（二）基本步法

1. 前滑步

由预备姿势开始，左脚向前滑进一步，右脚迅速蹬地向前滑进相等的距离，仍呈预备姿势。

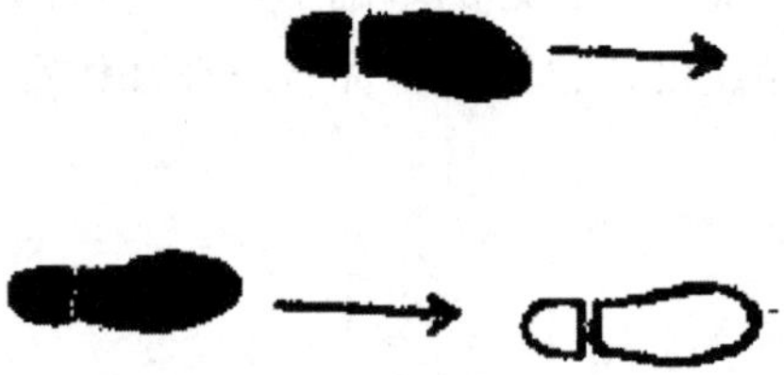

图 16-4-2

2. 后滑步

由预备势始，后脚向后滑退一步。后退一步的距离应略长于前进一步的距离；前脚掌蹬地后滑，两脚滑退的距离相等，身体还原成原预备姿势。

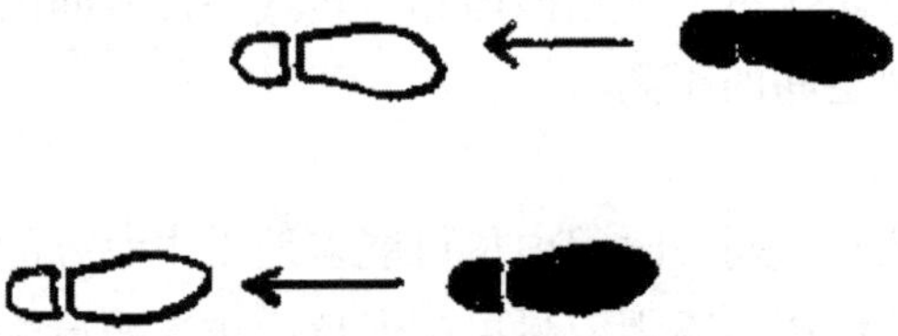

图 16-4-3

3. 左、右滑步

左滑步由预备势始，左脚向左滑动一步，右脚蹬地向左平行滑动与之相等的距离，仍呈原预备姿势。右滑步与之方向相反。

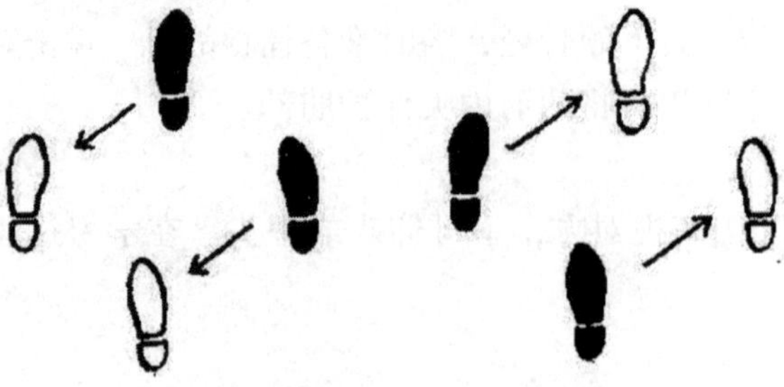

图 16-4-4

4. 冲刺步

由基本姿势开始，左脚跟稍微提起，右脚用短而快的弹力向后蹬地，接着左脚向前冲刺急进一步，右脚随即跟进保持原来的距离。

这种步法用于长距离击打左直拳，在蹬地时力量要比前滑步大，滑动的距离也比较长，一般为50~70厘米。

5. 急退步

由基本姿势开始，前脚用力蹬地，后脚先向后迅速后滑，后脚落地的同时前脚迅速跟上，身体重心随着后滑而向左脚移动。这种步法用于急速远离对手向后滑动。

6. 前滑并步

由基本姿势开始，左脚先滑进半步，右脚随即跟上，在接近右脚内侧处着地；当右脚着地时，即迅速蹬地，左脚同时再向前冲刺急进一大步。

这种步法用于从较远的距离用直拳攻击对方，左脚第一次滑进时，步幅不可太大，右脚第一次跟进着地和蹬地要迅速，中间不要有停顿。

7. 后滑并步

由基本姿势开始，右脚先向后滑退一步，左脚随即后退在右脚内侧处着地。左脚着地时，右脚迅速再后滑退一大步，同时左脚再跟上，仍保持原来姿势。

这种步法用于在对方猛扑的情况下，快速后退并步且可配合左直拳迎击。右脚滑退第一步时，步幅不可太大，左滑退第一步的落地动作就是第二步滑退的蹬地动作，动作要连贯。

8. 向左、右环绕步

向左环绕滑动时，右脚蹬地，左脚先向左斜前方滑移，着地后右脚迅速向同一方向跟进，身体重心随着两脚的移动，由原来的位置向斜前方移动，在移动中应保持基本姿势。向右环绕步方向相反。

这种步法是双方对峙时为了寻找对方的空隙和进攻的机会。为了躲闪对方免受击打，使对方快速直线进攻失效，使出拳扑空。

9. 左、右闪步

左闪步由基本姿势开始，以右脚掌为轴，右脚跟向右移45°，身体突然向左转体，改变方向，左脚迅速向右后移动。右闪步方向相反。

这种步法用于向左或向右闪躲后准备还击，转体时必须利用腰胯力量。

（三）基本拳法

1. 出拳的技巧

在拳击运动中，手臂的作用在于传递力量，而传递力量则来自于上体纵轴的迅速扭动。这和武术举谚中的“主宰于腰”是相吻合的。出拳时身体要保持稳定，身体各部不可僵直，应以舒松为益。

(1) 发力顺序

打出每一拳的力量均是起于脚，发于腿，然后通过上体纵轴之转动，催促手臂伸直，力达拳锋。

(2) 出拳路线

每出一拳都要经过目标（即超目标击打），只有这样，才能避免不及目标或虽触目标而力量不足之弊病；从而达到出拳必中、中者即扑的目的。手应沿出拳的路线回收到原预备姿势（即出拳前的位置）。

（3）握拳

四指并拢，屈指卷于手心，拇指屈曲压于食指、中指第一、二指关节之间，腕关节向内微扣，均以舒适自然为度。

（4）直拳

由预备姿势始，手臂前伸，拳锋在接触对方身体（或物体）之瞬间，前臂内旋，拳心向下。

2. 前手直拳

由基本姿势开始，出击时身体略向右前方倾斜，膝关节弯曲，降低身体高度。击出时，左手拳心向下，使拳头与接触目标成直角。击打结束时左脚跟外转，以便在一旦击空时制止身体过度前倾，以保持重心稳定。击打结束后，右脚牢固地支撑住身体，同时快速放松出拳的手臂和整个肩关节的肌肉，并利用右腿下屈，消除前冲力，控制住身体平衡，随后还原为基本姿势。

图 16－4－5

3. 后手直拳

由基本姿势以右脚掌蹬地开始发力，右腿发出的力量使右侧髋关节前送，带动腰部迅速向前转动，同时右肩前送。右拳以直线向前发出，攻击对方头部。髋和腰部的扭动以及右肩的前送，能够增加右直拳的力量和攻击距离。

4. 前手摆拳

由基本姿势开始，拳由自己的左肩前开始，从左侧向前呈弧形路线移动击打目标，上臂与前臂约成120°～150°角，臂与肩平，并利用腿、腰、胯发力，重心移至左脚，在出拳过程中拳及前臂略向内旋，肘部微向上翻与肩同高。在击中目标的一瞬间，肩、臂肌肉与腕关节突然紧张，并随即放松，恢复成实战预备姿势。

5. 后手摆拳

与前手摆拳大致相同，唯腰、腿和胯的发力动作较前手摆拳更为明显。后手摆拳动作大，速度也较慢，但拳较重。当对手大意或其进攻时疏于防守出现空隙时，可用右摆拳给予出其不意的击打和还击，但一般使用机会较少。

图 16－4－6

6. 左、右平钩拳

左平勾拳由实战姿势开始，先将左肘提起与肩平，肘部约成 80°角，利用身体腰、肩部突然转动的力量，上体向右方向转，但不超过 90°，臂部肌肉由放松到突然紧张，之后再迅速放松，打击对方的右侧，这时重心移到右脚上，击打后立即收回还原成实战姿势。右平勾拳方向相反。

7. 上钩拳击头

当对手身体前顿时，出左上钩拳击其头部，发拳时一般侧对对手，同时抬手防护，尤其远距离发上钩专更要注意侧身，以便加长发拳的距离。这时重心前移，落在前腿上，在击打的瞬间，上体猛然稍转体，同时挺直身体持基本姿势，左前臂弯曲，拳头自下向上做短促的击打。

8. 上钩拳击上体

这种拳法在中、近距离的进攻中运用较多。实战中多在运用其他拳法进攻或佯攻，破坏对手的防护后，以上钩拳迅速击打对手上体的腹、肋部。近战中，应寻找对手上体防护上的漏洞，在一瞬间果断地用上钩拳击打上体。当拳头接近目标时要加速，利用腹、背、双腿以及腰部转动的力量，利用臂肌肉的爆发力完成击打。

图 16－4－7

（四）防守技术

1. 双臂防守

防守者两腿屈曲半蹲，重心稍前，两腿稍内扣；前脚全掌着地，后脚跟微离地面，上体正面对敌，两肘内夹护肋，两前臂保护身体正面；两拳位于颧骨防护下巴和脸部，上体移动以腰为轴，两眼始终注视对方，伺机转守为攻。

2. 单臂防守

身体重心移至后脚上，全脚掌着地；前脚虚点地面，两腿弯曲；两膝内扣，两脚前后跟立以稳固自然为度。侧身对敌；前臂横置，肘内夹护体；下颌隐匿于肩后，后拳位于太阳穴处保护头部，肘内夹护肋，严防对方用钩拳或摆拳进行攻击。

3. 下潜

通过膝关节弯曲躲开对手对头部的击打，保持收紧下颌，眼睛看着对手，下潜要低于对手的出拳，同时要保持身体平衡以便于反击对手。下潜是对付右直拳和左摆拳最有效的防守方法，下潜之后还可以手重拳击打对手身体来反击。

4. 拍击

右手向下或向左拍击刺拳，左手向下或向右拍击右直拳改变对手的击打方向。

拍击用来对付对手击打头部的刺拳和直拳，通过拍打对手的手套来进行防御。拍击的移动范围要小，只要能够改变对手击打的方向就足够了，同时双手应该尽可能地保持与面颊水平。

要注意的是，拍击和反击都可以用同一只手。

5. 蜷缩

从基本姿势开始，向右转动身体，膝关节微屈，利用左上臂和肩部挡住对手的上钩拳，或者向左转动身体，膝关节微屈，利用右上臂和肩部挡住对手的左平勾拳。通过左臂肘部向内夹紧，腰部向左侧下方弯曲，向对手出拳的方向转动，承受对手的击打。

三、基本战术

（一）对付高个子的战术

高个子胳膊长，身材高，居高临下；矮个子手臂短，身材矮。高个子可以不费劲地用直拳或摆拳进行远距离攻击，而矮个子拳手在同等距离下就很难击中对手。

这就决定了矮个子拳手必须逼近高大对手，打近距离战。在这种情况下，高个子重心高而不稳，胳膊长难以回转，而矮个子拳手恰恰相反。重心低而稳。胳膊动起来也灵活，所以近距离战对矮个子来说是最适宜的。

（二）对付矮个子的战术

一般矮个子选手在同级别中相比属于粗壮型，精力充沛，出拳有力，多数擅长和采用近距离作战，对付这种选手，除采用远距离战术外，还可采用臂部阻挠对手接近自己，一旦发现对手强攻迫近自己时，可利用灵活的步法向两旁闪开，或向前移动步法，用直拳或摆拳迎击对手。也可以出其不意地以连续直拳前冲顶住对手，使他无法近身，只能被动挨打，或逼迫使其处于自己外围，不敢轻举妄动。

（三）对付猛冲猛打的对手的战术

猛冲猛打的拳手，一般技术不会太精湛，而体力和拼打能力较强，往往靠猛冲猛打获得优势，其战术多半是直线冲进来的追近攻击。对付这种对手，采用灵活的步法和躲闪，使对手的进攻落空来消耗其体力，并造成思想上的急躁，心急拳乱，加上体力受损，空隙自然会多，这时乘机反攻。

（四）对付快速进攻的对手的战术

对手性情急躁，急功近利，进攻时，连续不断地出拳，速度快，密度大，往往用这种战术打法来掩盖或弥补其他方面的不足。对手这种对手最好的方法是利用对方进攻时的空当，可以左脚踏上去一步迎上去用一、二直拳连续击打对手头部。实现这种战术的条件是采用各种防守及闪避方法，使对手的攻击连续落空，以消耗其体力。不可按对手的快节奏去迎战，这样很容易上当。假设自己也擅长快攻猛打并且断定自己比对手还快，不妨运用快节奏去迎战，做以快制快的打法。切记在对手快速连续进攻的时候，不要一直后退，否则会处于被动挨打地位。

（五）对付擅于反攻的对手的战术

一般来说，采用这种打法的人，防守技术较好而且多样。他们喜欢赛前了解对手打法的特点，来制订自己防守反击的打法。但任何拳击手不免要重复自己最喜欢的防守反击的打法。这时就动脑筋，以智取胜。一旦出现你熟悉的防守反击方法时，要做好防守准备，更重要的是，做好还击准备。这叫以其人之道还治其人之身。

（六）对付富有经验的对手的战术

这种对于技术全面，擅于各种距离的打法。拳法组合多变，动作果断而迅速。往往是采取打了就跑，或者打了就贴身搂抱的战术，使你没有还手的余地。和这种对手搏击时，必须要头脑冷静，选择适当的时机，予以迎头痛击，并且，确保自己的动作干净利落，不留空挡，来破坏其意图的实现。

（七）对付上体俯冲的对手的战术

在实战中若遇到这样的对手，千万不可以让他靠近，站立比较远的时候也要谨防他突然攻击。对付这样的对手，要不断地用直拳对他的头部进行击打，用直拳阻挡他逼近，并用另一只手摆拳击打他的腮部，用这样的方法击打，有可能使对手失去平衡，暴露出更多的空隙，乘机再用直拳连击，直到取胜。

第十七章　健美运动

健美指人的健康强壮的身体所显现出审美属性。是人们追求人体美的一个综合标准，指肌肉、骨骼、血液、肤色充满着生命的活力，无论其外部形式或内部结构都是匀称、协调、充满生机的。任何行动都能显示出全身各部分的协调和谐、自然舒展、生机盎然、神采奕奕。

19 世纪晚期，德国人山道首创了通过各种姿态来展示人体美，而且为现代健美运动的发展奠定了基础，所以他被公认为“国际健美运动的创始人”和“世界上第一位健美运动员”。

在现代，现代的健美运动是以展示人体美为特征。男子的健美标准是：身材高大而强壮，肌肉发达而均衡，肩宽臂圆，体力充沛，体质健康等。女子健美标准是：体型匀称，姿态优雅，胸部丰满，肩圆腰细，肤色光洁润泽等。健美要与心灵美相结合，有了健康美好的心灵，才能有健康美好的情绪，才能有健康美好的姿态动作和健康美好的行为，只有心灵美，才能有真正的健美。

第一节　体育舞蹈

体育舞蹈也称“国际标准交谊舞”，是现代国际社会流行的一种竞技舞蹈，是以男女为伴的一种步行式双人舞的竞赛项目。可以分两个项群，十个舞种，其中摩登舞项群含有华尔兹、维也纳华尔兹、探戈、狐步和快步舞，拉丁舞项群包括伦巴、恰恰、桑巴、牛仔和斗牛舞。每个舞种均有各自舞曲、舞步及风格，根据各舞种的乐曲和动作要求，组编成各自的成套动作。

一、体育舞蹈概述

（一）体育舞蹈的起源与发展

体育舞蹈起源于欧洲、拉丁美洲，同民间舞蹈演变发展而成，人们以前叫它为国际标准交谊舞，原名叫作“社交舞”，英文为“Ballroom Dancing”，为欧洲贵族在宫廷举行的交谊舞会。社交舞早在 14—15 世纪已在意大利出现，16 世纪传入法国，并在 1768 年在巴黎开办了第一家交际舞厅，法国革命后，Ballroom Dancing 流传民间至今。第二次世界大战后，美国人将该舞蹈散播到全球各地，并形成一股跳舞热潮，至今不衰。

1924 年，由英国发起的欧美舞蹈界人士在广泛研究传统宫廷舞、交谊舞及拉美国家的各式土风舞的基础上，对其进行了规范和美化加工，于1925年正式颁布了华尔兹、探戈、狐步、快步四种舞的步伐，总称摩登舞。并将此种舞蹈首先在西欧推广并进行了比赛，继而又推广到世界各国，受到许多国家的欢迎和喜爱。

1950年，由英国ICBD（世界舞蹈组织）主办了首届世界性的大赛“BLACKPOOL DANCE FESTIVAL 1950”（“黑池舞蹈节”），并把规范后的舞蹈命名为国际标准交谊舞，以后每年的五月底，在英国的“黑池”举办一届世界性的大赛。随着此种舞蹈在世界的不断推广，自身也得到了发展，摩登舞中又增加了维也纳华尔兹。

1960年，非洲和拉美一些国家的民间舞经过规范加工后又增加了拉丁舞的比赛，摩登舞和拉丁舞风格迥异。

经历一百多年的发展，“社交舞”从“社交”发展为“竞技”，将单一的舞种发展为摩登舞、拉丁舞两大系列的十个舞种，并在1904年成立了“英国皇家舞蹈教师协会”。这个组织将当时欧美流行的舞姿、舞步、方向等整理成统一标准，制定了有关舞蹈理论、技巧、音乐、服装等竞技的标准，为世界各国所遵循，英国的黑池甚至成了“国际标准舞”的圣地。

国际上存在两个国际体育舞蹈组织，世界舞蹈及体育舞蹈理事会及国际体育舞蹈联合会。

世界舞蹈及体育舞蹈理事会，简称wddsc（World dance and Dancesport Council）。1950年9月22日在英国苏格兰的爱丁堡成立，现有52个会员协会，注册地为英国伦敦。

国际体育舞蹈联合会，简称idsf（International Dance Sport Federation），1935年成立于布拉格，现有79个会员协会，注册地为瑞士洛桑，于1997年获得国际奥委会的正式承认。

国际标准交谊舞20世纪30年代传入中国，80年代发展较快，先后与日本、美国、英国等国家进行交流活动。我国自1986年正式引进后，发展迅速。1991年5月，中国体育舞蹈运动协会成立。从1998年开始，体育舞蹈被列入中国文化部“荷花奖”的评奖单项，体育舞蹈事业在中国从此又将开辟一个崭新的篇章。中国现在是世界舞蹈及体育舞蹈理事会（WDDSC）的准会员；国际体育舞蹈联合会（IDSF）的正式会员。

目前，世界各国将国际标准舞易名为“体育舞蹈”，成为体育运动项目。拥有74个会员国的“国际舞蹈运动总会”（International Dance Sport Federation）于1997年9月4日正式成为国际奥林匹克委员会会员，2000年已经成为悉尼奥运会表演项目，2008年由于其并非起源中国，北京奥运会仍然是表演项目。据悉体育舞蹈2020年有望成为奥运会比赛项目。

（二）体育舞蹈的价值

1. 教育性

体育舞蹈的价值和作用，就在于给人以真善美的教育，不断陶冶情操，吸收美的真谛，提高民族的精神文明水平。

真：体育舞蹈的真就是真实、真诚、实事求是。舞蹈表演必须在真实的基础上，才能为人所喜爱，亲切感人。

善：体育舞蹈仍然继承交际舞交性的特点，它是人际交往、感情交流、沟通心灵的工具，而人际关系的特点是它具有感情基础。

美：对于舞蹈家来说，它始终是毕生追求的目的。

2．锻炼性

健美形体：经常参加体育舞蹈锻炼，进行形体训练，可以改善体型体态，对人的形体进行“生物学”改造，使体态匀称，使形体符合一定的健美标准。

健身：长期从事体育舞蹈锻炼，对心血管系统产生很大的影响。它能使人的心脏得到锻炼，使心肌发达，心搏有利，心脏每次收缩时排出的血量增加，每分钟心跳次数逐渐减少，从而使心脏有一定的休息时间。

健心：人的心理活动的本质是脑对客观事物的反映。当代人们的心理负担过重，如果焦虑过多，心理冲突过大，往往会引起心理疾病。而跳舞却能使人调整身心，逐步消除情绪障碍，以取得心态平衡，保持乐观的心情，以饱满的情绪再度投入紧张的学习和工作。

总之，经常参加体育锻炼，能增强体质，改善人体心血管系统、呼吸系统等机能状态，改善神经系统的调节机能，促使效率健康，以达到健美、健身、健心的最佳效果。

3．竞技性

世界冠军对体育舞蹈训练方法的信息反馈表明，体育舞蹈可以作为一种大强度训练法，在美的旋律中进行生物学改造，它能挖掘人的潜力，充分发挥人的本质力量去与“极限”拼搏，去创造新的世界纪录。

4．社交性

体育舞蹈仍然继承交谊舞“舞会舞蹈形式”的特征，从而成为社会交际活动的工具。

5．国际性

舞蹈都具有民族性，而愈是民族化的舞蹈，愈能步入国际舞坛，体育舞蹈的各个舞种起源于世界各国。国际上没有一种统一的语言，而体育舞蹈却是一种国际上通用的“形体语言”，是全世界统一标准的舞蹈。

6．群众性

体育舞蹈具有广泛的群众性，它时而以娱乐运动形式出现在娱乐厅，时而以锻炼形式出现在广场、公园、运动场等。这是舞蹈运动意识的萌芽，也是群众性体育舞蹈运动辐射到每一个生活角落的真实写照。

（三）体育舞蹈的特征

1．体育舞蹈的实用性和整体性

体育舞蹈作为强身健体、娱乐身心和社会交往的一种手段，具有很高的实用价值。其各个舞种都有其各自的独特性和侧重点，但都突出强调对身体的实际影响以及运动的整体效果。它既要求肢体各个部位的协调配合，也要求舞姿整体的优美感。同时动作还要与乐曲的音乐节奏相吻合，富有韵律感，能充分体现乐曲的思想意境以及对音乐的正确理解和准确把握，为音乐注入神韵，从而淋漓尽致地展现体育舞蹈的无穷魅力。

2．体育舞蹈的艺术性

体育舞蹈是集形体美、姿态美、动作美、心灵美、服饰美、艺术美于一体的综合性体育运动艺术。它是由无数个被加工、提炼和美化了的舞步及身体动作所组成，具有时间性和空间性的非周期运动特点。在体育舞蹈中从一个最简单的基本动作到几个动作的链接，从一个组合到完整的成套动作的形成，都是在同类动作的重复、变化、发展以及不同类动作的配合、衔接和交替呈现的有目的的组合过程中逐步发展而成的，充分体现了人体的运动美，体现了体育舞蹈的艺术性。

3. 体育舞蹈的造型性

体育舞蹈中各式各样的动作，除了要求人体动作具有节奏、符合舞蹈动作的规律外，更强调具有造型性，这是体育舞蹈富有美感形式的最基本条件和因素。体育舞蹈的动作是经过提炼和美化了的最具生动、最具鲜明和最具表现力的艺术动作，人体在运动中勾画出来的队形、线路和画面的美感，给人以无限的艺术魅力和完美的艺术享受。

体育舞蹈造型性的另一方面是指练习者在运动过程中按一定的方位和路线所勾画出来的空间造型，这是构成体育舞蹈的一个重要因素。不管是个人练习、双人练习还是集体练习，都必须按照动作编排的要求和练习者的需要，通过方位的变化和移动轨迹的变化，产生出各种空间位移路线。常见的空间运动轨迹一般有直线（纵、横）、斜线、曲线（圆弧）和折线。队列队形的造型艺术效果可以根据人数的多少来排列组合成若干种不同的画面。如方形、三角形、菱形、圆形、丁字形、十字形等对称的图案，也有一些新巧别致的不对称图案。队列队形变化的移动线路是造型艺术效果的直观表现，它体现着造型艺术的立体感和流动感，从而获得最佳的艺术效果。

4. 体育舞蹈的娱乐性

体育舞蹈有别于舞蹈艺术家们创作的舞台表演的舞蹈，后者如没有观众则上演不成，而前者则完全不在于是否有观众。虽然在许多场合下会有一些热心的观众和比较宏大的场面，但这并不是体育舞蹈的真正目的，而只是一种伴随现象。它强调的是让人们在不同旋律的音乐节拍伴奏下，在轻松、愉快的气氛中强身健体、调节精神和丰富生活。体育舞蹈作为一种新型的、大众的娱乐性体育运动项目，对以往传统、单一程式化运动项目的锻炼方式是一种巨大的冲击，它必然成为人们从事体育锻炼及作为学校体育的一项热门内容。

5. 体育舞蹈的观赏性

体育舞蹈就本身所具有的审美价值和表演性来讲，决定了它具有观赏性的一面。当舞者尽情地翩翩起舞时，对舞者来说是自娱自乐，而对周围的人来说，就是观赏。况且，旁观者在欣赏他人的同时，自己也能从中学到许多有用的东西，真可谓观赏的过程也是学习提高的一个过程，这一点对于初学者来说尤为重要。所以，大家应该学会欣赏，懂得欣赏，只有这样才能不断提高自己的舞蹈水平，使舞技越来越精湛、优美。

（四）体育舞蹈的项目分类

体育舞蹈按舞蹈的风格和技术结构，分为摩登舞和拉丁舞两大类。按竞赛项目可分成三类：即现代舞、拉丁舞和团体舞。

1. 摩登舞

现代舞起源于欧洲，具有端庄、含蓄、稳重、典雅的风格和绅士风度。舞步流畅，轻柔洒脱，舞姿优美，起伏有序，音乐节奏清晰，舞蹈富于技巧性，是老少皆宜的舞系。

2. 拉丁舞

拉丁舞起源于非洲和拉丁美洲，具有热情、奔放、浪漫的风格特点。舞蹈动作豪放粗犷，速度多变，手势和脚步内容丰富，充满激情，音乐节奏鲜明强烈，尤为中青年人所宠爱。

3．团体舞

团体舞是现代舞或拉丁舞的混合舞，由8对选手组成，借助音乐的引导，将5种舞蹈在变化莫测的队形变动中编织出丰富多样的图案，它将音乐、舞姿、队形、图案和选手们的和谐配合融为一体，达到了完美的统一，使体育舞蹈的风格特点得到更为鲜明的表现。

二、体育舞蹈基本知识

（一）体育舞蹈的基础知识

1．场地与舞程线

场地（Field）。

体育舞蹈比赛场地长23米，宽15米。赛场中长的两条边线称A线，赛场中短的两条边线称B线。赛场地面必须平整光滑，便于舞者运步、旋转。

舞程线（Lineof Dancing，L. O. D）。

在跳体育舞蹈时，为了使所有选手都能保持有序地进行，避免因碰撞而中断连续进行的舞步，舞者必须沿逆时针方向进行，这个路线就称“舞程线”。

2．角度与方位

每个舞步开始、结束时所站立的方向，运步、旋转过程中的方位、角度都有一定的规定。

（1）旋转角度的认定

旋转时以旋转360°为一周；旋转45°为1/8周；旋转90°为1/4周；旋转135°为3/8周；旋转180°为1/2周；旋转225°为5/8周；旋转270°为3/4周；旋转315°为7/8周。在记录旋转动作时，应先标明旋转的方向，即左转或右转，再标明角度。

（2）方位

为了便于舞蹈进行中正确地辨别方位和检查旋转的角度，根据国际上记录各种舞蹈的惯例，在舞场上要规定一定的方位。一般情况下，多以乐队演奏台的一面为规定方位的基点，定为“1点”（也可选场地上其他任何一点）。每向顺时针方向转动45°则变动一个方位。依此类推，共有8个点。因此在场地中四个面为1、3、5、7点，四个角为2、4、6、8点。

在国际体育舞蹈中还规定了8条线，只要是沿着舞程线的圆周进行，无论行进到哪一点，上述的规律都适用。“1”为面向舞程线或背对逆舞程线；“2”为面向墙壁或背向中央；“3”为面向斜壁或背向逆中央；“4”为面向逆斜壁或背向斜中央；“5”为面向逆舞程线或背向舞程线；“6”为面向逆斜中央或背向斜壁；“7”为面向中央或背向墙壁；“8”为面向斜中央或背向逆斜壁。

（二）体育舞蹈的礼节

1．参加舞会时，应穿着大方，仪态端庄。

2．去参加一个正式的舞会，男子必须西装革履，女子必须穿着裙子，并注意适当的装扮。

3. 在舞场上，一般是男方邀请女方。

4. 当音乐响起后，邀舞的男士根据情况、有礼貌地走到对方的左侧前方或右侧前方，自然地伸出右手或左手、手掌向上，手臂微指向舞池，展现出一种“请”的姿势，向对方行一个15°左右的点头礼，以温和的口气说：“请您跳个舞，行吗?”

5. 被邀请的一方应该面朝邀舞者微笑着点头。答声“谢谢”随即起立，同邀请方进舞池。被邀请者如果实在不愿跳，可以说：“对不起，我太累了”，被邀者切不可在谢绝了一个人的邀请后马上又应另一个的邀请，这是非常不礼貌的。

6. 一曲终了，请舞者与被请舞者要互相道声“谢谢”，男士应把舞伴送回原位，等对方坐定后，方可离开。

三、体育舞蹈基本技术

（一）体育舞蹈基本抱握舞姿

拉丁舞基本站立姿态。双脚并立，身体尽量伸直，使头、肩、胯三点成一线，两眼平视，脖子拉直，下颚稍微内收，使人可以从后看到后颈较直。挺胸使两肩胛骨向后向内关闭，两肩下沉同时将身体的中段（胸腰部分）向上拔起，使身体的中段和两肩有个互相顶压的力。臀部稍向内收，小腹向上拉，但不可过分使身体变形，感觉上身躯干是直的。两条大腿要稍内收，双膝要绷直，不可弯曲，大腿和小腿的肌肉要收紧，感觉是向反方向拉紧。

拉丁舞预备步站立姿态。左脚在前，脚尖向前方，身体重心在左脚，身体尽量伸直，使头、肩、胯三点成一线。右脚在后打开，膝盖绷直，大拇指内侧点地，脚跟向内侧下压，不要翘起来，脚面绷直。右胯向后斜45°打开，使身体从上身到右脚尖形成一条很长的直线，可以在舞蹈中表现出很漂亮的形态和体形。

摩登舞持握姿势。男伴双脚并拢，全足着地，双膝放松，要感觉自己很高，尽量把身体拉高到极限，还要感觉自己身体很宽，双臂平抬，双手肘尖与心窝成为一条直线，左小臂向斜前上方上举与左上臂成略大于90°，右小臂向斜前下方平伸。女伴同样要把身体拉高，双手肘尖成为一条直线，轻轻搭在男伴的手臂上，女伴要感觉到身体成两条弧线，一条是由胸腰到头部向后仰的弧线，另一条是由胸腰到头部向左倾的弧线。

（二）体育舞蹈基本舞蹈技术介绍

流行交谊舞介绍。

流行交谊舞和国际标准交际舞相比较，就显示出简易好学、轻松自由的特点，而且灵活性强，不受人数多少、场地大小的限制，容易组织活动，深受群众欢迎。

1. 流行交谊舞（三步舞）

三步舞简述。

华尔兹舞以舞中“皇后”而著称。它多以旋转为主配合其他舞步花样，舞姿起伏回旋和舒展，高雅流畅。以3/4拍为乐曲，节奏为强→次强→弱。每步占一拍，一个小循环跳三步。第一步落在强的一拍上，舞步步幅为大、中、小。迈第一步，左脚后跟柔和地先着地。步幅大重心低。第二步、第三步，中心逐渐升高，前脚掌着地。

基本步法。

(1) 正直进，直退（男左女右交替运步）（如图 17－1－1）。

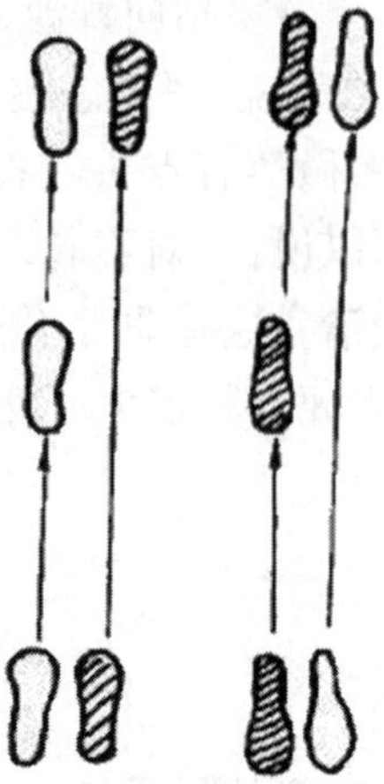

图 17－1－1 正至进，直退

预备姿势：闭式舞姿。

舞步说明如表 17－1－1 所示。

表 17－1－1

步序	男	节奏	女
1	左脚向前进一大步，重心移到左脚上	强（蹦）	右脚向后退一大步，重心移到右脚上
2	右脚向前进一步，重心移到右脚上	次强（嚓）	左脚向后腿一步，重心移到左脚上
3	左脚向前进一步，重心移到左脚上（如第 3 步并步时，左脚向右脚并步，重心右移；不并步左脚继续向前进步，重心移到左脚上）	弱（嚓）	右脚向后退一步，重心移到右脚上（女伴动作与男伴第 3 步相适应）

注：直退步与直进步舞步基本相同，方向相反。

(2) 纵向折角进，退步（交叉步或“之”字步）（如图 17－1－2）。

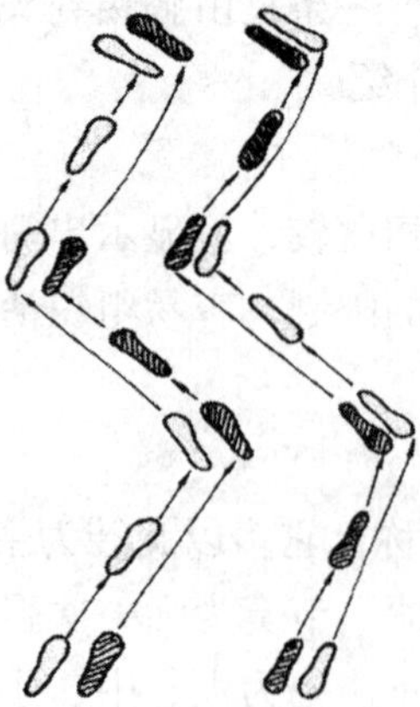

图 17－1－2 纵向折角进，退步

预备姿势：正步，闭式舞姿。

舞步说明如表 17 –1 –2 所示。

表 17 –1 –2

步序	男	节奏	女
1	双脚前脚掌支撑向右转 45°，同时左脚向前进一大步，重心移到左脚上，女在左侧	强（蹦）	双脚前脚掌支撑右转 45°，同时右脚向后退一大步，重心移到右脚上，男在左侧
2	右脚向前进一小步，同时向左 45°，重心移到右脚上，男女面相对	强（喳）	左脚向后退一小步，同时向左转 45°，重心移到左脚上，男女面相对
3	左脚向右脚并步，重心移到左脚，男女呈闭式舞姿	弱（喳）	右脚向左脚并拢成正步，重心移到右脚上，男女呈闭式舞姿
4	双脚前脚掌支撑向左转体 45°，同时右脚向前进一大步，重心移到右脚上，女在右侧	强（蹦）	双脚前脚掌支撑向左转体 45°，同时左脚向后退一大步，重心移到左脚上，男在右侧
5	左脚向前进一小步，同时向右转 45°，重心落在左脚上，男女面相对	强（喳）	右脚向后退一小步，同时向右转 45°，重心移到右脚上，男女面相对
6	右脚向左脚并步，变成正步，重心移到右脚上	弱（喳）	左脚向右脚靠拢并步，变成正步，重心移到左脚上

注：纵向折角进步与退步大体相同，只是方向相反，即男变后退步，女变前进步，女前交叉步，男后交叉步。

（3）方步—合子步包括进（图 17 –1 –3）、退（图 17 –14）两种。

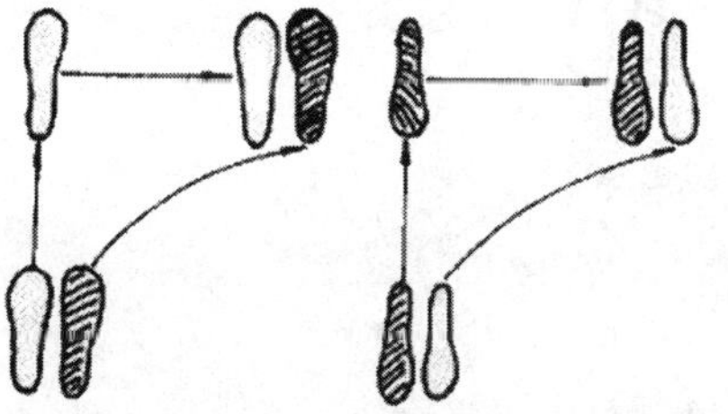

图 17 –1 –3　方步—合子步进

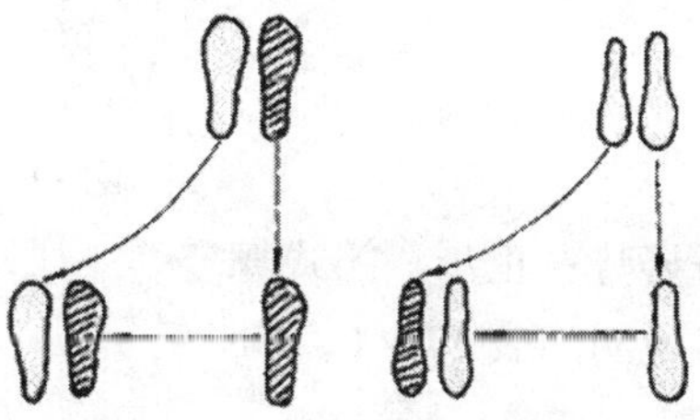

图 17 –1 –4　方步—合子步退

预备姿势：正步、闭式舞姿。

舞步说明如表 17 –1 –3 所示。

表 17 –1 –3

步序	男	节奏	女
1	左脚向前进一大步，重心移到左脚上	强（蹦）	右脚向后退一大步，重心移到右脚上
2	右脚向前向侧画一个弧进一步，重心移到右脚上	次强（喳）	左脚向后侧画一个弧退一步，重心移到左脚上
3	左脚向右脚靠拢，重心移到左脚上	弱（喳）	右脚向左脚靠拢，重心左移形成正步
4	右脚向后退一大步，重心移到右脚上	强（蹦）	左脚向前进一大步，重心移到左脚上

续表

步序	男	节奏	女
5	左脚向后侧退一步，重心移到左脚上	次强（嗒）	右脚向前侧进一步，重心移到右脚上
6	右脚向左脚靠拢，形成正步闭式舞姿，重心移到右脚上	弱（嗒）	左脚向右脚靠拢并形成正步，闭式舞姿，重心移到左脚上

注：第2~3拍构成“前进换步”，第4~6拍构成“后退换步”，两个步伐合起来构成“方步”。

（4）左转体90°跳法（图17-1-5）。

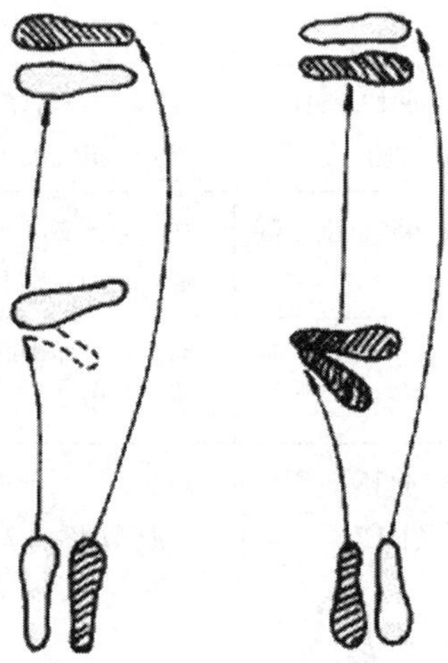

图17-1-5　左转体90°

预备姿势：正步，闭式舞姿。

舞步说明如表17-1-4所示。

表17-1-4

步序	男	节奏	女
1	左脚向前进一大步，重心移到左脚上	强（蹦）	右脚向后退一大步，重心移到右脚上
2	右脚向前一步，同时以左脚前脚掌为轴向左转90°，重心移到右脚上	强（嗒）	左脚向后退一步，同时以右脚前脚掌为轴左转体90°，重心移到左脚上
3	左脚向右脚侧靠拢呈并步，重心移到左脚上	弱（嗒）	右脚向左脚侧靠拢呈并步，重心移到右脚上

注：男手势为男伴在第2拍转体90°同时，右手与左手配合暗示女伴左转体，并控制其转体的角度。

（5）右转体90°的跳法（图17－1－6）。

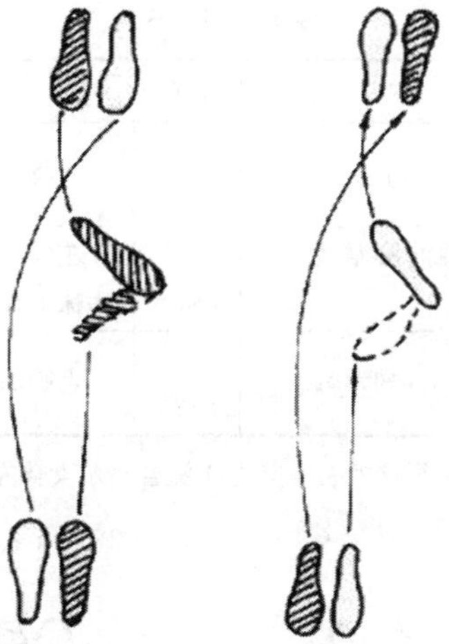

图17－1－6　右转体90°

预备姿势：正步，闭式舞姿。

舞步说明如表17－1－5所示。

表17－1－5

步序	男	节奏	女
1	右脚向前进一大步，重心移到右脚上	强（蹦）	左脚向后退一大步，重心移到左脚上
2	左脚向前进一步，同时以右脚前脚掌为轴右转90°，重心移到左脚上	强（喳）	右脚向后退一步，同时以左脚前脚掌为轴左转90°，重心移到右脚上
3	右脚向左脚侧靠拢呈正步，重心移到右脚上	弱（喳）	左脚向右脚侧靠拢呈正步，重心移到左脚上

注：男手势为男伴第2拍转体90°的同时，男伴的右手与左手配合暗示女伴右转体并控制其转体角度。

（6）左转体180°跳法（图17－1－7）。

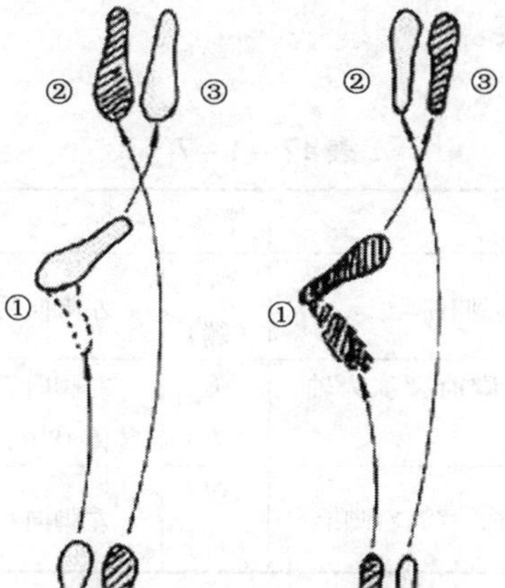

图17－1－7　左转体180°

预备姿势：正步、闭式舞姿。

舞步说明如表 17－1－6 所示。

表 17－1－6

步序	男	节奏	女
1	左脚向前进一大步，重心移到左脚上	强（蹦）	右脚向后退一大步，重心移到右脚上
2	右脚向前进一步，同时以左脚前脚掌为轴，左转体 180°，重心移到右脚上	强（嚓）	左脚向后退一步，同时以右脚前脚掌为轴，右转体 180°，重心移到左脚上
3	左脚向右脚侧靠拢呈正步，重心移到左脚上	弱（嚓）	右脚向左脚侧靠拢呈正步，重心移到右脚上

注：男手势为男伴第 2 拍左转 180°的同时，男伴的右手与左手配合暗示女伴左转，并控制其转体角度。

（7）右转体 180°跳法（图 17－1－8）。

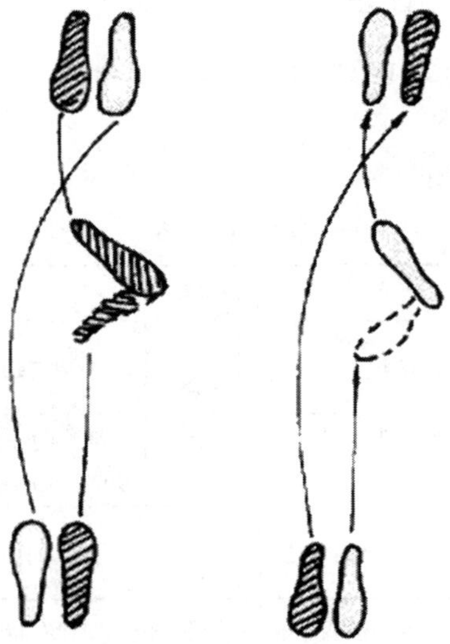

图 17－1－8　右转体 180°

预备姿势：正步、闭式舞姿。

舞步说明如表 17－1－7 所示。

表 17－1－7

步序	男	节奏	女
1	右脚向前方进一大步，重心移到右脚上	强（蹦）	左脚向后方退一大步，重心移到左脚上
2	左脚向前进一步，同时以右脚前脚掌为轴，右转体 180°，重心移到左脚上	强（嚓）	右脚向后退一步的同时以左脚前脚掌为轴，右转体 180°，重心移到左脚上
3	右脚向左脚侧靠拢呈正步，重心移到右脚上	弱（嚓）	左脚向右脚侧靠拢呈正步，重心移到左脚上

注：男手势为男伴在第 2 拍转体 180°的同时，男伴右手与左手配合暗示女伴右转，并控制好转体角度。

（8）左连续转体180°跳法（图17－1－9）。

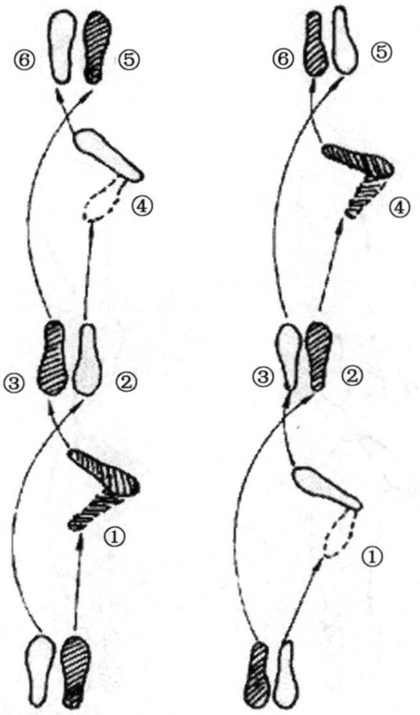

图17－1－9　左连续转体180°

预备姿势：正步、闭式舞姿。

舞步说明如表17－1－8所示。

表17－1－8

步序	男	节奏	女
1	左脚向前进一大步，重心移到左脚上	强（蹦）	右脚向后退一大步，重心移到右脚上
2	右脚向前进一步的同时以左脚前脚掌为轴，左转体180°，重心移到右脚上	强（喳）	左脚向后退一步的同时以右脚前脚掌为轴，左转体180°，重心移到左脚上
3	左脚向右脚侧靠拢呈正步，重心移到左脚上	弱（喳）	右脚向左脚侧靠拢呈正步，重心移到右脚上
4	右脚向后退一大步，重心移到右脚上	强（蹦）	左脚向前进一大步，重心移到左脚上
5	左脚向后退一步，同时以右脚前脚掌为轴，左转体180°，重心移到左脚上	强（喳）	右脚向前进一步的同时以左脚前脚掌为轴，左转体180°，重心移到右脚上
6	右脚向左脚侧靠拢呈正步，重心移到右脚上	弱（喳）	左脚向右脚侧靠拢呈正步，重心移到右脚上

注：男手势为男伴在第2拍左转180°的同时，男伴的左手与右手相配合暗示女伴左转，并控制好转体角度，男伴在第4拍时，左手与右手配合暗示女伴左转体，并控制好转体的角度。

（9）右连续转体180°跳法（图17－1－10）。

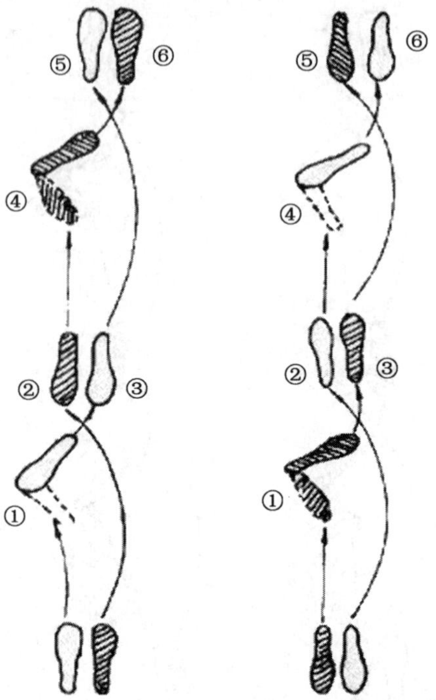

图17－1－10　右连续转体180°

预备姿势：正步、闭式舞姿。

舞步说明如表17－1－9所示。

表17－1－9

步序	男	节奏	女
1	右脚向前进一大步，重心移到右脚上	强（蹦）	左脚向后退一大步，重心移到左脚上
2	左脚向前进一步的同时以右脚前脚掌为轴，右转体180°，重心移到左脚上	次强（喳）	右脚向后退一步，同时以左脚前脚掌为轴，右转体180°，重心移到右脚上
3	右脚向左脚侧并步呈正步，重心移到右脚上	弱（喳）	左脚向右脚侧并步呈正步，重心移到左脚上
4	左脚向后退一大步，重心移到左脚上	强（蹦）	右脚向后退一大步，重心移到右脚上
5	右脚向后退一步，同时以左脚前脚掌为轴，左转体180°，重心移到右脚上	次强（喳）	左脚向前进一步的同时以右脚前脚掌为轴，右转体180°，重心移到左脚上
6	左脚向右脚侧并步呈正步，重心移到左脚上	弱（喳）	右脚向左脚侧并步呈正步，重心移到右脚上

注：男手势为男伴第2拍右转180°的同时，男伴的右手与左手配合暗示女伴右转，并控制其转体角度，男伴在第4拍时，左手配合右手暗示女伴右转体，并控制好转体的角度。

第二节 健美操

一、健美操运动概述

健美操是一项新兴的体育项目。健美操存在着多种练习形式和流派，人们对其的认识和理解各不相同。随着健美操的发展和对健美操理论研究的加强，结合各专家的意见，将健美操概括为健美操是在音乐伴奏下、以身体练习为基本手段、以有氧运动为基础，达到增进健康、塑造形体和娱乐目的的一项体育运动。健美操起源于传统的有氧健身运动，是有氧运动的一种，它通常采用徒手或轻器械进行练习，是在氧供应充足的情况下，以人体有氧系统提供能量的一种运动形式。其运动特征是持续一定时间、中低强度的全身性运动，主要锻炼练习者的心肺功能，是有氧耐力素质的基础。

（一）健美操运动发展概况

1. 现代健美操运动的起源与发展

20 世纪 60 年代初是现代健美操的萌芽阶段，最初它作为美国为太空人设计的一种体能训练阿洛别克（Aerobic）项目。1969 年杰姬·索伦森融合了体操和现代舞创编了健美操，在美国迅速兴起。美国健美操代表人物简·方达从采用节食和药物等方法减肥失败中汲取教训，认识到“健康的美才是真正的美，持久的美”。她通过从事健身操锻炼获得了健美形体的成功体验，撰写了《简·方达健身术》，该书自出版以来一直畅销不衰，并在世界 30 多个国家发行。在她的感召和影响下，健美操风靡世界。

1979 年我国北京、上海、广州等地相继举办了各种健美操班。接着各种报纸、杂志、电视等新闻媒体介绍了各种健美操，推动了我国健美操的发展。1984 年原北京体育学院成立了健美操教研室，接着上海体育学院也成立了健美操教研室，率先开设了健美操选修和专修课。随后根据国家教委的要求在全国高校普及开来，直至目前仍成为深受广大师生欢迎的一种锻炼方式。

自 1985 年美国等欧洲国家开始举行全国性的健美操比赛，确定了竞赛项目和规则，使健美操发展成为竞技性运动项目，形成以健身、健美为主的健美操和以比赛为主的竞技健美操两种态势。继 1986 年 4 月 6 日在广州举行的我国首次“全国女子健美操邀请赛”后，1987 年 5 月在北京举办了我国首届正式的竞技健美操比赛——“长城杯”健美操邀请赛，盛况空前。此后每年举行一次，促进了健美操运动的蓬勃发展。1992 年 9 月中国健美操协会在北京正式成立，标志着我国健美操运动进入到一个崭新的发展阶段。1995 年年底，我国首次派队参加了由国际体操联合会举行的第一届世界锦标赛，与国际之间的交流逐步增多，极大地促进了我国健美操运动的发展。

随着健美操运动的广泛开展，参与人数日趋增多，形成世界范围的健美操热。一些有识之士发起并成立健美操组织，使之成为一项有组织的体育运动。目前，国际上共有 7 个健美操组织。其中最有影响的是国际健美操联合会（IAF），成立于 1983 年，总部设在日本。国际健美操健身联合会（FISAF）总部设在澳大利亚。国际健美操冠军联合会（ANAC）总部设在美国。1881 年创立的国际体操联合会（FIG）于 1994 年成立专门的健美操委员会，从次年开始每年举办健美操世界锦标赛。

2. 我国健美操的兴起与发展

世界性的健美操热是于 20 世纪 70 年代末传到我国的。当时北京、上海、广州等地相继举办了各种健美操培训班。随后通过各种新闻媒介对国外各种健美操的介绍，逐步推动了健美操在我国的广泛开展。

1984 年，原北京体育学院成立了健美操研究组，接着上海体育学院成立了健美操教研室，率先开设了健美操课程，把我国的健美操从社会引向了学校。

1986—1988 年，健身健美操和竞技健美操在我国得到了长足的发展。继 1986 年 4 月在广州举行我国首次“全国女子健美操邀请赛”后，1987 年 5 月在北京我国又成功地举办了首届正式的竞技健美操比赛——“长城杯”健美操邀请赛。1992 年 2 月，在北京成立了中国大学生体育协会健美操、艺术体操协会。1992 年 9 月，中国健美操协会在北京的正式成立，标志着我国健美操运动进入到一个崭新的发展阶段。

（二）健美操的分类

目前，世界健美操和我国健美操种类繁多，分类方法也各不相同，如果根据健美操活动的目的和所要解决的主要任务为标准来划分，归纳起来可分为健身健美操、竞技健美操、表演健美操三大类。

1. 健身健美操

健身健美操也称大众健美操。是集健身、娱乐、防病为一体的群众性普及性健身运动。不同的年龄结构都可以参加学习和锻炼。健身健美操的主要目的在于健身。通过锻炼身体，可增强体质，促进身体全面发展，提高工作能力。在掌握健身练习基本方法的过程中，在欢快娱乐的操舞中调节身心，陶冶情操。从成套编排和动作设计来看，健身健美操的动作简单、活泼、流畅。身健美操是在有氧供能条件下进行的练习，它的练习时间较长，运动强度中等，并按照一定的顺序来锻炼身体的各个部位，对健身强体、减少脂肪有明显作用。

2. 竞技健美操

竞技健美操是根据竞赛规则与规程的要求组编的一套具有较高艺术性、以比赛取得优异成绩为主要目的的竞技健美操。竞技健美操只进行自编动作的比赛，自编动作必须符合规则要求。每套动作有规定的时间要求，成套动作根据基本规定动作、特色难度动作、完成情况、现场表现、体型、成套动作时间等因素进行评分。目前，我国大型竞技性健美操比赛有全国健美操锦标赛、全国大学生健美操锦标赛、冠军赛、精英赛等。竞技健美操可分为单人、混双、3 人、混合 6 人健美操。

3. 表演健美操

表演健美操的主要目的是在表演中展示自己的价值和魅力、在观赏中陶冶情操、净化心灵、促进健美操活动的广泛开展、满足人们展开和表现自我的需要。将健身健美操或竞技健美操作为表演操，在预定的某种活动、某种场合、某种节日庆典中进行表演，使之成为观赏、娱乐的体育节目。健身健美操用于表演极其普遍，竞技健美操用于表演时可不受规则的限制，用于表演的健美操人数、形式、规模比较自由，成套动作的设计和选择上侧重于艺术性、观赏性，体现健美操的健、力、美，它是人民群众喜爱的一种运动和娱乐形式，对于弘扬民族文化、艺术，促进两个文明的建设具有重要作用。

（三）健美操运动的特点及作用

1. 健美操特点

(1) 高度的艺术性

健美操是融体操、舞蹈、音乐于一体的追求人体健与美的运动项目，因此，健美操属健美体育的范畴，具有高度的艺术性。

健美操的艺术性主要体现在其“健、力、美”的项目特征上。“健康、力量、美丽”是人类有史以来所追求的身体状况的最高境地，而健美操运动中，无论是健身健美操、还是竞技健美操，无不处处表现出“健、力、美”的特征，包含着高度的艺术性因素，使健美操不同于其他运动项目，这也正是人们热爱健美操运动的原因之一。

健美操动作协调、流畅、有弹性，使练习者不仅锻炼了身体、增强了体质，而且从中得到了“美”的享受，提高了审美意识和艺术修养。而健美操运动员在比赛中所表现出的健美的体魄、高超的技术、流畅的编排和充沛的体力等，也无不给观众留下深刻的印象，充分体现出健美操运动的“健、力、美”特征和高度的艺术性。

(2) 强烈的节奏性

运动不可缺少的组成部分。健美操音乐的特点是节奏强劲有力、旋律优美，具有烘托气氛、健美操动作具有强烈的节奏性特点，并通过音乐充分地表现出来，因此音乐是健美操激发人们情绪的效应。健美操运动之所以深受人们喜爱，除练习本身的功效性、动作的时代感外，很重要的因素之一是现代音乐给健美操带来了活力。健美操动作与音乐的强烈的节奏性使健美操练习更具有感染力、健美操比赛和表演更具有观赏性。

(3) 广泛的适应性

健美操练习形式多样，运动量可大可小、容易控制，对场地器材的要求也不高，因此，对各个年龄层次、不同性别、不同身体素质、不同技术水平的人都适宜，各种人群都能从健美操练习中找到适合自已的方式，都能从健美操练习中得到乐趣。如中老年人可选择低强度的有氧练习，达到锻炼身体、娱乐身心、保持健康的目的；而对具有较好身体素质、有意进一步提高的年轻人来说，可选择难度较高、运动量较大的竞技健美操作为练习的手段，通过竞技健美操练习，不仅锻炼了身体，而且可提高技术水平，满足其进取心要求。因此，健美操运动具有广泛适应性的特点。

2. 健美操运动的功能

(1) 增进健康美的功能

健美操作为一项有氧运动，人们对其健身功效已达成共识。有研究认为，经常参加健美操锻炼的人，心脏总体积指数显著大于没有参加锻炼者，且吸氧量明显增加。有氧运动最能发展人体的心肺功能，增强心肌，增加肺活量，减少心肺呼吸系统疾病。健美操不仅具有有氧运动的功效，且兼备发展身体柔韧性和灵敏性的作用。因此，专家认为，健美操是目前发展身体全面素质较为理想的运动。

（2）塑造形体美的功能

通过健美操练习，尤其是力量练习，可使骨骼粗壮，肌肉围度增大，从而弥补先天的体形缺陷，使人体变得匀称健美。其次，健美操练习还可以消除体内和体表多余的脂肪。人体内脂肪的消耗是由很多因素造成的，最重要的一点就是新陈代谢的快慢，而有氧操的强度不大，并可持续较长时间，能消耗体内多余的脂肪，维持人体吸收与消耗的平衡，降低体重，保持健美的体形。

（3）缓解精神压力，娱乐身心功能。

随着时代的发展和社会的进步，人们在享受科学技术所带来的舒适生活和各种便利的同时，受到了来自方方面面的精神压力。科学研究表明：体育运动可缓解精神压力，预防各种疾病的产生。健美操作为一项体育运动，以其动作优美、协调、全面锻炼身体，同时有节奏强烈的音乐伴奏，是缓解精神压力的一剂良方。在轻松优美的健美操锻炼中，练习者的注意力从烦恼的事情上转移开，忘掉失意与压抑，尽情享受健美操运动带来的欢乐，获得内心的安宁，从而缓解精神压力，使人具有更强的活力和更佳的心态。

（4）医疗保健功能

健美操作为一项有氧运动，其特点是强度低、密度大，运动量可大可小，容易控制，因此除对健康的人具有良好的健身效果外，对一些病人、残疾人和老年人也是一种医疗保健的理想手段。例如对下肢瘫痪的病人来说，可做地上健美操和水中健美操；以保持上体的功能；促进下肢功能的恢复。总之只要控制好运动范围和运动量，健美操练习就能在预防损伤的基础上，达到医疗保健的目的。

二、健美操基本技术

1. 基本姿态训练

健美操基本姿态包括两个方面：一是动作时的身体姿势；二是动作对有意识表现出来的姿态。基本姿态训练一般经过以下两个阶段。

（1）建立正确的动作姿态，形成动力定型。例如通过正确的脚背勾绷和上、下肢的屈伸等动作，建立准确的本体感觉。

（2）在通过健美操训练塑造健美形体的同时，还要美化充实心灵，要求训练时寓情感于动作姿态之中，使其具有感染力。训练内容可借鉴交际舞、拉丁舞、时装表演等生活中富有情感的动作。训练手段包括：

①本体感觉练习

通过腿向不同方向的屈、伸、踢、旋、绕、弹动、跑跳，髋部平移、转动、翻动、掀动、扭动，躯干部胸腰肌肉群的紧张与放松，上肢屈、伸、摆、绕、旋转等练习来建立身体各部位准确姿势所必须具有的本体感觉。

②把杆练习

紧密结合健美操项目的训练特点，重点训练脚背的勾绷，下技的延伸、挺拔和开度，以及对身体各部位肌肉的控制和用力等练习。如借助把杆进行不同方向的踢腿、抬腿、弹腿、身体屈伸、波浪、移动、转体等动作。

③律动训练

通过屈伸、绕环、摆动、波浪、弹性、松弛等律动性强的基本练习，掌握全身各部位参与运动的正确方法和用力节奏，使身体动作的幅度增大，韵律感增强。

④舞蹈训练

通过舞蹈基本步伐及动作训练，充分发挥胸、腰、髋等部位潜在的表现力。

2. 基本动作及要求

健身健美操基本动作包括头颈、肩部、上肢、胸部、腰部、髋部、下肢等动作。

（1）常用基本手型（图 17－2－1）

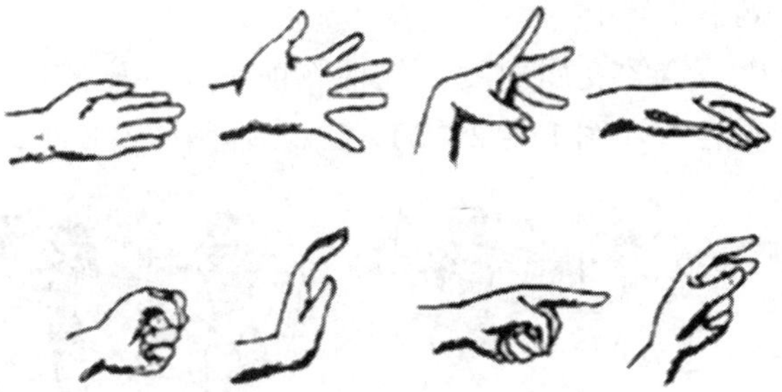

图 17－2－1　基本手型

基本手型：拇指指关节弯曲内扣，四指并拢伸直。

直手：五指伸直并互相并拢。

撑掌：五指用力分开并伸直。

推掌：手掌用力上翘，五指自然弯曲。

西班牙舞手型：五指分开，小指内旋，拇指稍内收。

圆手型：拇指与中指靠拢，食指稍分开，无名指和小指向中指靠拢并稍向内扣成弧形。

剑指：拇指与无名指，小指相叠，中指、食指并拢伸直。

响指：无名指与小指屈握，拇指与中指、食指摩擦后中指击打大鱼际处产生响声。

“V”指：拇指与小指、无名指相叠，食指与中指伸直尽力分开。

拳：拇指握四指。

（2）身体各部位基本动作

①头、颈动作

屈：指头颈关节角度的弯曲，包括前屈、后屈、左屈、右屈。

转：指头颈部绕身体垂直轴的转动，包括左转、右转。

绕：指头以颈为轴心的弧形运动，包括左绕、右绕。

绕环：指头以颈为轴心的圆形运动，包括左、右绕环。

要求上体保持正直，头颈移动的方向要准确，颈部被动肌群充分伸展。

②肩部动作

提肩指肩胛骨做向上的运动。包括单肩提、双肩同时提和依次提。

沉宿指肩胛骨做向下的运动。包括单肩沉、双肩同时沉和依次沉。

绕肩指以肩关节为轴做小于360°的弧形运动，包括单肩向前、后绕，双肩同时和依次向前、后绕。

肩绕环指以肩关节为轴做360°及360°以上的圆形运动，包括单肩向前、后绕环，双肩同时和依次向前、后绕环。

要求提肩时要尽力向上，沉肩时要尽力向下，动作幅度大而有力。绕肩时，上体不能摆动，颈与头不能前探。

③上肢动作

举：指以肩为轴，肩的活动范围不超过180°而停止在某一部位的动作，包括单臂的前、后、侧、侧上、侧下举等。

屈：指肘关节产生一定的变屈角度，包括胸前平屈、肩侧屈、肩上侧屈、肩下侧屈、肩上前屈、腰间屈、头后屈（图17－2－2）。

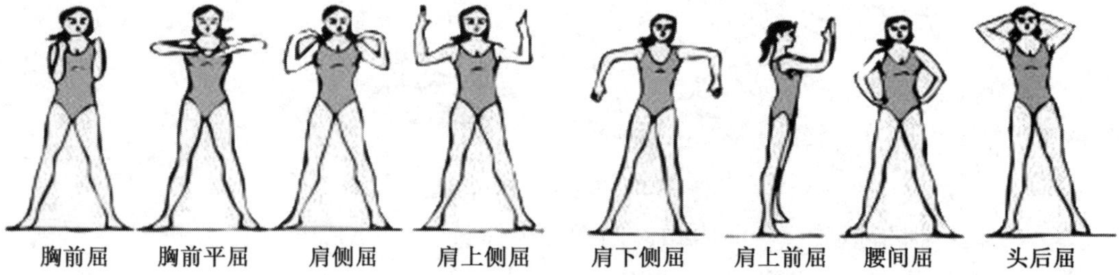

图17－2－2　屈臂

绕：指双臂或单臂向内、外、前、后做180°以上、360°以下弧形运动（图17－2－3）。

绕环：指以肩关节为轴，双臂或单臂向前、向后、向内、向外做圆形运动（图17－2－3）。

图17－2－3　手臂绕和绕环

振：指以肩为轴，臂用力摆至最大幅度，包括上举右振、下举后振、侧举后振（如图17－14）。

旋：以肩或肘为轴做臂旋外动作（图17－2－4）。

要求上体保持正直，位置要准确，幅度要大，力达身体最远端。

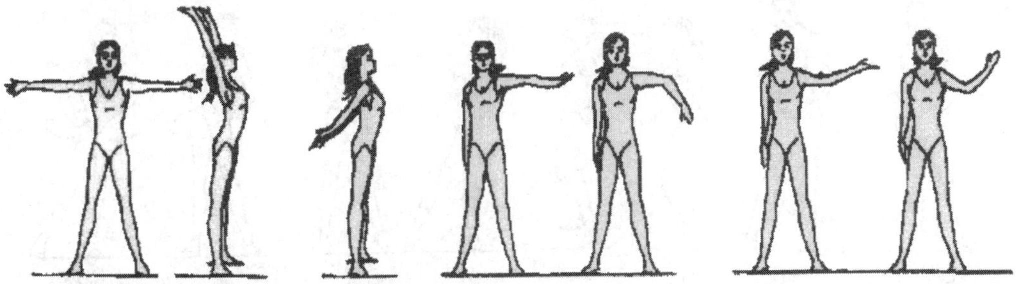

图 17－2－4　手臂振和旋

④胸部动作（图 17－2－5）

图 17－2－5　胸部动作

含胸指两肩内合，缩小胸腔。

挺胸指两肩外展，扩大胸腕。

移胸指髋部固定，做胸左、右的水平移动。

要求含、挺、移胸要到最大极限。

⑤腰部动作（图 17－2－6）

屈：指下肢不动，上体沿矢状轴和水平轴的运动，包括前屈、后屈、左右侧屈。

转：指下肢不动，上体沿垂直轴的扭转，包括左转、右转。

绕环：指下肢不动，上体沿垂直轴做弧形、圆形运动，包括左、右绕和绕环。

要求身体远端尽力向外延伸。绕环幅度要大。充分而连贯。

图 17－2－6　腰部动作

⑥髋部动作（图 17－2－7）

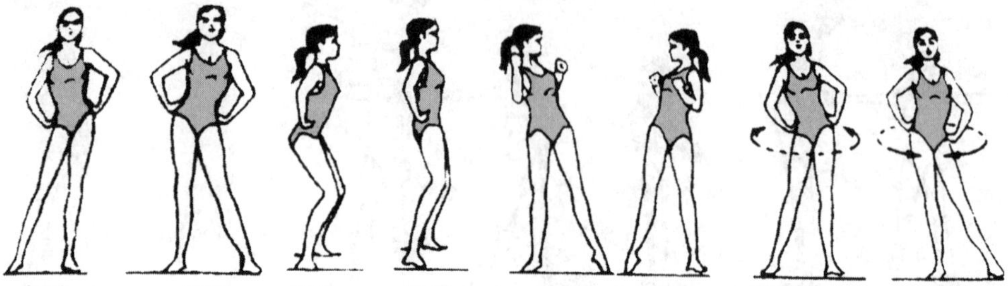

图 17－2－7　髋部动作

顶髋指髋关节做急速的水平移动，包括左顶、右顶、前顶、后顶。

提髋指髋关节怠速向一侧上提的动作，包括左提、右提。

绕髋和髋绕环指髋关节做弧形、圆形移动，包括向左、右的绕和绕环。

要求髋关节做顶、提、绕和绕环时应平稳、柔和、协调，稍带弹性。

⑦下肢动作

滚动步：从前脚尖至全脚掌依次落地，两脚交替。

交叉步：一脚向另一脚前或后交叉行进。

点弓步：一脚向侧呈弓步，另一脚跟进并拢，交替进行。

跑跳步：两脚交替进行，跑后支撑阶段有一次跳的过程。

并腿跳：双腿并拢。直膝或屈膝跳。

开合腿跳：并腿跳至开立．分腿跳至并立。

高踢腿跳：单腿跳，同时另一腿直腿向前、侧高踢。

吸腿跳：单脚跳起，同时另一腿屈膝向前、侧上提。

侧摆腿跳：单腿跳，同时另一腿向侧摆动。

弓步跳：并腿跳起。落地时呈前（侧、后）弓步。

要求跳跃要轻松自如、有弹性，注意与呼吸配合。

3．基本技术训练

包括动作的力度训练，动作的控制训练（动作的部位、方向、路线的控制），动作发力部位的训练，动作受力的训练，动作时力的传递等训练。

三、健美操的科学锻炼方法

（一）循序渐进，持之以恒

众所周知，健美操锻炼可以强身健体，健康减肥。这个质的变化不是一朝一夕可以达到的，需要一个由量变到质变的过程。人体结构的改变，运动能力的提高，内脏循环功能的改善，都是由于神经系统通过对运动系统及其他内脏、循环系统反复多次调节而形成的适应性反应。这种适应性不是靠几次锻炼就可以实现的，而是一个相当复杂的协调过程。只有长期积累，经常坚持，才能达到良好效果。因此，参加健美操锻炼，首先应该有信心和持之以恒的精神，尤其是对初学者和减肥者，切忌心急，应遵守科学的锻炼方法及循序渐进的原则，避免造成半途而废及不良的身体反应。

（二）灵活掌握，及时调整

在健美操锻炼时，若身体健康状况欠佳，有炎症或出现疲劳症状（四肢无力、疲倦、头晕、恶心、心悸等）时，应立即停止锻炼，不要勉强。我们知道，当身体状况不好时，人的中枢神经系统对身体的控制能力大大下降，有机体对外界环境的适应能力和机体的协调关系出现失调现象。如果此时勉强锻炼，不仅不利于健身，反而会给身体健康带来不良影响。若出现疲劳症状较轻，可以采用适当的休息或调整锻炼负荷及缩短锻炼时间等方法进行调节缓冲。要注意区分疾病性和运动性的疼痛，若是肌肉的酸疼、胀疼，则不必停止锻炼，应尽量坚持，做适当的调整与放松，通过超量恢复，会使机体得到进一步的改善与提高。若是疾病性的疼痛，应及时到医院进行检查治疗。

（三）热身运动

在健美操锻炼之前，首先要进行热身运动，然后才能转入正式锻炼的内容，其目的是使健身者从生理和心理上做好充分准备，使机体从平静的抑制状态逐渐过渡到活动的兴奋状态，促使心脏功能逐渐加强，使血液循环和气体交换得到改善，新陈代谢旺盛，更好地适应锻炼时的生理要求。同时使肌肉、韧带、关节得到活动，神经系统的兴奋性得到提高，使整个机体由安静状态逐步进入工作状态，为即将进行的较为剧烈的身体活动做好各种准备，从而提高机体的工作效率，预防运动创伤。

一般热身运动以伸、拉动作为主，运动负荷不宜过大，避免做跳跃运动。热身的时间长短、活动量的大小应根据天气情况而定。热天时新陈代谢旺盛，身体容易活动开，热身运动的时间可以短些；冷天时血液循环比较缓慢，肌肉、韧带和关节均较僵硬，不够灵活，因此，活动时间要稍长些。一般情况下，热身运动的时间应控制在总锻炼时间的百分之二十左右，做到身体感觉发热、微微出汗为宜，这时全身各部位机能已被调动起来，中枢神经系统的兴奋性提高了，关节的灵活性和肌肉的弹性增加了，各器官系统的活动也加强了。此时进入较大强度的运动，才能避免可能出现的肌肉拉伤或关节扭伤的现象，确保正式锻炼的内容顺利完成。

（四）放松运动

放松运动是健美操的内容之一，绝不是可有可无的，应引起健美操教练员及广大健身者的高度重视，通过放松运动可以达到以下目的。

1. 放松运动可使静脉血液较快地回流到心脏，使心脏较快地恢复到正常工作状态。

2. 放松运动可使神经系统和其他内脏器官由紧张的工作状态逐步转入正常状态，从而促进整个机体能较快地得到恢复。

3. 放松运动能加速乳酸的消除，可避免肌肉充血、僵硬。如不注意放松，肌肉的收缩能力会下降，弹性会减弱，以致影响力量的提高，妨碍肌肉的增长。

因此，参加健美操锻炼，必须做放松运动。

第三节 瑜 伽

瑜伽就是一个通过提升意识，帮助人类充分发挥潜能的体系。瑜伽姿势运用古老而易于掌握的技巧，改善人们生理、心理、情感和精神方面的能力，是一种达到身体、心灵与精神和谐统一的运动方式。

一、瑜伽运动概述

瑜伽是一种非常古老的能量知识修炼方法，集哲学、科学和艺术于一身。瑜伽的基础建筑在古印度哲学上，数千年来，心理、生理和精神上的戒律已经成为印度文化中的一个重要组成部分。古代的瑜伽信徒发展了瑜伽体系，因为他们深信通过运动身体和调控呼吸，可以完全控制心智和情感，以及保持永远健康的身体。

1. 瑜伽运动的起源

瑜伽起源于5000年前，在古老的印度，高僧们为追求进入心神合一的最高境界，经常僻居原始森林，静坐冥想。在长时间单纯生活之后，高僧们从观察生物中体悟了不少大自然法则，再从生物的生存法则印证到人的身上，逐步地去感应身体内部的微妙变化，于是人类懂得了和自己的身体对话，从而知道探索自己的身体，开始进行健康的维护和调理，以及对疾病创痛的医治本能。几千年的钻研归纳下来，逐步衍化出一套理论完整、确切实用的养身健身体系，这就是瑜伽。

2. 瑜伽发展历史

现代学者将瑜伽分为三个时期：

前古典时期：由公元前5000年开始，直到犁俱吠陀的出现为止，约有3000多年的时间，是瑜伽原始发展，缺少文字记载的时期，瑜伽由一个原始的哲学思想逐渐发展成为修行的法门，其中的静坐、冥想及苦行，是瑜伽修行的中心。

古典时期：由公元前1500年《吠陀经》笼统的记载下来，到《奥义书》确切记载瑜伽，到《伽梵歌》出现，完成了瑜伽行法与吠檀多哲学的合一，使瑜伽这一民间的灵修实践变为正统，由强调行法到行为、信仰、知识三者并行不悖。大约在公元前300年时，印度圣哲帕坦迦利（pantanjali）创作了《瑜伽经》，印度瑜伽在其基础上真正成形，瑜伽行法正式定为八支体系。

后古典时期：由《瑜伽经》以后，为后古典瑜伽。主要包括“瑜伽奥义书”、密教和诃陀瑜伽。“瑜伽奥义书”有21部，在这些“奥义书”中，纯粹认知、推理甚至冥想都不是达到解脱的唯一方法，它们都有必要通过苦行的修炼技术所导致的生理转化和精神体会，才能达到梵我合一的境地。因此，产生出了节食、禁欲、体位法、七轮等，加上咒语、手语身体之结合，是后古典时期瑜伽的精华。

二、瑜伽运动的基本要素

（一）瑜伽的呼吸

呼吸就是生命，如果没有食物和水，人的生命还可以维持几天，但是如果没有呼吸，我们在几分钟内就失去生命。在瑜伽理论中，瑜伽学者们常常形容呼吸就是汲取生命之气。

呼吸具有两大功能：供给脑部和血液足够的氧分，摄入生命之气，控制意识。通过瑜伽呼吸法的练习，可将个人的肉体和精神联系起来；可以洁净呼吸系统，排除身体毒素，更深地放松身体和精神；可以增加个人的精力，使其通向更广阔的精神认知领域。呼吸作为人的生理本能，是一种无意识的自然规律。平常人的呼吸在瑜伽的呼吸定义中被称为“肩式呼吸”。瑜伽的呼吸方法是一种特殊的方法，称之为“完全呼吸法”。它是同时运用腹部、胸部和肩部三合一的呼吸原则，对呼吸重新调整而达到“调息”的呼吸练习方法。瑜伽呼吸方法大约有10多种，较为简单、也容易为初学者所掌握的有“胸式呼吸”“腹式呼吸”“完全呼吸”“交替呼吸”等；稍复杂些的，也是程度较高的瑜伽研习者常用的有“鸣声呼吸法”“语音呼吸法”“风箱式呼吸法”等。

1. 胸式呼吸法

气息的吸入局限在胸的区域，气息较浅，这种呼吸适宜做针对性较强的动作（比如上背部和胸部的动作）。方法：呼吸时，意识集中于肺部，缓缓吸气，感觉自己的肋骨向外扩张，气息充满胸腔，保持腹部的平坦；缓缓呼气放松胸腔，将气呼尽。

2. 腹式呼吸法

气息的吸入局限于腹部的区域，气息较深，横膈肌下降得较为充分。方法：呼吸时，更多关注腹部，缓吸气，感觉腹部被气息充分膨胀，向前推出，胸腔保持不动；缓缓呼气，横膈肌上升，腹部慢慢向内瘪进。

3. 完全呼吸（胸腹式呼吸）法

完全呼吸是瑜伽练习中最常用的呼吸方法，是胸式呼吸和腹式呼吸的结合。它提供给身体最充足的氧气，帮助身体消耗脂肪，并使血液得以净化，将体内的浊气、废气、二氧化碳最充分地排出体外；能够温和地按摩腹脏器官，促进其机能，增进体内循环，防止呼吸道感染；消除肌肉、内脏的疲劳，尤其对平息剧烈运动后植物神经系统紊乱、内分泌不正常的救急状态特别有帮助；提高人体免疫力，改善心理状态，控制情绪，对培养注意力、集中力都有很好的效果。方法：呼吸时，缓缓吸入气息，感觉到由于横膈膜下降，腹部完全鼓起；随后，肋骨处向外扩张到最开的状态，肺部继续吸入氧气，胸腔完全扩张，胸部上提；吸满气后缓缓地呼出，放松胸腔，将胸部的气呼出，随后温和收紧腹部，腹部向内瘪进去，感觉肚脐去贴后背，将气完全呼尽为止。

呼吸时注意：

（1）意识力集中到一呼一吸上。

（2）一般只由鼻腔参与呼吸，因为，鼻腔对灰尘和细菌有过滤作用。

（3）每一次吸气时，犹如品尝空气一般，缓慢深长地吸入；呼气时，犹如蚕吐丝一般，细而悠长。意识中要将体内废气排出。

（4）躺、跪、坐的姿势时，眼睛闭上，向内集中注意力；站立的姿势时，为了保持身体平衡，需要睁开眼睛。

（5）保持自然、轻松的呼吸即可。进行瑜伽呼吸练习，适宜在每天早上或睡前 10 ~ 20 分钟为最好，若以养身为目的，时间可适当延长。采用的姿势是坐姿或卧姿，宽衣松带，双手自然放置身旁，头、颈、脊柱成一直线，全身放松。

（二）瑜伽的静思与冥想

瑜伽健康的实践是体位法、呼吸法、冥想法三者融为一体，达到身心合一的完美境界。瑜伽中的静思与冥想不是宗教，也不是玄学，而是现代人可以利用和学习的一种与自我心灵对话的方式。只要你能放松自己，保持内心的平和，静观一切，心中无杂念，就能进入冥想状态。这种瑜伽静思与冥想形式常会被那些有经验的瑜伽研习者采用。在体位法练习过程中也可以进行冥想。瑜伽冥想的目的在于获得内心的和平与安宁，达到无限的精神之爱、欢乐、幸福和智慧。当在练习瑜伽体位法时，每个动作完成后的静止过程中，闭上眼睛，配合缓慢深长的呼吸，用心体会动作刺激身体的所在部位，即从姿势的名称联想相应的图像。冥想是一种很好的精神减压方式。冥想可以提高人集中精神、控制自身意识以及调节身心的能力，从而帮助人们达到内心更平静、祥和的状态，因此，冥想是真正意义上的“寻找自我、认识自我”的方式。冥想并不是在于你可以保持思想清晰和集中的时间有多长，而是在于培养反复转移注意力到某个选定目标上的能力。

这里介绍两种冥想技巧：

1. 注意力集中于呼吸，就是仔细观察和感受的呼吸过程，在任何情况下都不改变呼吸的节奏，也可把注意力集中在每一次呼气上。

2. 注意力集中到某一物体上，将一支点燃的蜡烛、一枝花或者是一块带条纹的石头等，置于身前不远的地板上或者放在与视线等高的地方，把注意力集中在烛焰上、花上或石头上等，当注意力分散时，重新把注意力集中到这些物体上。也可闭上眼，脑子里默想着烛焰、花或石头的样子，直到它们逐渐从脑海里消失。然后睁开眼睛，再一次凝视眼前的蜡烛、花或石头。

（三）瑜伽姿势

瑜伽姿势又叫瑜伽体位法。印度瑜伽先哲帕坦迦利所著《瑜伽经》将体位法定义为“将身体置于一种平稳、安静、舒适的姿势”。它是一种锻炼身体、强化身体，并使身体健康美丽的调身方法，与现代人的生理和心理健康有密切的关联。瑜伽体位法通过身体的前弯后仰、扭转侧弯、俯卧、仰卧等各种姿势，对人体脊柱、中枢神经、骨骼、肌肉、内脏进行全方位的刺激与按摩，配合自身的呼吸、消化、体液分泌物的运转循环，激活身体潜能，提升了体内的优良素质，弥补了自身的不足，增强人体的免疫力。这种配合呼吸缓慢做动作的体位法，有促进血液流通的按摩效果，可从根本上使我们的身体恢复活力，从而达到强身、健体、塑身美容的功效。瑜伽体位法是缓慢、舒适、连续完成的有氧运动，不用爆发力和反弹力，有效地避免了其他剧烈运动对身体可能产生的种种伤害（乳酸积累、精神紧张、肌肉老化等）。

（四）瑜伽的松弛法

瑜伽松弛法又可称瑜伽休息术。它对身体有莫大的裨益，可使大脑、心脏、自律神经系统和肢体得到深度的休息，令身体得到“充电”而恢复活力。正规的放松应该是一种主动、清醒、意念集中的放松，这样才会有松弛的感觉。松弛法因不同目的、时间和环境而有不同的练习方法。如白天练习的目的在于消除疲劳，快速补充精力，只要做15分钟的休息术便可以了，关键一点是练习过程专注自身呼吸，保持清醒，不要入睡。在晚上睡觉之前练习，时间可尽量延长，直至自己自然入睡为止。这样会感觉到睡眠质量会因此而得到很好的改善。即使睡较短的时间，早晨醒来也会非常清醒，神采奕奕。练习体位法后，可做10分钟的松弛训练，通过松弛来消除运动所产生的紧张。结束每节课或完成一组瑜伽姿势练习后，也可用此方法缓解身体的紧张，让体内的能量自由流动。具体方法如下：

1. 双眼轻闭，采取仰卧姿势，将双腿分开20~30厘米，双臂放在身体两旁，两手掌心向上，让膝盖和脚趾自然。

2. 深呼吸，让手臂和腿部轻轻往里和外转动几次，头部也轻轻转动几次，然后停止身体的一切动作，去感受身体的放松状态——开始让身体有融化的感觉，每一次吐气都感觉身体不断下沉，接下来让意识从下往上慢慢放松身体的每一个部分，做缓慢、平静的呼吸。

3. 放松每一个脚趾、脚背、脚底、脚踝、小腿、膝盖、大腿、髋部，随着吐气的动作，放松腰部，感觉身体下深；再继续让意识上行，放松肋骨、胸部、心脏、肩膀、上臂、下臂、手肘、手腕、手掌、手指；继续调匀呼吸，开始放松颈部、下巴、脸部肌肉、嘴、牙齿、舌头、鼻子、眼皮、眼睛、眉心、前额、太阳穴、头顶、后脑勺、整个头部，接着放松整个身体的背部：上背、中背部、下背部；放松整个脊柱；放松腰部大腿、膝盖和小腿的后侧。整个身体每一部分都变得十分放松，呼吸也随之越来越放松、越来越稳定。可根据自身情况反复2~3次，直至身心完全平静、放松。

4. 最后慢慢睁开眼睛，从右边侧身起，结束。

三、瑜伽运动练习方法和练习提示

1. 选择通风好的场地，在地上铺一块垫子或毯子。

2. 穿着宜舒适、宽松的衣服，最好赤脚，冬天可穿袜子。首饰、手表最好摘掉，不穿紧身束型衣。

3. 空腹2~3小时（因人而异，低血糖的人可食少量饼干、牛奶类食物来补充血糖和热量）。

4. 练习开始前可做一些简单的运动，作为热身。因为只有热身后，韧带、肌肉才会变得柔软，不容易受伤。

5. 瑜伽练完后30分钟之内，不洗澡、不吃食物、不做剧烈运动，以免破坏体内能量的平衡。

6. 在练习过程中循序渐进，始终保持面部表情平和轻松，练习时要将意识专注到被伸展和被刺激的部位，不可存有杂念，不可说笑。动作幅度以自己感觉舒服即可，不要同别人比，要同自己比。

7. 练习中如果肌肉颤抖或抽筋后立即停止，加以按摩，放松后方可再练。

8. 每做完一个瑜伽姿势后，应马上做“无空式”来放松身心，并深呼吸5~6次。

9. 月经期间可选择一些较轻松的姿势来做，不做犁式、肩立式和一些增加腹压的姿势。

10. 妊娠期期间必须慎选姿势，或者只练习呼吸法。生育两个月后，必须经医生同意方可练习，大病初愈或手术后不要立即做瑜伽练习。

11. 有心脏病、高血压、糖尿病的患者以及有脊柱关节伤病的人，必须经医生同意后才可练习。

12. 选择健康食品，营养、健康、自然的食品能排除体内毒素，保持身体清洁、柔软、使人身心纯净，并能提高人体免疫力。

第四节 气 功

气功养生是在中医养生理论指导下，运用特定的方法配合呼吸和意念来调节人体身心健康的一种祛病延年的身心锻炼方法。

一、气功养生概述

它与现代科学的预防医学、心身医学、运动医学、自然医学、老年医学以及体育、武术等，都有一定的联系。它通过自我调控意念、呼吸和身躯来调整内脏活动，加强自身稳定机制，从而达到祛病益寿的目的。

现代“气功”一词包括了古代的“吐纳”“导引”“存神”“静功”“辟谷”。

“动功”“内功”“外功”“修炼”“打坐”“入定”“坐禅”“静坐养生”“修身养性”“呼吸养生”等，甚至太极拳等某些武术，只要以内功为基础，都属气功的范围。

气功又分动功与静功两大类，前者也叫外功，后者也叫内功。外功以内功为基础，静极才能生动，所谓“内练精气神，外练筋骨皮”，精气神充足了，筋骨才能强壮。静功并非静止，而是“外静内动”，是机体的特殊运动状态。正如王船山所说：“静者静动，非不动也。”静以养神，以吐纳呼吸为主要练功方法；动以练形，以运动肢体为主要练功方法。无论静功还是动功，都离不开调心、调息、调身这三项练功的基本手段，也就是意守、呼吸、姿势三个环节。静则生阴、动则生阳，动静兼练，“三调”结合，于是阴阳调和，祛病延年。正如陶弘景的《养性延命录》里所说：“能动能静，所以长生”。由上可知，气功是在中医养生理论指导下产生的一种祛病延年的身心锻炼方法。

二、气功养生分类

1. *放松功*

该功可作为练好其他各种气功的基础功夫。健康者练此功，能增强体质，预防疾病；对体弱多病者来说，更是理想的康复手段。放松功属于静功，易学易练，不易出偏，它是以意念和身体放松为主的新功种。在练习方法上是吸气时意守要放松的部位，呼气时意念离开意守的部位，同时默念“松”字，体验松感。在姿势方面，初练功者，用仰卧或靠坐；练功熟练者，可在站桩和行动时练习放松。在呼吸上，一般用自然呼吸。

2. 内养功

内养功是刘贵珍先生整理总结而成，已成为气功的主要功种之一。本功注重调息，对呼吸的要求较为严格，并配合默念字句以诱导入静，从而将调整呼吸与入静意守紧密结合起来，具有大脑静、脏腑动的特点。内养功锻炼一般先由卧式开始，坐卧式可互相配合，也可单独应用。内养功的呼吸法较为复杂，要求呼吸、停顿、舌动、默念字句四种动作相互配合。呼吸要力求自然，尽量保持深、长、细、匀，不要憋气，以防出偏。在意守时，应自然做到似守非守。意识不可过于集中，但也不可无意去守。

3. 强壮功

此方是著名气功师刘贵珍先生汲取民间功法以及释、道、儒各家功法的精华，综合整理而成，其特点基本上与内养功相同，属于静功，只在呼吸和姿势方面有其特色，如盘膝坐及站桩等。其作用可以概括为养气壮力、健身防病、延年益寿。

4. 保健功

保健功是一种由外及内的功法，它是以练功者用自己的双手在身体的不同部位进行按摩为主，辅以呼吸和意念活动的保健按摩疗法。该功简便易行，作用平缓，特别适用于老年人和慢性病患者，对颜面五官的保护和美容，亦是一种行之有效的方法。正如孙思邈说：“可以使身体悦泽，面色光辉，鬓毛润泽，耳目精明，令人食美，气力强健，百病皆去。”

其动作虽然简单，却能使脊椎和上下肢各关节都得到充分活动。因此保健功既可用于养生保健，也可用于康复医疗，其应用范围是很广的，可作为辨证施功的基本功法。

三、气功养生的基本方法

1. 调息、调身

所谓调息就是自觉控制呼吸，其基本要求是“细、静、匀、长”，逐步达到无声无息、出入绵绵、若存若亡的境地。初练时，求其自然，不可勉强，慢慢做到从有声到无声，由短促到深长。最好是练“气贯丹田”法，至于“大周天”“小周天”等运气方法，待有一定功夫后再去学习。

运气是通过深长呼吸和停闭呼吸，以意领气，打通经脉，意随气行，运行周天，这在古代也称“闭气”“引气”“行气”“运气”等。若运气攻患处，给自己治病称“行气”；若运气外出，发气给他人治病，则称“布气”。

调息的意义首先在于提高呼吸效率，虽然每分钟通气量下降，但潮气量上升，肺活量增加，呼出气与肺泡气的二氧化碳增加，氧气减少，说明消耗最少的能量，获得最多的氧气。更由于缓慢的呼吸运动，有节奏地改变着胸腹腔的压力，对内脏起到柔和地按摩作用，从而改善了内脏的血液循环。

所谓调身就是自觉控制身体的姿势和动作。调身一般分行、立、坐、卧、做。五种情况都必须与调心和调息配合进行。调身的总要求是宽衣解带，舒适自然，不拘形式。行，要平正不摇，注意道路，气贯丹田，呼气提肛，吸气放松。

立，两足平行与肩同宽，双膝微屈，躯干平直，含胸收腹，两臂向前半举，屈时屈腕如抱球状，两目半闭凝视鼻端，然后调息，意守丹田，此所谓“三圆式站桩”。

坐，有自由式和盘膝式两种。自由式，选适当高度之椅。凳或床，双脚踏地而坐，双腿分开与肩同宽，双手仰掌叠放一起置于小腹前，目半睁，视鼻端，或双手合掌如佛，目半睁视指端。盘膝坐，有单盘膝、双盘膝和自然盘膝。单盘膝是将一侧小腿放另一小腿上面；双盘膝是先将右小腿放在左小腿上面，再把左小腿搬起放在右小腿上面，两小腿交叉，两足底朝天放在大腿上；自然盘膝是两小腿自然交叉呈八字形，两足压在大腿下。上身姿势皆同自由式。行功应备软垫，两腿发麻时，可行自我按摩后收功。

卧，适于病弱或失眠者，可于睡前行此功。以右侧卧位为佳，头稍向前。下面的一只手自然屈肘放枕前，手心向上，上面一只手自然放在大腿上、手心向下，或放丹田处，手心按腹。腿的姿势是，下面的自然伸直或略屈，上面的屈膝120°放另一腿上面。

做，有两个含义：其一是指日常劳作时，根据工作的性质，采取合理的不易疲劳姿势，配合意守丹田和腹式呼吸，其精神实质是时时处处都可意守丹田练丹功；其二是指导引、太极拳等各家各派的动功功法，其姿势动作五花八门，学者应选其一种，认真实行。

总之，调身即调整形体，使自己的身体符合练功姿势、形态的要求。

2. 练习气功的要领

著名气功师刘贵珍认为，练习气功要掌握以下要领。

（1）松静相辅，顺乎自然。

松与静的关系密切，全身放松能促进入静，而入静后，也必然呈现全身放松，故两者是相辅相成的。所谓松，一方面是全身肌肉放松，这个松必须掌握松而不懈的状态。采用卧式，全身放松较易实现，但在摆好姿势以后，还应全身微微晃动几下，达到卧之舒适。站、坐两式的维持，都必须有一定的肌肉处于紧张状态，但也需最大限度的放松。放松的另一个方面，就是意识的放松，首先要伴随着全身肌肉放松，使整个身体有一个舒适松快的感觉，另外，就是意守呼吸或意守丹田都不能思想过于集中，要消除紧张状态，达到精神意识的放松。所谓静，是指相对安静而言，在呼吸方面出入无声，体会悠闲自得，在意识方面强调通过意守，排除杂念，达到入静。总之，松静自然是练功的关键，掌握得好，可以迅速获得良效；掌握不当，往往会出偏差。

（2）练意练气，意气合一。

气功之“气”，主要指真气（元气）而言。练气之初，必须由练肺气（呼吸之气）入手。肺气的锻炼，由于功法的不同，采用的呼吸方式也各异。虽然如此，但不论什么功法，大都要求呼吸做到悠、匀、细、长、缓。练功有素之人，每分钟呼吸次数甚至可达两三次，形成缓慢的腹式呼吸。呼吸气的锻炼，必须由浅入深，由快至慢，逐渐练习，不能要求在短时间内即形成完整的深长呼吸。初练时必须以意念诱导，练到一定程度，便可达到自然而规律的呼吸。所谓练意：一为排除杂念，达到入静；二为意守丹田，使整个机体发生更深刻的变化。初练气功者欲很快排除杂念是很困难的，必须通过一定时间的练习，才能使杂念逐渐减少，达到入静的要求。

练功过程中怎样把练意和练气结合起来？开始锻炼呼吸时，同时也要意守呼吸，以帮助呼吸尽快练好。待深长、均匀的呼吸形成后，再注意腹部随呼吸起落。当呼吸锻炼得很纯熟时，即使不注意呼吸也能自然达到气贯丹田，此时，单纯意守丹田即可。这样练气练意，二者就能密切结合，实现意气合一，使真气充沛，达到治病健身。

（3）循序渐进，勿急求成。

初期练功不能急于求成，要求功效，效果都是随着练功时间的进程逐渐显现出来的。练功方法虽然不很复杂，但要掌握得比较熟练，也要通过一定时间的练习才能达到。以内养功为例，可以先掌握姿势和锻炼深呼吸，在深呼吸比较熟练时，再加上停闭，在停闭呼吸熟练以后，再加默念字句，然后再加舌抵上腭，在这些动作都比较熟练了，再加上意守丹田，这样一步一步地掌握，往往比较顺利。

（4）练养相兼，密切结合。

所谓练养相兼，就是练功和合理休养并重。只练功，不注意合理休养，对战胜疾病将是个障碍，故练、养必须密切结合。合理休养包括的内容为：注意适当休息、生活规律、情绪乐观、饮食有节、适度体力活动等。这些内容在整个练功过程中乃至一生，都应当注意，这往往是战胜疾病取得健康的保证。每次练功均应贯彻练养相兼的要求。如练内养功或强壮功时，练上半个小时以后，就可以放弃停闭呼吸，放弃意守丹田，单纯全身放松，平卧床上，静养 10～20 分钟。养后还可以继续再练，如此练练养养，效果很好。

（5）固定功法，功时适宜。

当前各地流传的功法甚多。有的功法已在临床广泛采用，效果不错；也有些功法，仅限于个别人练习，尚未完全公开，或使用之人甚少，功效究竟如何，尚难定论。练功者应在医生指导下，根据病情、体质和日常习惯等，选择 1～2 种适合功法，进行锻炼，这样既便于掌握，又易获效果。

（6）总结经验，避免偏差。

气功疗法主要是患者自行掌握练功要求和方法，不断地进行锻炼。在锻炼中大都不能一帆风顺，严重者可产生偏差。造成这种情况，最常见的原因是急于求成，不能循序渐进，呼吸用力过大，一味追求深长缓慢，或意守强度太大，或盲目追求某些感觉，结果造成呼吸不畅、胸闷气短甚则呼吸紊乱、头痛头昏、精神紧张等。

偏差的形成，往往是由微至显，由轻到重，当开始有所表现时，纠正比较容易，需时也短；如果偏差已经形成，纠正起来就比较费力。因此练功之初，一定要深入细致地体会，总结经验，找到不足，及时纠正，以免形成偏差。

3．练功注意事项

首先，要选择适宜的练功场所。环境安静对初学者尤为重要。在室外练功，最好能选择树林、草坪、花圃等空气新鲜的地方；在室内练功，也应保持空气流通。练功场所的光线宜暗些，有利于较快入静。但无论室内室外，都不宜让风直接吹在身上，尤其要避免吹在后颈部分。其次，功前要摆脱烦恼，心情愉快。在上功前 20 分钟即应停止较剧烈的体力和脑力活动，以保证练功时全身肌肉放松、心情平静，有益于调整呼吸和意守入静。作功前要宽衣松带，以便于全身肌肉放松和呼吸通畅。若采用卧式，应脱掉外衣，安卧床上。练功之前还要排除大小便。

还要注意练功的次数和时间。初学者每天宜练一次，练习 10 ~ 15 分钟即可；练功熟练者，可增加一次练功时间，每次延长到 20 ~ 30 分钟。在疗养院或在家中休养者，也可以每天练功 3 ~4 次。在练功期间，生活要有规律，饮食上可适当增加营养，去掉烟酒嗜好，同时，要注意避免七情干扰，保持情绪稳定。练功完毕后，不要匆忙站起，应该先用两手擦面，轻轻揉揉两眼，然后再缓缓起立，活动活动四肢。但要注意的是在饥饿和饱食之后，都不宜练功；发热、腹泻、重感冒或身体过度疲劳时，均应暂停练功。

第十八章　《国家学生体质健康标准》的实施

《国家学生体质健康标准》是测量学生体质健康状况和进行体育锻炼效果的评价标准，是国家对不同年龄阶段的学生体质健康方面的基本要求，是学生体质健康的个体评价标准。

第一节　国家学生体质健康标准的内容和评价方法

一、《国家学生体质健康标准》的基本内容

《标准》是从身体形态、身体机能、身体素质和运动能力等方面综合评定学生的体质健康水平。测试对象为各级各类在校学生。

《标准》中大学生的基本测试项目。身高、体重、肺活量、1000 米跑（男）、800 米跑（女）、仰卧起坐（女）、引体向上（男）、立定跳远、坐位体前屈等测试项目。

二、《国家学生体质健康标准》的评价方法

各级各类学校每学年对学生进行一次《标准》的必测和选测项目的测试，各测试项目得分之和为本标准的最后得分，满分为 100 分。根据最后得分评定等级：90 分及以上为优秀，75 ~ 89 分为良好，60 ~ 74 分为及格，59 分及以下为不及格。

《国家学生体质健康标准》评价指标与分值

组别	评价指标（测试项目）	分值	备注
大学各年级	身高、体重	10	必测
	肺活量	20	必测
	1000 米跑（男）、800 米跑（女）	30	选测一项
	引体向上（男）、仰卧起坐（女）	20	选测一项
	坐位体前屈、立定跳远	20	选测一项

第二节　大学生体质测试项目的技术方法与要求

一、大学生体质测试项目的技术方法

（一）改善大学生身体形态的方法

大学生的形态指标增长均减慢，身高增长不明显，体重增长慢，通过一些徒手或器械练习改善身体形态，能使大学生的肌肉更加健美，减少体内脂肪堆积，使形态健美匀称。

1. 男生锻炼内容

（1）上肢练习

用徒手操、持哑铃练习，来锻炼三角肌、肱二头肌、肱三头肌、斜方肌、胸大肌等，适当调整练习的次数和速度。

（2）腰、背、腹部练习

用一些器械、负重物和单杠、双杠、肋木体操器械的练习来锻炼腹直肌、腹斜肌、肋间肌、背阔肌等。

（3）下肢练习

用一些跳跃练习、蹲起跳、各种踢腿动作来锻炼臀肌、股四头肌和全身肌肉。

2. 女生锻炼内容

（1）胸部练习

采用压肩、俯卧撑或身体各关节练习，促进胸部发育，使胸部挺拔，来锻炼胸部的含、展及波浪，快慢相间，刚柔相济，增加胸肌收缩力。

（2）腰、腹部练习

采用腰部侧屈、前后屈和收腹练习，改善腰部、腹部线条，有效地预防脂肪的堆积，也对腹腔和盆腔内器官起到按摩作用。腹肌练习要平衡发展，练习后要进行积极性的放松活动。

（3）臀部和腿部练习

采用收缩臀部肌肉练习，起到固定骨盆作用，提高臀部重心，采用大小腿肌肉练习，减少腿部脂肪堆积，改善下肢体形。

（二）增进大学生身体机能的方法

大学生的心血管系统、呼吸系统发育加速，在这一时期选择体育锻炼项目，强度要加大、时间适当延长，节奏明快、动作优美的体育活动，来增进身体机能的全面发展。

体育活动的内容应该多选择以发展运动技术、战术、力量和耐力的项目，来培养体育兴趣，激发锻炼身体、增强体质的积极性。如田径、球类、体操、武术、健美操等。在练习时，应根据自身的特点有选择地进行体育锻炼。也应选择带有对抗性，富有刺激性、趣味性、娱乐性较强的运动项目。如跆拳道、轮滑、羽毛球、体育舞蹈、骑自行车等，有利于身体机能的不断提高。

（三）发展大学生身体素质及运动能力的方法

大学生的各项身体素质及运动能力随着身体发育逐渐成熟，身体各器官系统渐趋完善，运动能力也相应达到较高水平。因此，这一时期选择的体育锻炼项目，以正确完成运动技术战术相关的身体素质为主要内容，如速度、力量、耐力、灵敏性、协调性和平衡能力等，来全面发展身体素质及运动能力。

男女生在形态结构、生理机能、运动能力的变化和发展有着较大的差异，合理安排体育锻炼的内容和顺序，既要保证身体的全面发展，又要侧重地发展某些身体素质，这不仅可以增强他们的体质，同时也能提高他们的运动能力。

常用的提高身体素质及运动能力方法

1．力量：俯卧撑、引体向上、仰卧起坐、连续跳跃等。

2．速度：小跑步、高抬腿跑、加速跑、转身跑、变向跑等。

3．耐力：重复跑、循环练习、1 分钟立卧撑、运球跑等。

4．柔韧：徒手或利用器械进行练习，压、踢、摆、搬、劈、绕、屈、仰等拉伸肌肉、肌腱、韧带等。

5．灵敏：改变方向的各种跑的练习、调整身体方位的练习、多种组合跑的练习。

二、大学生体质测试项目的要求

《国家学生体质健康标准》的实施工作在教育部、国家体育总局的领导下，由各级教育行政部门管理、体育行政部门指导，学校组织实施。

《标准》的组织实施工作在校长领导下，由学校体育教研部门、教务部门、校医院（医务室）、学工部门、辅导员（班主任）协同配合共同组织实施。《标准》的测试应与学生的体育体检有机结合，避免重复测试。学生的《标准》测试成绩按评定等级记入《国家学生体质健康标准登记卡》。

学生《标准》测试成绩达到良好及以上者，方可参加三好学生、奖学金评选；成绩达到优秀者，方可获体育奖学分；《标准》成绩不及格者，在本学年度准予补测一次，补测仍不合格，则学年《标准》成绩为不合格。普通高校学生毕业时，《标准》测试的成绩达不到 50 分者按肄业处理。

因病或残疾学生，可向学校提交免予执行《标准》的申请，经医疗单位证明，体育教学部门核准后，可免予执行《标准》，并填写《免予执行〈国家学生体质健康标准〉申请表》，存入学生档案。对确实丧失运动能力、免予执行《标准》的残疾学生，仍可参加三好学生、奖学金、奖学分评选，毕业时《标准》成绩记为满分，但不评定等级。

认真上好体育课、积极参加体育活动、每天锻炼时间达到一小时者，奖励 5 分，记入学年《标准》总成绩。

属下列情况之一者，其《标准》成绩记为不及格，该学年《标准》成绩最高记为 59 分：

评价指标中 1000 米跑（男）、800 米跑（女）、台阶试验的得分达不到及格者；

体育课无故缺勤，一学年累计超过应出勤次数 1/10 者。

附表 1

《国家学生体质健康标准》登记卡(大学样表)

学校 ________

姓　名				性　别					学　号					
班　级				民　族					出生日期					
单项指标	大一			大二			大三			大四			毕业成绩	
	成绩	得分	等级	成绩	得分	等级	成绩	得分	等级	成绩	得分	等级	得分	等级
体重指数(BMI)(千克/米^2)														
肺活量(毫升)														
50 米跑(秒)														
坐位体前屈(厘米)														
立定跳远(厘米)														
引体向上(男)/ 1 分钟仰卧起坐(女)(次)														
1000 米跑(男)/ 800 米跑(女)(分·秒)														
标准分														
加分指标	成绩	附加分		成绩	附加分		成绩	附加分						
引体向上(男)/ 1 分钟仰卧起坐(女)(次)														
1000 米跑(男)/ 800 米跑(女)(分·秒)														
学年总分														
等级评定														
体育教师签字														
班主任签字														

注:中等职业学校参照本样表执行。

学校签章:　　　　　　　　　　年　　月　　日

附表 2

免予执行《国家学生体质健康标准》申请表（样表）

<table>
<tr><td>姓　名</td><td></td><td>性　别</td><td></td><td>学　号</td><td></td></tr>
<tr><td>班　级/
院（系）</td><td></td><td>民　族</td><td></td><td>出生日期</td><td></td></tr>
<tr><td>原因</td><td colspan="5">学生所在学院领导签字（盖章）：
申请人：
年　月　日</td></tr>
<tr><td colspan="2">体育教师签字</td><td colspan="2"></td><td>家长签字</td><td></td></tr>
<tr><td>学校体育部门意见</td><td colspan="5">学校签章：
年　月　日</td></tr>
</table>

注：中等职业学校及普通高等学校的学生，“家长签字”由学生本人签字。

第三节 《大学生体质健康标准》测试规则

《大学生体质健康标准》测试主要包括：50米跑；800米跑（女生）/1000米跑（男生）；立定跳远；仰卧起坐（女）/引体向上（男）；坐位体前屈；肺活量；身高/体重；视力共8项。其测试规则及要求如下：

一、50米跑

1. 测试目的

测试学生速度、灵敏素质及神经系统灵活性的发展水平。

2. 场地器材

50米直线跑道若干条，地面平坦，地质不限，跑道线要清楚。发令旗一面，口哨一个，秒表若干块（一道一表）。秒表使用前，应用标准秒表校正，每分钟误差不得超过0.2秒。标准秒表选定，以北京时间为准，每小时误差不超过0.3秒。

3. 测试方法

测试者至少两人一组测试。站立起跑，受试者听到"跑"的口令后开始起跑。发令员在发出口令同时要摆动发令旗。计时员视旗动开表计时，测试者躯干部到达终点线的垂直面停表。以秒为单位记录测试成绩，精确到小数点后一位，小数点后第二位数按非零进1原则进位，如10.11秒读成10.2秒记录之。每人可参加测试1~2次。

4. 注意事项

（1）受试者测试最好穿运动鞋或平底鞋。测试前要充分做好准备活动。

（2）发现有抢跑者，要当即召回重跑。

（3）如遇风时一律顺风跑。

二、800米跑（女）/1000米跑（男）

1. 测试目的

测试学生耐力素质的发展水平，特别是心血管呼吸系统的机能及肌肉耐力。

2. 场地器材

400米田径场跑道，地质不限。

3. 测试方法

受试者至少两人一组进行测试，站立式起跑。当听到"跑"的口令后开始起跑。计时员看到旗动开表计时，当受试者的躯干部到达终点线垂直面时停表。以分、秒为单位记录测试成绩，不计小数。

4. 注意事项

（1）心脏有病的学生不能参加测试。

（2）测试前要充分做好准备活动。

三、立定跳远

1. 测试目的

测试学生下肢爆发力及身体协调能力的发展水平。

2. 场地器材

沙坑、丈量尺。沙面应与地面平齐，如无沙坑，可在土质松软的平地上进行。起跳线至沙坑近端不得少于30厘米。起跳地面要平坦，不得有坑凹。

3. 测试方法

受试者两脚自然分开站立，站在起跳线后，脚尖不得踩线（最好用线绳做起跳线）。两脚原地同时起跳，不得有垫步或连跳动作。丈量起跳线后缘至最近着地点后垂直距离。每人试跳不得超过3次，记录其中成绩最好一次作为最终测试成绩。记录以厘米为最小单位，不计小数。

4. 注意事项

（1）发现犯规时，此次成绩无效。每人可跳1～3次。

（2）可以赤足，但不得穿钉鞋、皮鞋、塑料凉鞋参加测试。

四、引体向上（男生）/仰卧起坐（女）

（一）引体向上（男）

1. 测试目的

测试学生上肢肌肉力量的发展水平。

2. 场地器材

高单杠或高横杠，杠粗以手能握住为准。

3. 测试方法

受试者跳起双手正握杠呈直臂悬垂。静止后，两臂同时用力引体（身体不能有附加动作），上拉到下颌超过横杠上缘为完成一次。记录引体次数。

4. 注意事项

（1）受试者应双手正握单杠，待身体静止后开始测试。

（2）引体向上时，身体不得做大的摆动，也不得借助其他附加动作撑起。

（3）两次引体向上的间隔时间超过10秒停止测试。

（二）仰卧起坐（女生）

1. 测试目的

测试学生的腹肌耐力。

2. 场地器材

垫子若干块（或代用品），铺放平坦。

3. 测试方法

受试者仰卧于垫上，两腿稍分开，屈膝成90°角左右，两手指交叉贴于脑后。另一同伴压住其踝关节，以固定下肢。受试者坐起时两肘触及或超过双膝为完成一次。仰卧时两肩胛必须触垫。测试人员发出“开始”口令的同时开表计时，记录1分钟内完成次数。1分钟到时，受试者虽已坐起但肘关节未达到双膝者不计该次数，精确到个位。

4. 注意事项

（1）如发现受试者借用肘部撑垫或臀部起落的力量起坐时，该次不计数。

（2）测试过程中，观测人员应向受试者报数。

（3）受试者双脚必须放于垫上。

五、坐位体前屈

1. 测试目的

测量学生在静止状态下的躯干、腰、髋等关节可能达到的活动幅度，主要反映这些部位的关节、韧带、肌肉的伸展性及学生身体柔韧素质的发展水平。

2. 场地器材

坐位体前屈测试计。

3. 测试方法

受试者两腿伸直，两脚平蹬测试纵板坐在地上，两脚分开约10~15厘米，上体前屈，两臂伸直前，用两手中指尖逐渐向前推动游标，直到不能前推为止，测试计的脚蹬纵板内沿平面为0点，向内为负值，向前为正值。记录以厘米为单位，保留一位小数。测试两次，取最好成绩。

4. 注意事项

（1）身体前屈，两臂向前推游标时两腿不能弯曲。

（2）受试者应匀速向前推动游标，不得突然发力。

六、身高/体重

1. 测试目的

身高/体重主要用来评价身体匀称度，间接反映身体成分。

2. 场地器材

身高/体重测量仪。

3. 测量方法

立正姿势站在测试器踏板上，上臂下垂，足跟并拢，足尖分开约成60°角，躯干自然挺直，头部保持正直。在测量身高的同时，体重数据也被仪器自然读出。记取成绩以厘米为单位，精确到小数点后一位。

七、肺活量

1. 测试目的

肺活量可以反映肺的容积和扩张能力，是评价人体呼吸系统机能状况的一个重要指标，常用于评价人体生长发育水平和体质状况，它的计算公式为：

肺活量体重指数=肺活量（毫升）/体重（公斤）

2. 场地器材

肺活量测量仪。

3. 测试方法

目前我们采用的是电子肺活测试仪，使用干燥的塑料吹嘴（每名同学使用的吹嘴都已经过消毒）。测试同学深呼一口气后，向吹嘴处慢慢呼出至不能再呼出为止。吹气完毕后，液晶屏上最终显示的数字即为肺活量毫升值。共测两次，每次间隔 15 秒，记录最大值作为测试结果。以毫升为单位，不保留小数。

八、视力

1. 测试目的

视力检查比较简单、方便，作为青少年视力健康的监测指标之一

2. 场地器材

标准对数视力表。

3. 测试方法

受检者在距视力表 5 米处站立，用遮眼板将左眼轻轻遮上，先查右眼，后查左眼，均为裸眼视力。

可先从 5.0 一行视标认起。如果看不清再逐行上查，如辨认无误则逐行下查。要求对每个视标的识别时间不超过 5 秒。规定 4.0 ~ 4.5 各行视标中每行不能认错 1 个；4.6 ~ 5.0 各行视标中每行不能认错 2 个；5.1 ~ 5.3 各行中每行不能认错 3 个。超过这一规定就不再往下检查，而以本行的上一行记为该受检者的视力。

如 5 米处不能辨认视力表最上一行视标时，令受检者站立于距视力表 2.5 米处或 1 米处进行检查。所得视力值应分别减去校正数值 0.3 或 0.7 后，记为该受检者的视力。

视力记录方式：将受检者的左、右眼裸眼视力分别记入相应方格内。

例如，某受检者的左、右眼裸眼视力分别为 5.0 和 4.6。应在与“左”对应的方格内填入“5.0”，在与“右”对应的方格内填入“4.6”。

4. 注意事项

（1）检查视力前，应向受检者讲解检查视力的目的、意义和方法，取得他们的配合。配戴眼镜者应摘去眼镜（包括隐形眼镜），检查裸眼视力。

（2）检查如采用自然光线，应选择晴天，在固定时间和地点进行，以便前后对比。

（3）检查前不要揉眼，检查时不要眯眼或斜着看。检测人员应随时注意监督。

（4）用遮眼板时，检测人员要提醒受检者不要压迫眼球，以免影响视力。

（5）不宜在长时间用眼、剧烈运动或体力劳动后即刻检查视力。至少要休息 10 分钟以后再做检查。检查若在室内进行，受检者从室外进入后也应有 15 分钟以上的适应时间。

参考书目

1. 程方平，贾志勇．大学体育与健康［M］，沈阳：辽宁教育出版社，2018.

2. 匡志兵，高慧林．大学体育特色教程［M］，沈阳：东北大学出版社，2013.

3. 姚鑫，杨柳．大学生体育与健康教程［M］，北京：北京师范大学出版社，2018.

4. 张振县，卿洪华．大学生体育与健康教程［M］，长沙：中南大学出版社，2016.

5. 项建民．大学生体育与卫生健康教育教程（弘教系列教材）［M］，上海：复旦大学出版社，2017.

6. 邹志兵，覃立成，蒋东升．新编大学生体育文化与健康教程［M］，北京：北京理工大学出版社，2013.

7. 侯富民，潘云刚，陈鑫宇．大学生体育与健康教程［M］，上海：上海交通大学出版社，2015.

8. 王克权．大学生体育与健康教程［M］，天津：南开大学出版社，2010.

9. 王萍，李德祥．大学生体育与健康教程［M］，北京：北京师范大学出版社，2010.

10. 易勤，郭晶．当代大学生体育教程［M］，武汉：武汉大学出版社，2007.

11. 邢琦．大球教程：篮球、排球、足球［M］，北京：北京师范大学出版社，2013.

12. 邵明虎．小球教程：乒乓球、羽毛球、网球［M］，北京：北京师范大学出版社，2012.

13. 美梓．瑜伽从新手到高手［M］，北京：北京联合出版公司，2012.

14. 运动舞蹈运动教程编写组．体育舞蹈运动教程［M］，北京：北京体育大学出版社，2016.

15. 邱丕相，蔡仲华．武术套路基础教程［M］，北京：高等教育出版社，2010.

16. 赵晓玲．排舞教程［M］，重庆：重庆出版社，2016.

图书在版编目（CIP）数据

大学体育与健康教程/匡志兵，高慧林主编．
—上海：上海三联书店，2019．7
ISBN 978-7-5426-6697-0

Ⅰ．①大…　Ⅱ．①匡…　②高…　Ⅲ．①体育—高等学
校—教材　②健康教育—高等学校—教材　Ⅳ．①G807．4
②G647．9

中国版本图书馆 CIP 数据核字（2019）第 097666 号

大学体育与健康教程

主　　编　匡志兵　高慧林

责任编辑　钱震华
装帧设计　陈益平

出版发行　上海三联书店
（200030）中国上海市漕溪北路 331 号
印　　刷　上海昌鑫龙印务有限公司

版　　次　2019 年 7 月第 1 版
印　　次　2019 年 7 月第 1 次印刷
开　　本　787 × 1092　1/16
字　　数　498 千字
印　　张　19
书　　号　ISBN 978 - 7 - 5426 - 6697 - 0/G・1530
定　　价　40．00 元